不動産無償利用権の理論と裁判

不動産無償利用権の理論と裁判

岡本詔治著

〔学術選書〕

信山社

はしがき

無償利用権に関する私の基本的な立場は、すでに十数年まえに公刊した『無償利用契約の研究』(法律文化社、一九八九)において明らかにしている。ことに無償利用関係の類型論などを提案したが、本書は、裁判例の分析を通して、これらの理論的視点を実証的に裏打ちしようとしたものである。「はしがき」としてはやや異例かも知れないが、しばらくこの問題に言及することにつき、ご寛容願いたい。

前著では、ローマ法から近代ヨーロッパ諸法を経て、わが民法典に定着するまでの制度の歴史と理論を検討した結果、民法典にいう使用貸借は、使用収益の目的(以下、「使用目的」と略す)によって存続期間を限定される点に本質的特徴があり(民五九七条二項参照)、通常、友人・知人・隣人間等で行われる一時的・暫定的な利用契約(好意契約)であるということにつき、ほぼ確信をもてるようになった。本書でも、わが国の裁判例を通して、この種の使用貸借が典型的かつ基本的な無償使用権であることを確認することができたように思われる(ごく最近の【一三】判決が、その好例である)。

もっとも、ローマ法には、これと似て非なる無償利用契約としてプレカリウム契約なる制度が存在し、法的・形式的には「使用目的」が定められず、したがって随時に撤回しえた点に特徴のある利用契約であるが(民五九七条三項参照)、その実態が謎に包まれていた。それ故、前著では、主として親族や特殊な縁故関係(宗教関係など)にある当事者間でなされる長期的・継続的な貸借ではないか、との推測を述べるにとどまり、ついに明確な像にまで絞り込むことができなかった。

近代西洋諸国は、使用貸借（使用目的のある無償貸借）については一致してローマ法を承継したが、プレカリウムについては、多様な姿勢をとっている。フランスやドイツでは、その姿を消した。オーストリアやイタリアでは、プレカリウムという用語自体が多義的である。

ところが、驚くべきことに、わが旧民法の起草者ボアソナードは、典型的な使用貸借契約のほかに、継続的な無償利用についての規定を一箇条用意していた。これは、当時のイタリアの学説などの影響があるように思われる。しかし、現行民法典の起草者は、この比較法的には画期的な制度につきその趣旨を理解しないまま削り取ってしまった。

ともあれ、純然たる使用貸借でもなければ贈与でもない、というような曖昧な無償利用関係は近代法では受け容れられなかったわけである。これ以降、独仏のほか、わが国でも無償利用契約に関する研究は、ほとんど進展しなかったといえるであろう。というよりも、無償利用契約に対する関心、つまり、この制度の重要性についての認識がそもそもなかったといえようか。今日でも、わが民法学界の状況は基本的には変わっていない。ただし、実務家諸賢には、意外と関心がもたれているようである。

実は、使用貸借の制度史的研究は、契約法一般の研究にとっても極めて重要な意義をもっている。ことに、ローマ法では、物の「引渡し」によって、借主の返還義務を根拠づけたが（成立上の拘束力）、単に引渡しという事実のみによる拘束力ではなく、そこには「信義」（fides）が介在していたものと思われる。また、借主の責任基準が「契約利益」との関連で、元来はいわゆる「保管責任」という重たい客観的な責任基準に服し、過失責任から外れていたが、やがて主観的行為責任の基準である過失責任に取り込まれていった。さらに、元来、貸主は随時の返還請求権を有していたが、いったん一定の「使用目的」が約定されると、それが貸主の返還請求を拘束し、使用目的が達成されるまで「貸しておく義務」を負担するようになった（存続上の拘束力）。このような特徴をもった契約の沿革と規範構造の分析、つまり、「貸し借り」が事実行為から法律行為へと展開するプロセス、法律上の義務の生成と賠償責任基準の展開、さらには、それらがひとつの契約類型に収斂されていく内在的契機の解明は、法律行為一般（ことに諾成契約）の拘束力の推移や論拠を考察する場合には、避けて通ることができないものなのである（かかる知見はイタリアの学説から示唆をうけたものである）。しかし、わが国では、残念ながら、このような視点はみられない。あえて、ここで論及した所以である。今日、民法学も激動・変革の時代を迎えたが、それだけにかえって制度の歴史的視点の重要性を痛感する。いずれにせよ、「契約法の未来像」を描き出すことは、一時代の解釈論者には到底手に負える仕事ではない。

使用貸借に関する裁判例は、主として貸借の消長（解約など）をめぐるものであるが、今日においても、それほど多くの蓄積があるというわけではない。ことに、私が研究を始めた頃は（昭和四〇年代の末頃から五〇年にかけて）、最高裁判決も含めて、そこに何かの傾向が見られるという状況にはなかった。もっとも、昭和五〇年代の中頃に高名な土井晩翠に係わる下級審判決（晩翠草堂事件【四五】）が現れ、この判決は、それまでの私の研究の成果を試す格好の素材となった。「判例研究」ではあったが、ここで「長期的・継続的な無償利用」という類型を沿革と比較法的な観点を念頭において、ことさらに強調した。そのチャンスは昭和五四年の「末川民事法研究会」（民事判例研究「使用貸借契約における使用目的」仙台高判昭和五一・一二・八法時五一巻八号る。

一一二頁）で与えられたものであったが、私見の基本的な方向性のいくつかは、すでにそこで明らかにしている。

一方、親族間の無償貸借の例が、このころより増加の気配をみせて、今日までにある程度のまとまりを示しているところ、ここでは、むしろ原則的に継続的な無償利用が暗黙裡に前提とされているので、その解約・返還請求の当否が裁判所を悩ましている。

この種の長期的・継続的な無償貸借の解約論は、最近の最高裁判決（【三七】）によって、一応の抽象的な指針（経過した期間や人的状況の変化など双方の諸事情が比較考量される）が示されたので、より具体的な判断基準の形成は今後の展開に期待できよう。

ところが、親族間貸借では、貸借を導出したところの当事者間の特殊な人間関係そのものが破綻すること（いわゆる信頼関係の破壊）によって紛争が惹起されているものが少なくない。この種のケースでの解約問題では、当初の貸借の趣旨（老後の世話など）が守られていないことから（実質的には「解除」に近いもの）、かかる事情を軸にした解約規準が求められているので、「経過した使用期間」を問題とすることはできないであろう。そこで、判例では、先の準則とは別の解約規準が問題となっており、やや古い最高裁判決（【三三】）があるが、なお流動的である。

ところで、この種の長期的な無償利用は、私の立場からいえば、ローマのプレカリウム契約を彷彿とさせるものであった。大胆ではあるが、わが国の親族間貸借の紛争の実態から、逆にローマ法におけるプレカリウム契約の実像の一端を垣間見ようとした。また、本書では割愛したが、宗教関係にある当事者間での貸借にも、この種の興味深い例が散見される。無論、これは法制史的には単なる仮説にすぎない。ただ、現行法の無償利用契約については、少なくともかかる利用形態と民法典が予定した典型的使用貸借とが車の両輪となるものであるということだけは、具体的に論証できるのではないか、との思いが強くなった。本書は、かかる視点を一貫させて裁判例を分析している。

本書では、当事者双方が暗黙裡に前提とした期待・動機等の主観的な諸事情などを契約の基層において、これを「原因」と称している。有償契約には見られない当事者双方の人的関係が、契約の成立時にも存続時にも強い影響力をもつので、これを制度として構築しようとした。契約意思とは明確に区別されるものではあるが、かかる原因に応じて親族間の無償利用などが多様な形態をとることにつき、裁判例を通して明らかにしようとした。ことに、解約論では、これが直接間接に作用し、貸借の命運を左右することもあるという見解を提唱している。なお、原因という用語に抵抗があるならば、「前提」といってもよいし、また、曖昧な「目的」概念を日常用語的に使用しないで、技術用語に高めるとともに、「使用目的」とは明確に区別した上で、当該貸借の具体的な趣旨・経緯をつねに念頭において使用するならば、「契約（全体）の目的」と称することにも、あえて反対しようとは思わない。いずれにせよ、新たな解約規範の形成が求められているが、ごく最近の下級審判決には、貸借の「前提」となった重要な事情などに焦点を合わせて、解約論に意欲的に取り組む例も散見されるようになったので、将来に期待したい。

今日、「発展した市民法」は、わが国独自の解約・解消決定規準を模索している。この蓄積を的確に把握することが、解釈論者の責務である。それ故、この流れをもとに戻すような独断は許されるべきではない。

ところで、定期借地・借家制度（さらには終身建物賃貸借制度）が使用貸借法に対していかなる影響を与えるものかは、にわかに判断しがたいので、この問題はしばらく留保せざるを得ない。しかし、不動産賃貸借の方に視点をずらせば、ここでは借地借家特別法による正当事由条項（解約・更新拒絶）の解釈が主役となってきたことは、今更いうまでもない。この解約論などの位置づけには議論があろうが、私見によれば、かかる解釈論はひとり特別法レベルでの賃借権の存続・消長問題につきない。「発展した市民法」の解約決定規範がその裡に潜在する（「正当事由」にかかる解約論はその片足を市民法においている）と考えるべきである。実際、このことを同じ貸借型の契約である使用貸借法の発展の経緯から学ぶことができるであろう。たとい立法によって「正当事由」条項を剝がれても、民法が発展的に形成してきた解約・解消決定規準の合理性まで奪うことはできないはずである（この問題は別の機会に譲りたい）。

無償利用権に関する個別の研究にはすぐれた業績が散見されるものの、この方面の「著書」は皆無といってよいであろう。本書も問題のすべてをカバーしているわけではないが、重要な論点は基本的にはとり上げている。ことに従来の学説の主流は、親族間貸借に焦点を合わせているが、無償利用一般の基本構造を踏まえた上で、それとの関連で裁判例を総合的に視野にいれた研究という意味では、十全ではなかったように思われる。加えて、本書は、裁判例を中心としているものの、あくまでも本書の提示した理論的な視点を軸においているので、単なる判例の総合的な研究でもない。本書に学問的寄与があるとすれば、このような理論と裁判実務との調整にあるといえよう。

ともあれ、さまざまな裁判例の裡に内在する論理や実践的・具体的処理から学ぶべきものが多かった。この種の裁判例の「蓄積」がなければ、そもそも本書は成らなかったであろう。裁判例を多用し、ときには、執拗なほど判決をそのまま引用し続けたのも、右のような趣旨によるものである。

本書の立場は、このような今日の裁判例の現状を睨みながら、なお将来の方向性を定めかねている判例の立場を一歩前進させるかたちで理論構成したものである。無償利用の長期間にわたる制度史的な発展を踏まえた上で、一定の方向性を示したつもりであるが、わが国の判例はかかる発展段階の途上にあるともいえよう。無償利用契約については、法が用意できる装置にもおのずと限界があり、また、その半面、ある種の普遍性をもっているということなのかも知れない。

なお、本書は、既に公表した幾つかの小稿に基づいているが、著書としての体裁を整えるために、補足した部分（とくに序論と第五章）も相当あり、また、構成を変えるとともに判例を補充したところもあるが、基本的な考え方には変更はない。終期決定規範の「要件事実」論にも若干の言及はしたが、これは将来の課題としたい。念のために、初出の論文を掲記しておこう。

(1)「夫婦間の不動産無償利用関係（上）（下）」島大法学三六巻四号一頁、同三七巻一号三三頁（一九九三）

(2)「親子間の不動産無償利用関係について（上）、（中）、（中）の2、（下）」島大法学三九巻一号一頁、同巻二号一頁、同巻三号四五頁、同巻四号一一一頁（一九九五〜九六）

(3)「相続不動産をめぐる無償利用関係について（上）（下）」島大法学四四巻三号一頁、同巻四号一五三頁（二〇〇〇〜〇一）

ごく最近になって、ようやく私見の立場（類型論）を支持する見解が散見されるようになったが、果たして、この方面の研究にいかほどの学問的な寄与をなしうるものかは、諸賢のご批判をまつしかない。ことに裁判実務に何らかの指針を示し得たとすれば、望外の喜びとするところである。

なお、本書の公刊にあたり、信山社の袖山貴氏には格別のご配慮をして頂いた。厚くお礼を申し上げる次第である。

平成一三年四月

岡本詔治

目　次

第二部　親族間の「特殊の無償利用」

序　論

1　無償利用権の構造と類型

(1)　無償利用関係の多様性

判例がこれまで使用貸借として扱ってきた無償利用関係は、主体の面に焦点を合わせれば、大略、つぎのように類型化することができる。

①　友人・知人・隣人間の貸借
②　特別な縁故関係・宗教関係にある当事者間での貸借
③　親族間での貸借
④　雇用関係等、一定の身分的な法律関係にある当事者間での貸借
⑤　取引当事者間での貸借

①の場合は、その貸与の動機が単なる好意であるのが通常である。この「好意契約・貸借」は一時的なもので、存続期間は「使用目的」（工事の便のために空き地を資材置場として借用するごとし）によって短期に限定される傾向が強い。②と③については、好意貸借のこともあるが、通常は長期間にわたり継続する貸借になる。ことに親族間の無償利用は、当事者（夫婦、親子、その他の親族）、貸与の経緯や動機・目的（具体的な扶養、相続、家業の経営等）に応じて、さらに細分化が可能である。

④は、社宅や学生寮、組合事務所などの使用関係であり、ここでは解約・返還請求の前提として使用権の性質決定（旧借家法、借地借家法の適用の有無）も重要な争点となる。それぞれの当事者間の法律関係・契約内容との関係をも考慮して、その使用関係の性質、内容が判断されるべきであるが、使用貸借と構成される場合も少なくない。⑤は、所有権留保売買や譲渡担保等の担保関係で目的物を買主・債務者が占有・利用する場合や、売買・賃貸借に付帯して当事者間で無償の合意がなされる場合に問題となる。(1)(2)(3)(4)

ところで、本書では賃貸借との限界事例の分析は割愛したが、使用貸借ないし無償貸借であるということを前提としても、その使用権の性質が純然たる恩恵的な便宜使用ではなく、有償的色彩を帯びるものもあり、また、単なる利用権とはいえない形態（贈与に接近する無償利用）も散見される。これらは当事者間に特殊な関係（ことに親族という身分関係）がある場合に見られることが多いが、このことは当然のことながら、その利用権の存続などの効力に影響を及ぼすことは否定しがたい。したがって、本書では、かかる視点も念頭において判例を分析することとなろう。(5)

実際上問題となっているのは、貸借の存続・消長をめぐる紛争であり、判例は無償利用であると解すると、使用貸借と構成する傾向が強く、したがってまた、民法典の規定に依拠して解決しているが、「使用目的」が曖昧な場合には（「建物所有のため」、「居住のため」のごとし）、継続的な貸借になることが多く、この種のケースでは、判例はその具体的な終期判定基準を形成することに苦慮している。また、親族間、ことに親子間の貸借では感情的な反目に起因する信頼関係の破綻が争点となることが多いが、この場合の終了原因についても明快な判断基準はないといっても大過なかろう。

以上のような具体例の結論をみてみると、比較的短期間で終了するとされたものと、逆に長期間存続するとされたものに大別できるが、なかには贈与へ至るまでの過渡的なものないし贈与にきわめて近いものと判断されたように思われる無償利用もなくはない。上記の無償利用の類型は、かかる視点を念頭においた上で、具体例を当事者間の人的関係に即して整理したものである。

しかも、結論の差異は単に事案の差異によるのではなく、そもそも無償利用権の構造それ自体が違うのではないか、との疑問が生ずる。そこで改めて民法典にいう使用貸借の規範構造が問われることとなろう。つまり、果たして民法典はこれらすべての無償利用関係を予定していたのか、それともある特定の生活関係を前提として使用貸借という契約類型を定立したのか、という問題である。

(2) 民法典の使用貸借

債権的な無償利用権の典型例は、いうまでもなく民法典に定められている使用貸借（民五九三条）であるが、この利用権の構造的な特質や社会的な機能については、従来の学説によっては必ずしも明らかにされていない。筆者はかつて別著でこの問題に言及したことがあり、制度の沿革と比較法とを踏まえながら、民法典にいう使用貸借（典型的使用貸借）とは、主として動産について、友人・知人・隣人等、親族以外の当事者間で貸主側の好意により行われる無償利用（好意契約）を予定したものであり、したがってまた、その機能も借主側の一時的・暫定的な経済的需要を満たすことを眼目とするものである、との見解を開陳した(6)。

実際、友人間では通常は一方が相手方の窮状に同情して援助の手を差し伸べるわけであるから、短期間で貸借を終了させても格別の不合理はなかろう。貸主は短期間で取り戻せるということから安心して貸与できるし、借主もそのような趣旨の貸借であるということを自覚・覚悟して借り受けているものである。

ところが、裁判例では、ほとんどが不動産に関する貸借が問題となっているほか、親族間での紛争が主流であるので、果たして典型的な使用貸借規範が、かかる無償貸借の紛争を解決する上で、どこまで有効に機能しうるのかという点につき、当然のことながら疑問が生じてこよう。ことに親族間では相続や扶養・介護と絡む貸借も少なくないが、この種の無償利用は往々にして長期にわたる使用期間を暗黙の裡に予定されているので、純然たる好意貸借である使用貸借規範をそのまま適用してもあまり意味のあるものではない。本書の中心的な課題は裁判例の分析を通してこの難問に応えるとともに、新たな紛争解決規範を発見することにある。

(3)　親族間の無償利用

親族間の無償利用については、ここで少しく説明を要しよう。土地・建物の無償利用関係には、当事者間に特殊な人的関係（いわゆる恒常的関係）があるのが通常であるが、その典型例が親族間の無償利用であり、実際上もこの種の貸借が多数存在するものと思われる。むろん、ひとくちに親族といっても、親子、夫婦のほか、兄弟姉妹、叔父・甥等、種々の身分関係が考えられ、その人間関係には濃淡があるが、いずれにしても親族という身分的な紐帯を背景にもちながら物心両面にわたる相互的な扶助・援助の一環として、所有親族が非所有親族に対し土地・建物を無償で使用させる関係が形成され、世上その多くは当事者間の道義・努力によって（近親関係とともに）円満に維持されているものと推測される。その人的関係が緊密であればあるほど、相互に援助し合う関係（本書ではこれを「相互的援助・扶助関係」と称する）は一つのメカニズムとして機能し、贈与等の無償給付とともに無償貸借もこのメカニズムのうちに組み込まれることになる。ことに親子間や夫婦間では無償給付の交換は自然のうちに行なわれるものであろう。つまり、無償貸借というそれ自体は独自の行為も相互的援助関係のうちに包み込まれてしまうといってもよい。

しかし、ひとたびこの親族協同体的紐帯に亀裂が生じ、相互に仇敵のごとく反目対立するに至ると、相互的援助関係が崩れるので、その関係に包み込まれていた無償行為が前面に現われてこざるを得なくなり、ここで所有親族の所有意思が鮮明となるに及んで、目的不動産の返還（ないし贈与の撤回）をめぐり法的な紛争にまで発展するわけである。このように所有関係が前面に押し出されると、「所有権と利用権との対立」という構図のもとで解決されざるを得ないので、あらためて「親族間の無償貸借」の法的性質が問われることになる。

これを単なる親族間の情誼による事実的利用と捉えることができるとすれば、問題は単純である。たしかに、右に述べた親族間の無償利用をめぐる紛争の経緯の現象面だけに焦点を合せてみるならば、そもそも貸借の当時に親族間には契約意識などあるはずはない、と速断してしまうおそれもある。しかし、扶養や相続（相続分の前渡し）と絡らむ無償利用もあるので、少なくとも家族法上の法律関係との関連をどのように構成するのかという問題が生じよう。従来の学説では、親族関係という特殊性を強調する見解と、かかる特殊事情を考慮しながらも無償利用という側面を取り出してこれを財産法上の制度である「使用貸借」（民法五九三条）と構成する見解とに大別できるが、後者が判例・学説の主流であるといえよう(7)。

もっとも、ここで重要なのは、単に使用貸借と構成することではなく、親族間の不動産無償利用関係のうちに内在する規範原理を自覚的に見つけ出すことにあり、これが本書の主要な課題となることは、後述の通りである。

ところで、わが民法典がこの種の無償利用関係を予定していたかといえば、否と答えるしかない。元来、民法典（明治民法典）は現行財産法と「家」制度を基盤にした家族法とによって構成・編成されていたので、このような明治民法の立場では、親族間の無償利用なるものはかかる家族制度の中に埋没し、したがって、これを独立に評価するという法的諸条件が欠落していたし、また、社会的にもこれを独自の貸借行為と考える傾向は希薄であったといえよう。しかし、戦後における家族形態の変容には目を見張るものがある。高度経済成長期における都市化現象の一層の進展が起因となって、「家」は農村社会の構造的変革とともに内部から崩壊し、個の自立・人権の尊重が声高に叫ばれた。この時期を境として親族間の裁判例の数が右肩上がりに急カーブを描くようになったのも決して偶然ではない。今日まで親族間の紛争例が増大の一途をたどり、その争いの主体が親族・親子であるが故に、裁判所を悩ましているのが昨今の実情である。後述のように、判例が理論的に混頓とした状況にあるのと裏腹に、学説でもこの問題の重要性はいまだ必ずしも充分には認識されていないといっても大過なかろう。

ともあれ、学説・判例が右のような状況にとどまっているのは、この種の判例研究などは散見されるものの、無償利用関係の構造や機能に関する基礎的・一般的な研究が皆無に等しいという事情に起因する(8)。本書の意義をあえて探すとすれば、この間隙を埋めることにあるといえよう。

2　本書の視点と構成

(1)　本書の視点

本書では、親族間の無償利用が親族という特殊の人間関係・身分関係に直接起因するとしても、かかる身分関係に利用関係を埋没させるのではなく、差し当っては、このような恒常的関係とは切り離し、独自の貸借行為（法律行為）として法的に評価するとともに、能うかぎりこれを財産法的な観点から分析・論究することに努めた。それが紛争当事者の意思でもあるからである。あわせて、無償利用権一般の原則についても必要な限り言及し、親族間の無償利用と対比するという手法を基本としたことは後述の通りである。

このようにして独自の法律行為としての位置づけを与えた上で、一つの無償行為をめぐる紛争を具体的に解決する場合には、その無償行為が当事者間の「相互的な援助・扶助関係」の一環として行なわれることが少なくないことから、かかる関係をも視野に入れざるを得ないことは前述したが、これに加えて、一つの無償行為を取り出して観察したとき、その行為を導出した主体の具体的な動機・期待（老後の世話など）にも軽視できないものがあることに注目する必要があろう。否、事情によれば、かかる主体的な緒事情が無償行為の命運を左右することすらありうるのである。

私は、かつてこれらの種々の動機・相互の期待なる諸事実を統合して、「原因論」なるものを提唱したことがあるが、(9)ここでもかかる立場を再確認しておきたい。ことに親子間の無償利用をめぐる紛争が親子間の精神的な軋轢・葛藤に起因することが少なくないので、無償利用関係を創設した親子の精神的な思い入れないし相互の期待をどのように評価すべきかは、それ自体としてはきわめて曖昧模糊としたものであるが故に、一つの問題となしうる。伝統的な法律行為論では、それがどちらかといえば有償行為を念頭において構築されていることもあって、このような諸事情は十全には捉え切れていない。むしろ、かかる曖昧なものを意識的に払拭したところに近代法律行為論の出発点があったともいえよう。本書では、伝統的な法律行為論を堅持しつつ、右の曖昧な諸事情を積極的に再評価し、個々の無償行為の起因となる当事者双方の主観的意図等の「原因事実」を直接、無償行為それ自体に反映させることによって、いわば契約全体を支えるものとして位置づける（原因が崩れると、契約は解消する）、という視点から無償利用関係を分析している。つまり、親族・

親子間の無償利用に係る「契約（全体）の目的」との関連で原因論がとくに重要性をもつことになるわけである。

ところで、親族間の不動産無償利用契約も民法典に定める使用貸借契約（民法五九三条）であると解するのが判例・通説の立場であり、裁判例では、主として所有親族からの返還請求の当否が争われているので、民法五九七条一項又は二項が（類推）適用されているが、学説もこのような判例の立場を前提にしてその是非を論じる傾向が強いといえよう。しかし、ひとくちに無償利用といっても、友人・知人・隣人間と親族間との利用関係に大別できるし、親族間でも一様ではないことは前述した通りであり、そもそも民法典のいう使用貸借法がいかなる規範構造をもち、又それが予定している無償利用の形態はどのようなものであるのか、という視点が欠落したままでは、ここでの問題を正しく分析し、妥当な紛争解決規範を定立することはできないであろう。先述のように、現行使用貸借法は、元来は、友人・知人・隣人等、親族以外の当事者間での無償利用（しかも動産の貸借）を念頭においたものであり、ことにその構造的特質は当事者が約定した具体的な「使用目的」（又は約定使用期間）によって利用権の存続を短期間に限定するところにあると解すべきであるので、通常、右のような構造的特質を示すものではない親子間の不動産無償利用関係に漫然と民法の条文を適用してみたところで、それは結論を導びき出すための具体的な解釈基準にはならない、といえるであろう。判例・学説の混迷の要因の一つはここにあるといっても過言ではない。もっとも、個々の判決では必ずしも明確に意識されていないとしても、一連の判例の実質的価値判断の裡に潜在していると思われる解釈原理まで否定するつもりはない。むしろ、判例のうちに内在する有用な解決規範つまり無償契約の終期決定規準（以下、便宜上、「解約」規準ということもある）を見い出すことが本書の課題でもあり、判例分析が本書の大半を占めるのも、それが故である。

ともあれ、本書は、相互的援助関係・原因論をいわば横軸として無償行為・利用契約を横断的に分析するとともに、現行使用貸借法の規範構造を縦軸とし、両者の接点に立脚しながら、無償利用契約の類型に即した法的処理を試みることになろう。

加えて、これまで全くといってよいほど顧みられることのなかった使用貸借法の「社会的機能」[10]を右の理論的視角に重ね合せることによって具体的な解釈論を提唱するつもりである。

(2)　本書の内容・構成

本書は、親族間の貸借にかなり比重を置いているが、その特質を描き出すためにも使用貸借一般の解釈論にも相当な程度まで視野を拡げている。

親族間貸借、ことに親子間と夫婦間との貸借を独立して取り上げているのは、その身分関係の特殊性もさることながら、最近、この種の裁判例がかなり散見されるようになり、民法学においてもその対応が迫られている喫緊の課題であると判断したからである。

加えて、相続人の一人が相続不動産を被相続人の生前からその許諾のもとで無償利用している場合に、他の共同相続人（ないしその承継人などの第三者）との関係で、その遺産の無償使用をどのように評価するかという実務上の問題（持分をこえる占有利用が不法占拠または不当利得となるか、など）もあり、使用貸借構成を採用した最近の新判例に言及しつつ遺産分割に関する裁判例を紹介・分析した。

ともあれ、このような現代的な課題を解決する上でも、民法典の使用貸借法を常に念頭において分析することが必要不可欠であるので、まず、その現行使用貸借法の基本構造を確認しなければならないであろう。

同時に、裁判例の検討を通して、本書の視点と理論構成とを再確認することも必要となる。あわせて、本書の理論的な立場を論証するために必要な範囲内で、制度の沿革を解釈論的な視角から、簡単に取り上げている。

そこで、以上のような問題意識から、本書の構成については、一部と二部とに大別することとした。第一部では、無償利用一般の問題を理論的な面を中心として検討した上で、本書の立場から判例を分析している。ことに民法五九七条にいう「使用目的」の意義を明らかにすることに努めたが、その理論的視点を通して裁判例を分析した結果、判例の現状が本書の立場にほぼ対応するものであることを論証しようとした。

これに対して、第二部では、緊密な身分関係にある親族固有の問題を取り上げ、本書にいうプレカリウム契約という「特殊の無償利用」が、今日のわが国にも現存することを裁判例を通して確認した上で、具体的な解釈論でもかかる視角から幾つかの提案を試みた。ことに親子・夫婦間であっても当事者間の「無償合意」（通常は暗黙裡の契約意思）[11]に光を当てるとともに、所有親族が当該不動産を「家庭の住居」として提供したという行為に焦点を合わせた理論構成（一定の親族を拘束するほか、第三者との関連でも意味をもつ論法）を基調においている。

（1）　雇用関係等、一定の契約関係にある当事者での貸借については、その具体的な当事者間の法律関係に応じて（ことに当該使用規則の合理性・相当性が前提となるが）、判断されるべきものであろう。企業の「社宅」の使用関係については、判例では、とくに使用料の多寡に重点をおいて、賃貸借であることを理由に社宅の買受人に承継されるとしたもの（最判昭和三一・一一・一六民集一〇巻一一号一四五三頁）、逆に賃貸借ではなく社宅に関する特殊の契約関係であることから、その使用関係は雇用関係とともに終了するとしたものがある（最判昭和二九・一一・一六民集九巻六号七一一頁、最判昭和三九・三・一〇判時三六九号二一頁。最判昭和三四・四・一五判時五五八号五五頁も鉱員たる資格を前提とする特殊な契約関係とする)。また、使用貸借とした事例(東京地判昭和二七・四・一四下民集三巻四九三頁)もある。最近の例(東京地判平成九・五・二七判タ九五四号一五五頁)では、JRの「独身寮」について、その利用規程に規律された特殊な契約関係に基づく利用権と構成して、使用貸借ないしその類似の権利という主張(民五九七条二項の準用)を排斥したものがある。なお、この問題については、幾代・広中編『新版注釈民法(15)債権(6)』六八三頁以下(幾代)(有斐閣、一九八九)、月岡利男「社宅・公務員宿舎」水本・田尾編『現代借地借家法講座2』三一三頁(日本評論社、一九八六)などに譲る。

「学生寮」については、育英事業を目的とする財団法人が経営するケース(東京地判昭和四五・五・一九判時五九三号三頁、東京地判昭和四九・四・一五判タ三一三号二九六頁)や私立大学が経営するケースでは(横浜地判昭和六一・九・二二判タ六三八号一八五頁)、いずれも賃貸借ではなく使用貸借として、解約を肯定したものがある。ただし、国立大学の学生寮については、国有財産法の規定(一八条)の趣旨から、私法上の契約の成立は無理と解するのが(学説では私法契約説も少なくないが)、判例の一般的傾向であろう(東京地決平成九・三・二五判時一六〇五号六三頁)。さらに、「営業委託に付随した建物の無償使用」のケースでは、経営委任契約の存続に左右される(使用権に独自性がない)とする傾向が強い(札幌地判昭和五一・四・三〇判タ三四五号二八四頁、東京高判昭和五三・一・二五判時八八三号二七頁、大阪地判昭和五七・二・一七判タ四七四号一八五頁など)。最近では、旧国鉄所有建物で職場営業承認により営業許可を受けて一定の場所を使用している店舗経営者の使用権の性質が問題となった一連の事例がある。契約の目的が福利厚生事業の一環としての労務提供という側面に重点があることから、建物使用につき借家法の適用を否定した事例(神戸地判平成四・八・一三判時一四五四号一三一頁)、同じく借家法を適用しないものの有償契約と無償契約の中間に位置する継続的契約と解して、職場営業の廃止につき合理的な事情が必要であるとした事例(京都地判平成四・一一・六判時一四五四号一三六頁）などがある。なお、特殊な事案であるが、政党所有の建物に党幹部が居住する使用関係につき、賃貸借ではなく、その地位を有することを前提として「その任務の遂行を保障する目的でなされた無名契約に基づく党施設の特別の使用関係」であり、したがって、その地位を失ったときは党の要求に応じて返還しなければならないとした判決もある（東京高判昭和五九・九・二五判時一一三四号八七頁、その上告審である最判昭和六三・一二・二〇判時一三〇七号一一三頁では、除名処分に関する司法審査権限の範囲が論点となっている）。

(2)　会社内の「組合事務所」の貸与（労組法七条三号但書参照）については、労使間の協定でその内容も合意されることが少なくないであろうが、そのような場合に、たとえば「企業が必要と認めるときはその返還を求め、又は変更を求めることができる」旨の条項があっても、当然にその効力が認められるわけではない。裁判例では、かかる貸借の性質につき、使用貸借とするもの（福岡高判昭和四一・一二・二三労民集一七巻六号一四五七頁、広島地判昭和四二・三・一四判時四九七号六六頁、東京地判昭和五〇・七・一五判タ三二四号一六三頁、東京高判昭和五四・一・二九判タ三八六号一二三頁、大阪地判昭和五七・二・二六判タ四六四号一四三頁など）や使用貸借に準ずるもの（福岡高那覇支判昭和五三・六・二七労民集二九巻三号三五九頁、その上級審判決である最判昭和五四・一二・七労働経済判例速報一〇四九号二〇頁は原審判決を維持している）とする例が少なくない。しかし、使用貸借ではないとするもの（東京高判昭和五三・五・一〇判タ三七二号一二九頁）や無名契約とするもの（仙台地判昭和五五・三・二四労民集三一巻二号三〇八頁）、性質論にふれないで無償貸与されたとするもの（広島高裁平成一一・二・二五判タ一〇〇八号一六三頁）などもある。後者の事例では、解約につき「合理的な理由」ないしは「正当な事由」が必要とされているが、使用貸借構成をとる事例でも、同様に解するものもあり（前掲福岡高那覇支判昭和五三年、大阪地判昭和五七年）、また、使用貸借の解約を形式的に認めた上で、権利濫用・不当労働行為判断では、解約につき「合理的理由」があったとするものもある（前掲東京高判昭和五四年）。解約の合理的な理由としては、当該場所が企業側の事業経営にとって必要度が高い場合には、ことに代替事務所が提供されると、認められる傾向が強い。また、不当労働行為と絡むこともある（伊丹簡判昭和四五・四・二五判タ二四八号二〇五頁など）。なお、労働法学の方でも関心がもたれていることは、いうまでもない。たとえば、西谷敏『労働組合法』二五八頁（有斐閣、一九九八）は、民法典にいう使用貸借とすれば非現実的な結果をもたらすとした上で、その利用権限の性質・範囲は労働協約に根拠をもつ場合は、協約によって創設された権利義務とすることもできるし、また、使用者の団結承認義務の範囲、内容を具体化する集団的労働法上の合意でもあるといえるが、あえて契約としての性格を問われれば無名契約というしかない、とする（二五九頁）。このような視点がここで求められているものである。

（3）「譲渡担保」については、大阪高判昭和三二・三・二六下民集八巻三号六〇〇頁は、売渡担保契約当時に目的物につき使用期間を定めた約定はないとしたが、債務者の使用収益は買戻しによる所有権回復の可能性が留保されていることに基礎をおくところ、債務者の買戻権の消滅とともに使用権も消滅した、とする。一方、兄弟間の譲渡担保で、担保権者たる弟が目的物の使用を求めたという事案では、担保とは無関係の兄弟間の好意的な貸借と判示した事例がある（東京高判昭和五五・一・二三判時九六〇号四三頁）。そのほか、担保目的物の使用権については、差し当たり、幾代・広中編『新版注釈民法（15）債権（6）』八九頁（山中執筆）、岡本詔治『無償利用契約の研究』一四頁（法律文化社、一九八九）を参照。特殊な事例としては、大判大七・二・一九民録二四輯二二五頁がある。事案はやや不分明のところがあるが、概ね次のようなものと推測される。XはYとその子Aに対する債権の任意弁済にかえてA所有の係争土地建物を競落したが、親族の情誼により債務を弁済すれば何時でも係争不動産をYに売却することとし、「債務完済資力の充実する時期到来まで」係争不動産の無償使用を許諾したようである。Xが建物の明渡し等を訴求したが、原審はこれを右の時期が到来するまで存続する「使用貸借契約」であると認定したため、Xが、そのような不確定な事実を期限とすることはできない、などとして上告したところ、大審院は、「債務完済の資力充実というが如き不確定なる事実の到来に至る迄存続すべき旨を約すること妨ぐるものにあらず」とした。本件は、当初から逆譲渡を約定していたわけではないようなので、「譲渡担保」とはいえないが、結果的には、担保関係が形成され、債務者が債務を弁済し受け戻すまでの間の無償使用関係（ただし、この無償は恩恵的なものであろう）が問題となっている。
（4）　賃貸借と付帯して無償使用が許容される場合にも使用貸借と認定した事例が散見される。この種の事実類型では、使用貸借は賃貸借関係の消長に左右されるのを原則としよう。たとえば、長野地飯田支判昭和三九・九・四下民集九巻九号一七五五頁は、旅館を賃借りした経営者が、旅館と利用上一体の建物を貸主の所有地上に建築所有した場合に、その敷地の使用貸借は、旅館の賃貸借の消滅によって終了すると判示。東京地判昭和三二・一一・二〇下民集八巻一一号二一四四頁は、家屋の賃貸借の場合に、家屋の使用の必要上その敷地につき（その付属施設にも）使用貸借関係が成立し、賃貸借と運命を共にする、と判示。最近では、東京地判平成六・一〇・一四判時一五四二号八四頁は、借家の隣室を荷物の一時保管場所としてのみ使用する目的で無償使用が許容された場合につき、これを使用貸借として、その用法違反や賃料不払い等の事情に基づいて信頼関係違反による解除を肯定している。本件では、用法違反による使用貸借自体の解除も認められているが、賃貸借が解除されれば、当然にその解除も認められるべきものであろう。ほかに宅地の賃貸借と付随してその借地から出入りするために通行目的で貸主の土地を無償使用するケースが散見される。これについては岡本詔治『隣地通行権の理論と裁判』五五頁以下（信山社、一九九〇）を参照のこと。なお、通行を目的とする独自の無償契約の成立が認定された事例もある。これが好意に起因するものであると、比較的解約が認められやすいが、特殊な事情に起因すると継続性をもつこととなろう。
（5）　使用貸借と賃貸借との限界事例については、差し当たり、幾代・広中編『新版注釈民法（15）債権（6）』一六三頁以下（望月・水本執筆）が簡潔にまとめているので、それに譲る。
（6）　親族間の無償利用をめぐる一般的な問題点については、加藤永一「親族間の不動産利用」奥田ほか編『民法学7』一九八頁（有斐閣、一九七六）を参照のこと。加藤教授も使用貸借説を支持している。学説の状況については、後に詳論する。

(7)　ただし、無償行為一般については、広中俊雄教授の一連の業績がある。差し当っては『契約とその法的保護(増補版)』(創文社、一九八七)、『契約法の研究』(有斐閣、一九七〇)など参照のこと。具体的な解釈論については、於保不二雄「無償契約の特質」『契約法大系一巻』七五頁(有斐閣、一九六二)が必読の文献である。また、最近では、武田和彦「無償契約論序説」法律論叢六一巻六号九九頁(一九八九)も参考となる。無償利用契約については、岡本詔治『無償利用契約の研究』(法律文化社、一九八九)が制度の歴史と規範構造に言及している。使用貸借一般については、山中・前掲注(2)八一頁以下、吉田克巳『民法コンメンタール⒀契約3』六〇一頁以下(第六節「使用貸借」)(ぎょうせい、一九九一)。使用貸借の解約問題については、後藤泰一「使用貸借の解約――使用貸主の『必要性』に関する基礎的考察」信州大学教養部紀要(人文科学)第二三号一頁(一九八九)、同「使用貸主の予見しなかった必要性と使用貸借の解約」同大学紀要第二四号二五頁(一九九〇)(私法五二号一四七頁)、同「民法五九七条二項但書の類推適用による使用貸借の解約と金銭(立退料)の提供――大阪高裁平成二年九月二五日判決を中心にして」同大学紀要第二七号(一九九三)一七七頁が貴重な文献である。実務家の研究としては、とくに笹村将文「不動産使用貸借の終了事由について」判タ九〇六号四頁(一九九六)が重要であり、簡潔ではあるが、判例・学説をほぼ網羅的に分析しているので、これも参考となる。その他、藤村眞知子「不動産の使用貸借」不動産研究第三一巻一号五五頁、村田博史「不動産使用貸借論序説」『民法学の新たな展開』(高島教授古稀記念)五七九頁(成文堂、一九九三)などがある。

(8)　とくに本書「第六章」と「第七章」を参照のこと。岡本詔治「財産分与・遺産分割と生涯無償利用権」『谷口知平先生追悼論文集・第一巻家族法』三九一頁(信山社、一九九二)は、生存・残留配偶者の居住利益につき理論的に分析している。

(9)　椿寿夫編『講座・現代債権と現代契約の展開第5巻』(日本評論社、一九九〇)「無償契約という観念を今日論ずることには、どういう意義があるか」三一頁(岡本詔治執筆)。なお、本書と視点を異にするが、無償契約における動機ないし目的を重視する立場にある最近の研究として、岸上晴志「契約の目的についての覚書

（1）（2）完」中京法学一六巻一号五二頁、同二号七七頁（一九八一）、武田・前掲注(7)九九頁、及び森山浩江「恵与における『目的』概念―コーズ理論を手掛かりとして」九大法学六四号一頁（一九九二）が注目される。これら近時の学説の動向を的確にフォローし、かつ好意的に評価するものとして、大村敦志『典型契約と性質決定』九二頁以下（有斐閣、一九九二）がある。

(10) 「有名使用貸借」の社会的機能については、すでに岡本詔治「使用貸借契約における使用目的」（判批）法時五一巻八号一二一頁（一九七九）において簡単に言及している。

(11) 使用貸借の場合、その契約の成立が明示か黙示かは、通常、目的物が借主に引き渡されているので、特に問題とはならない。ただし、訴訟上の主張・立証責任については、注意すべきことがないわけではないが（伊藤滋夫『要件事実の基礎』一三一頁以下、有斐閣、二〇〇〇）、たとえば、貸主の明渡請求に対して借主が「明示合意」のみを主張することはまず考えられないので、この種の主張・立証責任で借主が敗訴することは、通常ないであろう。

第一部　一般の無償利用

第一章　無償利用権の沿革と規範構造

一　民法五九七条にいう「使用目的」

不動産の無償利用関係一般の裁判例は、そのほとんどが利用関係の存続・消長をめぐる紛争例である。これに関する民法典の対応は、「契約ニ定メタル時期」に返還すべきことを定めるが（民法五九七条一項）、この種の無償利用ではこれまでのところ契約書が作成されることはまずないので（緊密な当事者間の人間関係がかかる法的手法の利用を妨げる）、期間が約定されることもなく、したがって、「契約ニ定メタル目的ニ従ヒ使用及ヒ収益ヲ終ハリタル時」（同条二項本文）か、又は約定の使用収益の終了する前であっても、「使用及ヒ収益ヲ為スニ足ルヘキ期間ヲ経過シタルトキ」（同項但書）に返還すべきことになる。しかし、右条項にいう使用・収益の目的（以下「使用目的」と略す）とは何を意味するのか、また、使用・収益をなすに足る期間とはいかなる場合を予定して立案されたのかについては、従来ほとんど明らかにされることなく今日に至っている、といっても大過ない。それが故に、漫然と、居住のために建物が貸与されたり、居住目的の建物を建築所有するために土地が貸与されたような場合に、何をもって「使用目的」と解するかについては、これまで裁判所は随分と悩まされてきた。仮りに居住のため、あるいは居住用建物の所有のため、という抽象的な目的を使用目的だと解すれば、居住の継続、建物所有という事実があるかぎり、いつまでも（居住しなくなるまで又は建物が朽廃するまで）使用目的が達成されることはなく、かくては半永久的に無償利用が温存されることとなり、通常、そのような帰結は何人もこれを容認できないはずである。逆に、使用目的が約定されていないとすると、約定期間の定めもないので、このような場合には民法典は「何時ニテモ返還ヲ請求スルコトヲ得」と定めていることから（同条三項）、この結論もまた承服しがたいことになる。そこで従来の判例は、一方では、より具体的な「使用目的」を捜し求めてこれを基準に解決したり、建物所有や居住がその使用目的であるとした上で、そのような使用目的の達成については言及せず、長期間無償利用が継続してきた事情を捉えて、使用・収益をなすに足るべき期間が経過したかどうかを論点として、貸主の返還請求の当否を判断するという解釈論などを採ってきたといえよう(1)。

しかし、問題は単純ではない。右のような使用期間とは全く無関係に、無償利用を導出した主観的動機等の諸事情（原因事実）が前面に出てきて、契約全体を左右する場合もあり（借主が貸主側の老後の世話という期待を裏切るごとし）、この場合にも民法五九七条二項ないし二項但書を適用又は類推適用する先例も少なくない。学説ではかかる類推適用の趣旨についてすら争われている。判例・学説の状況は後に譲るとしても、すでに早くから鈴木禄弥教授の次のような鋭い指摘があり、参考とされねばならないであろう。すなわち、「使用貸借による土地利用のあり方が――賃貸借の場合に比べて、その無償性のゆえに――より具体的に限定されるべきだ、という意味でなら、正当であろう。しかし、使用貸借の『目的』という言葉が『貸主がなぜ無償で貸したかの理由』の意味（それは、通常、使用貸借契約の縁由にすぎない）で用いられているとすれば、借主側の土地利用の目的を指すべきだった言葉が、いつのまにか貸主側の目的（賃貸借でいえば、賃貸の目的は、地代をとることだ、ということになる）を指すことになって、不正確といわざるをえないだろう」(2)と。

かかる指摘それ自体は本書の視点とも共通するものがあり、その洞察力には驚かされるが、問題はこのような視点をも踏まえて終期決定規準一般についていかなる解釈論を展開させるのかが、われわれの緊要な課題である。

いずれにしても右の課題を実現するためには民法典にいう使用貸借法の基本構造、ここでは差し当たり民法五九七条の規範構造をまず確定しておくことが不可欠の前提作業となろう。一般に、そこにいう「使用目的」、「使用をなすに足るべき期間」なるものが、ややもすれば日常用語的意味で使用される傾向が強いこともあって、混乱に輪をかける状況ともなっているように思われるので、なおさらその感を深くする。

二　制度の沿革

1　ローマ法

同条二項にいう「使用目的」は使用貸借関係の存続（使用期間）を限定するという法的意義をもつものであることは、制度の沿革、立法趣旨、および規定の位置から考えても、また理論的に分析しても、疑問のないところであり、ここでは沿革を踏まえたうえで、この問題を検討してみよう。(3)

元来、ローマの古代期（十二表法時代）では、使用貸借は社会的に独自の行為として存在していたが、契約保護を享受しなかったところ（この当時では、目的物を返還しない借主には罰的・破廉恥な損害賠償責任が課されたものと思われる）、ローマの前古典期（紀元前三世紀〜紀元直前まで）において、目的物を返還しようとしない不誠実な借主に対処するため、目的物を取戻すための訴権（actio in factum）が貸主に与えられた。この法的保護は法務官による特別の保護であって目的物の不返還のみをサンクションできたにすぎず、借主側の保護はなく、したがって、貸主は随時に返還請求をなしえたことになる。[4] 古典期（三世紀中葉まで）に入ると、契約法の発展もあって、貸主が「一定の使用目的」で貸与すれば（たとえば建築用具を一定の建物を建築するために貸与するごとし）、その目的を達成するまでは(建物が完成するまでは)、貸主は目的物の返還を請求できないという拘束をうけるに至った（actio in jus）。つまり本来、貸主が有している随時の返還請求権が制約されることになったといえよう。その趣旨は、こうである。

使用貸借は貸主の「恩恵と善意」に起因する行為ではあるが、いったん「使用目的」を定めて貸与したかぎりは、借主もこれに信頼をおいてみずからの生活を積み重ねていくのであるから、使用目的の達成の有無を問わず、いつでも自由に返還を請求できるというのでは、結局は「好意が欺むかれる」ことに等しい、と考えられたわけである。[5]

しかし、このように使用目的によって貸主を拘束する(貸しておく義務を負担する)としても、かかる拘束がいつまでも継続するならば、これもまた貸主側の「好意」と矛盾しよう。使用貸借は貸主の「恩恵と善意」に起因するものであるので、随時の返還請求権がいわばかかる行為の背後に潜在しているといってもよい。したがって、ローマ法では、右の「使用目的」なるものは、一定の期間が経過すれば必らず達成できるものでなければならず、しかも動産が念頭におかれていたので、きわめて短期間で成就されるものであった。すなわち、使用目的と使用期間の経過とは裏腹の関係にあったわけである。その主体も通常は友人・知人・隣人であり、親族間の無償貸借の例はローマの法文では皆無といってもよい。このようなローマ法の立場では、使用目的（又は使用期間）の定めのない無償利用は、使用貸借上の訴権では保護されないので、それは使用貸借契約（commodatum）ではなく、単なる事実利用にすぎなかった。なお、「使用収益をなすに足るべき期間」

なる条項はローマ法には存在しなかった。存在しなかったのは、ローマの「使用貸借契約」では、そもそもかかるルールを必要としなかったからであろう。当事者間の信義が共同体的秩序のもとで比較的強力に目的物の利用と利用後の返還とをコントロールしていたものと思われる。この条項がいかなる趣旨で付け加えられたかは、後述する。

ところで、使用目的（又は期間）の定めのない無償利用契約がローマ法には存在しなかったのかといえば、決してそうではない。ローマ法はこれを「プレカリウム」と称し、その制度の長い変遷は別著に譲るが、(6)もともとは「保護者」による「庇護民」に対する無償の土地貸与として生成し、一定の保護（占有保護と不当利得法上の保護）を経験したのち、古典期では売買などの取引行為の付款的な位置を与えられるなど、大きく変貌を遂げたが、なお貸主側の「許容」による（したがって、不法ではない）事実的利用にすぎなかったところ、ユスティチアヌス帝時代には契約保護（無名契約）を享受するまでに発展している。(7)このプレカリウム契約は、使用貸借契約によって保護される無償利用関係の実体とは質を異にし、おそらくはその制度の沿革から推測して親族間・宗教上の縁故関係等、特殊・緊密な人間関係にある当事者間でなされたものと思われる。法制度的には、使用目的の定めがないので「貸主の請求次第いつでも返還しなければならない」という特質をもつが、逆に使用目的の定めがなく、借主側の利用期間が使用目的の成就というかたちで制約されることもないので、当事者間の人的関係が維持されている限り、無償利用も永続性をもつことになろう。プレカリウムが継続的な無償利用関係であったことを推断させる論拠がなくはない。このような無償利用が永続すると借主側が時効により「自分の物」になったと主張するおそれもあるが、プレカリウムであるとされると、かかる時効取得が排斥されることになっている。プレカリウムの一つの機能が時効取得を排斥することにあったということから、その利用が継続性を前提にしていたと推知しても不当ではなかろう。

加えてしかも、プレカリウム契約は、物の「引渡し」によって成立する契約とされながらも、ユ帝法では「要物契約」とされていない事実が重要である。使用貸借等の要物契約の本質的特徴は、ローマ法では「引渡し」とともに受領した目的物の「返還義務」であった。(8) つまり、使用貸借は一時的な利用関係であったのに対して、プレカリウム契約ではかかる返還義務が必ずしも予定されていなかったということから、その永続性が推知できよう。ことに、ローマの法文ではプレカリウム契約と「贈与」との区別が論じられており、(9) その実質的な利用関係が所有関係に近いものであったと考えることも可能である。現代法でいえば、夫婦・親子間の無償利用のなかにこの種のプレカリウム契約に相当する利用形態を見い出すことができよう。

2　近代法

近代法でも使用目的の定めのある無償利用だけが使用貸借契約であった。フランス民法典では、使用目的の定めのない使用貸借については定めがないし、これに遡るプロイセン一般ラント法やオーストリア民法典は、使用目的（ないしは使用期間）の定めのある貸借のみを使用貸借であると規定し、(10) 使用目的（ないし使用期間）の定めのない無償利用を「プレカリウム」（ALR. I. 21. Art. 231, Art. 232; ABGB. Art. 974）と称して両者を峻別している。また、この「使用目的」の達成と関連して、「使用収益をなすに足るべき期間」条項が登場（スイス債務法とドイツ民法）し、日本民法典にも採用されている。この条項は、たとえば、ある小屋を建てるために建築用具が借用されたとしよう。「当該小屋を建築するため」というのがここにいう「使用目的」である。この程度の小屋であるならば一週間もあれば十分に建つということは、通常は当事者間でおのずと判明する。ところが、借主がいつまでも建築行為に着手しないで放置していると、右の「使用目的」が達成されないまま、右用具が借主の手もとにおかれることになり、貸主も「使用目的」が達成されたことを根拠にしては返還を請求できなくなろう。タダで借用したならば速みやかに返還すべきことは一般の通念でもあり、好意をうけた者のマナーでもある。しかし、このような倫理観に頼るだけでは十全ではないと考えられ、不誠実・怠慢な借主に対するサンクションとして、たとえ「使用目的」を達成しなくとも、これを達成するのに客観的に必要な期間（右の例では一週間）が経過すれば、貸主は返還請求できる、という規範が定立されたわけである。[11]したがって、この条項（日本民法五九七条二項但書）が適用される前提としては、当該の無償利用に「使用目的」の定めがあること、かつその使用目的には使用期間の存続を限定しうる機能が内在していること、この二点が指摘されねばならないであろう。つまり、「使用をなすに足りる期間」の判断の決め手となる基準は、存続を明確に限定しうる「使用目的」である、ということになり、したがって、本来的には右の使用期間は契約成立当時にすでに客観的に明らかになるものであって、この意味で右の条項は具体的・客観的に明快な「終期決定規準」となりうるものである。今日のわが国の判例がしているように、使用目的が漠然としていることから、いつまで存続するのか判然としない場合に、使用した期間のほか、当事者の諸利害を比較衡量して右の返還請求の当否を決める、という趣旨では決してないのである。実際、かかる利益衡量のための基準・手順は右法文の但書のどこにも提示されていないのであり、むしろ判例みずからがそのような手順を創造している（純粋な利益衡量）ともいえよう。

一方、使用目的の定めのない無償利用はどのような運命をたどったであろうか。前述のように、プロイセン法・オーストリア法では、これをとくにプレカリウムと称していたが、その無償利用の中身については定かでない。おそらく、単なる事実利用ないしそれに近い利用関係で、利用の実体は使用貸借のそれと同質のものが念頭におかれていたのであろう。ドイツでは、普通法時代に使用貸借とプレカリウムとが明確に区別されていたものの、その識別基準が各人各説の観を呈していた（継続的利用説や贈与説もあった）ところ、[12]結局、ドイツ民法典の編纂過程でプレカリウムは「随時に撤回できる使用貸借」として使用貸借法に吸収された。[13]わが民法典（五九七条三項）はこのドイツ民法典と同様の立場にある。したがって、継続的な無償利用ないし贈与に近い無償利用に関する規定は現行使用貸借法のなかには存在しないことになる。

3　日本民法典の制定経緯

現行使用貸借法は基本的には右のローマ法・近代法の成果を採り入れているが、ドイツ法と同様に、「使用目的」および期間の定めのない無償利用契約をも使用貸借そのものであるとしたため、伝統的な使用貸借法の特質がやや曖昧となり、このことも今日の解釈論が不透明な状況にある一つの要因となっている。

それはさておき、民法典の起草者は、建物所有のための土地の無償利用については地上権が利用されることを期待していたので、[14]不動産では主として建物を念頭においていたことになるが、立法当時、建物賃貸借ですら厚い保護を享受していなかったので、建物使用貸借に動産使用貸借の原則（ことに「使用目的」でその存続を短期に限定する規定）を適用したとしても、格別の不都合はなかったであろう。実際上も、この当時では親族間の紛争よりも親族共同体の外にある当事者間での紛争が主流であり、この場合の無償利用では期間又は特定の使用目的を定めて貸与するか、そうでなければ随時の返還請求を留保するのが通常であろう。[15]いずれにせよ、友人・知人・隣人間の無償利用は民法五九七条一項ないし三項で処理できたはずである。

しかし、親族間の貸借では特異な形態をとるものも少なくない。たとえば、前述の建築用具の例を応用してみよう。父が経済的に独立している子に対して右用具を貸与したとしよう。とくにある小屋を建築するためという目的ではなく、父がいくつか所有するうちの一つを自由に使用してもよい、という趣旨で手渡した場合には、子は自分の家に借用した建築用具を常時おいておくことができ、必要に応じてどのような目的にも使用することが許されよう。利用の実態はあたかも所有者として利用しているに等しい。事情によっては、父から返還請求をうけるという事態にはならないかも知れないし、また、贈与をうける（相続する）こともありえよう。しかし、何らかの事情で（親子間の感情的対立で）、突然、父がかつて貸与した建築用具の返還を要求したときには、現行法の下では、直ちに返還しなければならない（民法五九七条三項）。動産の場合にはいつ返却しても格別の支障はないかも知れないが、たとえば子がその建築用具を現に使用して建築しているとか、あるいは営業上必要な用具になっているとかの事情があれば、同条三項を適用するのに躊躇が生じよう。権利濫用で子を救済しても、それではいつになったら父は返還請求できるのか、という問題が残されるので、そのような処理はできるだけ避けるべきである。そうだとすれば、結局、父と子との目的物に対する必要度等、さまざまな諸事情を総合的に勘案して、返還請求の当否ないし返還の時期を判断するしかなかろう。実際、この種の無償利用では、終期決定機能をもつ具体的な使用目的の定めがないので民法五九七条一項・二項は適用しえないし、さりとて同条三項も右に述べたように適用できないことも出てくるわけである。土地・建物の無償利用ではそれが生活・営業にとって重要不可欠となるのが、むしろ通常であるので、なおさら民法五九七条では処理しきれないともいえよう。つまり、現行民法典が予定していない無償利用契約が存在するということになる。前述したローマ法上のプレカリウム契約に相当する貸借であるが、近代民法典には採用されなかったものである。

4　旧民法と現行法

(1)　ボアソナードの提案（継続的な無償利用）　ところで、ここで重要な歴史的事実を指摘しておかねばならない。実は、わが旧民法典に、「継続的な無償利用契約」に関する規定が一ヶ条用意されていたのである。

旧民法・財産取得編二〇〇条二項

「返還時期ヲ定メス且物ノ使用カ継続ス可キモノナルトキハ裁判所ハ貸主ノ請求ニ因リテ返還ノ為メ相応ナル時期ヲ定ム」

ボアソナードがこの原則をいったいどこの国の民法典から承継したのかは必ずしも明らかではない。仏・独・伊等のヨーロッパ諸国の法典には見あたらないからである。ただし、管見のかぎりであるが、当時のイタリアのコンメンタールには、この種の継続利用に言及したものがあり、著者Borsariは、これをブレカリウムと称していた。[16]また、ドイツ一九世紀法学のなかにも継続的な無償利用（ブレカリウム）を指摘する学説もあった。おそらく、ボアソナードが当時のこれらの学説の影響をうけていたものと思われるが、いずれにせよ右の「原則」は彼の創見になるもので、比較法史的にみても特筆に値する規定・制度であったといえよう。

ボアソナードは、他方で、使用貸借とは「明示又ハ黙示ニテ定メタル時期ノ後」に返還する契約である（旧民法財産取得編一九五条）とし、使用期間の定めのあることが使用貸借の本質的要素と解しており、明確にかかる「継続的無償利用」とは峻別していたことを、我々は銘記しておかねばならないであろう。実際、右の

「黙示の使用期間」とは「使用目的」から推知される期限のことであるので、「使用目的」に代えて直接「使用期間」を前面に押し出したのは、彼が使用貸借の「存続の限定」をいかに重視していたかを如実に示すものであるが、このような立場それ自体は、ローマ法・近代法における使用貸借の基本構造をよりいっそう明確にしたものであると評価することができよう。すなわち、約定の「使用目的」と「使用期限」とは、いわば楯の両面の関係にあったわけである（なお、後掲の裁判例【二】【三】を参照のこと）。しかしその反面、黙示という擬制を通しても、なお使用目的なるものが使用期間を限定できない場合につき、右のような原則を創設したのは、かかる古典的な使用貸借法では捉えきることのできない特殊・異質な無償利用関係の存在を彼が確信していたことの証左であろう。もっとも、この種の継続的な無償利用についてはその存続を限定しうる具体的な基準は示されず、ボアソナードにも妙案はなかったので公平の観点から裁判官が個別具体的に判断すべきものとされたように思われる（ただし、右法文は解約を前提とした上で、やや「返還時期」に固執し過ぎているようだが）。今日の判例が苦慮するゆえんである。

(2)　起草者の立場　現行法の起草者は、使用貸借の定義から「使用期間」に関する文言を外し、これを契約の効力のなかに位置づけ、「使用目的」によって存続を限定するという伝統的な立場に戻ったが（「当事者ガ返還ノ期日ヲ極メナイ場合ニ於テモ自ラ時期ガアルト云フ主義ヲ採ラナイ即チ裁判所ガ時期ヲ定メルト云フ主義ヲ採ラナイ」）(17)、使用目的も使用期間も定めのない貸借をも使用貸借としたため（民法五九七条三項）、古典的な使用貸借法の規範構造を変容させるとともに、右の継続的な無償利用に関する原則についても、「公益ニ関係ノナイコトハ成ルベク當事者ニ極メサスト云フ方針」から「裁判所ノ干渉ヲ認メナイコト」を根拠にして、格別の理由もなくこれを全部削り取ってしまった。(18)

他方で、五九七条の「使用目的」については次のように説明している。

「多クノ場合ニハ當事者ガ返還ノ時期ヲ定メテ置クカ或ハ目的物ノ性質ニ依テ返還ノ時期ヲ定メテ置クカ或ハ使用ノ目的ヲ定メテ置クカ或ハ目的物ノ性質ニ依テ使用ノ目的ガ定マッテ居ルト云フ場合ガ多カラウ目的物ノ性質ニ依テ使用ガ定マッテ居レバ第二項ニ依テ使用ノ終ル時マデ返還ヲ請求スルコトガ出来ヌ大抵イツモ第一項第二項ノ規定ガ適用サレルノデアッテ第三項ノ規定ハ滅多ニ適用サレヌ若シアッタラ仕方ガナイ借主モソレハ初メカラ覚悟デ借リタノデアルカ或ハ卒忽デアッタカドチラカデアリマシノダカラ是レデ宣カラウト云フ考ヘデアリマス(19)」

右の起草者の趣旨説明から判断すると、必ずしも「使用目的」の法的意味を正しく理解していたとは推断できないであろう。むしろ、現行法五九七条三項の適用は滅多にないという判断と、「目的物ノ性質ニ依テ使用ノ目的ガ定マッテ居ルト云フ場合」も少なくないと述べていることから、目的物の用法と使用目的との区別が曖昧で混然としていたようにも思われる。このことは「継続的な使用」に関する説明からも窺知できる。すなわち、議長(箕作麟祥)が、「返還ノ時期ヲ定メス且物ノ使用カ継続スヘキモノナルトキ」(旧民法二〇〇条二項)の例として乗馬の貸借を挙げ、「いつまで乗っていてよいか分らないというときはどうなりますか」と質問したのに対して、起草者(富井)が、こういう場合は目的物の性質によって使用目的が定まっているのが普通であり、そういえない場合はいつでも返還請求ができる、と応答しているが(20)、議長はこの答弁では満足せず、さらに次のような質疑と応答が繰り返された。

議長（箕作麟祥君）「継続シテイツ使用ヲ止メルカ分ラヌ始終馬ニ乗ルヤウナ人デアレバ――詰マリ使用ノ目的ハ定マツテ居ラヌ時期モ定マツテ居ラヌト云フ場合ニ裁判ニ依ツタラドウ云フ風ニ此精神ヲ解シマスカ」

富井政章君「例ヘバ役所ニ馬ニ乗ツテ往クコトニ極マツテ居ルヤウナ場合ニハ一年間ト云フヤウニ多クノ場合ハ極マツタコトガ多イト思フソレガ言ヘナイ場合ハ仕方ガナイ(21)」

起草者の説明は答弁としてはきわめて不十分であって、「使用目的」の定めがないときにはどうか、と問われたにも拘らず、事実の問題として使用目的から存続期間が判明する（もしくは使用期間が定まっているのが普通である）と応答するのは、問をもって問に答えたといわれても止むを得ないであろう。もっとも、まさしく事実上は、友人間の無償利用では、ことに動産については、右のような処置がなされたとしても、不当な結果にはならなかったであろう。しかし、継続的な無償利用に関する原則が現行法に承継されなかったということは、規範レベルでは、この種の原則が欠落していること（法の欠缺）にほかならないのであって、同時に、このことは現行の五九七条一項、二項の規範的特質、その内在的限界を裏から論証することになろう。

今日の判例が、親族間の無償利用について、相当な無理を承知のうえで、民法五九七条二項を適用ないし類推適用しているように思われるが、それは、右のような視点が欠落しているからにほかならない。継続的な無償利用に同条を適用してみたところで、そこでの原則は具体的な結論を導びくための有用な基準とはなっていないのである。ごく最近の最高裁判例（【三七】）が、この点に関する解約の準則を強調せざるをえなかった所以でもある（この問題は後述に譲る）。

(1)　判例の理論状況については、後藤泰一「民法五九七条二項但書の類推適用による使用貸借の解約と金銭(立退料)の提供」信州大学教養部紀要(社会科学)二七号一七七頁(一九九三)及び笹村將文「不動産使用貸借の終了事由について」判タ九〇六号四頁(一九九六)が詳しい。

(2)　鈴木禄弥『借地法(上)(改訂版)』一四六頁(青林書院、一九八〇)。

(3)　無償利用契約(使用貸借とプレカリウム)の沿革と理論上の問題については、すでに岡本詔治『無償利用契約の研究』(法律文化社、一九八九)で論究している。本書ではそれを利用しながら解釈論の立場から簡略化して叙述したものである。

(4)　岡本・前掲注(3)一〇二頁、とくに一一六頁以下。

(5)　岡本・前掲注(3)一四四頁、とくに一五八頁以下。

(6)　岡本・前掲注(3)七一頁以下、一二八頁以下、一九五頁以下。

(7)　プレカリウムはつぎのような発展を経験している。端緒的には(十二表法時代)、主従関係にある当事者間(パトロン・貴族と庇護民)での農地の貸借関係(事実上の利用)にとどまり、パトロンはいつでも自由に農地を取り戻すことができたが、前古典期では、旧来のプレカリウムは、社会的・経済的・政治的変革によって消失した後、自営農民が富裕層から農地を担保に借金をするさいの信託質(譲渡担保)の付款として、再現した。古典期では、プレカリウムの適用範囲がつぎのように拡張し、また動産も可能となった。①　売買で売主が所有権を留保する場合。条件論が未成熟であったため、プレカリウムを付すと売主は自己の立場を確保できた。買主も占有訴権保護を享受した。②　信託質(非占有質)のほか、質(占有質)の場合にも質債務者が一時的に目的物の返却を受けるとき、債権者がプレカリウムを利用した。債務者が担保目的物を危うくしたとき、迅速に取り戻すためである。③　家長が家子に物を託すが、なお所有権を断念しない場合にプレカリウムを利用した。事実上の贈与になる。④　役権的プレカリウムの生成。相隣者間で地役権の成立は避けるが、事実上それと同じ内容の行為を許容する。

その後、古典期後では、使用貸借契約との類似性が議論されているので、この時期では、プレカリウムが独自の社会・経済的機能をもつようになってきている、との推測が可能である。ユ帝期では、プレカリウムは、一方では、条件論が成熟したので、①は不要となり、また、信託質の衰退とともに②も消滅したと考えられている（この点は再吟味の必要がある）が、他方で、ついに独自の無償契約にまで成長している。しかし、物の引渡しによって成立する契約でありながら、要物契約とはされず、それとは別の無名契約として位置づけられている。おそらく、その利用権の実質は所有権的利用であり（ただし役権的プレカリウムは例外）、特殊な縁故関係（宗教・親族等）にある当事者間でなされ、また精神的ないし物質的な「お返し」が強く期待されていた貸借である、と思われる。当時の学者が贈与との類似性を語るのはそのような事情によるのではないか、と考えられる。

ところが、他方で、「自由な撤回可能性」がプレカリウムの本質的特徴と解されてきた。しかし、この特質はプレカリウムが取引行為の付款として機能するようになった段階ですでに無くなっていたとする見解もある（Kaser）。たとえば、売買の存続中は自由に撤回できないからである。ともあれ、任意返還ではなく、借主が不誠実な行為をしたときなどには、貸主はいつでも目的物を取り戻しうると解すべきであったと思われるが、近代の学説では、ローマの法文に形式的に依拠したため、一般にプレカリウム「契約」は自由に撤回できるとの解釈が定着し、この点において使用貸借（使用目的・期間によって貸主を拘束する無償利用）との区別が形式的・概念的に論じられてきたわけである。本書では、本文に述べたように、「プレカリウムの実体」に光を当てたつもりである。

（8）　岡本・前掲注（3）一八二頁、二九六頁以下。
（9）　岡本・前掲注（3）三〇〇頁。
（10）　プロイセン一般ラント法第一巻第二一章第二三〇条「返還の期限がそれ自体としてまたは当該利用の種類（Art）もしくは目的（Zweck）を介して定められることは、使用貸借契約の本質に属する」（ALR. I. 21. Art.

230: Es gehört zum Wesen dieses Vertrags, da die Zeit der Rückgabe entweder in sich selbst, oder durch die Art, oder den Zweck dese in geraümten Gebrauchs, bestimmt sey.)。

オーストリア一般民法典第九七四条「期間も利用目的も定められていないときは、真の契約ではなく、拘束力のない好意貸借(プレカリウム)が成立し、貸主は貸与物を何時にても返還請求することができる」(Art. 974: Hat man weder die Dauer, noch die Absicht des Gebrauches bestimmt; so entsteht kein wahrer Vertrag, sondern ein unverbindliches Bittleihen (Prekarium), und der Verleiher kann die entlehnte Sache nach Willkür zurückfordern.)。詳しくは、岡本・前掲注(3)三五〇頁、三二八頁を参照のこと。

(11)　わが国の起草者も、使用目的の定めがある場合に、借主が「イツ迄モ打捨テ居ツテ使用ヲ終ラナイト云フ場合ニ貸主ガ手ヲ束ネテ居ラナケレバナラヌト云フコトデハ是亦甚ダ不都合」であるので、使用をなすに足るべき期間が経過したときに返還請求ができる旨の規定をもうけた、と説明している（法典調査会『民法典編纂議事速記録』三二巻七三丁表（富井））。

(12)　岡本・前掲注(3)三六五頁以下。プレカリウムの形式的な特性のみが一人歩きしたといえよう。

(13)　岡本・前掲注(3)三七九頁、三八四頁。

(14)　岡本・前掲注(3)四二二頁。

(15)　たとえば、東控判大一三・一一・六評論一三巻商六七五頁では、紙加工販売業のための物品の使用貸借（共同事業者間の貸借）が問題となっており、また、大判大一三・五・九新聞二二七四号一八頁では、土地の使用貸借で貸主が「必要なときには何時にてもこれを返還すべき特約」をしていたことの事実認定がなされている。約定期間の定めのあるものとしては、事案はほとんど不分明であるが、「借主の死亡まで」（大判昭和九・一一・三〇法学四巻四九五頁）、「借主の長男の成年に達するまで」（大判昭和一一・六・五法学五巻一五〇一頁）とする事例などがある。

(16)　Borsari, Commentario del codice civile italiano, vol. 5, 1881, p. 118.

(17) 法典調査会『民法典編纂議事速記録』三二巻五二丁表。
(18) 岡本・前掲注(3)三九八頁、四一三頁を参照のこと。
(19) 法典調査会・前掲注(17)三二巻七九丁表・裏。
(20) 法典調査会・前掲注(17)三二巻七九丁裏。
(21) 法典調査会・前掲注(17)三二巻八〇丁表。

第二章　使用貸借法の再構築

前章までに言及してきた問題意識と視点から、無償利用関係について従来の学説がこれをどのように構成してきたかを検討してみよう。

学説では、使用貸借または無償利用権について一般的にその構造的特質を検討したものはほとんどない。せいぜい賃貸借と比較される程度である。これに対して親族間の無償利用関係の特質については、いくつかの重要な研究が散見されるので、この方面の学説の状況をまず明らかにしておこう。つぎに、裁判例では使用貸借の解約問題（民法五九七条の「使用目的」の解釈）が論点となっていることもあって、従来、学説もこの問題を中心に議論しているが、学説が果たして同条の趣旨を正しく理解しているかにき批判的に論及した上で、私見の立場から、使用貸借契約の基本構造と無償利用権一般の構造的特質を解明してみたいと思う。

一　学説の現状

1　無償利用関係の法的構成

(1)　扶養構成

この方面の先駆的・代表的な研究としては、やや古いが田村精一教授の論文が[1]、まず指摘されねばならない。同教授の主張は大略つぎのようなものである。親族間の不動産無償利用は世帯的利用と世帯外親族間の利用とに大別されるが、前者は「本来家族生活に含まれている所の、生活関係に外ならない」ので、契約とは質を異にする（強いて法的に構成すれば「広義の扶養関係」である）が、後者は親族関係を基礎とする「利用関係が存在する」[2]。このような利用関係は使用貸借であるが、「共同体的な紐帯を媒介とするゆえに、権利義務の範囲を明確にするような契約によって設定されるものでない所の、すぐれて事実上の使用関係として現われる。従って、その法的処理にあたっては、使用貸借として取り出された法律関係を再び復元して、背後にある共同体的な紐帯を評価し、考慮しつつ、妥当な結論を得るために使用貸借規定を解釈適用する必要に迫られる」[3]とし、右の親族共同体的紐帯とは、具体的には「扶養共同体」であることを当時の判例の分析を介して確認している[4]。

このような教授の立場はその後の学説にも好意的に受けとめられており、本書の視点とも共通する部分がないではない。しかし、かかる無償利用が使用貸借として法的に構成されるとはいうものの、「事実上の使用関係」という表現が何度も使用されているように、利用関係それ自体を積極的に評価しようとする姿勢はない。「無償利用契約」であるが故に契約法の規律に服させるというよりも、むしろ利用関係は扶養関係に包まれており、利用関係に焦点を合せれば、それが無償であるので、使用貸借規定をいわば借用するというのに近いといっても大過なかろう。そこで「親族間の不動産利用は親族という紐帯を基礎として設定される所の、すぐれて扶養的機能をもった対等の対価関係のない使用関係である」と結論づけられる[5]。

しかしその反面、扶養的機能を強調して「無償使用という犠牲を〔所有〕親族に強いることは許されない」ことから、あくまでもこの種の利用は「例外的な一時的なものであり、何れは市民法的な貸借関係に移行すべきもの」である、という[6]。

要するに、田村論文によれば、親族間の不動産無償利用関係は扶養的機能をもつので、その存続・消滅はかかる親族共同体的紐帯を考慮して個別的に判断されるが、決して継続的な無償利用（継続的な扶養）として保護されるべきものではない（事情によっては使用貸借より容易に解消されることもある）[7]、ということになろう。

かかる見解は、いうまでもなく本書の立場からは是認しがたいので、いくつかの批判を加えておこう。まず、不動産のような重要な財産の無償貸与は本来的に一時的なものであるべきだという基本的姿勢について論じよう。教授は、賃貸借と使用貸借とを対比させ、商品交換社会では使用貸借は例外的・暫定的な目的の貸借になるという従来の学説を援用して、親族間の無償利用にもかかる視点を推し及ぼしているが、現実に存在する無償利用が民法典にいう使用貸借でなければならないとするならば、それは論理の転倒である[8]。

また、そもそも現行の使用貸借法が予定している無償利用の構造的特質を明らかにしないまま、その規範構造を、ただ無償利用であるが故に、そのまま親族間の無償利用にも適用する、という姿勢も安易にすぎよう。また、教授の立場では、独自の利用契約という視点がなく、扶養関係に無償利用関係が包み込まれていることから、扶養が何らかの原因で廃止されると、無償利用関係はいわば裸の状態に陥り（これが教授のいう「事実上の使用関係」という意味であろう）、容易に解消させられる。否むしろ、原則的に解消し、借主はせいぜい一般法理で救済されるにすぎないことになろう。しかし、このような帰結が不当なことは今更いうまでもなかろう。利用行為を前面に押し出せば、扶養関係の解消は契約の解約に際して斟酌される一事情にとどまるので、当事者間の目的物に対する必要度等の諸事情を比較して妥当な結論を導き出すことが可能となろう。

ともあれ、田村論文には無償利用を類型化するという視点がないこともさることながら、自説が依拠する

「扶養」なるものについても、それが被扶養者の自活能力の欠如を前提とする観念であるが故に、これのみでは親族間の無償利用の特質を明らかにすることはできないし、また今日の判例を分析するうえでも(教授の論文は昭和三〇年代前半の判例に依拠する)、世帯的利用を契約外利用と断ずる点をも含めて[9]、もはや適切な指針とはなりえないといっても大過なかろう。

ところで、教授の右の見解には時代背景的な制約・限界があったように思われるが、その後、教授は、不動産無償利用関係について、その背後に身分上の権利義務関係（扶養義務）が抽象的・具体的に存在する場合のほか、契約当事者間に契約内容となりうる身分法上の権利義務関係が存在しない場合にも言及し、後者の場合には他人間の契約と基本的には同様に処理すべきであって、居住の保護についても「親族関係の存在という要素を過大に評価することはできない」ことから、契約の解釈にあたっては、親族関係は単に一つの要素としてのみ考慮すべきであるとするとともに、判例も同様の立場であるかのように論述している[10]。

親族間の不動産利用関係が独自の利用契約となりうる場合のあることを肯定した点は評価すべきであるが、この場合には一転して、その背後にある親族関係の特殊性を軽視するというのでは、無償利用契約をトータルに把握できない。「扶養義務の存否」にのみとらわれて、無償利用関係の構造的な分析にまで踏み込めなかった結果であろう。

もっとも、親族間の不動産無償利用関係の法的特質を積極的に描き出すことは容易ではなく、これまでのところ学説の主流は使用貸借か否かというレベルの議論にとどまっている。

ある説では、親と未成熟子間のほか、直系血族および同居の親族間の無償利用は、扶養的要素が強いので使用貸借に基づくものではなく、「扶助義務の履行として、その使用関係が成立する」とし、かかる扶養的側

面から所有親族の明渡請求が制約をうけ、その共同生活を害するような仕方で返還請求をなしえない、と解する。(11)

(2)　使用貸借構成

これに対して、多くの説は、使用貸借であることを当然のこととして解約問題、対抗力問題などを論じているといってもよい。(12)しかしひるがえって、現行法の規定がそのまま親族間の無償利用にも適用されるのか、と問われれば、必ずしも詳らかではないのが現状である。これを裏からみれば、親族間の無償利用を使用貸借一般のなかに位置づけ、せいぜい事案の特殊性に応じて解約問題等を処理すれば足りるとする考え方が、その底流にあるのであろう。後述のように、それが今日の判例の立場でもあり、むしろ学説が漫然とかかる判例を前提にして立論してきたといった方が当たっているかも知れない。

もっとも、このような消極的立場には飽き足らず、不動産の好意的な無償利用関係を有償利用権ないし借地権と同じように保護しようとする見解も散見され、(13)当事者間の身分関係、貸借の動機・経緯の諸事情との関連ではそのように解すべき場合もありうることから、一つの論点を提供したものと評価できなくはない。しかし、これを一般論として主張しているようであるので、そうだとすれば、かかる見解は有償契約と無償契約の構造的把握を充分に理解したうえでの立論とは思えないのみならず、当事者の意思・意識とも社会通念ともかけ離れていることから、将来とも大方の支持を得るのはまず無理であろう。

(3)　無名契約構成

ところで、親族間の無償利用関係の構造的特質に気が付いているように思われる学説もなくはない。たとえば、石田喜久夫教授が兄弟間の例をとりあげて次のように述べているのが注目される。戦後でも農村では長男が単独で遺産を承継することが一般的であったが、その際、遺産の形成に寄与した二男などには、居住建物を建築する際、長男がその敷地となる土地を無償で提供することが少なくなかった。この場合、通常、当事者間には明確な契約意識がなく、贈与とも使用貸借ともいいがたい面もあるが、二男の家産形成に対する有形・無形の出捐の見返りとして無償供与がなされているので、二男が死亡して代が変ったということから、使用貸借規定（民五九九条）を適用して貸借が終了すると解するのは背理である。もっとも、長男もいつまでも無償の利用関係を存続させる意思はなかったと推測できるので、「代が変われば無償の利用関係は有償のそれに転化する」とみるのが妥当である、と。(14)

賃貸借に転化するという論法(15)はしばらく措くとして、兄弟間の貸借で、それが実質的に有償であるならば、民法典にいう使用貸借ではない、という指摘は重要であり、少くとも兄弟間では右のような土地の無償利用は継続性・永続性をもつことになろう。本書の立場からいえば、この種の無償利用は「プレカリウム契約」にほかならない。わが国でもこのような特異な無償利用の存在が認識されていることは、本書にとってはまことに心強いかぎりである。

他方で、加藤一郎教授は、親子間の無償利用については、「特別の無名契約」であるとの原則論をたて、当事者の意思を推測しつつ合理的な処理方法を個別的に検討し、そのなかで使用貸借の規定の類推適用を考えていくのが妥当であるとされる。たとえば、親子の宅地使用関係では扶養・同居を前提ないし条件としていることが少なくないので、このような場合には、その期待が裏切られ信頼関係が失われたときには、目的物の返還を求めることができる、とする。しかし、通常は子はその宅地を相続することができるので、ふつうにいけば返還問題は生じないことから「継続使用が原則として予定されている点では強い力をもつ」ことになる、という。[16]

ともあれ、わが国の学説のなかにも親族間の無償貸借の規範構造を積極的に明らかにしようとする一連の動きがあり、石田・加藤両説によって「無名契約」としての位置づけが与えられるようになったといえよう。[17]このような性格づけは、奇しくもローマ法における使用貸借（commodatum）とプレカリウム（precarium）との位置づけに対応するように思われるが、両教授の鋭い現実感覚を如実に示すものであろう。しかし、この種の無償利用関係の構造的特質はいまだ十全には明らかにされていない。そもそも有名使用貸借それ自体の構造なり機能を明確なかたちで把握しないでは、右の論究も対症療法的な結果に終るのではなかろうか。本書が民法五九七条の規範構造をとくに取り上げたゆえんである。

2 無償利用契約の解約法理

前述のように、使用貸借をめぐる紛争の核心は返還請求の当否にあるので、理論的にも民法五九七条二項にいう「使用目的」の解釈が争点となっている。議論の焦点は「使用目的」の定めがないか若しくはそれが曖昧な場合の理論構成であって、[18]学説は「混迷状態」にあり、なかには解釈論として問題のある見解もみられるので、まず従来の学説を検討してみよう。

(1) 高島説・広瀬説

かつて、高島良一判事は、「民法の使用貸借において予期されている使用・収益の目的とは、不動産についていうならば、たとえば、一時、興業のための小屋を架設するため、その敷地として使用するとか、展覧会のために建物を使用するというように、使用貸借において借主のうける利益の内容が具体化されていることが必要であると解すべきであろう。けだし、その利益内容がこの程度具体的に表示され、これを目的として使用貸借の合意がなされた場合には、これによって、貸主の返還請求権が制約を受けても、いちじるしくその権利を害することにはならないからである。[19]」とし、親族間の宅地の貸借で、具体的な使用目的が協定されていない場合には、扶養的要素を考慮に入れて返還請求を制約すべきであって、[20]地上建物の朽廃するまでというような「使用目的」によって貸主の解約権を制限するのは、「使用貸借のほんらいの法的構造をくずすことになる」と主張していた。[21]

この見解は、使用貸借契約における「使用目的」の法的意義を明確に捉え、かかる原則を親族間の不動産利用関係に漫然と適用すると、使用貸借の基本構造が崩れる、との立場を表明しており、きわめて注目すべきものであった。前述したように、制度の本来の趣旨を見事に把握していたからである。しかしながら、高島説は、親族間の無償利用を扶養関係に取り込んだため、右の注目すべき指摘をも含めて、その後の学説に強い影響を与えることができなかった。ただし、学説はこの高島説の長所を維持しつつ右の難点を克服するような工夫を積み重ねるべきであったろう。

一方、広瀬論文は、「借主に対する好意から貸主が特別の理由を明らかにしないで、建物所有のために土地を貸与したりまたは居住のために建物を貸与した場合には、土地に建物を所有することないし建物に居住することそのものが使用収益の目的として—黙示的に—定められているとみられるのではあるまいか」とし、ただ、借主が現実に使用収益している場合には、使用収益をなすに足りる期間が経過したものと認めることはできないし、さりとて借主の任意返還を期待することも難しいので、「使用貸借が無償であり、貸主の好意による法律関係であるから、貸借関係が成立した後相当の期間が経過した場合には、貸主に解約権を認めるのが公平の理念に合する[22]」と主張した。

広瀬論文は、「居住の目的」というような抽象的な目的を民法五九七条二項所定の「使用目的」に含ませてしまったが、それでは貸借の存続を限定しうるものが何も出てこないので、「相当期間が経過した場合」に解約権が生ずる、との新たな判断基準を提示し、これを同条二項本文ではなく但書の問題としたわけである。しかし、居住目的・建物所有目的を「使用目的」に含ませたのは大きな誤まりであり、ここにいう「使用目的」とは、広瀬論文自体が引用した岡村玄治の著書が明らかにしているように、「契約又は目的物の性質によって定まった用法をいうものではなく、借用を必要とする特別の理由[23]」を指すものでなければならないからである。しかし、同条二項但書を適用しようとしたのは、明らかに広瀬論文が同条一項にいう「使用目的」の本来の意義を意識していたからであり、岡村説を引用したのも、その故であろう。

(2)　来　栖　説

ところが、来栖三郎教授は、この広瀬論文の立場をさらに大きく乗り越えるような見解を主張した。教授は、土地と建物との貸借を区別した上で、従来の判例を分析し、これらに触発されながら、建物の貸借で一番問題となるのは期間の定めのない「居住のための家屋の貸借」であると述べたのちに、従来のいくつかの判例が「居住という使用目的」を認定して相当期間経過したときは民法五九七条二項但書に該当することを理由にその終了を認めたのは不当であり、このような場合には、むしろ「五九七条二項本文の契約で定めた使用収益の目的が、相当期間は無償で居住させるにあったというべきであろう」という[24]。その根拠は、五九七条二項但書では、「使用目的」が達成されなかったにも拘らず、その目的の達成に必要とする期間が経過した場合が予定されているところ、この種の居住目的の使用貸借では借主が相当期間の無償利用を現実に享受すれば、それで当事者が定めた使用収益の目的を達成したと考えるべきである、というところに求められているようである。他方で、宅地の貸借に関する教授の所説はややわかりにくいが、(25)通常は建物所有を使用目的とするものであるところ、問題はいつ使用収益を終了したかであり、その建物が現存する場合には、建物の朽廃するまで土地を使用させる趣旨と解すべき場合もあるが、逆に長期にわたって使用させることを許容していない貸借であることもあり、かかる場合には、居住用の建物の貸借と同様に契約で定めた使用目的が相当期間使用させることにあったと解すべきである、(26)と主張しているように思われる。

いずれにせよ、来栖教授によれば、約定の使用目的が具体的に認定できるときには、民法五九七条二項又は但書で処理することはいうまでもないが、それが曖昧な場合には、使用目的の定めがないとすると何時でも返還できることになるので借主の地位が不安定となり、逆に、単に居住目的・建物所有目的が使用目的であるとすると、居住が継続している限りいくら長期間を経過しても貸主が返還請求できなくなり、これまた貸主に酷なことがあるから、右のような解釈論が提唱されているわけである。この限りでは広瀬論文と軌を一にするが、「相当期間」無償で使用させることが「使用目的」そのものであるとした点が目新しいところである。教授のいう「相当期間」とはかなり短期のものが予定されているように思われ、この論法で処理されるべきものとされた具体例は大半そのような事案である（貸借の期間が三年、五年、六年および一〇年である）。(27)そうとすれば、本書の立場に近いともいえよう。

しかし、「使用目的」の構成に関して、「相当期間」というかたちで「期間」を前面に押し出すのは、高島・広瀬論文で認識されていた「使用目的」の本来の意義から大きく外れてしまうことになろう。もし教授の立場にあるならば、同条二項ではなく、約定使用期間の満了を貸借の「終期」と定める同条一項の適用とみた方が、解釈論としては正しいのではないか。現に来栖説に従いながらそのように解するやにみえる説（後掲の三宅説）もある。ここにいう「使用目的」とは目的物に係る具体的な利用の目的を指すのであって、そのような利用目的（何のために借用するのか）が貸借の存続（期間）を一定範囲に結果的に限定することになるのである。つまり、「使用目的」は「相当期間」に貸借を限定する機能をもつにすぎないのに、「相当期間」という当初から期限を切ってしまう趣旨のものが「使用目的」のなかに組み入れられるのは、それ自体として自家撞着に陥いることになろう。しかも、「相当期間」といっても、それは所詮、諸事情を総合的に考慮して判定せざるを得ないので、「使用目的」の達成（ないし達成可能な期間）という本来的には客観的・一義的に明瞭であるべきはずの判断基準に異質のもの（利益考量）を持ち込むことにもなろう。民法五九七条二項本文は、同項但書とは異なり、元来は「解約」を前提としない単なる終了時期を定めているにすぎないことにも留意しなければならない。そもそも「建物所有」を宅地使用貸借の「使用目的」と解するのも問題であった。それは宅地の単なる利用の種類にすぎないからである[28]。

要するに、「相当期間」の無償貸借であるということは、契約全体の趣旨・目的から（貸主側の事情等をも含めて）判断されるべきことであるのに対して、ここにいう「使用目的」は借主側の「利用の目的」をいうのであるから、両者が混沌としているところに、解釈論としては問題が残されているといえよう。

(3)　山中説と三宅説

来栖説は他の学説にも強い影響を与えており、たとえば、山中康雄教授は、民法五九七条二項についても来栖説に従うほか、二項但書は、「契約締結後の事情により、二項本文の相当期間より早く、使用貸借を終了させるべきだと考えられる場合」を規定しており、「ただ但書は、その一場合である。但しそれ以前といえども使用及び収益を為すに足るべき期間を経過したときの場合だけを明文に表現したものと解する」と主張する。[29] したがって、同条二項本文と但書との適用については来栖説と逆になる場合もあることを具体例を通して検討している。かかる山中説によれば、いっそう規定の本来の趣旨から離れ、全く新たな原則が創造されたともいえよう。現行法の規定を前提にしてそこまで解釈論を拡げうるものか、はなはだ疑問であることのほか、この見解も民法五九七条二項・但書の紛争解決規範としての機能を著しく減殺することになろう。やや極論すれば、山中教授みずから指摘される通り、「相当期間」の判断には諸般の事情を総合的に考慮しなければならないのであるから、[30] 同条二項に依拠しなくとも解約の相当性を公平の観点から判断すれば足りる、というに等しいのではないか。

一方、三宅教授は、宅地の貸借について、それが建物所有を目的とするのは当然で、これを「使用目的」と解するのは疑問であり、むしろ契約で相当期間を定めたと解し同条一項を適用するのが「直截簡明」だが、それが無理とすれば二項本文を適用すべきであるとして、来栖説を援用している。[31] 宅地の貸借が建物所有を目的とすることは当然である、としたのは尤もなことである。これは、単なる土地の用法・利用の種類にすぎない。同じく、居住用の建物について「居住目的」が「使用目的」というのも、あまり意味のあることではなかろう。三宅説は来栖説を援用しながらも、結果的には来栖説の矛盾・問題点を鮮明に描き出しているのであり、これを克服することが、本書の課題でもある。[32]

いずれにせよ、学説が混迷状態にあるのは、民法典にいう「使用目的」の歴史的・理論的意義を正しく認識していないことに起因するものといえようか。

二 「使用目的」の意義と「原因」論（私見）

以上が現在までの学説の到達点である。残念なのは、前節**1**で紹介した学説（無償利用関係の構造把握）と同**2**で紹介した学説（「使用目的」の解釈論）とが有機的に結合していないことであろう。両者を統一的に把握しないまま別個に論じてきたが故に、とくに前節**2**で取り上げた学説の展開に限界が見られる要因となっているのであり、解釈論としてもその手法に疑問のある学説も散見されることは前述した。判例の分析にあたっても、単に外面的な共通性を引き出して類型化するというのでは、かえって混乱に拍車をかけることにもなりかねない。ここで求められているのは、民法典にいう「使用目的」の意義を正しく認識したうえで、これを一つの判断基準として一連の判例のうちに内在する規範原理の発見に努めることでなければならない。

そもそも、右の「使用目的」なるものが、使用貸借契約の終了時期を決定する基本的かつ具体的な基準であり、本来的には客観的に明快で一義的な判断基準であるということ自体についても必ずしも十分には認識されていない状況にあるようにも思われる。本書はすでに個々的には右のような視点から論究してきたが、ここで全体的に無償利用契約の構造とその解消・解約問題について言及し、判例分析のための指針を示しておくことにする。

1 「使用目的」の意義

思うに、民法典にいう使用貸借は貸主の好意に基づく（したがってまた、借主の一方的利益の）無償利用であるので、その存続が短期間に限定される貸借が予定されており、これを担保しているのが民法五九七条にいう「使用目的」（ないし約定期間）である。それが故に、この使用目的とは「借主側が何のために借りうけたのか」という利用の具体的な目的を指し、単なる目的物の用法をいうものではない。ましてや、貸主側がこの無償利用を介して得ようとした利益・期待は一切捨象される。このことによってはじめて、右の「使用目的」が有名使用貸借の直截的・具体的な終期決定基準となりうるのであり、これが長い歴史的推移のもとで近代民法典に定着した使用貸借法の基本構造でもある。

加えて、かかる近代使用貸借法の構造的特質は、それが果たすべく期待されている社会的機能によって支えられていることをも看過してはならない。すなわち、使用貸借と対をなす賃貸借では、契約主体がみずからの経済的需要を究極的かつ完全に充足せんがために取引関係に入るものであり、商品交換社会ではかかる有償行為が主流となることはいうまでもないが、この種のギブアンドテイクの論理が働らかない生活領域の存在も否定することはできず、そこでは非物質的・倫理的衝動（愛情・憐憫・好意等）に基づき、ことに借主の窮状を打開せんがために貸主が無償利用権の供与という援助の手を差しのべることとなる。したがって、このような援助を交換経済の観点から眺めるならば、暫定的・一時的な経済的必要を満たすためになされる利用権の委譲というかたちにならざるを得ず、有名使用貸借はかかる社会的機能を果たすことを期待された法的形式といえよう。有名使用貸借の主体が友人・知人・隣人等、親族共同体の外にある当事者であるのも、このことと照応するのである。利害の対立する商品交換社会のなかにあって、円満な社会生活を営むうえでの、いわば潤滑油として作用するものであり、賃貸借では果たしえない機能を担っているわけである。

したがってまた、右のような有名使用貸借法の規範構造と社会的機能との関連で民法五九七条二項にいう「使用目的」を理解しなければならない。つまり、本書が何度も繰り返し述べてきたように、それは短期間で達成しうる目的であることを必要とし、借主が当該使用目的に即して利用を徐々に実現して行くならば、おのずと達成されるものなのである。おのずと達成されることが貸主にも予期できるので、無償ではあるが他人に安心して貸与できるし、借主もまたそのような趣旨で借用していることを覚悟できるわけである。友人・知人・隣人間の無償利用では、このような必ず達成しうる客観的に明瞭かつ一義的な「使用目的」によって存続を限定することこそが、かえって当事者間の合理的意思にそうものであり、かつ公平にもかなうのである。いつ返してもらえるか不明瞭なままで、いったい誰れが他人に好意を与えることができるであろうか。

このことを裏からみれば、知人・友人間等の貸借では、「居住のため」とか「建物所有のため」とかの存続を限定しえないような抽象的な使用目的の無償利用は通常考えられないといわねばならないであろう。余程、特別の事情でもなければ不動産のような重要なる財産を漫然と貸与することはないであろうから、具体的な「使用目的」（または不確定な期限）を探せるはずである。これは契約の解釈の問題であるが、貸与の経緯、当事者の動機等の諸事情（原因事実）から使用目的が推知できるものである。来栖教授が「相当期間」無償で貸与することが使用目的であると評価した判例も、私の立場からいえば、具体的な「使用目的」が見い出せるものである（ただし、親族間の貸借ではない事例）ことは後述する。

もっとも、友人間等の無償利用でも当事者間に緊密な人的関係・恒常的関係があると、その「使用目的」が継続的性質をもつこともありうる（その主張・立証責任は借主が負担する）。たとえば、いわゆる「土井晩翠」事件（【四五】）では建物（晩翠草堂）所有のための土地（晩翠の所有）の貸借であったが、それが晩翠の業績を顕彰するという目的でなされていたことから、借主が晩翠の業績の顕彰を継続しているかぎり、かかる使用目的はおのずと達成されるという帰結には至らないであろう[33]。このような無償利用では契約全体の趣旨から解約の当否を判断しなければならず、民法五九七条二項の問題ではないといわねばならない、仮りに、右の目的ですでに一〇〇年近く利用を継続してきたが、裁判所がこの貸借を終了させてよいとの実質判断を下した場合を想定してみよう。借主側はいまだ右の目的で利用を継続しているので、五九七条二項本文を適用することは難しい。そこで、現在の判例の立場では同項但書（「使用収益ヲ為スニ足ルヘキ期間ヲ経過シタ」）を適用することになると思われ、このような処理は、同項但書の文言を独立して取り出せば、日常用語的には違和感が生じない。しかし、前述したように、同項但書は、いうまでもなく本文との関連で理解しなければならないのであって、「使用目的」を達成するのに必要な期間という意味であることから、約定の「使用目的」なるものが契約時に明らかでなければならないのと同様に、右の期間も契約の当初から客観的に明らかな期間であることが必要とされている。このように解してはじめて右但書の規範が終期決定基準として機能しうるのであって、また貸主も安心して無償で貸与できるわけである。ところが、右の事例では、その使用目的なるもの（契約の当初）から判断して一〇〇年程度の期間の貸借である、とは誰もいえないはずである。つまり、この種の継続的な使用を目的とする無償利用では、結局、契約成立以後の諸事情をも考慮して解約を判断せざるを得ないであろう。同但書は「使用目的」が存続を限定しえない継続的な貸借では機能しないものなのである。だからこそ、ボアソナードもかかる無償利用については「裁判所ハ貸主ノ請求ニ因リテ返還ノ為相応ナル時期ヲ定ム」とするしかなかったわけである。この規定それ自体は返還時期を前提としているので、返還のための予告期間という面が強く、返還（解約）の当否の基準という色彩は弱いとしても、今日の判例も実質的にはこの法文と同じ処理をしているといえよう。ただ、その適用条文が民法五九七条二項但書である、というところに問題があり（ただし背理だというつもりはないが）、右の条文は実質判断・結論を導びくための具体的な終期判定基準になっていないといっても大過なかろう。

他方で、「使用目的」が見い出せない貸借では、いつ解約されても止むを得ないことになる。かかる無償利用は建物・宅地の貸借では通常考えられないが、たとえば、筍を採取するために無償で土地が貸与されたが、無償であることに特段の事情もなく、また何のために（使用目的）筍を採取することが許容されたのか明らかにならないような場合が、これに該当しよう(34)。

それでは親族間ことに親子間の無償利用ではどのように考えるべきであろうか。親子間では、友人間の貸借とは異なり、居住用建物・宅地の貸与であっても、「使用目的」が約定されるのはむしろ異例であり、また契約の原因事実からそれを見つけ出すことも決して容易ではない。親子間の「相互的援助関係」は一つのメカニズムとして機能することが少なくないので、この種の場合には、無償利用の供与はかかるメカニズムに組み込まれ、単に暫定的・一時的な経済的必要のために行われるのではないからである。むしろ、逆に一定の完結した経済的需要を充足させる趣旨でなされることが多く、このような場合には、無償利用は機能的には賃貸借と類似の作用を果たしているといえるのではなかろうか。このことは、贈与が親族間での財貨交換の機能を果すという事実と照応している。また、無償利用が継続性をもてばもつほど、それが贈与に接近することにもなる。したがって、この種の無償利用関係においては有名使用貸借に固有の終了基準である「使用目的」の働く余地がないといわねばならないであろう。しかし、親族間の無償利用であればその貸借が永続性をもつべきである、とは一概にいえない。いかなる内容の契約かは契約全体の趣旨から個別的に判断せざるを得ないが、漫然と土地・建物が貸借された場合には、貸借の経緯、使用期間、目的物に対する必要度等、当事者双方の諸事情を総合的に考慮したうえで、貸主側に解約権を認めるべき場合もあろう(35)。つまり、借主側は賃貸借でいう「正当事由」条項によるほどの強い保護は享受しないとしても、ここでの無償利用が賃貸借類似の機能を担っている限り、貸主が返還請求すれば直ちに解消されるというのは穏当を欠くので、「相当な理由」という解約規準を設定することによって、解約の当否を検証すべきであろう。

ところで、親子間の無償利用では往々にして単に継続的であるというだけではなく、そもそも当初より返還が予定されていないものもある。当事者間の関係が円満に維持されるならば、贈与・相続を介して所有権に昇格する利用形態であり、本書はこれを「所有権的利用」（プレカリウム契約）と称してきた。後述のように、わが国の判例においても、この種の無償使用関係の存在が確認できる。この場合も、「使用目的」によって、かかる無償使用の存続を限定できないことは、右の特性から明らかであろう。ただ、この種の貸借には、貸主である親側の期待（老後の世話など）が絡まっていることが少なくない。このような主観的動機・目的は親子であるが故にかえって明確にされないのが通常であるが、本書はこれを「原因論」として構成し、契約の成否、効力に影響を及ぼしうるものとなる、と解していることは前述した。しかし、かかる立場にあっても、貸主側の期待それ自体をここにいう「使用目的」と解するのは無理がある。当該建物・宅地を「何のために借用したのか」という借主側の「利用の目的」がここにいう「使用目的」であるので、親の期待である老後の世話を「使用目的」と解釈することはできないからである。ところが親子の相互的援助関係に亀裂が生じ、親の右の期待が裏切られた場合、なお親子間の無償利用関係が維持されねばならないのかという問題が生ずる。この問題は、これまで述べて来た解約論とは次元を異にし、学説もこの点についてはすでに気が付いているので[36]、次に節を改めて論究することにしよう。

2　「原因」の崩壊と解約・解消論

学説が、民法五九七条（二項）以外の解約事由に関心をもつようになったのは、主として最高裁昭和四二年一一月二四日判決（民集二一巻九号二四六〇頁）（【三】）に起因する。最高裁は、長男が父母所有地上の建物を所有して家業を経営し、その収益で父母を扶養するほか、あわせて自活能力の乏しい弟妹にもその恩恵に浴させることになっていたところ、さしたる理由もなく老父母に対する扶養をやめ、弟妹とも往来を絶ち、相互に仇敵のごとく反目対立し信頼関係が地を払うに至ったという事案で、民法五九七条二項但書を類推適用することによって右土地の使用貸借の解約を認めたが、学説は、その結論を支持するものの、右の類推適用論には一般的に批判的であったし、また、実質的には「解除」（債務不履行）を認めたに等しいとの評価も少なくなかった。たとえば、森教授は、右類推適用の意味を問い、判旨は使用期間（約一一年間）を全く問題とせず、扶養等の目的がほとんど達成できなくなったことから解約を認めているので、但書そのものとは直接関係のないその他の事情によってのみ判断しており、「類推適用」とはかかる意味に解すべきである、との評価を加え、このように約定の目的の具体的内容が達成できなくなった場合でも、貸主による解約が認められてさしつかえない、と主張していた[37]。また、平井宜雄教授は、五九七条二項但書の立法趣旨から、同条は契約の目的に従った使用収益がなされていることが前提となるので、そもそも契約の目的自体に反した土地の使用が行なわれている本件のような場合は右但書が予想しているケースではない、とするとともに、むしろ扶養という「負担」が長男に課されている使用貸借と構成すべきである（本件では債務不履行となる）、と批判する[38]。さらに鈴木教授は、長男が扶養をやめることが何故に同条但書に準ずることになるのか説明不足であるが、ただ、使用貸借の目的が扶養であったのに、それをやめたので解約が認められるというのが本判決の趣旨であり、「それを根拠づけるのに完全に適切な条文がないので、五九七条二項但書の類推という技術を用いたもののように思える」と解していた。[39] 鈴木教授は、この問題が「法の欠缺」に起因することを明確に把握していたと言えよう。

このように貸主側が無償で貸与した主観的目的ないし動機、あるいは期待が裏切られ、それが貸借そのものの命運を左右するような場合には、民法五九七条自体によっては処理できるものではない、との実質判断が学説の底流にあったといえよう。これを契機にして学説では、最高裁昭和四二年判決の論評の域を超え、さらに使用貸借契約の解約（ないし解除）法理一般の構築に弾みがかけられたといってもよい。もっとも、この問題については、最高裁昭和四二年判決以前でも、広中教授は、借主が貸主に対する法律上の義務を不履行することによって使用貸借の基礎をなす「信頼関係」が破壊されたときには「解除」できる、と解釈していた。[40] しかし、法律上の義務不履行の場合にだけ制限する根拠は必ずしも明らかでないし、また何をもって法律上の義務とするかは無償契約の場合には判然としないことも少なくない。そこで他の学説はより広い解約理由を模索している。

たとえば来栖教授は、使用貸借が継続的債権関係であることから、雇用規定を準用し、「これ以上契約関係を継続することを当事者に期待するのが無理な事情があるときは」、「已ムコトヲ得サル事由」（民法六二八条）に基づき広く一般的に使用貸借の解約を認めるべきであり、最高裁昭和四二年判決（【三二】）の事案では民法五九七条二項但書の類推適用は不適切であり、右の事由によって解約を認めうる、と主張した。[41] このような解釈論も可能ではあるが、何故に有償契約たる雇用の規定を使用貸借に準用するのか、必ずしも判然としないほか、この説では契約成立以後の事情しか考慮できないことになろう。さらにいうならば、やむをえない事情により解約できるのはむしろ当然であって（そのような場合でも解約できないという事情が問題となすに値する）、あまりにも漠然としているので、これでは解約の根拠を提示したことにはならないであろう。
加藤一郎教授は、広中説や来栖説よりもおそらくはもっと広く、最高裁昭和四二年判決の事案を念頭において、貸主の期待（扶養や同居など）が裏切られ、「信頼関係」が失われたときには目的物の返還を求めうる、という。[42] 信義則を根拠とするものであろう。なお、外国の立法を参考にしながら、新たな解約事由を指摘する学説もある。[43]
一方、三宅教授は、無償契約の前提喪失論の立場から、貸主の期待が「借主にも明らかな重要な動機」である場合には、かかる期待が確定的に失われたときに、貸主に帰責事由がない限り目的物の返還請求ができる、とするとともに、最高裁昭和四二年判決については、民法五九七条二項にいう「使用目的」とは「専ら借主の使用収益の目的」をいうので、「円満な近親関係維持の期待」をかかる使用目的に含め、この期待が失われた事態に同項但書を類推適用する解釈は無理である、と主張する。[44]
さらに、最近では、三宅説と同じ発想のもとに、「無償の動機」（何故に無償で貸したのか）と「貸借の動機」とを区別した上で、「使用目的」は「貸借の動機」を中心に理解すべきであるので、「無償の動機」が崩れた場合に民法五九七条二項但書の類推適用をする解釈には無理があるとし、使用貸借の「決定的な動機」である「無償の動機」が崩れたときには、その法的拘束力の根拠がなくなるので、使用貸借が終了する、との見解もみられる。[45]
思うに、無償契約が当事者間の緊密な人的関係を背景に特殊な諸事情に起因して成立するものである限り、その成立・存続における拘束力もかかる諸事情（原因事実）を考慮した上で、理論構成がなされるべきであろう。その意味では、広中説や来栖説などの見解は、何故にその主張する理由によって解約が可能なのかについて、十全には明らかにされていないように思われる。(46) したがって、動機を正面から問題とする三宅説などが妥当であり、(47) 本書にいう原因論も基本的にはこれと同じ発想によるものである。しかし、いうところの「重要な動機」とは借主にも明らかであることが必要とされているので、両当事者に共通の重要な事情と解されることになるようであるが、そのような重要な動機は、「動機」にとどまらず「意思」の一部に食い込むのではないかとの疑問が生ずるほか、有償契約にとっても無視しがたい事情となるであろうから（教授は基本的にはラレンツの行為基礎論を支持している）、ことさらに「無償契約」の前提とする趣旨が、曖昧となるのではなかろうか。また、重要な動機とは貸主側の動機を指しているようであるが、それでは狭ますぎよう。借主側の動機をも含めてはじめて貸主側の動機が生きてくるのではないか。さらに、「重要な」動機とは何か。おそらくフランス法学者のいう「決定的な動機」(48) が念頭におかれているものと思われるが、貸主側の動機だけに限定しても、無償行為にはさまざまな動機が連鎖しているものであって、どれが重要かという問題ではないのではなかろうか。ことに日本人の意識構造からも、意思表示の中味ですらあえて曖昧なままに放置することが少なくなく、ましてや意思決定のプロセスのなかで重要な（決定的な）動機なるものを探し出すことは技術的に困難をともなうはずである（裁判官に必要以上の負担を課すことになる）。

たとえば、父が漫然と（娘の幸せを願って）娘の夫に土地を無償で貸与したが、娘婿が他に愛人をつくり、婚姻を破綻させたという場合を想定してみよう。この場合、父の明渡請求は是認さるべきであろうが、そのためには、「娘の幸せを願うこと」を重要な動機として捉えるしかない。果たしてそれが父の契約当初における真意に即した考え方であろうか。はなはだ疑問である。また、かかる漠然とした期待を重要な動機と考えること自体が無償行為の特質にそわないことにもなろう。

加えて、「無償の動機」と「貸借の動機」とを区別する見解についても、かかる視点それ自体は是認しうるが、契約全体の目的と「使用目的」とを「動機」のレベルで区別しようとしたところに根本的な問題があろう。これら動機が当事者の主観的事情であるかぎり、どこまで両者を截然と区別できるのかも疑問である。(49)

一方、コーズ論や行為基礎論を念頭において、「目的」概念から契約の拘束力（具体的には、目的の不到達による返還請求）を論じようとする立場もある。(50) この学説も「重要な動機」論と軌を一にするし、本書にも有益な示唆を与えてくれるが、基本的には右の「動機」論に対する批判がそのまま妥当することのほか、ここでの問題は無償行為の特質と深く関わっているものであるが故に、そのような趣旨から大きく外れる「目的」概念はかえって不適切であろう。ここで求められているのは無償行為の特質に根ざした具体的な解釈論である。(51)

そこで、かつて私は、当事者双方のさまざまな動機・目的ないし期待を「統合」し、これを「原因」として構成したわけである。(52) ここにいう統合とは、当事者間の明確な法意識の平面には現われてこない諸事情を法的に構成し直したものであり、これを無償行為の基層として位置づけたものが「原因論」にほかならない。この原因論は同時に「相互的援助関係」と一体となっているので、私見の立場では当事者双方の（広い意味での）帰責事由をも斟酌できるし、また原因事実は契約締結前の事情を前提としているものの、締結後の事情と相関的に判断されるので、かかる事情をも総合的に考慮して契約の存続の当否を決することが可能となろう。(53)

敷衍すれば、原因は、無償行為を導出する事情であるが故に、その成立のみならず、「存続」においても（贈与では履行終了後も）契約当事者を拘束することとなり、これが有償行為にはみられない無償行為の構造的特質なのである。なお、最近のいくつかの下級審判決には本書の立場と実質的には共通するものが散見されるので、この点は後に判例を分析する際に再論する。(54)

(1)　田村精一「親族間の不動産利用関係」『契約法大系3巻』二九三頁（有斐閣、一九六二）。
(2)　田村・前掲注(1)二九四頁。
(3)　田村・前掲注(1)二九六頁。
(4)　田村・前掲注(1)三〇一頁。
(5)　田村・前掲注(1)三〇五頁。
(6)　田村・前掲注(1)三〇六頁。
(7)　田村・前掲注(1)二九九頁以下。
(8)　なお、教授によれば、継続的な扶養と裏腹の（継続的な）無償利用を所有親族の犠牲によって実現すべきものではなく、それは本来的に「社会保障」の問題であるとされるが、かかる問題視点もいささか短絡にすぎよう。そもそも親族間では、利用の供与にとどまらず贈与・遺贈（扶養目的で）すら行なわれるのであるから、たとえ永続的な無償利用の供与であっても、それはあくまで私的自治の問題であるべきである。教授が親族間の無償利用行為を契約論のなかに十二分には位置づけえなかったのも、右のような問題意識に縛られたものであろう。
(9)　谷口知平「土地の使用貸借と返還時期」新版・判例演習民法4債権各論七七頁（有斐閣、一九八四）は、世帯外の親族間の利用と世帯的利用との区別は法的には意味があまりないとするが、この視点が正しい。
(10)　谷口知平編『注釈民法（13）』債権（4）三三頁、三六頁（田村精一執筆）（有斐閣、一九六六）。
(11)　高島良一『判例借地・借家法上巻』一五一頁～一五四頁（判例タイムズ社、一九六二）。鈴木禄弥『借地法（上）（改訂版）』一五四頁(注)15（青林書院、一九八〇）もこれに近い。

(12)　来栖三郎『契約法』三九二頁以下（有斐閣、一九七四）、星野英一『民法概論Ⅳ』（契約）一七八頁（良書普及会、一九八六）、石田穣『民法Ⅴ（契約法）』一九五頁（青林書院新社、一九八二）、三宅正男『契約法（各論）下巻』六二一頁（青林書院、一九八八）。

(13)　篠塚照次『不動産法の常識㊦』四二頁、（日本評論社、一九七三）は、親族・友人・知人間での「好意的借地関係」については使用貸借とされる傾向が強いが、借主は地上に長期間存続する建物を建てるのが普通であり、その建物は借地権による場合の地上建物と別段ちがいがあるわけでもなく、また、「貸主の意思を推測してみても、〝好意的〟であるからこそ、権利金や地代を低くするかまたはまったく受けとらないわけであり、その受けとらないという〝好意的〟ということの本質は、ふつうの地上権や賃借権とおなじものであるからこそ、好意的であるといえるのではなかろうか」との問題を提起し、使用借権では、建物を建築後、取り壊さなければならなくなることも生ずるので、それでは「好意的」理由がかえってマイナスに作用し、借主の生活・営業が破壊される結果となることから、「好意的」借地関係であるという以上は、地上権・賃借権と同等またはそれ以上の権利であるべきであるので、「〝好意的借地関係〟は原則として地上権であり、そうして、借地法の全面的な適用をみとめてよいのではないだろうか」という。

一見、もっともらしい理由が述べられているが、いくつかの疑問を提示しておこう。重要な点は、貸主側の意思を推則して、貸主が賃料等を低くするか受領しないというのが、貸主側の「好意」であり、かかる「好意」のうちには、貸主が地上権ないし賃借権と同じような権利を設定する意思が内含されている、というところにあろう。しかし、かかる「好意」とは借主側には想ってもみない利益・保護であることが多いだけではなく、逆に、貸主側にとっては、みずからの「好意」を逆なでされるに等しく、金輪際、人に好意など与えるものではないとの思いをいだかせる結果になるのではなかろうか。通常、好意給付なるものは硬直しがちな権利義務関係・取引社会（錯綜する利害の衝突）のなかにあって、いわば潤滑油として作用するものなのである。「好意」に関する価値判断は各人によって差はあるものの、他人の「好意」にのみ依拠して自己の生活・営業を永続的に支えようとする者は、近代・現代の経済社会において果たして合理的な経済人・平均人といえるであろうか。加えて、法的な側面からみても、教授の立論には重大な難がある。右の「好意的借地関係」とは「賃料を受領しないこと」によって形成されるとみているようであるが、それは、結局、好意によって賃料が免除されただけで、その他の関係では普通の借地権と異ならない（むしろもっと強い）と解することになるが、親族間等の土地の貸借は、単に賃料の有無だけで、その性格・特質を描き尽くせるものではないからである。つまり、貸主が何故に賃料を請求しないのか、ということを考えてみる必要があろう。理由もなく賃料を請求しないというものではない。結局、親族間の無償給付の「縁由」にまで遡らざるを得ないであろう。土地の貸与という行為を導出する「原因」は、貸主側の倫理的・非物質的衝動（家産形成の寄与に対する「お返し」なども含むが）であり、その結果、賃料の授受がなされないというにすぎない。好意なるものは無償行為全体を支えているので、無償行為の構造にまでメスを入れるという視点が、この種の研究には不可欠である。また、教授は無償利用がすべて民法典にいう使用貸借であるという前提で立論しているが、この点も大きな誤謬であることは繰り返し述べてきた。

篠塚説とほぼ同様な立場にあるのが、最近の村田博史教授の見解である（「不動産使用貸借論序説」田山輝明ほか編『民法学の新たな展開』（成文堂、一九九四）五七九頁）。教授によれば、不動産の貸借関係は、一般的に対価関係を基礎としているが、当事者間の密接な社会的関係により「貸主が借主の対価の支払い義務を免除ないし支払請求権を放棄している」と構成されるので、当事者間にかかる社会的関係がなくなり、貸主側に免除・放棄の意思がなくなれば、通常の賃貸借になる、という。すでに、樋口哲夫「夫婦・親子間の不動産利用関係」民事研修二五六号一七頁（二八頁）（一九七八）も、建物所有目的の土地の貸借に関してのみであるが、親族間の無償使用関係につき、その「共同体的紐帯が破壊されない間は賃料を免除しているものと考えてよい」と主張していた。両説とも篠塚説の一面をより徹底させたものであるが、それだけにより強い批難を甘受せねばならないであろう。篠塚説に加えた批判のほかに、次の問題点をも指摘しておこう。無償行為が本来的に交換経済の外にある行為であるということと、その機能が交換経済のなかで一定の意義をもつこととの区別がなされていない。典型的な無償行為である贈与が一定の社会関係にある当事者間で(ことに親族間で)、財貨交換的機能をもつからといって、不動産の無償供与なるものは、譲渡人が本来有しているべき反対給付請求権を免除・放棄した関係(一種の売買)であると、考えるべきものであろうか。贈与の場合は話しは別であるというならば、その論拠(無償行為一般の構造論)を明らかにしたうえで、自説を展開すべきであろう。また、実際にも、たとえば親子・夫婦間での不動産の無償貸借で、まず貸主が対価を念頭において借主に目的物を引渡し、同時に貸主がその対価請求権を免除・放棄するという意思表示をしている、というのは、それが一般論であるかぎり、全く擬制というしかなかろう。そのような交換経済的な観点では捉えることができないのが、親族間の無償給付なのである。

この点で、玉田弘毅教授の慎重な立論が参考とされるべきである(『住宅私法の研究』所収、「判批」(最判昭和四一年一月二〇日民集二〇巻一号二二頁)二九頁(一粒社、一九八二))。教授は、同一所有者に属する土地建物のうち、建物が贈与された場合における敷地の無償使用権について、それが地上権であるか使用借権であるかについては判例でも意見が分かれているところ、地上権を認定したいくつかの判例を評価し、続けて、「考えてみるに、有償の社会において、好意・恩恵・同情などにすがり、緊密な特殊関係にたよって無償利用を許されて生活・生存している、ということは、むしろ有償使用の場合よりも、より強く保護される必要がある、ともいえなくはなかろう」(同四〇頁)としつつも、やみくもにこのような主張をしようとするのではなく「無償使用だから有償使用より法的保護に欠けるところがあってもやむをえないというようなみかたは許されない、ということを強調するにある」(同四三頁)としている。具体的事案との関連では、強く保護されるべき無償利用もある、という現実認識は是認できるのであって、プレカリウム論を提唱する私も右のかぎりでは玉田説を批難するつもりはない。

(14)　石田喜久夫『現代の契約法』一三九頁以下(日本評論社、一九八二)。

(15)　このような視点それ自体はすでに田村・前掲注(1)三〇六頁において示されていた。なお、石田説と同趣旨を説く学説もある。鈴木禄弥『居住権論・新版』八一頁（有斐閣、一九八一年）、田口文夫「不動産の無償利用契約と利用者の地位」専修法学論集第四〇巻一六五頁（一九八四）。谷口・前掲注(9)八三頁もこれに好意的である。ただし、後藤泰一「民法五九七条二項但書の類推適用による使用貸借の解約と金銭（立退料）の提供」信州大学教養部紀要（社会科学）二七号（一九九三）二四頁は若干の留保（解約の必要性）を指摘する。

(16)　加藤一郎「贈与と使用貸借」『新版・民法演習4債権各論』五五頁（有斐閣、一九八〇）

(17)　田口・前掲注(15)も同じ立場から親族間の無償利用に関する判例を分析する。最近では、右近健男教授も、判例の分析のかたわら、このような視点から論究している（民法判例レビュー・家族、判タ七八六号七五頁）。

(18)　判例の事案で問題となるのは「期間の定めのない宅地・建物の無償利用」であって、判例は、何が「使用目的」（民法五九七条二項本文）なのかを認定するのに苦慮しており、「使用目的」なるものが認定されたとしても、その目的が達成されたのか、あるいは目的の達成に必要な期間が経過した（同条二項但書）といえるのかどうか、必ずしも判然としない。いうまでもなく、使用目的の認定は契約の解釈の問題ではあるが、類似の事案で適用条文が区々に分かれるのは、そもそも右の「使用目的」の法的意義、その理論構成に確たる指針がないことに起因しよう。

(19)　高島・前掲注(11)一四六頁。

(20)　高島・前掲注(11)一四七頁。

(21)　高島・前掲注(11)一六三頁。

(22)　広瀬武文『借地借家法の諸問題』一〇五頁（日本評論社、一九六四）。

(23)　ただし、岡村玄治『債権各論』三一四頁（巌松堂書店、一九二九）が、「漫然ト住居ニ使用スル為メ期間ノ定メナク、家屋ノ使用貸借ヲ為シタルカ如キ場合ハ用方ヲ定メタルモ、使用ノ目的ヲ定メサリシモノナルカ故ニ、貸主ハ第五九七条三項ニ依リ何時ニテモ其貸借ヲ解除シ返還ヲ請求シ得ルモノトス」としていたのは問題であった。

(24) 来栖・前掲注(12)四〇一頁。

(25) 来栖・前掲注(12)三九五頁。

(26) 来栖・前掲注(12)三九七頁、四〇一頁。

(27) 来栖・前掲注(12)三九九頁、四〇一頁。

(28) 来栖教授が「相当期間」の貸借の事例と評価する先例は、私の立場からは「使用目的」の定めがあると解することのできるものであることについては、判例の分析に際して明らかにする。

(29) 幾代通・広中俊雄編『新版注釈民法（15）債権（6）』一一七頁、一一八頁（山中康雄執筆）（有斐閣、一九八九）。

(30) 山中・前掲注(29)一一七頁。

(31) 三宅正男『契約法各論（下巻）』六二九頁（青林書院、一九八八）。ただし、父がその所有地上の建物を贈与した場合には、かかる敷地無償利用では「建物が朽廃するまでこれを所有すること」が「使用目的」であるとする。

(32) 広中教授は、逆に、建物の使用貸借では「居住のため」では足りないとしながら土地の使用関係では「建物所有のため」というものでも使用目的となりうるのは、地上にたつ建物それ自体によって「目的」が具体的なものになるからである、と説明する。広中俊雄『債権各論講義』一二四頁（有斐閣、六版・一九九四）、同『新民法演習4債権各論』七九頁。いずれにしても、このレベルの議論では、判例に明確な指針を与えることは期待できないであろう。

(33) 仙台高判昭和五一・一二・八判タ三四九号二二八頁（【四五】）。岡本詔治「本件判批」法時五一巻八号一二一頁（一九七九）。

(34)　名古屋高判昭和五六・一二・一七判時一〇四二号一〇六頁（【三】）。岸上晴志「本件判批」法時五六巻三号一一二頁（一九八四）。岸上教授は、本件での無償利用の契約性を否定する。なお、借主の窮状をあわれみ、借主一家に建物を無償貸与していたが、借主死亡後その妻が使用継続していたのを貸主が黙認していたという事案で、使用目的の定めのない貸借である、とした最高裁判例もある（最判昭三二・八・三〇裁判集民二七号六五二頁【二】）。

(35)　判例では京都地判昭和三〇・三・八下民集六巻三号四二一頁（【三七】）は、「使用目的」が「長期間継続すべき性質」の貸借について、「当事者双方の事情を考慮したうえ、貸主側に解約権を認めるべき場合がある」とする。学説でも、このような立場を支持し、「建物所有という目的が定められていても、つねにこの目的の完全達成までは、使用貸借の継続を強いるのは――使用貸借の無償性という観点からいって――無理というべきである。それ故、事情によっては貸主が解約をなしうる」とする見解もある（鈴木・前提注(11)一四七頁）。本書とは無償利用に対する視点は異なるが、このような判断自体は是としよう。

(36)　ただし、後藤静思「判批」（最高裁判例解説）曹時二〇巻四号一五三三頁は、契約全体の目的と「使用目的」との区別に気が付いていないようである。

(37)　森孝三「本件判批」民商五九巻一号六六頁。なお、同「判批」龍谷法学二一巻五号七五頁（一九八八）をも参照のこと。

(38)　平井宜雄「本件判批」法協八六巻三号一二八頁。同旨、石田穣・前掲注（12）二〇二頁、広中・前掲注(32)一二七頁。

(39)　鈴木・前掲注(11)一四七頁、一五三頁(注)12。

(40)　広中・前掲注(32)一二六頁。山中康雄『注釈民法（15）』（旧版）七六頁が、借主の信義則違反の権利行使・義務不履行は解約権の行使を許す理由となる、というのも同旨であろう。

(41)　来栖・前掲注(12)四〇三頁。森・前掲注(37)（龍谷法学）八四頁も民法六二八条の類推適用の妥当性を指摘している。来栖教授は、貸主に対してひどく侮辱する場合にも解約を肯定する。これに対して、平井一雄「判批」法時五九巻七号九〇（九二）頁（一九八七）は、このように解約事由を拡大することにちゅう躇している。

(42)　加藤・前掲注(16)五四頁。

(43)　忘恩行為による撤回および緊急需要による取戻しについては、早くから、山中・前掲注(29)七四頁が主張するところであり、後藤泰一「使用貸借の解約――使用貸主の『必要性』に関する基礎的考察」信州大学教養部紀要（人文科学）二三号一頁（一九八九）、同「使用貸主の予見しなかった必要性と使用貸借の解約」同紀要二四号二五頁（一九九〇）がドイツ法に拠りながら論拠を深めている。

(44)　三宅・前掲注(31)六二九頁、および同書上巻三六三頁を参照のこと。

(45)　武尾和彦「無償契約論序説」法律論叢六一巻六号九九頁（一九八九）。とくに一二六頁以下参照。

(46)　ちなみに、来栖教授のいう「已ムコトヲ得サル事由」による解約論は賃貸借における同教授の信頼関係理論（解除）の延長線上にある、との評価があるが（原田純孝「判批」判タ七五七号六八頁注11、一九九一）、もしそうだとすれば、何故にそのような解釈論（およびそのような評価）が可能なのか、その論拠が明らかにされねばならないであろう。

(47)　最近では、吉田克己『民法コンメンタール(8)契約(3)』七一九〜七二〇頁（ぎょうせい、一九九一）、同「判批」判タ七七八号四一頁（一九九二）も三宅説の前提論を支持し、前提論では当事者の帰責事由を斟酌できないが、斟酌したほうがよい、とする。ちなみに、贈与・遺贈との関連で、加藤永一「贈与および遺言の研究(一)」法学三四巻一号四五頁（一九七〇）、同『贈与』（総合判例研究）五六頁（一粒社、一九八二）が、具体的な法律行為の解釈についてではあるが、行為の目的・動機の重要性を指摘しており、示唆に富む。

(48)　フランス法のコーズ論については、岸上晴志「契約の目的についての覚書（1）（2）完」中京法学一六巻一号六五頁、同二号七七頁（一九八一）、森山浩江「恵与における『目的』概念――コーズ理論を手掛かりに」

九大法学六四号一頁（一九九二）が、無償行為を念頭において論及している。また、大村敦志『典型契約と性質決定』（有斐閣、一九九七）九二頁以下も、無償契約に関するフランスのコーズ論とわが国の学説の状況・展開を的確にフォローし、無償契約においてはコーズが契約の拘束力を基礎づけている、としている（同著一八〇頁）。なお、フランスのコーズ論の沿革と現状については、小粥太郎「フランス契約法におけるコーズの理論」早稲田法学七〇巻三号一頁（一九九五）が詳論する。有償契約を念頭においた論調ではあるが、コーズ論が元来、法的考慮の外にあった当事者の動機、給付の均衡、双務契約の牽連性などを契約法の体系内に取り込む機能を担ってきたという指摘は興味深い。

(49)　この点は武尾論文もみずから認めるところである。前掲注(45)一三八頁㊟11。

(50)　岸上・前掲注(48)九一頁以下、同「判批」法時五六巻三号一一二頁（一九八四）。平井一雄「判批」法時五九巻七号九〇頁（一九八七）。贈与については、平井一雄・岸上晴志「判批」判タ三六三号八一頁（一九七八）がある。これら一連の研究は、契約の「目的」という視点から、原因事実を捉えなおそうとしているものといえよう。贈与についてであるが、森山・前掲注(48)もフランス法のコーズ論を手掛りにしてそこに現われる「目的」概念を論究している。

(51)　ごく最近では、「事情変更の原則」によって説明しようとする学説も出てきた（平野裕之『契約法（第2版）』三五〇頁、信山社、一九九九）。傾聴に値するが、本文で述べた批判が妥当するほか、右の論法では当事者の帰責事由を斟酌できないという不都合もあろう。

(52)　椿寿夫編『現代契約と現代債権の展望5』（契約の一般的課題）「無償契約という観念を今日論ずることには、どういう意義があるか」三五頁（岡本詔治執筆）（日本評論社、一九九〇）。また、贈与の撤回については、岡本詔治「信義則による贈与の撤回と贈与『原因』」（判批）法時六二巻一一号一〇〇頁（一九九〇）を参照されたい。なお、「贈与の撤回」と「無償利用契約の解約」とは無償行為の特質に根ざした同じレベルの問題として位置づける必要があり、前述した学説のうちで本書と同じ発想に基づく見解も、かかる立場から論究している。

(53)　本書が「目的」という用語を使用しなかったのはいくつか理由がある。まず、「無償行為」の特質を明らかにする必要があったことが指摘されねばならない。法律行為論一般の観点から、ここでの「契約の拘束力」を論ずべきではないと考えている。「目的」論の立場では、結局、不当利得一般の問題に拡散されてしまうが、およそ不当利得として再構成できない法律関係はない、との揶揄すらある。沿革的にも「不当利得訴権」を克服して生成した個別の法的保護が少なくない、という事実をも想起すべきであろう。次にその「目的」なる概念の中味が曖昧であることに疑念が生ずる。当事者双方の主観的諸事情を「目的」として捉えることができるならば、それは客観的には明瞭な意思の内容となるはずのものであるが故に、負担・条件として処理すべきであるし、他方、貸主側の主観的「目的」というならば、およそ人間の行為に目的なるものがないとは考えられないので、かかる自然意思的な「目的」と技術概念としての「目的」とを区別すべき客観的に明白な識別基準が必要となろう。ことに貸主側の単なる「期待」との区別は困難なのではないか。森山・前掲注(48)四〇頁が両者を区別しようとすること自体は卓見であるが、難解で裁判規範たりうるかは疑問である。否むしろ、かかる「期待」のうちにこそ、貸主側（ないし贈与者）の真意が潜在していることが少なくないというのが、わが国の実情ではないか。終わりに、「目的」なる概念は、契約の機能に係る用語であるので、それ自体としては契約関係の本体（その一部分）とはなりえず、「意思」以外のものに契約の拘束力を依拠させようとする本書の立場からは、かかる概念は不適切であるということも指摘しておかねばならないであろう。元来、制度の機能をもち出して、制度自体を構造的に特徴づけることはできないし、また機能を技術用語に高める場合には、どうしても曖昧さが残るものである。本書にいう「原因」は無償行為・契約という制度のうちに内在し、かつそれを定礎するものであり、この「原因」概念に捉えられるものは、意思表示とは明確に区別されるべき当事者の主観的諸事情などであり、「意思」を伝統的にして厳格な立場で捉えつつ、むしろ曖昧な当事者双方の「期待」などの諸事情をそのまま素直に、かつ積極的に法的評価の対象とすることによって、無償行為の特質と機能とを明らかにしようとするものである。なお、「原因」はそれが一人独自の意義をもつものではなく、あくまでも伝統的な意味での「無償行為」の基層となるものにすぎないことを付言しておく。これに対して「目的」なるものは無償行為の特質から遊離して一人歩きするおそれがあることを懸念する（後掲【三四】判決を参照されたい）。

(54)　たとえば、東京地判平三・五・九判時一四〇七号八七頁は「目的の到達は不能」とか貸借の「基礎若しくは前提となった当事者の信頼関係は既に破壊された」とかの表現を使用して解約を肯定している。三和一博「判批」私法判例リマークス一九九三年〈上〉八頁は、この判例を評して、「目的到達不能」または「前提喪失」の法理を適用したものであると解し、賛意を表明しているが、果たして単純にそのようにいえるかは慎重に判断する必要があろう。

第三章　使用貸借の終了原因

序　説

1　使用貸借契約の終了事由

貸借契約の終了原因は、一般的には債務不履行による解除のほか、約定期間の満了ないし解約申入による終了であるが、使用貸借の場合には解約等に関する特別の規定（民五九七条）があることは前述した。実際上は、この規定をめぐる事例が中心となっている。

すなわち、従来の裁判例では、使用貸借の解約・解消は、主として民法五九七条二・三項所定の終了原因によるか、またはそれ以外の終了原因によるかに大別され、後者は多くの場合、同条（ことに二項但書）を「類推適用」している。しかし、親族間の無償利用では民法五九七条の解決規準は具体的な終期決定基準として機能していないことは既に述べた通りであり、このことを具体例を通して再確認するとともに、同条の類推適用論もまだまだ発展途上にあり、明確な像に絞り込まれていない現状を明らかにしたいと思う。類推適用に関する事例は、主として親子間の無償貸借に関連するので、この問題は別の章で取り扱い、ここでは民法五九七条所定の終了原因に関する判例の現状を明らかにすることに焦点を絞っている。

従来の具体例では、使用目的の定めがないとされる貸借（自由に撤回できる貸借）は珍しく、使用目的の定めがあるということを前提にして、その解約の当否が論争されているが、この場合の具体的な解約規準とその判断要素を抽出することが難しく、判例が苦慮している状況を明らかにすることが、ここでの当面の課題である。

なお、本章では、すでに引用した判例を再度引用することになるが、ここでは終了原因を中心とすることになるので、事実・判旨の紹介も断片的になることも少なくない。あわせて、前掲の引用判例も参照していただきたい。

2　民法五九七条による終了事由

民法所定の終了原因はいくつかあるが、とくに「約定使用目的の達成」条項と、「その達成可能な期間の経過」条項によるものが重要であることはすでに検討した。この場合には、使用貸借の消長は「使用目的の解釈」と直結し、その使用目的なるものが貸借の存続を保障する半面、それを限定するという機能をもつ特殊の技術概念であることから、同条所定の終了規準は、本来的には客観的・一義的な判断基準を定めているものであることも先述の通りである。しかし、不動産の貸借では、借主の居住利益・営業利益、投下資本の回収など諸般の判断要素が加味されてくるので、どうしても右の明確な終期決定規準もそのまま自らを直截的に貫徹できない場合が多く、そもそも「使用目的」の定めがあるのかどうか曖昧なことも少なくない。また、使用目的があるとされても（「居住のため」とか「営業のため」とか）、その目的が達成されたといえるのか、もしくはその達成に必要な期間が経過したと判断するためにはどのような要件なり事情が必要なのか、困難な問題が生ずる。判例が苦慮し、その判断に統一性がないのも、ある意味ではやむをえない事情があるように思われる。

しかし、裁判例の混迷状態は右の使用目的の技術性を理解していないことに起因する。多くの裁判例は、一方では、右の使用目的（借主が何のために借用したのか）を土地建物の単なる用法（民五九四条所定）と同視するだけではなく、他方では、貸主側の貸与の主観的動機・目的を使用目的と解釈するので、なおのこと混乱に輪をかけるような様相を呈しているように思われる。

そこで、本章では、まず約定使用目的の有無及びその機能という観点から、必要と思われる若干の具体例を（知人間と親族間との紛争例を区別しながら）分析し、使用目的に対する判例の解釈態度を解明することにしたい。まず、約定の使用目的がないとされた事例から出発してみよう。

一　「使用目的」の有無と任意の返還請求（民法五九七条三項）

1　「使用目的」の定めがないケース（自由に解約できる貸借）

(1)　約定の使用目的（存続期間）がない貸借では、貸主はいつでも自由に解約して目的物を取り戻せることになっている。もっとも、この原則が適用されることは、立法者によれば、滅多になく、念頭におかれていたのは動産の一時的・暫定的な無償利用であり、事実的利用関係との区別が曖昧なものであった(1)。したがって、不動産の貸借、ことに宅地や建物については、余程特別な事情でもなければ、この種の無償利用関係は成立しないであろう。ただし、当事者間の社会関係から契約としての独自性を肯定するのに躊躇があれば、これは限りなく事実利用に近づくので、自由な撤回可能性を肯定することも可能であろう。つぎの例は農地の無償貸借に関するものであるが、そのような趣旨の例として位置づけることができる。

【一】　福島地判昭和三一・五・七下民集七巻五号一一四五頁（農用地）

【事実・判旨】　ＡＸ夫婦がＹ夫婦を養子とし、Ａ所有の係争農地の耕作一切を任せていた。Ａ死亡後、遺産分割協議で係争農地はＸ所有と決まったが、分割をめぐりＸＹ間で紛争が生じた。判旨は、「農家の内部において、農地の所有者たる家族が実際の経営者たる家族に農地を提供する関係は、本来事実的、道義的なものと考えられるが、経営者に所有者から独立した『耕作権』があると見られる場合でも、……法律上強いて構成しても、使用貸借、あるいは経営委任等いつでも解約（除）しうる性質の契約の範囲を出ない」と判示。

本判旨の右の論理には直ちに従い得ないとしても、自由な解約権の前提として無償使用の契約関係の希薄性が強調されている点に注意しておく必要がある。そのこととも関連するが、「使用目的」に言及するところはない。判旨の立場では、そもそも「使用目的」を念頭におくことすら必要としなかった事例である。

これに対して、つぎの最高裁判例は、やや特殊な事案であるが、「使用目的」の存否を考える上で、参考となる。

【二】　最判昭和三二・八・三〇裁判集民二七号六五一頁（居住用建物）

【事実・判旨】　Ｘ先代はＹの夫が戦争当時住居に困っていたので、その窮状を哀れみ、係争建物を無償で使用させることとし、ここにＹ一家が居住することになったが、Ｙの夫が死亡した後も、そのままＹ親子が無償使用を継続し、Ｘ先代もこれを黙認していたところ、Ｘが昭和二八年八月に明渡しを求めた。

原審は、Ｙの夫死亡後における使用貸借は返還の時期又は使用目的の定めざりしもので、貸主はいつでも解約できる、と判示し、最高裁もこれを維持した。

本件では、Ｙの夫が死亡したことによって右の使用貸借が終了したのかどうかについては必ずしも右の判文からは明らかではないが、おそらくそのように解して間違いなかろう。借主の死亡によって当然に使用貸借が終了するというわけではないが、本件のように単なる好意による暫定的な無償貸借では、そのように解しても不当ではないからである。したがって、借主の妻たるYの無償使用はX側が文字通りの好意で黙認していたにすぎず、格別の根拠・動機もないものであることから、いつ解約されてもやむを得ない、との結論にいたったのであろう。

最近では、つぎの高裁判決が注目すべき説示をしている。

【三】　名古屋高判昭和五六・一二・一七判時一〇四二号一〇六頁(2)（山林）（【三】）

【事実】　係争地はY所有の山林で、Y先代当時から係争地を第三者が使用していたが（もともと第三者が賃借地を返却する代償として無償使用を許容された）、その第三者が転居したため、昭和一三年ころからXの父が筍を採取すべくこれを引き継ぎ、昭和二三年ころからはXが父の仕事を引き継いで係争地を同様に使用していたところ、Y側はこれを黙認していた。昭和五二年に区画整理と係わって当事者間に「耕作権」の存否をめぐる争いが生じた。

【判旨】　Y先代が「Xに係争地の無償使用を認める特段の動機または必要があったとは認められない」ので、使用目的の定めはなかった。「けだし、民法五九七条二項の使用及び収益の目的は、孟宗藪を耕作して筍を採取することのような使用、収益の方法、態様を定める意味の目的ではなく、何のためにそのような使用、収益をさせる（する）のかを明らかにする意味での目的（例、小作地引上げの代償）をいうと解すべきである」。したがって、Yは同条三項により何時でも返還を請求できる。

本判決が、民法五九七条にいう「使用目的」とは、土地の用法をいうものではなく、「何のためにそのような使用、収益をさせる（する）のかを明らかにする意味での目的」であるとし、使用目的の積極的な意義を明らかにしようとしている点は、その限りで評価できる。このような姿勢は、後述のように従来の下級審判決においても散見され、かかる立場からみれば、本件の無償利用には「使用目的」はないとされる。しかし、ここで重要なのは、何故に使用目的がないとされたか、であり、判旨はこの問題にも言及している。つまり「無償使用を認める特段の動機または必要があったとは認められない」という。この意味では、前記最高裁判決【二】と同じレベルにある無償使用（限りなく事実使用に近い使用形態）である。ただし、本件の無償使用関係はXの父の時代からのものを含めると、相当の長期間に及ぶものであり、貸主側にも当面使用する必要性がなかったという事情（放置すれば土地が荒れる）もあったのであろうが、知人間の貸借では珍しい。[3] 当事者間の関係が円満に維持継続すると、単純な好意関係でも結果的には継続性をもつということの好例であろう。

(2)　ところで、貸主が「請求次第いつでも明け渡すべき旨」を借主に対して言明していたり、そのことが貸借の特約とされていたりする場合もある。このような約定があっても、かかる約定が当然に有効となるものではないが、この種の従来のケースでは純然たる好意貸借の例が少なくないので、そのような約定が極めて重要な意味を持たされている。たとえば、畑耕作に使用する目的の知人間の貸借で、借主の「たっての懇請」により何時でも返還をうける口約のもとに、あえて無償でその使用を許容したという事例では、そのことがほとんど決め手となって解約が肯定されている（大阪地判昭和三一・五・一三判時八七号八頁）。ただし、これを「解約権の留保」一般の問題として捉えてはならないことはいうまでもない（あくまでも民法五九七条三項にいう使用貸借でしかない）。

以下の裁判例も同趣旨の無償利用を指摘している。ことに【四】は使用貸借というよりも事実使用といってもよかったであろう。

【四】　東京高判昭和三一・四・二六高裁民集九巻四号二三一頁（宅地部分）
【事実・判旨】　YがXから土地を購入したものの代金未払いのまま地上にアパートを建築したところ、Xの抗議もあって、アパートの敷地部分のみを分割して買い受けることとなった。その時すでにYは隣接する係争地に物干し場を設置していたので、XY間で、係争地はXが必要とするときはいつでも明け渡すが、それまでは無償で使用してもよい旨の合意がなされた。Yは「物干場を目的とする使用貸借である」と争ったが、判旨は、宅地を分割して買い受けた当時から、係争地を明け渡すべきもので、たまたま物干し場が設置してあった関係上、暫定的に無償利用権が認められたにすぎず、いわばXの好意による措置であるから、何時でも返還を請求できる、と判示。

【五】　東京地判昭和三八・二・二〇判時三二九号一九頁（宅地）
【事実・判旨】　Xが賃借した土地の一部について道路用地とされるおそれがあったため、その借地の一部にのみ当座の建物を建築していたところ、昭和二四年に借主Yが残余の空き地部分の貸与を懇請したため、やむを得ず一時使用のために無償貸与したが、いつでも取り壊すことのできるバラックを建築すること、また請求次第何時でも明け渡すべきことの約定がなされた。Xは、建物改築の必要性が生じたため、昭和三三年五月に土地の返還を請求。判旨は、Xの返還請求により使用貸借が終了した、と判示した。

【六】　東京地判昭和三八・五・七法曹新聞一八五号一二頁（宅地）
【事実・判旨】　Xが将来建物を建築する予定の所有地をYらが終戦後かってに使用し、Xが所有者であることが判明したため、Yらは昭和二三年の春ころにその使用方を申し込んだところ、勝手に使用されては困るが、やがてその土地上に建物を建てるので、そのような必要が生じたときはいつでも返してくれるならば、貸してもよいとの約定で許容した。昭和三三年一二月にXが解約・明渡しを請求。判旨は解約を認容した。

右の三例の判断は正しいといえよう。いずれも無償貸与の経緯を重視しており、使用目的の有無、使用期間等の契約締結後の事情や借主側の必要性等の事情はほとんど考慮されていない。貸主が無償で貸与することに格別の動機ないし理由が見出されなかった事例であり、この点で前掲の【二】【三】と共通するものがある。借主側がやや強引に貸主側の「好意」を求めているのが特徴的である。現実に使用していた期間はいずれも一〇年ぐらいであるが、一〇年間もタダで使用できたことにむしろ感謝すべきものであろう。仮に二、三年で返還請求がなされていたときでも、判旨の論理では解約が認められてもやむを得ない事案である。

ただし、企業内の組合事務所の無償貸与については、企業の都合でその移転・返還を求めることができる旨の約定があっても、「単に恩恵的な便宜の供与ではないから、使用者が一旦……貸与した以上は、合理的な理由もないのに、その返還を求めることはできない」とした事例に注目する必要があろう（大阪地判昭和五七・二・二六判タ四六四号一四三頁）(4)。

(3)　同じく、使用目的の定めがないとされても、任意解約は認められず、信義則上相当の期間を経過した後でなければ、解約告知ができないとされた事例もある。

【七】　最判昭和四一・一〇・二〇裁判集民八四号六〇七頁（居住用建物）

【事実・判旨】　X会社の取締役であったYは、係争家屋を社宅として使用していたが、その任を解かれたことから、Xが明渡しを請求した。しかし、本件土地上には、もとY所有の建物があり、Yがそれを収去してXにその土地の利用をゆだねたという経緯がある。そこで、Yは、この事実などに基づいて、係争家屋に終生、あるいは少なくとも二、三〇年間以上居住しうるものと解しなければ経験則に反するなどと主張した。

原審は、本件では、期間も使用目的も定められていないが、何時でも解約告知ができると解釈すべきではなく、その成立経緯等に照らして、「信義則上相当と認められる期間を経過した後でなければ解約の告知をなしえない」とした上で、使用貸借成立後すでに九年近くを経過しているので、明渡時期が到来したと判断した。最高裁も右原審の説示を再確認した上、前記のような事実を重視しても、Yの主張を採用できないとした。

本件の場合に、使用目的の定めがないとするのは、穏当ではない。今日の判例理論からすれば、少なくとも「居住のため」の貸借と構成して、あとは使用期間や貸借の経緯等の諸事情を考慮して解約の当否を判断すれば、足りたであろう。それ故、今日の判例理論によって実質的には修正されているので、理論構成の先例的価値は乏しい。事案が不分明であるので、解約の当否の判断は難しいが、雇用契約に附従する使用貸借の面が強いところ、貸借の経緯から取締役の解任により当然終了するとは判断しないで、独自の無償契約の解約問題として処理したものと思われる。一時的・暫定的な貸借でないことはいうまでもないので、ここで取り扱った他の利用形態とは異なる。わずかに、住宅の貸借につき、九年程度経過すれば、相当な使用期間が経過したとされる一事例として参考となろうか。

(4) 以上のいずれの事例でも、貸主側は積極的に貸与する心理状態にはなれないが、当面は所有不動産を使用する具体的な計画もないことなどの事情から、無償使用の申し出を拒むほどのものでもないので、単に消極的に忍容するという精神的容態にあったものといえるであろう。貸主側の貸与に具体的な動機がなく、むしろ借主側の「懇請」によって成立しているケースが多い。したがって、貸主がこのような心理状態にある限り、貸借の経緯から貸主を拘束するような「使用目的」の定めがあったとされる事情を(たとい黙示的であれ)見つけ出すことは困難であろう。たとい一時的であれ期間による拘束を受けたくないというのが貸主側の真意であり、右に見た事情のもとでは、かかる貸主の真意はそのまま尊重されてしかるべきである。【三】

判決が無償性について格別の動機がないというのも、同様の考慮に基づいた判断であると思われる。

しかし、「居住のため」や「建物所有のため」に土地建物を無償で使用する関係は、原則として右のような「使用目的の定めのない貸借」となることはない。(5) つぎにこの問題の検討に移ろう。

2 「使用目的」の定めがあるケース（自由に解約できない貸借）

(1) 使用目的の定めがあるとされた事例にもやや性質を異にするものが含まれている。ひとつは、使用目的の定めがない（自由に解約できる）ということのみが論点となったことから、使用目的の存否のみが当事者間の争点となっている事例である。他は、使用目的の解釈を通して使用貸借の存続・消長（終期、解約の当否）の判断がなされている事例である。従来、両者は区別されることなく紹介されているようであるが、性格が異なるので、本書では、まず両者を大別した上で、ここでは前者の事例群（いずれも「破棄判決」であることにも注意すべきである）を取り上げ、後者はとくに重要であるので、別に検討することにした。

つぎの最高裁判決は非公式のもので事案の詳細は不分明であるが、親子間の建物所有を目的とする土地の貸借では、「建物所有という使用目的」の定めがあるとしている。また、高裁判決【九】は建物（住宅）の貸借であるが、「居住の目的」があるとして同趣旨を述べている。

【八】　最判昭和三八・九・一一裁判集民六七号五六九頁（宅地）

【事実・判旨】　子が父母と折り合いが悪くなり、父所有地上に建物を建築所有して、そこに子一家が別居した。原審は、右宅地の使用貸借関係が親子の情誼からおのずと成立し、その間に使用目的を定めたことはない、として解約を肯定した。判旨はつぎのように述べて原審判決を排斥した（破棄差戻）。「親子間の情誼に基づき親が子の建築したその一家の住居として使用せられる建物の敷地として宅地を貸与する契約であって特段の反対事情の認められない限り、少なくとも黙示的に使用の目的を当該建物所有のためと定めたものと認定するのが経験則に合するものといわねばならない」。民法五九七条二項の適用につき審理不尽である。

【九】 東京高判昭和五六・六・三〇判時一〇一四号七二頁（建物）（上告事件）

【事実・判旨】 事案は不詳だが、借主Yと元の所有者とは親族であるようであり、Xは係争建物を買い受けたが、その後もXはYの無償使用をそのまま認めていた、という事情があったように推測される。そこで、原審は、おそらく【二】の最高裁判決を念頭において、使用目的の定めがないと判示したが、破棄された。

「建物の使用貸借において、当該建物の種類が居宅である場合には、特段の事情がない限り、その使用貸借は、居住を目的とするものであると認めるのが相当である」と判示。

右の二例は、「建物所有のため」とか「居住のため」とかの使用目的（以下、抽象的使用目的という）を、たしかに民法五九七条二項にいう「使用目的」と解している。しかし、それは、使用目的がないとされると、同条三項の適用をうけ、いつでも解約されることになるので、かかる貸主の自由な解約権から借主を保護することを眼目として判示されており、この種の無償利用を民法五九七条三項の適用から外すという限りで意味をもつ「使用目的」にすぎないことになろう。したがって、そのような抽象的使用目的がいつ達成されたとみるのか（同条二項の適用問題）という視点からはほとんど重要性のないものであろう。それ故、【八】の最高裁判決を引用して民法五九七条二項の「使用目的」を論ずるのは、いささか的外れというものである。

つぎの大審院判決も同趣旨の判決と位置づけるべきものである。やや不分明のところもあるが、建物所有目的の敷地使用につき、「建物所期の用途に従い使用を終わりたる後に非ざれば」、返還請求できないとしている。

【10】　大判昭和一三・三・一〇法学七巻七号一三一頁（宅地）

【事実】　Xは本件建物とその敷地の使用借権をAから（抵当権の実行を介して）承継したが、その前にAの夫B（AのXに対する借金の連帯保証人）も、ともに敷地使用権のXへの譲渡を承諾していた。Aはその使用借権をYの先代（係争地の借地人、親族と思われる）から設定をうけ、Y（家督相続人）が承継したが、BはYの親権者であり、右のXへの譲渡の承諾当時も法定代理権をもっていた。Bは、Yが家督を相続した後、Aに対して使用貸借の解除を通告した。原審は、右使用権の譲渡の承諾は第三者たるYには対抗し得ず、かえってBは使用貸借により敷地の使用を許容されていたにすぎないので、右解除により消滅した、と判示。

【判旨】（破棄差戻）原判決によれば、Y先代は「建物所有の為にBに対し建物敷地の使用権を与えたるものの如くして果たして然らば特に返還の時期を明定する等特段の事由なき限り其の自ら定まりたる目的即ち建物所期の用途に従い使用を終わりたる後に非ざればY先代に於いて敷地の返還を請求し得ざるべき筋合なりと云うべく従て同人の家督相続人たるYも亦その拘束を受くべきこと論無きを以て」、右の解除によっては使用権を消滅させることはできない。加えて、Bは右譲渡の承諾により、Xに対し建物の敷地の使用を許容せざるを得ない筋合いである。

本件の論点は、XとBとの間での使用借権の譲渡を貸主Yに主張できるかにある。その結論には異論がなかろう。YBら親族の行為は信義にも反する。もっともXが承継した使用貸借がいつでも自由に解約できるものであるとすると、せっかく取得した使用借権も余り意味がない（解約を権利濫用で抑えることも可能だが）。判旨の右の説示はこの点で意義を有するが、しかし、あくまでもその限りのもので（自由解約権を否定したもの）、使用貸借の存続・消長それ自体が「論点」となっていたものではないことは明らかであろう。

広中教授は、右判決を引用して、建物所有を目的とする土地の使用貸借では、建物所有のため、というのが民法五九七条二項にいう「使用目的」であるとするが[6]、右判例の説示は、前述のように貸主側の自由な解約・解除を排斥する意味しかもず、それ以上、積極的な内容は何もないので、あまり先例的価値があるものではなかろう。加えて、「自ずから定まりたる目的即ち建物所期の用途」というのも、土地の単なる用法をいうにすぎないし、このような使用目的と、ここにいう「使用目的」とを明確に区別すべきことは、繰り返し言及してきた通りである[7]。

(2)　右のような使用目的の捉え方は、訴訟上の証明責任においても意味をもつ。たとえば、貸主の明渡請求訴訟で借主は占有権限を主張・立証しなければならないところ、単に使用貸借の合意があったというだけではほとんど無意味であるから、少なくともここにいう抽象的な使用目的（又は使用期間）の約定があった事実を主張・立証しなければならないが、抗弁としてはそれで必要にして十分である。これに対して、貸主は、使用収益が終了したことなどの事情を立証しなければならないこととなる[8]（再抗弁）。

ところで、本条にいう（抽象的な）使用目的の証明責任については、建物使用貸借につき、それが居宅であるならば、特段の事情がなければ、「居住を目的とするもの」であるとの意思解釈をした上で、借主側の居宅の使用貸借の主張には居住目的の主張が含まれるとした事例（原審ではその主張がないとして借主が敗訴）が参考となる（東京高判昭和五六・六・三〇判時一〇一四号七二頁）。これを推し及ぼすと、借主が負う使用目的の立証責任も、少なくとも居住目的については、果たされているといえよう。建物所有目的の土地使用貸借についても、同様に考えてよい。さらに一歩すすめて、この種の「事件類型」では、逆に「使用目的がないこと」の主張・立証責任を貸主側に負わせることも、可能ではなかろうか。

なお、やや特殊な事案であるが、会社が取締役に貸与した役員専用自動車につき、取締役としての業務執行に供用するという使用目的があったとする借主側の抗弁を排斥した最近の事例（東京高判平成九・九・三〇判時一六四八号六五頁）も参考となる。

二　使用収益の目的が終了した場合（民法五九七条二項本文）

宅地・建物の貸借では、基本的には使用目的があると解するのが従来の判例の立場であるが、その使用目的が相当な程度まで具体性をもつケースのほかに、単に「抽象的使用目的」しか認定されないケースもあり、後者の場合には、貸借の存続・消長を決定しうる具体的な基準がないので、解釈が区々に分かれることとなる。多くの判例は使用収益をなすに足りる期間が経過した（民五九七条二項但書）と説明しているが、問題はそのような結論を導き出すための具体的な判断基準である。この問題は別に詳論するとして、とりあえずここでは「使用収益が終わった」とされる事例（民五九七条二項本文）を可能限り裁判例の判断に即しながら整理してみよう。

この種の事例群では、具体的な使用目的があり、その使用目的から貸借の期限が客観的に明らかになるケース、使用目的からは貸借の期限が限定されないものの貸与の動機・目的が事実上成就したケース及びその目的の達成が事実上不能となったケースに大別できるので、この順序に従って分析することとする。

ところで、右のような諸事情に基づいて「使用収益が終了したこと」を主張立証する責任は貸主が負担すると解されているが、本書が後に明らかにするように、典型的使用貸借、ことに友人・知人・隣人間での好意貸借では、「具体的な使用目的」などの諸事情から、容易にこれを証明できるであろう。なお、本条の終了事由には「解約」は必要とされないので、貸主がその主張・立証責任を負わないことはいうまでもない。

1　使用目的から貸借の期限が判明するケース（一時的使用目的）

このケースでは、いずれも使用目的が一時的・暫定的な目的で、その目的から貸借の期限も比較的短期間に限定されている。

つぎの例は、隣人間での土地の「無断使用」が起因となって成立した無償使用関係であるが、「建築作業用として使用する目的」が認定され、その作業の終了によって使用目的が達成されたと解されている。

【二】　高松高判昭和二五・七・二二高裁民集三巻二号八二頁（土地）

【事実・判旨】　隣人Yが無断で係争地を劇場の建築工事現場として使用したため、所有者Xがこれに異議を申し入れたところ、Yの懇請によりXがやむを得ずその使用を許容した。判旨は、「劇場建築の大工作業用として使用する目的」の貸借であり、建築工事が終了した時に返還すべき約定があった、と判示した。

右の判旨の理論・結論にとくに異論はないであろう。Xが無償使用を許容したのは、隣人としての好意によるものでしかなく、右のような「使用目的」があったからこそ、Xは無償使用もやむを得ないと決断し、Yも一時的・暫定的な貸借であることを覚悟して借り受けたものといえよう。

宅地の貸借でも使用目的が非常に明瞭な事例もある。【三】では「孫の通学の利便のため」という使用目的が認定され、その目的が達成されたとされている。

【三】　東京地判昭和三九・五・二五下民集一五巻五号一一四四頁（宅地）

【事実・判旨】　借主Yは、貸主Xが理事長をしている学校の生徒の祖父であるが、Xは、Yが孫の通学のために適当な土地を物色していると知り、日頃Yの学校経営に対する協力・援助に報いるため、係争地を貸与した。判旨は、純粋に「建物所有を目的とするもの」ではなく、「孫の通学の利便をうるため」という「使用目的」で貸与されたものであるので、孫の卒業によってその目的が達成された、と判示。

このように短期間で使用目的が達成されたというケースでは、返還時期の不確定な定めがあったとしても、同様の結論をうることができるように思われる。とくに【二】は使用目的とともに返還時期についても約定されていたという。本来、使用目的の機能が返還時期を（ことに短期に）限定することにあったことについては、先述の通りであるが、奇しくもこの種の具体例においてそのことが露呈したと言えよう。

ごく最近のつぎの東京高裁の判決も、同種の事案であるが、従来の例よりも一層はっきりと使用目的から返還時期の約定もあったとしており、終了事由を「期限の到来」と解している。

【三】　東京高判平成一〇・一一・三〇判タ一〇二〇号一九二頁（居住用建物）

【事実】　Yは、A会社と新築予定の建物を購入する契約を締結し、平成五年一一月に、所有者Xの係争建物を「新たな建物が完成するまでの当分の間」、いわば仮住まいするために借り受けた。Xとしては、係争建物の管理を仲介会社の取引主任者Bに委ねていたところ、右工事予定期間の六ヶ月間、無償でYに貸与する旨のBの報告を単に了承しただけであり、Aと同視できる関係にはなかった。ところが、本口頭弁論終結時まで五年が経過しているのに右工事がいまだ着工されない状態にある。

【判旨】　本件使用貸借は、「新たな建物の完成時を返還時期と定めて契約されたもの」であり、その契約の趣旨から「Yに対する便宜供与としてされたものと認めることができる」。そこで「新たな建物が通常予想される建築工事期間を相当程度超えてもなお完成しない場合には、その時点で本件建物を返還する旨の約定が黙示的になされていたものと認めるのが相当である。」

本判決は、当該使用目的から返還時期が直接決まるとしており、両者の関係をはっきりと意識している。しかも、返還時期につき、明示の合意が認定されなくとも、黙示合意があったとしており、極めて注目すべきものである。本書が繰り返し述べてきた典型的使用貸借（「使用目的」の意義）の沿革的・制度的趣旨にもそうものといえよう。

なお、賃貸借との区別が中心問題となったものであるが、自宅を競売されたため、貸主に窮状を訴えて、一時使用目的で期間を三年と約定する旨の契約書を取り交わしたという事例（神戸地判昭和六二・六・二四判タ六五五号一七二頁）もあり、賃貸借への転換を認定したことの当否はしばらく措くとして、一時使用目的の貸借の成立事情を考える上で参考となろう。

2　使用目的が事実上成就したケース

そもそも貸主が無償で貸与するのは、借主が困窮しているからであり、したがって、借主側の経済状態がよくなるなど、貸与の動機・目的がなくなれば、貸借の前提（原因）もなくなるので、返還が認められても決して不当ではない。ちょうど、貸主側が困窮して返還を求める場合（困窮すれば、好意の前提が崩れる）と裏腹の関係にあるといえよう。つぎの【一四】がそのような事例である。

【一四】　大阪高判昭和五五・一・三〇判タ四一四号九四頁（宅地）

【事実・判旨】　貸主側が設立した会社が工場の明渡しを求められて困窮していたことから、貸主がその工場の敷地を購入して、事務所等の建物を所有するためこれを会社に貸与した。その使用期間は和解調書で極めて短期間のものと約定されていた。判旨は、かかる場合でも、貸与の意図などから期間の定めのない使用貸借で、相当な期間は存続すると解したが、貸与の意図が当該会社の保護育成にあったので、会社の経営状態がよくなった現在、もはやその貸借は終了した、と判示。

また、使用貸与と同様の目的が別の方途で達成されるようになると、貸与の目的は終了するとした事例もあるが、このような場合にも貸借を終了させるべきである。

【一五】　大阪地判昭和四〇・四・二四判タ一七五号一七六頁（建物）

【事実】　Xは、地方（金剛山山麓）の古くからの慣行もあって、好意的にY先代に対し飲料水を地下から引水するため、自己の所有地にその引水用施設を埋設することなどを承諾した。ところが、Yの代になって公共の簡易水道ができたことなどから、引水目的の使用貸借契約の解約を訴求した。

【判旨】「Xにおいて本件土地を使用するにつき支障が生じない限りY一家の飲料水の必要が解消されるまではいつまでもその使用を続けることができる代わりに、他に飲料水が確保されるに至った場合はもとより、その必要性が存続する場合においても、Xの本件土地利用の妨げとなった場合には、契約を解除されてもやむを得ないものである」。本件では、飲料水問題は解決したので、「本件契約に定められた目的に従った使用収益は終わったものと解するのが相当である。」

なお、親族間の貸借でも同旨のものがある。弟が画家として一人前になるまで、という趣旨の建物の貸借で、また、弟一家の家計を助けるという趣旨の農地の貸借で、それぞれ弟が経済的に自立できた段階では、貸与の目的は終了したとする事例（【五六】【五七】）も、あわせて参考とされるべきである。

3　使用目的の達成が不可能となったケース

具体例のなかに、一定の使用目的で借り受けたにも拘わらず、借主の都合でそのような目的に使用することができなくなった場合に、「目的が終了した」（民五九七条二項本文）と解して終了を肯定したものが散見される。本来は、別の目的で使用した場合と同様に、一種の用法違反ないし債務不履行といえるものであるから、契約の解除を認めてもよいケースであろう。いずれにせよ、この種のケースも当初の使用目的を前提とすれば、終了事由を容易に判断できるので、特に困難は生じない。数は少ないが、ここで紹介しておこう。

【一六】　東京控判大正一三・一一・六評論一三巻商六七五頁（動産）
【事実・判旨】　紙加工販売の共同事業（組合）の一員となるため動産などを事業経営者に無償貸与したが、組合が解散されたため、契約目的に従う使用収益を終りたる今日においては、解除の当否を決するまでもなく、その返還義務がある、とされた。

【一七】　東京高判昭和五六・二・二四判時九九八号六三頁（宅地）
【事実・判旨】　叔父が甥に洋弓場の経営のため土地を無償貸与し（昭和四七年の春）、甥が地上に施設を建築して経営をしていたが、昭和四九年ころから経営が悪化し、昭和五二年ころには全く経営を止め、現在その再開の見通しがつかない状況にある。判旨は、「借主の願望は別として、洋弓場の経営が客観的には事実上営業を廃止した状態となっているものとみるほかなく、したがって、契約目的に従った使用収益が終わったものと認めるのが相当である」と判示。

【一八】　京都地判昭和五七・九・二〇判時一〇七〇号八四頁（建物）
【事実・判旨】　原告総本山は、被告寺院らとともに、文化財である寺宝の売却問題により真言宗東寺派から離脱し、昭和四〇年に包括関係を廃止した後、新たに包括法人を設立して、被告寺院がその塔頭寺院となったが、その後、原被告間でも文化財の処分につき紛争が生じ、境内地や本堂等の所有帰属と使用関係等につき争いが生じた。判旨は、原被告間に係争本堂・庫里などにつき被告が塔頭寺院として宗教活動を行うことを目的とする、期限の定めのない使用貸借契約が成立していたが、昭和四八年一月当時において係争本堂が荒廃し（原告が本堂を除却している）、「被告が本件土地建物で原告の塔頭寺院としての宗教活動を行うことがなくなってから十数年になるし、将来に向かっては、……本件建物を原告と相対立する宗派の事務所として使用することを計画しているのであるから、被告は使用貸借に定めた目的に従った使用収益をすでに終了している」と判示。

ただし、つぎの高裁判決は、使用目的に従った使用収益が相当期間行われて完了したものではないことから、五九七条二項本文ではなく、但書を類推適用する旨をわざわざ説示して、解約告知により終了したとしている。本条の規定の趣旨からいえば、たしかに判旨のいうことにも一里あるのだが、本条但書の類推適用にもその趣旨からみてかなりの無理がある。

【一九】　大阪高判昭和五五・七・一〇判時九九二号六七頁（土地）
【事実・判旨】　叔父でもあるXは、娘婿Aが知人二名とともに産業廃棄物処理事業を経営するということから、Xは当時失業中のAを援助するためその所有地をY会社に無償で提供したが、Aらの関係がうまくいかず、結局、事業は頓挫した。判旨は、事業を再建し、係争地を使用していくことは不可能となり、使用貸借の目的は達成し得なくなったとした上で、事業が破綻したときに当然終了するのではなく、五九七条二項但書の類推適用により、本訴係属中に相手方に対し返還請求（準備書面）が到達したときに終了した、と判示。

本判旨の実益は、不法占有による損害金の支払い義務の起算日にあるが、その理論構成は、最高裁昭和四二年判決【三二】の影響を受けたものであろう。

三　「使用収益をなすに足りる期間」が経過した場合（民法五九七条二項但書）

解約の当否の判断が困難な事例は、使用目的が曖昧であることから、当事者間のさまざまな利害を比較考量して結論を導き出さざるを得ないものであり、このケースでは、一定の使用期間の経過を前提として民法五九七条二項但書を適用する傾向がみられる。この種の事例群については、本書の視点からいえば、「使用目的」が貸借の存続を限定できるケースと、限定できないケースとに大別すべきこととなるので、かかる観点から吟味することにした。このことによって、判例の実質判断から推知される解釈原理を抽出することが可能となろう。その際、友人・知人間等の貸借では、原則的に使用目的の定めがあるというのが本書の立場であるので、このことを論証する意味をも含めて、親族間の貸借の特質と比較検討してみたいと思う。

Ⅰ　「具体的な使用目的」と返還時期

先ず、具体的な使用目的が認定された事例を紹介・分析してみよう。この種の貸借は、認定された使用目的との関連で比較的短期間で終了せしめられている。

1　一時的・暫定的な貸借

貸主が借主の窮状に同情し、「他に適当な住居・営業場所を見付けるまで」という趣旨で不動産が暫定的に貸与される場合には比較的短期間で解約される傾向が強い。ここでは、民法五九七条二項の本文ではなく但書が適用されているが、使用目的の趣旨や経緯は前記の事例群（【二】【三】【三】）と異ならないことに注目しなければならない。幾つかの例を挙げておこう。

【三〇】　東京地判昭和二七・四・二三下民集三巻四号五四一頁（宅地）
【事実・判旨】　敗戦直後に係争地所有者XはYの先代と親交があった関係で、Y（理髪業）の窮状に同情し、差し当たって使用を予定していなかった係争地を提供したが、使用土地の面積、位置等を決めなかった。判旨は、Xは取りあえずYの営業を再開できるように取り計らってやったにすぎず、長期間にわたりYに対し建物所有目的をもって使用を許諾したものではないことから、契約以来約六年を経過した現在では解約ができる、と判示。

【三一】　大阪地判昭和二九・四・一六下民集五巻四号四九九頁（居住用建物）
【事実・判旨】　Yの兄は、Yが借家の立ち退きを要求されて困っていた際、雇主のXに頼んでその所有する家屋を借り受け、ここにYを居住させた。判旨は、「居住を目的」とする使用貸借であるとしつつ、それでは借主が使用を継続している限り使用目的を終了したとも、使用をなすに足りる期間を経過したともいえないので、当事者間に不公平となることから、貸借当時の事情、使用期間、貸主が返還を必要とする事情等を斟酌して、解約の当否を決めるのが相当との一般論を述べた上で、本件では、「Yの差し迫った住宅問題の窮状を打開するためになされたもの」であり、五年余を経過しているほか、Xには事業再開のため本件土地の使用の必要性がある、として解約を肯定した。

【三二】　函館地判昭和三一・六・二九下民集七巻六号一七一七頁（居住用建物）
【事実・判旨】　Xは、Yから当時統制品の漁網の貸与を受けたことから、互いに親密な間柄となったところ、Y

が、当時住宅に困窮していたので、XはYに住宅を無償で貸与したが、漁網の返還条件をめぐり紛争が生じ、当事者間の信頼関係が消滅した。判旨は、「Yとその家族がその住宅に使用すること」を使用目的と認定し、Yが居住することを止めないと使用目的を達成したとはいえないが、Yにおいて「相当期間本件家屋を使用した後は」、Xは一方的に解約できるとし、使用期間三年余で解約を肯定した。

右の三例はいずれも「抽象的使用目的」では貸借の存続を限定しえないという点には気付いており、したがって、いつまでも（ないし長期間）無償使用が継続するならば貸主に酷な結果となることから、各事案との関連でそれぞれ工夫して、貸主側の解約を肯定している。その結論は穏当なところであるが、「使用目的」についてはまだ充分には理解されていなかったといえよう。それ故、具体的な事案から、「具体的な使用目的」を見つけ出すことができなかったように思われる。いずれも、借主が住宅・店舗に困窮しており、貸主がその窮状を救うために、好意によって無償使用を許容したものであるので、他に適当な建物を見つけるために暫定的に使用する目的で貸借がなされたものと解釈できたはずである。ことに、【二】は、かかる具体的な使用目的を念頭において結論を出しているし、他の二例においても基本的には同様の立場にあるように思われる。

かかる立場を明確にしたのが、つぎの最高裁判例である。

【三】　最判昭和三四・八・一八裁判集民三七号六四三頁（居住用建物）

【事実・判旨】　義理の兄弟間での住宅の貸借であり、借主が所有家屋の焼失により住宅に窮していたため、貸主が無償で貸与した。判旨は、その使用目的を当事者の意思解釈上、他に「適当な家屋を見つけるまで一時的住居として使用収益するということ」にあるとして、適当な家屋を見つけるのに必要と思われる期間を経過したときは、たとえ現実に見つかる以前でも、民法五九七条二項但書により告知できる、と述べた上で、使用期間七年余で必要な期間が十分経過した、と判示。

右の最高裁判決は、明確に具体的な使用目的（他に適当な住居を見付けるまでの暫定的な使用）を認定した上で、この使用目的を基準にして、「使用をなすに足るべき期間」（民法五九七条二項但書）を判断しているが、これが同項但書きの本来の趣旨であることはすでにその沿革から学んだところであり、その意味で本判決は、非公式判決とはいえ、きわめて重要な先例であった。これ以降、下級審判決でも、同種の無償使用関係について具体的な使用目的を認定した上で、貸借の存続を判断する事例が散見されるようになった。幾つかの例を挙げておこう。【二五】は使用目的の中身について明確に説示していないが、いずれも、一時的・暫定的な使用目的で住宅が貸与されている。

【二四】　東京地判昭和四一・四・一九判時四五三号四八頁（宅地）
【事実・判旨】　X女はYの従兄弟姉妹であり、Yの妻の姉でもあるが、YがXに懇請して係争地を借り受けた。判旨は、Yが新たに移転先を求め居住し、建築業を営むため、土地家屋を捜し求める間、暫定的に仮住居を建築して居住する旨の「使用目的」が約定されていたとし、使用後四年半の経過で使用目的を達成するに足りる期間が経過した、と判示。

【二五】　東京地判昭和四三・六・三判時五三四号六一頁（居住用建物）
【事実・判旨】　Yが当時居住していた家屋が競売され、行き先に困っていたため、知人のXが好意で建物の一部分をYに貸与した。判旨は、ここにいう使用目的が抽象的、一般的な目的ではなくて、貸与の動機、当事者の意思から推測される具体的なものをいう、との一般論を述べた上で、本件では、「一〇年」も経過しているので、使用目的に従った使用をなすに足るべき期間を経過した、と判示。

2　小括

右のように、建物や土地の使用貸借でも、「使用目的」によってある程度客観的にその返還時期を判断できる場合もあり、それがここにいう「使用目的」の本来的な機能であることは、繰り返し述べてきた。ボアソナード・旧民法が、一定の使用期間が「黙示の使用目的」の趣旨から明らかになる、とした所以でもある。ごく最近の【二三】は、このことを論証しうる格好の事例といえよう。むろん、その貸借の性質上、動産のように一義的に決まるというものではなく、諸般の事情を斟酌する必要もなくはないが、少なくとも「返還時期」を判断するうえでの客観的・具体的な基準が示されているといえよう(9)。この点で、前記の使用目的を達成したとされる事例(【二一】【二二】【二三】)(民五九七条二項本文適用)と共通性を持つことに注目すべきである。たしかに、「他に適当な住宅を見付けるまでの一時的、暫定的な貸借」では、その「使用目的」につき曖昧さは残るとしても、裁判例では、これを重要な基準にして返還の当否が判断されており、いずれもかなり短期間で終了せしめられている。事案にもより、また、貸主が返還を請求した時期にもよって、いうまでもなくその使用期間は区々ではあるが、住宅の場合には三年余で【二二】、建物所有を目的とする土地の貸借でも四年半で終了せしめられている具体例【二四】が参考とされるべきである。この種の裁判例では、「具体的な使用目的」が明確に認識ないし意識されていることを見落としてはならないであろう。判例は同条二項但書を引用しているが、実質的には本来予定された使用目的を成就しているともいえるわけである。

したがって、最高裁昭和三四年判決【三】に先行する三つの下級審判決【二〇】【二一】【二二】も、これら一連の判例のなかで位置づけられるべきものであり、来栖教授が、右三判決での無償貸借につき「相当期間使用させること」が使用目的であったと解釈したのは[10]、判例自体の評価においても問題があったといえよう。友人・知人・隣人間での無償利用では可能な限り「具体的な使用目的」を探さねばならないのであって、また、諸般の事情からそれが可能なものであり、だからこそ貸主も安心して無償で貸与できるわけである。特殊な事情があれば格別、「相当期間」というような全く返還時期に区切りをつけることのできない「不明瞭な目的」では、いったい誰が他人に好意を与えることができるであろうか。ただし、この種のケースでは、民法五九七条二項本文が適用されるべきであるとした教授の実質判断は是としよう。

II　使用目的が返還時期を限定しえない場合

1　「居住のため」、「建物所有のため」の貸借

問題の核心は、存続期間の定めがなく、単に「居住のため」とか「建物所有のため」とかの抽象的な使用目的で貸借される場合に、その解約の具体的な基準をどこに求めるかにある。この場合には、かかる目的で使用を継続している限り、何時までも使用継続が認められることにもなりかねないからである。従来の下級審裁判例は苦慮していたが、最近の最高裁判決によって一定の方向性がかなりはっきりしてきたように思われる。従来の経緯と現状を紹介しておこう[11]。

(1)　従来の下級審判決

従来の下級審判決には、民法五九七条二項を引用しないものが散見され、それとは別の解約論に従ってい

たのか、[12] 微妙なものもあるが、抽象的な使用目的の問題点を指摘していた。使用目的と解約論に絞って裁判例を時代順に掲記しておこう。

(ア)「使用目的」の解釈――「具体的使用目的」説

つぎの一連の裁判例は、「居住目的」や「建物所有目的」などという抽象的な使用目的では使用期間を限定できないことから、具体的・個別的な使用目的の必要性を指摘している。当初の裁判例は抽象的使用目的の右のような問題点を指摘するにとどまっているが、いずれも示唆深いものである。

【二六】 大阪地判昭和二九・四・一六下民集五巻四号四九九頁（居住用建物）
【使用目的論】 居住を目的とする建物使用貸借では借主が居住使用を継続しているかぎり、使用収益の目的が終了したとはいえないし、また使用収益をなすに足るべき期間が経過したものとも認めることに困難があり、かくては借主が自ら進んで返還しないかぎり、貸主はいつまでも返還を請求できないことになって著しく公平を欠く結果となる。
【解約論】 貸借当時の事情、借主の使用期間、貸主が返還を必要とする事情等を斟酌して、解約できるかどうかを決するのを相当とする。

【二七】 京都地判昭和三〇・三・八下民集六巻三号四二一頁（居住用建物）
【使用目的論】 建物使用貸借の目的を「牛肉販売業を営むこと」であると認定した上で、借主が現に牛肉販売を継続しているので、右使用目的を達成したとは言えず、また使用収益をなすに足るべき期間を経過したともいえないが、「定められた目的が長期間継続すべき性質のものであるときは」、現に借主がその目的に従い使用している限り、いつまでも返還請求できないのは著しく不公平な結果になる。

【解約論】　当事者双方の諸事情を考慮した上で貸主側に解約権を認めるべきである。

【三八】　函館地判昭和三一・六・二九下民集七巻六号一七一七頁（居住用建物）（【一二】）
【使用目的論】　本件使用貸借の目的は借主家族がその住宅に使用することであるが、借主において本件家屋に居住することを止めない限り、「目的に従い使用及び収益を終わりたる時」は到来しない。
【解約論】　借主において相当期間本件家屋を使用した後は、貸主は一方的に解約して返還を請求することができる。

右の三例はいずれも抽象的使用目的については言及しているが、それ以上、「使用目的」自体について論及するところはない。つまり、「使用目的」によって解約の当否を決することを断念し、別の解約規準を述べている。しかし、先述のように、【三六】と【三八】は具体的な使用目的（「他に適当な住居を見つけるまで」）を認定できる事例であった。ことに【三八】は、三年半の経過で返還を認めており、しかも、民法五九七条二項を適用している（【一二二】参照）。しかし、「相当期間」が経過したならば、何故に解約が可能であるのか、その点を明らかにしなければならず、結局、右の具体的な使用目的を一応は基準とせざるを得ないのではないか。

その後の下級審判決では、右の裁判例の傾向を踏襲した上で、さらに「具体的な使用目的」論を展開するものが現れている。

【三九】　東京地判昭和三一・一〇・二二下民集七巻一〇号二九四七頁（宅地）（【六一】）
【使用目的論】　民法五九七条二項にいう「使用目的」は、「建物所有の目的」、「居住の目的」というような一般的、抽象的なものではなく、「契約成立当時における当事者の意思から推測されるより個別具体的なもの」を指す。

【解約論】　ひとたびかかる目的を定めて貸与した以上は、借主保護のため貸主はその使用目的を達成したこと、またはそれに足りる期間を経過したことを主張・立証しないかぎり、返還を請求できない。本件では、「建物が朽廃するまで所有する」という使用目的が約定されている。

【三〇】　東京地判昭和四三・六・三判時五三四号六一頁（居住用建物）

【使用目的論】　民法五九七条二項にいう「使用目的」とは、目的物の用法に従って使用収益するというような一般的、抽象的な目的を指すのではなく、契約締結時において貸主が借主に対し無償使用を許すに至った動機ないし当事者の意思から推測されるより個別的具体的な目的を指す。このことは、民法五九四条が用法に従った目的と契約により定まった目的とを区別し、五九七条二項が契約による目的についてのみ定めていることから明らかである。

【解約論】　「借主の弟の家が空くまで暫定的に使用させること」が使用目的であり、既に一〇年が経過したので、解約が相当。

【三一】　東京地判昭和四四・七・一七ジュリ四四五号判例カード二七三、判例総覧民事編三八(上)一五六頁（建物）

【使用目的論】　店舗として使用する目的又は居住のために使用する目的を約定使用目的と解すると、借主が営業ないし居住を継続している限り、目的に従った使用収益を終了した時期が到来せず、この結論は、貸主の恩恵に基礎をおく使用貸借の借主の方が、賃借人よりも強い保護を受けることとなって妥当ではない。つまり、契約に定めた目的とは目的物の用法に従ってその物を使用収益するというような一般的、抽象的な目的を指すものではなく、より個別的、具体的な目的を指すものと解すべきである。

【解約論】　本件では、より具体的な目的の立証がないので、目的の定めなき使用貸借と解するしかない。

【三二】　名古屋高判昭和五六・一二・一七判時一〇四二号一〇六頁（竹林）（【三三】）

【使用目的論】「民法五九七条二項の使用及び収益の目的は……使用、収益の方法、態様を定める意味での目的ではなく、何のためにそのような使用、収益をさせる（する）のかを明らかにする意味での目的（例、小作地引上の代償）をいうと解すべきである。」

【解約論】本件では右の使用目的の定めがないので、貸主は何時でも解約できる（民法五九七条三項）。

【三三】東京地判平成三・五・九判タ七七一号一八九頁（宅地）（【二七】【二四】）

【使用目的論】民法五九七条にいう使用目的とは、「使用貸借契約の無償性に鑑みて、建物使用貸借における居住目的あるいは宅地の使用貸借における建物所有目的といった一般的、抽象的な使用、収益の態様ないし方法を意味するものではなく、当事者が当該契約を締結することによって実現しようとした個別的、具体的な動機ないし目的をいうものと解すべきである。」

【解約論】本件での使用貸借の目的は「老後の面倒をみるなど親族として相互に援助し合うこと」であったが、当事者が実現しようとした目的の到達は不能となった（民法五九七条二項但書の「類推適用」）。

右の一連の裁判例が「抽象的使用目的」の難点を指摘し、具体的使用目的論につきほぼ共通の認識をもっていることが、その同趣旨の説示から明らかとなろう。しかし、【三二】【三三】判決では、【二九】【三〇】【三一】とは異なり、単なる利用の趣旨・目的だけではなく、貸与者側の貸与の動機、目的が指摘されており、ことに【三三】はこのことを前面に押し出している。その出発点は正しかったが、「目的」という概念を明確にしないまま彼此混同してしまったが故に、民法五九七条二項にいう「使用目的」の趣旨から大きく逸脱してしまったといえよう。右のような目的であると、その目的に従って使用しているかぎり、いつまでも目的が達成されることはないので、かくては、右の一連の判決において指摘されていた問題点に、結局は立ち戻ることとなり、何のために具体的な使用目的を探さねばならないのか、自家撞着に陥ることとなろう。もっとも、本書は、右のような目的の無償使用関係が社会の現実において存在するということまで否定するつもりはない。問題は、右の目的、当事者双方の主観的動機等の諸事情を理論的にどのように構成するかであり、民法五九七条にいう「使用目的」のなかに無理やりこれを押し込むことであってはならないであろう。この問題は後述する。

(イ)　建物の朽廃まで存続するとした事例

建物所有目的、居住目的またはこれに準ずるような抽象的な使用目的しかない場合には、かかる貸借の終期を使用目的によって限定することは事実上不可能に近い。この種のケースでは、抽象的使用目的を貫徹して建物が存続する限り使用貸借が継続するとした事例もあるが、これは理論のみならず結論も不当なもので、先例的価値はほとんどないといえるものであるが、一応、紹介しておこう。

【三四】　名古屋地判平成二・一〇・三一判タ七五九号二三三頁（宅地）

【事実】　Yは、係争地の所有者である亡Aの養子Bと仕事の関係で親しくなり、Bの紹介でAから居住用建物を建築所有する目的で係争地を無償で借り受けた。Aは当時高齢で係争地の耕作が困難であったこともあり、これを無償で貸与したが、土地の税金の支払いにも困っていたので、Yが税金相当額を「地代」として支払うことを約束した。その後、X（Bの子）が相続したが、右の経緯を知らず、「地代」が低額なことから地代の値上げを請求したところ、紛争となり、Xは、昭和六二年九月に信頼関係がなくなったとして契約の解除、解約などを主張して、土地の明渡しを請求した。

【判旨】　解除は無効。解約告知も次のように説示して無効とした。居住用建物の所有を目的とする使用貸借契約では、契約に基づいて建築された建物が存続し、かつそこに借主が居住している場合には、使用貸借契約が一時の利用目的で締結されていたとか、借主が他に居住可能な建物ないし土地を所有するに至ったとかの特別の事情がない限り、契約に定めた目的に従った使用をなすに足るべき期間を経過したとはいえない。本件でも右の特別の事情はみられないので、解約・告知は無効である。

本件のYは過去三八年間も係争地を無償で使用しており（公租公課は支払っていたが）、しかも所有者側の「好意」による無償使用であったが故に、その結論においても不当であると思われるが、何よりも「建物所有目的」の土地の使用貸借が建物の存置する（かつ居住事実がある）かぎり存続するのを原則とする、とした抽象論に問題があると言えよう。かくては賃貸借以上の保護が与えられることにもなりかねず、無償利用契約の構造的特質を全く理解していないとの批判を甘受してもやむを得ないであろう。従来の判例の傾向では、本判旨とは逆に特段の事情がない限り、右のような継続的・永続的無償使用は認められていない。なお、本件では、Yが係争地を無断で転貸（賃貸借）しており、転借人（相被告）による転借権の時効取得を認めているので、これを保護するためにYの使用借権の存続を肯定したともいえなくはないが、そうだとすれば、それは本末転倒であろう（Xとの関係で時効取得を認めるべきである）。また、好意的に解釈すれば、貸主の時代になって貸与の当時では相当長期に及びうることを覚悟していたと見られる節もあり、また、貸主の先代が「賃料」の増額請求を再三にわたって要求し、貸与意思はなお継続しているので（いわゆる「地代」の額が争点になっていたに過ぎない）、この点を捉えたかたちでの判示と見られなくもないが、そうとすれば、そのような実質判断に即した理論構成にすべきであろう。

ところで、親族間では、この種の貸借もありうることは前述した。たとえば、後掲の【八二】（宅地）は、父が土地を長男に贈与し、地上に父名義の建物を建築所有したという事案で、「建物所有目的」を使用目的と認定して、建物が存在しているかぎり、建物所有の用途が終了したとはいえない（返還時期が到来しない）としている。この事例の結論は妥当であるが、使用目的と土地の用法とを混同している点に解釈論としての限界が見られる。

(2)　最高裁の立場

「居住のため」、「建物所有のため」という抽象的な使用目的では、通常、比較的長期の継続的な貸借が予定されていることが多い。とくに建物所有目的では、建物の建築経費との関連もあって、貸主がそれと承知で無償使用を許諾した場合には、相当な期間に及びうることを覚悟していたものとみなされてもやむを得ないであろう。しかし、「建物の朽廃するまで」というのも不合理である。それでは貸主の好意に害をもって報いるに等しいこととなる。そこで、相当な期間に限定する具体的な基準が必要となる。最高裁にも妙案がなかったが、ごく最近の判例では先例が示した準則をより一般化するかたちで「再確認」しており、したがって、今後はこの方向で収斂されるものと思われる。ここではその経緯を検討しなければならないであろう。

まず、つぎの判決がその口火を切った。建物所有目的の土地の貸借であるが、その途中で別の建物の建築をも許諾しているので、事案がやや特殊なものであることを銘記しておく必要がある。

【三五】　最判昭和四五・一〇・一六裁判集民一〇一号七七頁（宅地）

【事実】　昭和二四年頃、Y教会の牧師がその知り合いであるX不動産会社の大株主を通して、X会社所有の本件土地を礼拝堂建築の目的で借用し、無償で期限の定めがない旨の使用貸借契約が当事者間に成立した。昭和二五年にYが地上に木造平屋建ての礼拝堂を建築所有し、その後昭和三三年一二月には右地上に木造二階建ての牧師館も建築した。ところが、X会社は本件土地に隣接する土地で経営するモータープールの拡張のため、地形上本件土地をぜひ必要とするようになり、昭和三五年ころから明渡しを求め、代替地や移築等の交渉をしたが、結局、本件訴訟（建物収去土地明渡訴訟）を提起した。原審は、使用貸借の成立から一五年八ヶ月を経過しているので、「相当の期間」が経過していたと言うことを理由に解除によって契約は終了した、と判示した。

【判旨】（破棄差戻）「思うに、本件土地の使用貸借は、上告人教会の事業目的である伝道、礼拝等のための礼拝堂を建築所有することを目的として成立したものであるが、本来使用貸借は、賃貸借と異なり無償の法律関係であることに鑑みると、右礼拝堂が朽廃するか、礼拝堂の事業目的が終了しないかぎり当然に使用貸借が終了しないと解すべきではなく、契約の成立時より相当の期間が経過した場合には貸主に返還請求権を認めるべきこと、原判決の説示するとおりである。しかしながら、その期間の経過が相当であるか否かは、単に経過した年月のみにとらわれて判断することなく、これと合わせて、本件土地が無償で貸借されるに至った特殊な事情、その後の当事者間の人的つながり、上告人教会の本件土地使用の目的、方法、程度、被上告人の本件土地使用を必要とする緊要度など双方の諸事情を比較衡量して判断すべきものといわなければならない」。ところで、本件使用貸借から既に一五年八か月を経過していたというのであるから、年月の経過としては一応相当な期間と解しえなくもない。しかし、Xは、Yの牧師館の建築には承諾していたので（Yは所有地を売却してその建築費用に当てている）、その後の返還から数年しか経過していないことを考慮すると、その使用継続を否定しうる特別の事情の生じたことが認められない限り、本件使用貸借を解約しうる程度に相当期間が経過したとはたやすく断定しがたい。すなわち、Xが本件土地を右事業に必要とする事情を牧師館の建築当時に予見しえなかったか、本件土地がなければ利用上重大な支障を生ずるのか、また、Yが明渡しの交渉を拒否したことに合理的な理由がなかったか、等の事情が明確ではない。

本件の事案は、やや特殊なものであって単に当初の使用を継続していたものではなく、返還請求する数年まえに借主側の新たな建築行為を貸主が承諾していたことから、判旨は、この点をとくに重視している。しかし、その点を割り引いたとしても、判旨は、この種の抽象的な使用目的の貸借では、使用期間の経過のほかに、「本件土地が無償で貸借されるに至った特殊な事情、その後の当事者間の人的つながり、上告人教会の本件土地使用の目的、方法、程度、被上告人の本件土地使用を必要とする緊要度など双方の諸事情を比較衡量して」、解約の当否を判断すべきことを説示しており、この一般論は先例的価値のあるものであった。(13)

その後の判例では、特別の事情のないかぎりは、とくに無償による貸与に具体的な原因がないか希薄である場合には、使用期間の長さが重要性を持っているように思われる。

たとえば、つぎの最高裁判例は、親族間の貸借ではあるが、「長期間の居住」というのみで格別の動機・事情のない好意的な貸借と推測されるところ、三二年余の長期間の使用経過を重視して、使用貸借の解約を肯定している。

【三六】　最判昭和五九・一一・二二裁判集民一四三号一七七頁（居住用建物）

【事実】　事案は不詳だが、昭和二三年一〇月に兄から弟が建物を無償で借り受け、その目的が弟とその家族の長期間の居住と定められたという事実関係のもとで、兄の承継人が明渡しを請求(反訴請求)。原審は、借主が現に健在で係争建物に居住している以上、その目的に従って使用収益を終わったとはいえないし、使用収益をなすに必要な期間を経過したともいえない、と判示して反訴請求を棄却した。

【判旨】「本件使用貸借の目的は被上告人及びその家族の長期間の居住ということにあるが、被上告人が本件使用貸借に基づき本件建物の占有使用を始めてから本件解約当時まで約三二年四か月の長年月を経過していることが明らかであるから、他に特段の事情のない限り、本件解約当時においては、前示の本件使用貸借の目的に従い使用収益をなすに足るべき期間は、既に経過していたものと解するのが相当であるところ、右特段の事情があることについては被上告人が主張・立証していないから、本件使用貸借は本件解約によって終了したものというべきである。」

本件の事案はよく分からないが、たとえば、兄が「家産」の形成に寄与した弟の貢献に報いる趣旨で建物を貸与したという事情があるならば、原審の判断が正しかったであろう。しかし、単に長期間使用させる貸借であったというならば、本判旨の結論は必ずしも不当ではない。判旨も、「特段の事情」(当事者間の人間関係や貸与の動機、経緯のほか建物必要度などの諸事情から特に強く保護されるに値するもの)がないことを前提に立論しているように思われる。しかも、土地の貸借とは異なり、地上建物のことを考慮する必要もないので、この種の貸借では期間の長短がほとんど決め手となろう。

さらに、ごく最近のつぎの【三七】は、【三五】の準則を引用し、より一般的に再確認しているので、今後は、この種の事件類型での解約の準則となろう。つまり、「使用収益をなすに足るべき期間」が経過したかどうかの具体的な判断基準を示しているので、抽象的な使用目的しか認定されない貸借では、解約論はこれ一本で処理されることとなろう。ただし、やや抽象的であるので、使用期間の相当性を判断するより具体的な基準が求められている。

本件では、係争地は会社所有の不動産であるが、いわゆる同族会社での兄弟間の経営上の覇権争いが絡まっており、実質的には親族間の無償貸借が問題となっていると考えてよい事案であるところ、具体的には長期間にわたる使用期間(三八年余)の経過をきわめて重視している。

【三七】　最判平成一一・二・二五裁判集民一九一号三九一頁、判時一六七〇号一八頁(宅地)

【事実】　A(父)は、X会社の代表取締役となり、長男Bと二男Yとを取締役として会社を経営していたが、昭和三三年一二月ころX会社所有の係争地に本件建物を建築してYにこれを取得させるとともに、係争地を無償で使用させた。その後、Y夫婦は本件建物で同居していたが、Aは昭和四七年二月に死亡した。A死亡後、X会社の経営をめぐってBとYとの利害が対立し、代表取締役の地位をめぐる訴訟ではYが勝訴しているが、経営はBによってなされ、平成五年に本件訴訟を提起した当時ではBが代表取締役となっており、現在はBの子Cがその地位を承継している。一方、Yは平成四年一月に右取締役の地位を喪失している。一審・原審ともにYが勝訴。原審は、本件使用貸借は長期間経過しているが、本件建物がいまだ朽廃には至っていないし、Yには本件住居以外には居住しうるところがないのに対して、Xには本件土地建物を必要とする事情はないということから、民法五九七条二項但書の使用収益をするのに足りるべき期間が経過していない、と判示。Xから上告。

【判旨】（破棄差戻）　同条但書にいう期間が経過したかどうかは、「経過した年月、土地が無償で貸借されるに至った特殊な事情、その後の当事者間の人的つながり、土地使用の目的、方法、程度、貸主の土地使用を必要とする緊要度など双方の諸事情を比較衡量して判断すべきものである」（最判昭和四五・一〇・一六裁判集民一〇一号七七頁引用）。

本件使用貸借の目的は本件建物の所有にあるが、口頭弁論終結時までに約三八年八ヶ月の長年月を経過し、この間に本件建物で同居していたAが死亡し、その後BとYとの利害が対立して、Yが取締役の地位を失い、本件使用貸借成立時と比べて貸主と借主の間の「人的つながりの状況は著しく変化しており、これらは、使用収益をするのに足りるべき期間の経過を肯定するのに役立つ事情というべきである」。他方、建物が朽廃していないという事情は考慮すべき事情にはならない。「そして、前記長年月の経過等の事情が認められる本件においては、Yには本件建物以外に居住するところがなく、また、Xには本件土地を使用する必要等特別の事情が生じていないというだけでは使用収益をするのに足りるべき期間の経過を否定する事情としては不十分であるといわざるを得ない。」

本件掲載誌のコメントが言うように、使用期間が長年月経過している場合には、そのことによって当事者間の人的関係に著しい変化が生じているのが通常であるので、本判決は実質的には長年月の使用期間の経過を重視すべきことを示唆したものである、(14)と評価できるかは、にわかに判断し難い。むしろ、本判決は従来の先例を引用した上で、そこで示された事情を大前提としながら、単純な「建物所有目的の使用貸借」では、使用期間が長期間経過し、かつ当事者間の人的なつながりに著しい変化が生じている場合には、「建物の朽廃」という事情に左右されるべきではなく、かつ当事者双方の建物の必要度はそれほど重要性をもたないとした点に新味があるといえるのではなかろうか。長年月が経過していても、土地の使用目的が継続し、また、人的関係に「著しい」状況変化が生じていないケースは決して稀ではないからである。借主の死亡後も相続人にその承継を認めた事例も散見される。本件でも、右の二つの事情は等価値的な位置づけにあるように思われる（本件「裁判要旨」もそのように構成されている）。それ故、本判決の意義は、原審が「建物朽廃」を決め手にしたこと（地上建物だけが贈与されたケースではそのように解する例が散見される）、及び借主側の必要度を強調したこと（このようなケースも少なくない）に対して、「特段の事情」のない場合には、特殊な目的で貸与された事例と混同すべきではない、としたところに意義があろう。また、本判決が従来の先例を再確認しているという意味で、その準則の先例的価値は一段と強固なものになったと言えよう。

ところで、本件のような解決は、先述したように、親族間の貸借で格別の事情がないケースでは、必ずしも不当ではない。しかし、本件がそのようなケースであるのか、まさしくその点が本判決の結論を左右するものである。この点については、池田恒男教授のつぎのような鋭い指摘には注目しなければならない。X会社の社長である父が家族の住居として建築した本件建物をY名義にしたのは、「Yが生涯自分と同居することを見込んだからであって、そういう意味でYを最低限自分の住まいの跡取りと考えていたことが強く推測され（る）」ことなどから、本件貸借の目的は「本件土地を半永久的に社長A及びその住居の後継者としてのYに使用させることにあり、少なくとも社長夫婦とY（その配偶者）には終身にわたり本件土地を貸与するものであったと考えるのが合理的であろう」し、かつ、このような貸与当時の特殊の事情は、依然として継続しているので（兄弟間の事業経営にかんする主導権争いで、両者の関係が破綻したというだけであり、依然として家族のもとに会社も土地建物もある）、解約権を認めるべきではない、と(15)

従来の具体例でも、土地と地上建物の所有者が地上建物だけを贈与する場合には、そこには特別な事情があることから、建物の朽廃まで使用できるとしたり、借主の終身まで使用できるとする例が散見され、本原審もこのような事情に注目して建物の朽廃を問題にしたものと思われる。古い事例であるが、同じ事実類型で地上権の成立を認定したものすらあるが（第三者との紛争例）【一九】【二〇】、これも決して不合理な解決ではない。無償であるから、借地権の保護よりも劣悪であるのが当然であるという発想は、無償なるものの無償たる所以を理解しない短絡的な解釈であり、無償であるが故にかえってより強く保護されてもよい貸借もありうることは、本書で幾度か述べてきた通りである。

ただし、本件の場合、Aが敷地を会社名義のままにしていたということが、その実体が個人所有であるとしても、なお個人を超えた同族会社の財産としておきたいというAの意図があったと推測できないわけではないとすれば(16)、Aが死亡して同居の目的もなくなり、借主であるYが会社を辞めてその貢献もなくなったうえ、現在は他に住居をもとめることもその資力からみてさして困難ではないという状況のもとでは、貸借の「解約」ないし「解消」の当否（貸与の「原因」が崩壊したか否か）を考える上で、建物の朽廃を漫然と重視した原審の判断はやや行き過ぎの面があったかもしれない。差戻審での原審の判断に注目したい。

(3)　使用期間の経過を重視した具体例

これまでの判例の検討から判断して、使用目的の曖昧なケースでは、特段の事情がない限り、使用期間が比較的重要な意味をもっていることが判明した。そこで、この点に焦点を絞って従来の下級審判決を分析してみよう。

(ア)　解約肯定例

とくに使用目的が曖昧なケースで長期の使用期間の経過を重視して解約を肯定した事例を検討しよう。

【三八】　東京地判昭和三八・四・二五判タ一四八号七七頁（宅地）

【事実】　Y（貸主）は、X（借主）が公職にあった当時、Yの会社のために特別の便宜を与えてもらったことから、Xが住宅建築用地を物色中であることを知り、Xにその用地を無償で提供した。以来、Xは二〇年ほどこの土地を使用してきた。Xが係争地の時効取得を主張して、提訴。Yは、反訴として土地使用貸借契約の終了を主張した。

【判旨】　Yが、Xからうけた種々の便宜の取り扱いに対する謝礼の趣旨において、当時自己の仮宅建築の土地を物色中であったXに「右仮宅敷地として使用を許す目的」で、使用貸借契約が締結されたということ以上に、その具体的な趣旨目的を確定し得ない。一応、Xが右目的のために土地を使用したというに足りる相当期間（Xが仮宅建築のために投下した資本を十分回復したと認められる期間）右使用を認めれば、その後はYにおいて民法五九七条二項により解約できる。

【三九】　大阪地判昭和四〇・九・一八判タ一八三号一七九頁（宅地）

【事実】　X会社とY会社とは姉妹会社関係にあり、YはXからビルの一部を賃借りしていたところ、Xが右ビルを売却するため、その立ち退き先として係争地が無償貸与され、Yが建物を所有し、そこで営業することを使用目的とする旨の使用貸借契約が締結された。Yは一七年間ほど使用していたが、姉妹関係が断絶するに及んで、係争地の売買交渉がなされたのち、Xが係争地の返還を訴求。Yとしては、その後、移転先を確保している。

【判旨】　本件使用貸借は営業のための建物所有を目的とするが、XY間の人的、恒常的関係が断絶したのちは、建物朽廃まで存続するとは解し得ず、使用をなすに足りる期間を経過すれば、解約告知できると解すべきである。本件では、すでに一七年余使用し、他方、他に営業所をもつに至っているので、右期間を経過したものといわねばならない。（ただし、Xは、もともとYを賃貸ビルから立ち退かせたほか、係争地の貸借にあたっては、将来これを賃貸するか売却することを考えていたもので、Yもこれを期待していたことから、立ち退きにあたり十分な協議をすべきところ、いまだこれが十分になされたものとはいえないので、Xの請求は権利濫用にあたる。）

【四〇】　大阪地判昭和五九・一・二七判タ五二四号二五九頁（土地）

【事実・判旨】　X所有地の宅地事業をYが請負い、地上建物の解体工事による廃材置き場として、X所有の係争地をYが期間の定めなくして無償で借り受け、その後もXのアパート建築などの請負あるいはXYの共同事業に際して、Xは、係争地に物置・倉庫の建築を承認するほか、建築資材の置き場、作業上としてその使用を許容していた。判旨は、「Yの建築業務に伴う建築資材・廃材の置場とする目的で返還時期の定めのない使用貸借が成立した」が、Yが建築業を営んで右目的で使用しているかぎり、使用目的を達成したとはいえないところ、使用期間が二〇年に及び、十分に恩恵に浴してきたことなど諸般の事情を総合考慮すれば、使用収益をなすに足りる期間が経過した、と判示。

【四〇】も、右の使用目的では、資材置場として使用している限り、いつまでもその目的を達成することがないことを、みずから明言している。しかし、いつまでも存続すべき貸借でもないことは否定し得ないところである。判旨も、二〇年以上も無償で使用できたことの恩恵的利益を強調している。実際、本件貸借の趣旨・経緯（原因）を考慮すれば、その存続が永続的なものでないことはおのずと明らかになるであろう。

つぎの高裁判決もほぼ同種の事例であり三〇年以上の使用期間が経過していることから、解約を認めている。

【四二】 東京高判昭和五九・一一・二〇判時一一三八号八一頁（宅地）

【事実・判旨】 A団体が東京都から許可をうけて公園内の敷地上に建物を建築所有したが、終戦直後、政令により右建物が国に接取され、東京都の管理下にうつされた。その後、A団体の代表者Bが東京都から払い下げをうけたが、敷地使用については格別の取り決めがなされないまま、昭和二五年にYが地上建物を譲りうけ、他方で、敷地は都からXに譲与された。東京都とBとの間で、本件建物所有のためその敷地部分につき「相当期間使用させることを目的とした使用貸借」が成立したところ、三〇年以上の使用期間の経過により、使用収益をなすに足りる期間が経過した（民五九七条二項但書）、と判示。

本判決は、使用目的から存続を限定しえないので、「相当期間使用させること」を使用目的と解釈したが、何故に本件ではそのような使用目的でなければならないのか、何ら説明されていない。本件の事案から見て、単純な好意貸借ではなく、無償使用にはそれなりの根拠があったのだから、東京都はかなり長期間の使用を許容するつもりであったように思われる。しかし、判決の結論は正当であろう。

【四三】（東大寺二月堂事件）も、長期間（三三年間）の使用期間を重視しているが、やや特殊な側面も見られる。東大寺境内地を「茶所として使用すること」を目的として貸与されたものであり、新聞でも話題となった事例である。

【四二】　大阪高判平成四・一一・一〇判タ八一二号二一七頁（店舗）

【事実・判旨】　Yはその先々代の時代から東大寺二月堂の近くで、X（東大寺）所有の建物を借り受け茶店兼土産物店を経営し、明治二一年から昭和二四年ころまで冥加金を支払い、昭和二六年にはX側の明渡請求訴訟後の調停により、期間の定めがないが、「茶所として使用すること」を目的とする旨の合意がなされた。しかし、それ以降は冥加金、使用料の支払いはなされなかった。判旨は、昭和二六年までの使用は賃貸借とし、その後は「茶所として使用すること」を目的とする使用貸借が成立したが、以来、三三年間にわたり右建物を使用してきたことのほか、建物の老朽化、借主の年齢（六五歳）なども考慮して、右使用目的を達成するのに必要な期間は経過した、と判示。

本件での右の「使用目的」については、ことに賃貸借から使用貸借に切り替えられた段階では「居住目的」に使用しないことが約定されていたので、単なる「利用の方法・態様」にすぎないものと考えるべきである。しかし、その反面、賃貸借時代からの経緯もあって、相当長期に及ぶ貸借であるという趣旨が暗黙のうちに前提とされていたであろう。このことは本件貸借の原因事実から明らかとなる。係争建物は途中で移築再建されているが、その際、Yの先代が寺に相当多額の寄付をしているからである。したがって、右の目的で使用を継続している限り、容易には解約は認められなかったであろう（第一審では解約は否定されている）。

しかし、本件貸借は賃貸借時代を含めると一〇〇年近くになり（移築して九〇年）、借主側は親子三代にわたって使用しているほか、現在の借主が高齢であり、また、建物自体も老朽化によって大規模な修理も必要とするという事情から、判旨は、右目的を達成するのに必要な期間を経過した、と判示した。結局、解約が認められたが、借主は本件使用貸借から十分な使用利益を享受した（契約目的を達成した）という趣旨に解すべきものであろう。このような解約は賃貸借でもあり得るのであって、使用貸借に固有の問題・終了原因ではない[17]。借主の年齢（高齢では営業を維持できるかが問題となる）、建物の老朽化が重要な意味をもっているのは、右のことと密接に関連する。つまり、茶所として使用しなくなったというものではないが、かかる本来の目的で使用するための客観的な諸条件が大きく崩れた、と評価されたものと思われる。この意味で、長期的・永続的な使用貸借がその目的を達成して解消する場合の一つの事例を提供したものといえよう。それ故、判旨のように、単に使用目的を達成するのに必要な期間を経過したというだけでは（使用期間の経過も重要ではあるが）、みずからが認定した本件事案の核心を正しく把握して理論構成したものとは言えないのではなかろうか。

なお、事案は不詳であるが、住宅の使用貸借で借主が七年半の期間も使用すれば、使用収益をなすに足りる期間を経過したといえるとし、この期間の経過後は何時でも返還請求できるので、当事者双方の諸事情を比較考量しなければならないものではない、と判示した例もある（東京高判昭和三九・七・二東高民時報一五巻七・八号一四一頁）。

(イ)　解約否定例

つぎに使用期間の経過が十分ではないとして否定した事例を幾つか掲記しておこう。

【四三】　東京高判昭和五四・二・二六下民集三〇巻一～四号四六頁（宅地）

【事実・判旨】　兄所有農地を敗戦直後、弟のYが一家の生計を維持するため借り受け、Yがこれ占有利用していたが、昭和四二年ころYは兄から生家の近くの畑を借り受け、ここに居住用の本件建物を建築所有した。兄の相続人Xらが農地と宅地の返還を請求したところ、農地については、Yは兄から他に田畑の贈与をうけ、現在ではXよりも相当裕福な生活をしていることなどから、一家の生計を維持する目的を充分に達成したとされた。しかし、宅地については、建物所有目的にあったとした上で、「右建物は建築後一〇年位を経過したに過ぎないもので、現にYらが居住の用に供している」ことから、右目的を終わったとも、また、使用収益をなすに足りる期間を経過したとも言えない、と判示。

【四四】　東京高判昭和五五・一〇・一五判時九八四号七一頁（宅地）

【事実】　Xは昭和四八年三月その所有地を自己が理事をしている医療法人Y_1に対しY_1勤務医の居住用建物の敷地とする目的で、期間の定めなくして無償で貸与した。Y_1はまもなく同地上に本件建物を建築し、副院長Y_2を居住させていたところ、昭和五〇年五月一四日にXが係争地にマンションを建築するという理由で土地の明渡しを訴求した。

【判旨】　本件使用貸借は、右の目的の期間の定めのない貸借であるから、その目的に従った使用収益をするに足りる期間を経過しないかぎり、Xには解約権は生じないが、「右目的が、相当の建築費用を要し長期の耐用年数を有する建物所有にあることをかんがみると」、いまだ右期間を経過したものとは認められない。

たしかに、居住用の建物を所有する目的で土地を貸与した場合には、地上の建物に投下した経費のことを考慮に入れざるをえないであろう。借主としても金融機関から借用していることも少なくないであろうし、この債務を完済しない間に貸借が終了するとすれば、他に住居を求めることが著しく困難となる。その意味において【四四】のようにわずか数年の経過ではいうまでもなく、また、【四三】の一〇年くらいでは足らないとした判断も穏当であろう。ただし、あくまでも一時的・暫定的な無償使用ではない、ということが前提となっているので、この点を念のため付言しておこう。

2　特殊の使用目的（永続的貸借）

(1)　経過した使用期間を重視するだけでは、結論を出せないような貸借も散見される。この種の貸借では、通常、無償利用の経緯に特殊な事情が絡まっており、親族間、親子間ではよく見られるが、友人・知人間でも散見される。

【四五】　仙台高判昭和五一・一二・八判タ三四九号二二八頁[18]（宅地）

【事実】　甲地と乙地とを含む本件土地はもとA（詩人の土井晩翠）所有であったが、Aの後援会がAのために本件土地上に晩翠草堂を建築所有し、その敷地について期間を一〇年とする使用貸借契約が締結され（昭和二五年）、その際、右土地を晩翠草堂の維持管理、環境の整備・美化等、晩翠草堂の敷地として相応しい目的以外に使用しないことなどが約定された。Aは後援会の好意に感謝し、本件土地を甲地と乙地に分筆したうえで、甲地を仙台市に寄贈したが、その直後に晩翠草堂も仙台市に寄贈され、同時に仙台市が右敷地（乙地）の使用貸借契約を承継した。Aは乙地も晩翠草堂の敷地として寄贈するつもりであったが、昭和二七年一〇月に死亡し、その相続人が仙台市に対して約定期間の経過を理由に土地の明渡しを訴求したところ、第一審は原告の請求を認容した。

【判旨】　Aは晩翠草堂が死後も同人の業績を顕彰するため維持保存されることを十分に認識しながら、その敷地として乙地を貸与したのであるから、本件契約は、乙地を「将来に向かって存続する晩翠草堂の敷地として使用するという目的」を定めた使用貸借契約であり、晩翠草堂が存続し、かつ晩翠の業績の顕彰の用に供されている限りは、その使用目的はいまだ消滅しない。

本件では、高名な詩人である土井晩翠の所有地上に晩翠の業績を顕彰する目的の建物（晩翠草堂）が後援会によって建築所有され、いずれは係争の敷地も地上建物とともに仙台市に寄贈されることが予定されていた、という特殊なケースが問題となっている。したがって、その使用目的も一時的なものではなく、いきおい右のような継続的・永続的な性質を帯びることとなったが、その反面、晩翠の業績を顕彰するために右建物が存置するかぎりは、いつまでも使用目的は達成されないことになる。本件では、判旨の立場が正しいが、この種の無償使用は、その成立当時の特殊な事情が反映して、典型契約である民法典の使用貸借とは、そもそも無償使用の構造が異質であるといえよう。知人間でもこのような「特殊の使用貸借」が成立しうることのひとつの例証である。

同様の事例として、つぎの判決も興味深い。

【四六】　東京地判昭和四九・三・一四判時七四七号七七頁（宅地）

【事実・判旨】　Y寺の代表者が境内地を物色していたところ、X先代が戦死した二男の供養のためという趣旨で、その所有地を提供し、Yが地上に本堂庫裡を建築所有したが、Xが謝礼を地代であると称してその値上げを要求したため紛争が生じた。Xは賃貸借であるとして、信頼関係の破壊を理由に解除を主張した。判旨は、境内地として使用しなくなった場合は返還するという趣旨の使用貸借であるとした上で、当事者間の信頼関係は破壊されていないことを理由にXの請求を排斥した。

本件の論点は「使用目的」にかかる返還請求の当否ではない。しかし、判旨が認定した使用貸借の趣旨から判断すると、貸主は、係争地を境内地として提供したが、その際、単なる「土地使用の用法」を約定したのではなく、永続的な無償使用を承諾したものと解しえよう。このことは、貸借の原因事実から推知できるわけであり、本判旨も同様の考慮に基づいて判示したものと思われる。

(2)　貸与の客観的な目的（「土地の用途」など）から永続性をもつ貸借もある。たとえば、墳墓として使用する目的の土地貸借や宗教上の法人相互間での境内地の貸借がこれである。慣習上の物権とされることもあろう（最近の例としては、東京地判平成二・七・一八判タ七五六号二一七頁がある。ただし、物権的請求権の事例である。）

たとえば、ごく最近の大阪高判平成九・八・二九（判タ九八五号二〇〇頁）は、本山の所有地を塔頭寺院が江戸時代から本堂等の敷地として使用してきた関係をその歴史的経緯を踏まえて使用貸借と認定しているが、かかる境内地の使用関係がそのまま維持される限りは使用貸借も永続することとなろう（ただし、本件では借主たる塔頭寺の代表者が本山の許可なくして建築を強行したことなどから、「用法違反」による解除が認められている）。また、最判昭和四八・一一・一六（裁判集民一一〇号四七五頁）でも、神社本社と末社との境内地等の貸借を使用貸借としているが、末社が本社の神社活動を継続する限りは、永続することとなろう（本件では、末社が独立したことなどのため、解約が肯定されている）。

なお、通行目的の使用貸借契約は、他に通路がある場合には、それほど安定した使用関係とは考えられていないが、最近の東京地判平成七・一〇・三〇（判時一五七三号三九頁）では、公道にいたる「唯一の通路」を使用貸借として借り受けたというケースで（このような裁判例は珍しい）、四二年間使用しているが、使用収益をなすに足りる期間を経過したとは言えない、としているのが、参考となる。地理的状況に変化がない限り、このような判断もやむを得ないであろう。

3　有償的な貸借

無償貸借の成立経緯において、当事者間に実質的な対価関係に近いものが授受されている場合に、賃貸借に近い法的保護を与えた事例も散見される。

【四七】　神戸地尼崎支判昭和四九・一〇・三〇判時七八八号八六頁（宅地）

【事実】　X教会は、その隣接地である係争地と地上建物をAから購入する際、資金不足のため、Xの代表役員Bの甥に当たるYからその購入資金の七分の三にあたる金員の提供を受けた。Yはその粗末な地上建物（係争地の約六分の一の敷地面積しかない）の所有権を取得し、敷地については、当時、BとYとの間で期間を定めず建物所有目的で無償使用できる旨の合意が成立し、すでに二〇年が経過している。

【判旨】　地上権の成立を否定して、使用貸借契約の成立を認め、返還時期については次のように説示する。本件使用貸借は実質的な意味では無償とは言い難いものがあり、大金を払って生活の本拠地としたYに対し任意返還の合意がなされる道理もなく、その使用目的は「Yの生活維持のため本件建物を所有することである」と解釈すべきである。したがって、当事者間では「借地法上の借地期間に準ずる程度の期間」は借主の生活を補償する意思があったと認められることから、いまだ使用収益に足るべき期間を経過したとは言えない。

なお、妨害排除請求権との関連であるが、総本山甲寺を護持する各塔頭寺院が町家から多額の借金をしたところ、その埋め合わせとして甲寺所有地につき永代の無償使用権を認められたという事案で、町家が「相当の対価」を支払っていることを理由に「賃借権類似の無期限の土地利用権」を認めて、その代位行使を肯定した事例がある（和歌山地判昭和四九・二・六判時七五〇号八四頁）。

4　小括

以上、若干の具体例を検討した限りであるが、知人間の無償使用でも相当長期間に及ぶものが散見された。むろん、長期の無償使用といっても、その趣旨は必ずしも一様ではないが、少なくとも一時的・暫定的な目的で貸与されたものではない無償使用であり、このような無償使用関係が成立するためには当事者間に特別な事情が見られることも判明したであろう。実質的には有償といえる事例も散見された。

しかしながら、その半面、かかる貸借の存続を限定する趣旨の「使用目的」を見つけ出すことも困難となる。【四二】高裁判決が、「相当期間」使用させる目的の貸借であるといわざるを得なかった所以でもある。しかし、この種の貸借では無理に「使用目的」に引きつける解釈をすべきではなく、解約の相当性を諸般の事情から判断すれば足りよう。前掲最高裁判決【三五】【三七】が、使用収益をなすに足りる期間の経過を判断するに当たって、使用期間、貸借の経緯、当事者間の人的関係の変化などを斟酌するというのも、実質的には同様の考慮に基づいているように思われる。

ところで、このように「具体的な使用目的」を認定しえないケースは、親族間の貸借に多い。知人間では、この種の貸借はむしろ特段の事情のある場合に限定されるが、親族間ではむしろ親族共同体的な紐帯を背景として「親族間の情誼」により漫然と無償で貸与されることが少なくないからである。つぎにこの種の無償利用の解約問題を考えてみよう。

四　親族間貸借における「使用目的」

兄弟等の親族間の合意による無償貸借は親族という身分関係を背景にしているが、親子間のように特別な関係（扶養・相続等）が絡むことは少ないので、知人間の貸借と同様に、五九七条にいう「使用目的」の解釈で処理される事例が少なくない。すでに個別的には検討してきたが、ここでまとめて整理しておこう。[19]

1　一時的・暫定的な貸借

親族間でも、単なる好意に起因し、特別の事情がみられない無償利用もあり、この種の貸借ではその使用目的から短期間の貸借と判断される傾向がある。ことに住宅に困窮している親族に好意から無償で土地建物を貸与した場合には、一時的・暫定的な貸借とされている。

【四八】　最判昭和三四・八・一八裁判集民三七号六四三頁（居住用建物）（【一三】）
【事実・判旨】　他に「適当な家屋を見つけるまで一時的に住居として使用収益するということ」が「使用目的」であるので、適当な家屋を見付けるのに必要と思われる期間を経過したときは、たとえ現実に見つかる以前でも、民法五九七条二項但書により告知できる（義理の兄弟間の貸借）。

【四九】　東京地判昭和四一・四・一九判時四五三号四八頁（宅地）
【事実・判旨】　あらたに移転先を求め居住し、建築業を営むため、土地家屋を捜し求める間、暫定的に仮住居（物置の改築）を建築して居住する旨の「使用目的」が約定されたので、使用期間四年半の期間の経過で所期の目的のために要すべき期間としては十分であり、使用目的を達成するのに足りる期間が経過した（従兄弟姉妹間の貸借）。

2　一応の「安定した住居」の貸借

これに対して、以下の判決では、使用目的が一時的・暫定的なものとは判断されていないが、さりとて長期間永続するような貸借とも言えないものとされており、いずれもかなり長期間が経過していたため、その解消・返還を認めている。長期間経過した段階で明渡しが請求されているというのが、親族間での紛争の一つの特徴と言えるかも知れない。

【五〇】　東京高判昭和五五・三・四判時九六三号四二頁（上告審判決）（居住用建物）

【事実・判旨】　Yが借家の明渡しを求められていたため、Yの弟であるX先代が、親族間の相互援助で、一族の不動産を利用しあい、かつYの援助に報いるという趣旨で、「Yの必要とする限りの居住」を目的として係争建物を無償で貸与したが、すでに約二一年間の使用期間が経過していた。原審は、使用目的を達成していないとしたが、判旨は、本件貸借の経緯、使用貸借が無償契約であることに鑑みると、右目的の貸借が「単なる一時しのぎのための住居でないことはもちろんであるが、さりとて本件二階家から出ていくか出ていかないかがまったくYの恣意に委ねられている状態での居住でもなく、Yにとって十分安定した他の住居を獲得するまでの居住の趣旨と解するのが相当であ（る）」。そうすると、Yはすでに二一年間本件家屋に居住してきたので、民法五九七条二項により、本件使用貸借の目的に従って使用収益を終えたものと認めるのが相当である。

本件のように、「十分安定した他の住居を獲得するまで」という使用目的は、極めて曖昧であって、住宅に困窮している状況のもとで「他に適当な住居・移転先を見付けるまで」という使用目的で無償使用を許容された場合とは、その趣旨を異にし、これだけでは存続を限定する機能は著しく減殺されることになるので、単に「居住目的のため」というのとほとんど径庭がなくなってしまうであろう。かかる使用目的が認定されたのも、右のような親族間の特殊事情に起因するが、いつまでも無償使用が継続するわけではなく、すでに二〇年以上が経過していたので、その解約が認められ、そのための形式的・消極的な理由が、右の使用目的ということになろう。その表現自体は「……他の住居を獲得するまで」というように、一応は存続を限定する形になっているからである。

類似の事例として、貸主が妹夫婦に「その一家の住居を確保する目的」で居住用建物の使用を無償で許容したものがある。

【五二】　東京地判平成元・六・二六判時一三四〇号一〇六頁（居住用建物）

【事実・判旨】　貸主Xが妹Bの夫A（X経営の会社の従業員）に対して「一家の住居を確保する目的」で係争建物を貸与した。借主Aが死亡したのちも、Aの長男Y一家が母Bとともに使用を継続しているが、既に使用期間は四〇年を経過している。「当初予定していたBを含めAの家族の住居を確保するためにXの方で配慮しなければならないとの事情も変化を来たしている現状の下では」、その使用目的に照らして使用収益をなすに足るべき期間を経過したものとみるのが相当である。

本件でも、右の使用目的ではその存続を限定できないところ、使用期間が四〇年も経過し、貸主の明渡目的にとくに不当な点も認められないという消極的な理由から、解約が肯定されたと解するしかなかろう。

一般に親族間の貸借では、居住のために建物が貸与されたり、建物所有のために土地が貸与されたりする場合には、その存続を限定しうる「使用目的」を見出すことが困難であり、むしろそのような無償使用が親族間での貸借の特質であるともいえる。しかし、そうだとしてもいつまでも存続させ、借主の任意返還に委ねる趣旨の貸借であるというわけではない。ことに、貸与の経緯に格別の事情もない場合には、知人間の無償利用と基本的には変わらないので、できるだけ貸主側の意思を尊重すべきであろう。つぎの二例は約四〇年間の使用が許容されていたが、それは兄弟間の情誼に借主が事実上甘えていたにすぎず、本来ならばもっと短期間で終了させてもよい貸借であった。

【五二】　神戸地判昭和六二・三・二七判タ六四六号一四六頁（宅地）

【事実】　兄は係争地に住居を建築するつもりでいたが、資金がなく借家住まいをしていたところ、弟が住宅に困窮していたため、係争地を貸与した。建物の位置、規模、使用期間などは約定しなかったが、兄は、右の経緯からバラック風の建物を念頭におき、弟も床面積一〇坪程度の木造トタン葺き平屋建てを建築した。ところが、その後、兄が海外勤務中に右建物が木造建築物に建て替えられたため、兄がこれを非難するとともに明渡しを要求したところ、弟が一時の猶予を懇請するなどの事情があったが、結局、弟は、明渡しを拒否する態度に出た。

【判旨】　本件使用貸借は、建物所有を目的とするが、一時的居住用のバラック建物の所有を目的としていたとまではいえないが、兄弟ともにさして長期間の居住を予定していなかったと窺えるのに、現在まで四〇年間もの長期間が経過している。兄は借家住まいであるのに対し、弟は他に住居を求めることも可能であるので、右使用目的にしたがって使用収益をなすに足りる期間が経過したものといえる。

建物所有目的の土地の貸借でも、もっと短期間で使用収益をなすに足りる期間を経過したとする事例が散見される。

【五三】　大阪地判昭和五七・六・八判タ四七八号九七頁（宅地）

【事実・判旨】　Xは、Xの姪と姪の夫Yが劣悪な住宅事情に悩んでいることに同情し、YにX所有の係争地を建物所有の目的で無償貸与した。Yが右使用目的に従った土地の使用を現実に終わったということはできないが、契約後すでに十数年を経過しているので、Y側の経済的負担を考慮に入れるとしても、格別の事情のない限り、右使用収益をなすに足るべき期間が経過したといえる。

【五四】　東京高判昭和六一・七・三〇東京高民時報三七巻六・七号民七六頁、判時一二〇二号四七頁（宅地）（【八六】）

【事実・判旨】　A女は養女B夫婦、養女CY夫婦の協力のもとに、事業を発展させ、本件建物とその敷地などの不動産を逐次購入した上、子供らに各不動産を贈与し、本件建物はCの所有に、その敷地はBD夫婦の子Xの所有とされた。本件建物はCの取得当時から賃貸されていたが、現在は空き家となっている。Xが、Cの相続人Y_1とその子Y_2に対して土地の明渡しを請求した。判旨は、XC間の建物所有を目的とする使用貸借は、本件建物が腐朽するまで継続するものではなく、「相当期間本件建物を存置するもの」であるところ、Cの死亡後もXの異議がなかったので、XとYらとの間に同様の使用貸借関係が生ずるが、本件建物の賃借人が退去し、建物の傷みがはげしいことのほか、さらにYらが使用して六年余、Cの借用からは二五年になることをあわせ考慮すると、使用収益をなすに足りる期間が経過したものというべきである。

最近の【五五】も、義理の兄弟間の貸借につき、使用期間は借主が自費で建物を新築・所有してから約二〇年経過しているが、同趣旨を判示している。

【五五】　東京地判平成七・一〇・二七判時一五七〇号七〇頁（宅地）（【八三】）

【事実】　Xの妹Y一家が住居を必要としていることから、XYの両親が昭和三八年ころ、X所有地の一部にバラックを建築してやり、昭和四五年には、Xの自宅を建築する必要から右バラックを撤去する代わりに、Xはその母屋の離れを提供した。しかし、この離れが老朽化したため、昭和五三年三月ころ、その跡地をXはYの夫Aに建物所有目的で無償貸与し、AY家族がここに居住していたが、Aが死亡し、現在はYひとりが居住している。Xは、退職後、老後の生活設計と相続税対策のため、係争地を含めた所有地全体に自宅、賃貸住宅及び店舗を建築する計画をたて、平成五年三月に解約を申し入れた。係争地は道路側に面し、その返還を受けないと同計画を実現し難い状況にある。Xは明渡しの代償として一、〇〇〇万円の支払いや新築建物の一室を提供するなどを提案したが、Yはこれを拒否。

【判旨】　本件貸借は、AとYら家族の居住を確保するため、Aに対し建物所有目的でなされたものである。したがって、Aの死亡によっても終了しないが、貸借の経緯や使用期間、Aが死亡したことなどの事情を考慮すれば、建物が現存し、Yが居住を継続しているとしても、すでに使用収益をなすに足るべき期間を経過した。

これに対して、つぎの事例は、一時的・暫定的な期間ではなく相当な期間が予定された貸借である点では先の例と共通する面もなくはないが、より具体的な貸与の動機が説示されており、したがって、これとの関連で、「使用貸借の目的を達成した」と判断されている。

【五六】　大阪地判昭和五七・三・二六判タ四七五号一〇九頁（宅地）

【事実・判旨】　Y（弟）が画家として身を立てるために上京し、X（兄）所有の建物の一部を借り受けたが、Xが他に転居した後に、妹夫婦が同居した。しばらくは、Xは兄としてYらが独立するまではこれを庇護する態度であったが、Yが増築してアトリエを設け、絵画教室を経営するようになってから、XY間の関係が悪化した。XY間の使用貸借は建物所有を目的とするが、約三〇年間を経過して、その間、Yも画家として成長し、画塾を経営するまでになっていることから、「使用貸借としては既にその目的を達成した」。

本件では、他の事例とは異なり、使用貸借の目的を達成したと結論づけられている。しかし、その目的とは、判旨がみずから認定した使用目的である「建物所有目的」というよりも、むしろ借主たる弟が「画家として一人立ちができるまで」という貸主・兄の側の漠然とした主観的動機（貸与の原因事実）を念頭においた説示であることを見落としてはならないであろう。

右と類似の事例としては、借主一家の生計を維持するために農地が貸与されたが、現在では借主が相当裕福な生活をしていることから、その「目的の達成」を肯定したものがある。

【三七】　東京高判昭和五四・二・二六下民集三〇巻一〜四号四六頁[20]（農地）

【事実・判旨】　兄Aは所有農地を敗戦直後、農地の買収を避け、自家の自作地としてこれを確保し、あわせて弟のY一家の生計を維持させる方途として、Yにこれを耕作管理させるつもりで、その使用継続を認めていた。兄の相続人Xらが農地の返還を請求したところ、Yは、兄から他に田畑の贈与をうけ、現在ではXよりも裕福な生活をしていることなどから、「その生計を維持する目的を充分に果たしたものと認められ（る）」として、解約・返還請求が認容された。

3　かなり長期間を予定した貸借

前述の最高裁判決【三六】のように、借主（弟）とその家族の「長期間の居住」を目的とする建物の貸借につき、三二年間の使用期間で使用収益をなすに足りる期間を経過したと判断したものがある。右判決の事案は不詳だが（何故に長期間の貸借とされたのか不明）、単なる親族間の情誼による無償使用であるならば、建物の貸借で三二年間の使用期間はそれだけでも解約の決め手となるほどの重要な事情となろう。

一方、単純に使用目的から使用期間の相当性を判断できないものも散見される。やや特殊な背景に起因して成立している貸借でもあり、比較的長期間の継続的な利用が予定されているのが普通である。ことに、貸借の対象が、相続不動産である場合については、もともと当該不動産が「家産」という趣旨を担っていることがあり、そのような場合には、親族間貸借も特殊な利用関係として顕現することが少なくない。つまり相当な長期間を予定した貸借となることもある。

この種の貸借は、親子間の無償使用関係では主流となっているが、【五八】では、実質的に親子間貸借の面も濃厚に見られる特殊の無償利用が問題となっており、家業や所有者の生活に対する貢献を重視して、家産の一部である係争不動産につき「終身の使用貸借」を肯定している。

【五八】　東京高判昭和六一・五・二八判時一一九四号七九頁[21]（宅地）【九一】

【事実・判旨】　甲野家の父は長男A（精神薄弱）の行く末を案じ、家産をA名義とし、後事を長女の夫Cに託して死亡した。戦後、Y女は三男Bと婚姻して家業を手伝っていたが、Cの死亡後、家業は倒産しA名義の係争地と本件地上建物（B名義）などを残すだけとなった。Bが急死したため、Yは本件建物でAと義母の面倒を見てきたが、Aの死亡後はAの兄弟が共同相続した上で、その子であるXらが持分の贈与を受けて、Yに対して係争地の明渡を請求した。BY夫婦は本件建物に長年居住して、Aらの生活を支えてきたし、Bは本来相続人の一人となりえたものであり、Aは、親族了解のもとで、BY夫婦に「終身の本件土地の使用貸借を設定してきたもの」である。Xらは推定相続人であり、前主の立場と同視できるので、Xらの請求は権利の濫用となる。

本件は貸借の存続が論点となったものではなく、第三者とのいわゆる対抗問題に関する事例であるが、第三者とはいえ、広い意味では親族であるので、当事者間での貸借の性質（終身の使用貸借）が、第三者との関係でも重要な意味をもっているものと考えて大過ない。ここまで来れば、権利濫用ではなく、むしろかかる貸借を第三者がそのまま承継すると構成すべきではなかったか、やや歯切れの悪さが感じられる。

つぎの例は、引き続き永く居住できる趣旨の貸借であるとされているが貸与の経緯に特殊性があるのか、よく分からない。贈与してもよいようなことを述べたという事情も考慮されたのかも知れないが、現在の当事者間の必要度等の比較衡量による面も強いように思われる。

【五九】　東京高判昭和四九・九・二七金商四三三号五頁（居住用建物）（【六五】）

【事実・判旨】　X（姉）は借地上に係争建物を所有し、そこにY（弟）が居住していたが、借地を買い取るにあたり、Y名義で取引し（昭和二八年）、現にY名義のままである。借地時代の賃料と、固定資産税はもっぱらYが支払ってきた。Yの贈与・時効取得の主張を否定したが、昭和二八年から「居住を目的とする期間の定めのない使用貸借」が成立していたことを認めた上で、「Yにおいて、特段の事情がない限り、本件建物に引続き永く居住できることを期待していたことはもとより、Xとしてもそのことを容認していた」とした。さらに、Xが独身で住居の緊急な必要がないのに対して、Yは明渡しによって一家四人の生活が根本的に破壊されることになるので、Xの返還請求は権利濫用である、とした。

本件の借主はほぼ二〇年間にわたり係争の住宅を使用してきたが、それでも解約は無効とされている。宅地の貸借でも二〇年間も使用すれば、安定した住居使用利益を一応は享受したと見られなくはない。しかし、判旨は、右の事情から「引続き永く居住できる」旨の貸借と考えたのであろう。その当否はにわかに判断しがたいところもある。

つぎの高裁判決も問題がある。親族間の相互援助に報いる趣旨があったことから、「借主の必要とする限りの居住を目的」として貸与されたが、その使用目的の具体的な解釈につき、原審と控訴審とでは微妙に異なっているように思われ、それ故、控訴審は解約を肯定している。

【40】　東京高判昭和五五・三・四判時九六三号四二号（上告事件）（居住用建物）

【事実】　詳細は不詳だが、Yが昭和二二年当時に居住していた借家の明渡しを求められていたため、兄弟であるXの先代が、親族相互扶助の精神に基づいて、各人の必要に応じて甲野家一族の不動産を利用しあうという趣旨において、かつ、Yの援助に報いるという趣旨も兼ねて、係争二階家を「Yの必要とするかぎりの居住を目的」として貸与された。昭和三九年にXの先代が死亡し、Xが右使用貸借上の貸主の地位を承継したが、昭和四二年に本件貸借の解約を通告した。原審は、Yには本件家屋しかなく、老齢で居住家屋を取得しうる資力、能力を有していないことから、貸与してから相当長い期間が経過しているが、使用貸借の目的を達成するに足りる期間が経過したものとはいえない、と判示。

【判旨】　本件貸借の経緯、使用貸借が無償契約であることに鑑みると、本件貸借の目的は、「単なる一時しのぎのための居住でないことはもちろんであるが、さりとて本件二階家から出ていくか出ていかないかがまったくYの恣意に委ねられている状態での居住でもなく、Yにとって十分安定した他の住居を獲得するまでの居住の趣旨と解するのが相当であ（る）」。そうすると、Yはすでに二二年間本件家屋に居住してきたので、民法五九七条二項により、本件使用貸借の目的に従って収益を終えたものと認めるのが相当である。

本件貸借の経緯については、必ずしも明瞭ではないが、本件建物はもともと甲野家の家産であり、兄が住宅に窮していることから、所有者たる弟がこれを無償で貸与したという事情があり、しかも、兄が何らかの援助を甲野家のためにしたことがあり、その援助に報いるという趣旨もあったという。これは典型的ともいえる、「家産」の親族間貸借と考えて大過なかろう。原審は、かかる背景から、「借主Yの必要とする限りの居住を目的とするもの」と判断した上で、Yの居住継続の必要性をも認定して、いまだ右使用目的を達成していないと判断したわけである。この判断が穏当なところであった。

本件判旨は、無償性にとらわれ過ぎたものと思われるが、無償使用の構造把握を見誤ったと言えよう。少なくともYの死亡までは居住継続の必要性を認めたとしても、決して不当ではない。実際、Xの先代が生存していたならば、この種の紛争は生じなかったであろう。それが、先代の意思であったともいえるのではなかろうか。

4　「地上建物の朽廃するまで」の貸借

親が子に地上建物を贈与した場合には、その贈与の趣旨などが考慮されて、「地上建物が朽廃するまで」存続する使用貸借の成立が認められることがある。つぎの【六二】がそのようなケースである。

【六二】　東京地判昭和三一・一〇・二二下民集七巻一〇号二九四七頁（宅地）（【三九】）

【事実】　亡父Aが二男Yの将来を案じて地上建物を贈与し、敷地の無償使用を認め、Yがこれを貸家にしていたところ、A家の家督相続人である長男XがAの死後二〇年ほど経過してから、明渡しを請求した。

【判旨】　「亡Aは、Yがその財産として本件建物を朽廃するまで保存し、これを貸家にして賃料を取得することにより、生活の一助とし、またはYが将来事業に失敗したようなときでも、本件建物を一家の住宅として事業の再建を図ることができるようにという目的で、Yに本件建物を贈与し、かつ本件土地の無償使用を認めたものである」ので、「右使用貸借契約には本件建物を朽廃するまで保存し、所有するという、使用及び収益についての定めがあった」ものと解すべきである。

また、最判平成六・一〇・一一（判時一五二五号六三頁）は、地上建物の賃借人の失火で敷地使用権限である使用貸借権が消滅したことにつき、その使用借権の侵害による損害賠償を認容したが、原審では、その使用貸借は「建物の朽廃・滅失するまで」存続する使用貸借であることが認定されている。さらに、【八二】も参照されたい。

なお、土地と地上建物の所有者が地上建物だけを贈与するケースでは、事情によれば、地上権の認定もありうる（【二九】【三〇】を参照）。

五　その他の終了原因

1　用法違反等

使用貸借が用法違反（大阪高判平成九・八・二九判タ九八五号二〇〇頁など）や負担付使用貸借における負担の不履行（東京地判昭和四三・四・二六判時五三一号四二頁を参照）など、一般に債務不履行に基づく解除で終了することはいうまでもない。

2　信頼関係違反等

しかし、裁判例で特に問題となっているのは、当事者間の信頼関係が借主の背信的な行為等によって破壊された場合、または貸主が貸与の際に前提ないし期待したことが実現しえなくなったり、裏切られた場合に、そのことを重要視して、貸借を終了させることができるか、という点に集約される。この難問は無償行為又は継続的契約関係一般にみられるところであるが、使用貸借でも相当数の裁判例が蓄積されてきており、従来の事例では主として親子間貸借で顕現しているので、本書では、親子間貸借の特殊性を明らかにするという趣旨から、便宜上、別に取り扱うこととした（第六章参照）。

六　まとめに代えて

以上のように、本書はさまざまな無償使用関係の形態との関係で使用貸借契約の具体的な終了原因を論究してきたが、これまでのところで明らかにされた判例の具体的な解約基準とその判断要素について幾つかの視点から整理するとともに、次章に論を進めるために必要な範囲内で問題点の整理をしておきたいと思う。

1　一時的・暫定的貸借（好意契約）

不動産の無償使用でも、かなり明瞭なかたちで「具体的使用目的」の定められているものがあることを事例分析のなかで学んできたが、ことに「他に適当な移転先を見つけるまでの貸借」については、一時的・暫定的な無償使用とされ、一連の裁判例においてかなり短期間で終了せしめられている実情から考えて、一つの判断基準が形成されていると見てよいであろう。また、「使用目的の定めがない貸借」とされた事例（最判昭和三二年【三】、【三】）や、「請求次第いつでも返還する旨の無償使用」についても（【五】、【六】）、一時使用目的の貸借とその事案に共通性が見られることも看過すべきではない。つまり、かかる「一時的・暫定的無償使用」は、いずれも単純な知人間の「好意契約」であるという事情があった。文字通り、借主の窮境に同情して貸主が好意で援助の手を差し伸べているわけである（借主の一方的な利益のための無償貸借）。自由解約型貸借では、むしろ借主がやや強引に（無断使用の追認ないし黙認というかたちで）貸主側の好意をとりつけている（「懇願」している）面もみられた。

この種の無償利用は、事案によってはかなり長期間にわたるものもあるが、それは貸主側の黙認が単に継起的に連続していたにすぎず、無償使用の約定によって継続的利用が当初から保障されていたものでは決してないといわねばならない。本来的に短期間で終了すべき貸借であり、終了時期の判断（民五九七条二項）または、解約の当否の判断（同条三項）において困難な問題はほとんど生じないであろう。実際、この種の貸借が現行使用貸借法の予定した典型例であり、その使用目的が規範レベルで一義的・明確であるが故に、これに適合的な無償利用であるかぎり、具体的な結論を出す場合にもかなり容易にその解消・解約問題の判断を下せるわけである。この方面の判例が一定の方向性を示していることは、逆にいえば、本書がその沿革をも考慮して論証した「使用目的」に対する視点の正しさが実証的にも確認されたことを意味しよう。敷衍すれば、無償使用（好意契約）に関するあるべき規範原理が（それは本来的には普遍的なものである）、判例の実質的価値判断の裡に潜在していたと評価することも可能であろう。加えて、この種の無償使用であるか否かの判断においては、本書にいう「原因事実」が極めて重要な意味をもっていることが明らかにされたように思われる。

2　「長期的な無償利用」の解約規準

ところが、一時的・暫定的な趣旨であるとの事情が見出されない無償使用（単純なる「好意契約」ではないもの）になると、たちまち判例の立場が混乱をきたすことになる。居住・営業のための建物の貸借や建物の所有のための土地の貸借は、通常は一時使用目的の貸借ではないので（【五〇】参照）、一応は安定した使用利益を享有できる無償使用と解してよいが、それでは一体いつまで存続させてよいのかという判断になると、非常に困難をともなうこととなる。多くの裁判例は根拠条文としては、民法五九七条二項但書を援用しているが、この種の抽象的な使用目的しか認定されない貸借では、同項但書は、単に結論を説明するための全く形骸化した形式的な解約規範にとどまっている、との評価が許されよう。同項但書は、期間を限定できる具体的な使用目的があってはじめて具体的かつ明快な解約規準として機能しうるものであることは、繰り返して言及してきた。

(ア)　もっとも、この点については、最高裁が一応の準則を形成していることは前述した。使用期間のほか、貸与の特殊な経緯、当事者間の人的関係の変化、及び双方の建物の必要度等の諸事情が総合的に考慮されるが、より具体的な判断が示されている。つまり、建物所有目的の土地の貸借については、まず、特段の事情でもないかぎり、地上建物の朽廃するまで存続することはないと考えてよい（最判平成一一年【三七】参照）。つぎに、一般に使用期間が長くなれば長くなるほど解約の認められる傾向が強くなるといえる。たとえば、使用期間が二〇年から三〇年以上になると、解約が認められ易くなっている。具体的には、建物所有目的の土地の貸借では、二〇年間【三八】、一七年間（営業目的の貸借、ただし、立退の協議が不十分として明渡請求を権利濫用とした）【三九】、二〇年間【四〇】、三〇年間【四一】、及び三三年間【四二】の使用につき、それぞれ使用収益をなすに足りる期間を経過したとしている。親族間の宅地の貸借でも、三八年間【三七】、四〇年間【五二】、三〇年間【五六】、一〇数年以上【五四】、一五年間【五五】（それ以前に一五年間の建物の無償貸与がある）をもって、使用期間が経過したとしている。また、親族間の居住用建物の貸借については、二一年間【五〇】、四〇年間【五一】、四〇年間【五三】、及び二一年間【六〇】の使用期間により、それぞれ解約が肯定されている。

なお、宅地の貸借につき三八年間の使用期間でも否定した事例【三四】があるが、これは無償使用の特質を理解しない不当な判決であることは、これまでの判例の一般的な傾向から明らかになろう。また、後述のように、親子三代にわたり七〇年間の使用経過があるにもかかわらず、使用期間が経過していないとした事例もある（【八〇】知人間の貸借であるが、貸与の経緯が不詳）。

加えて、使用期間が長期にわたる場合には、目的不動産に対する借主側の必要性は原則的に考慮されないこともある（【三七】を参照）。すでに長期間の使用利益の享有がその必要性自体を大きく減殺してしまうからであろう。

一般的にいえば、住宅の場合には、一〇年も経過すれば、一応、使用期間が経過したものと考えてもよかろう（【一〇八】、前掲・東京高判昭和三九・七・二も参照）。逆に、建物所有目的の土地の貸借の場合には、一〇年間ぐらいでは、投下した資金等との関連でも使用期間を経過したとはいえないであろう（一〇年間の使用期間につき解約を否定した事例【四三】参照）。ただし、経過した使用期間の長短は重要ではあるがあくまでも解約の判断の一つの事情であり、ことに親族間貸借ではその長短が決め手にならないケースもあることに注意する必要がある（宅地につき三〇年以上の使用期間でも解約を否定した後掲の【八二】【八三】も参照のこと）。

(イ)　その他の事情を重視して、解約を否定した具体例に何か共通のものが見られるかについては容易に判断し難い。ただ、貸借の趣旨から「使用目的」が永続性をもつときには、使用期間の長期的な経過は決め手にならないといえる。

たとえば、使用期間が建物所有目的の土地の貸借ですでに二〇年以上を経過している場合でも、解約を否定した事例を検討してみよう。土井晩翠事件【四五】では、将来係争地の贈与も期待される貸借であり、期間の約定はあるものの、使用目的の趣旨で使用されているかぎりは、その返還が予定されていなかったものと思われる。また、借主が貸主に対し係争地を購入するために要した資金の援助をしており、そのことに起因して無償利用が合意された事例【四七】では、賃貸借に匹敵する程度の存続保護を認めている。親族間貸借では、姉と弟との建物の貸借の経緯から、二〇年以上の使用期間の経過にもかかわらず解約を否定したもの【五九】がある。また、解約が問題となった事例ではないが、借主側の家業の経営等に対する貢献から、「終身の使用貸借」を認めた事例【五八】もある。

(ウ)　他方で、貸借の経緯から、借主の生活を経済的・精神的に援助するという趣旨の強い事案では、借主が経済的・社会的に独立していると、解約が認められる傾向が強い【一四】【五六】【五七】（この場合には「目的の終了」が認められることもある）。これと類似のケースとしては、貸与の目的が別の方途で事実上達成したといえるような場合もあり、解約が肯定されている【一五】。この種の下級審判決も、前記の最高裁の準則【三七】のもとに取り込むことが可能であろう。(22)

また、貸借の使用目的に従った使用が長期間継続した結果、契約自体の目的が事実上達成されること（貸与の前提が失われること）もあろう（東大寺二月堂事件【四二】はこのような趣旨の貸借と思われる）。

(エ)　結局、貸与の目的ないし動機、貸与の経緯から特別な事情が認められない場合には、建物所有目的の土地の貸借か、建物の貸借かに応じて、一定の使用期間の経過が重視されて解約の当否が判断され、特殊な事情・経緯がある場合には、使用期間に加えて、かかる事情との関連で判断されていると、一応は抽象的な規準につき語ることができる。しかし、それを超えて、積極的、具体的な解約規準を形成することは著しく困難である。当面は、最高裁判例が再確認した前記のやや抽象的な準則に従って、具体例の積み重ねをまつしかなかろう。したがって、下級審裁判所としては、使用期間を重視することだけでは解約問題を解決できない場合に、その特殊な貸借の経緯を慎重に判断することが求められており、その点の明確な説明義務を果たすことが今後の課題であろう。

(オ)　なお、長期的貸借の解約事由につき、理論的に考えられるものとしては、貸主側が生活に困窮し目的物を処分することによって自己の生活の方途を維持しようとする場合が指摘できる。これは賃貸借の正当事由判断でもきわめて重要な事情となっているからである。また、借家住まいでその明渡を求められているような場合にも、自己使用の必要度が高いので、「正当事由」の判断では有利な事情となっているが、ここでも同様の措置がなされるべきであろう。実際、使用貸借でも解約肯定例では、借主が借家住まいしている事実（ただし、一つの事情にすぎないが）が判決で往々にして指摘されている【五二】（【七〇】【七三】も参照のこと）。これらの事情は、使用貸借では外国の立法例にいう「緊急需要による取戻し」にほぼ相当する。これは、無償で貸与した当時における貸主側の事情が変わり、貸与の前提が崩れたことによる解約事由であることから（困窮しないことを前提とした好意の給付）、本来は民法五九七条二項但書の下にそのまま取り込めないが、同条但書に関する最高裁判例の準則では、当事者双方の諸事情が考慮されているので、緊急需要のみを「決め手」にして解約を判断できないような事情がある場合には、右の準則による解約規準の一事情とすることは許されよう。否、むしろそのように解釈したほうがよいように思われる。

3　短期の貸借と長期の貸借

(1)　いずれにせよ、既にみた判例の状況からいえば、それほど長期の存続を予定されていない貸借と、かなり長期の存続を予定した貸借とに大別できるといえよう。かかる区別自体はほぼ実務に定着したように思われる。本書の提示したこの区別は、使用貸借の基本構造と制度の沿革的考察から得られたものであり[23]、かかる視点自体は、最近の学説によっても支持されているといえよう[24]。ただし、その区別は、建物所有目的とか、居住目的とかの抽象的使用目的では判断できない。結局は貸借の趣旨・原因事実から導き出されているように思われる。

ところで、右のような長期の継続的な無償使用は親族間の貸借に多くみられ、むしろ原則として親族間の無償使用はかかる形態をとるものであるといっても誤りではない。もっとも、親族間でも貸与の原因に特別な事情がなく、単に親族間の情誼に起因している場合には、通常の場合と同様な処理によるべきであろう。一方、友人・知人間の貸借では特段の事情がなければ継続性をもたない。かかる傾向は、すでに具体例を通して検証し、理論的な仮説が実務においても定着していることが判明したといえるであろう。

もっとも、同じく親族間といっても、親子間の無償使用関係については、かかる継続性をもつ貸借の具体例（解約告知が争点となるもの）は、これまでのところ少ない。一時的・暫定的な使用目的の貸借については、親子間の無償使用としては成立し難い面が多分にあるが（ただし【八四】参照）、継続的無償使用関係にはそのような事情はないので、今後は裁判例もでてくる可能性は否定しがたい。具体例としては、【八】【六二】【八二】【一〇八】が指摘できよう。

なお、継続的・長期的な無償使用の特殊の型として「終身の使用貸借」や「地上建物の朽廃するまで存続する貸借」がある。これは本来、債権的な無償使用としては予定されたものではないと思うが、それはしばらく措くとしても、かかる特殊の使用貸借を成立させる特別の事情は、単なる抽象的な使用目的ではなく、同じく原因事実から導かれるものであることも、ここで再度確認しておきたい。

(2)　右の無償使用関係の消長は、形式的には民法五九七条の使用目的を一応の基準にして判断し、とくに「使用及び収益をなすに足るべき期間」条項（二項但書）を適用する事例が中心となっているが、このことは実質的には使用期間の長短を念頭において結論を導き出してきたことを意味する。つまり、当初の約旨に従って無償使用を継続しているが、果たしてかかる約旨に基づく継続使用をどこで切ってしまえるか、という意味での貸借の「消長」問題であった。

ところが、このような使用期間の長短が全く問題とされず、むしろ「約旨」に反した利用がなされたことを決め手にして、使用貸借の消長を判断する一連の事例が存在する。しかも、この種の事例では、その大半は親子間の無償使用が問題となっている。たまたまそのような結果になっているのか、それとも何か格別の事情があるのかは、容易には判断し難いが（理論的には、無償使用一般に通ずる解約問題であることは言うまでもない）、親子間の無償使用それ自体を独自に検討してみる価値はありそうである。そこで、本書では、章を改めて、貸借の消長問題のほか、より一般的に親子間の無償利用の特徴を検討することとした。

（1）　法典調査会『民法典編纂議事速記録』三二巻七九丁表・裏（裏）。なお、五九七条三項の規定の趣旨につき、「使用貸借が本来無償であることに基く」とした上で、借主が賃借人のような保護を享受しないからといって、憲法二二条や二五条などに反するものではない、と判示した最大判昭和二九・一〇・一三民集八巻一〇号一八四六頁がある。

（2）　岸上晴志「本件判批」法時五六巻三号一一二頁（一九八四年）。

（3）　岸上・前掲注（2）一一三頁は、これを「事実使用」とする。しかし、貸主側に貸与意思（竹林を放置すれば土地が荒れるので）があったと解するのが、当事者の意思に即した判断だと思われる。また、貸主の実力行使を阻止する上でも、契約構成の方が望ましい。

（4）不当労働行為と絡む事例もある。那覇地判昭和五一・四・一四判タ三四八号三二二号は、仮に不当労働行為になるとしても、企業内組合であるという一事をもって組合事務所の貸借の解約を無効とは言えない、と判示している。しかし、その高裁判決（福岡高那覇支判昭和五三・六・二七労民集二九巻三号三五九頁）は、組合事務所の貸与は使用貸借に準ずるものとし、返還時期の定めのないことから、その解約には、「正当事由」を必要とする、と解した上で、当事者双方の具体的な利害・必要度を比較考量している。

（5）たとえば、建物所有目的で、「要求あり次第理由の如何に拘わらず何時にても無条件で土地を返還する」という特約は、通常は拘束力のない例文であり、「相当期間」土地の使用権限を与えたものと解すべきであるとした事例（大阪地判昭和二六・三・二四下民集二巻三号三九九頁）がある。相当期間というのは曖昧であるが、前段の判示部分は支持できよう。

（6）広中俊雄『債権各論講義（第六版）』一二四頁（有斐閣、一九九四）。

（7）笹村将文「不動産使用貸借の終了事由について」判タ九〇六号九頁（一九九六）も、この視点をもたないで従来の事例を整理している。

（8）差し当り、司法研修所編『民事訴訟における要件事実（第一巻）（増補版）』（一九八六）二七九頁以下を参照。ちなみに、いわゆる「貸借型理論」では、「使用目的」は、使用貸借の不可欠の要素ではなく、「特約」と解されている（返還請求により貸借は終了する）ので、貸主は使用貸借の終了に基づく返還請求のために「使用目的」を請求原因として主張する必要はない。

（9）なお、使用目的と返還時期との類似性については、笹村・前掲八頁、九頁注(33)も的確に指摘するところである。

（10）来栖三郎『契約法』三九七頁（有斐閣、一九七四）。

（11）昭和四〇年代前半ころまでの判例を整理したものとしては、中江利政「不動産使用貸借に関する若干の問題」判タ三〇四号六九頁（一九七四）がある。中江判事は、広瀬説と同旨の判例と、より具体的個別的な目的が使用目的であるとする判例の対立があるところ、使用貸借では、特別の合意がなければ、貸主は何時でも返還を請求しうるとするのが原則的立場であることから、単なる一般的概括的な使用目的に過ぎない場合には、契約において目的を定めた場合には該当しない、としていた（七一頁）。最近の状況については、笹村・前掲注（7）九頁以下で整理されている。

（12）この点については、当時の仲江・前掲注(11)七二頁の指摘するところである。

（13）本判決は一般の判例登載誌には収録されておらず、私も従来、これを見落としていた。その後の下級審裁判例にも影響を与えている様子はみられない。

（14）下村正明「本件判批」判評四九〇号二二八頁（一九九九）も同旨。

（15）池田恒男「本件判批」判タ一〇〇九号七三頁（一九九九）。

（16）下村・前掲注(14)二二八頁はほぼ同旨を述べている。

（17）たとえば、東京地判昭和五五・四・二二判時九六九号八三頁は、借地（賃貸借）の明渡訴訟で「本件建物は現在相当に老朽化が進み、……本件建物所有を目的とした本件賃貸借はほぼその目的を達したものといえなくもないこと、……」としているし、また、福岡高判昭和五四・一二・二〇判時九六〇号五八頁も、「被控訴人らは、すでに四〇数年に亘り本件土地をその固定資産税額にも遠く及ばない低額の対価をもって使用収益し、借地の目的は十二分に達したというべきであり、……」と判示しているのが参考となる。最近では、東京地判平成七・九・二六判タ九一四号一七七頁が、居住用の借地の明渡訴訟で、期間が四〇年（被告に承継されてから三〇年）経過しており、その間に借地人が自己所有の土地建物を入手し、長男が独立するなど、「居住用の建物所有のための賃貸借としては、一応その目的を達したというべきである」として、「正当事由」の判断の一要素としている。

（18）岡本詔治「本件判批」法時五一巻八号一二一頁（一九七九）。なお、本事件とその後の推移については、中野好之『仙台「晩翠草堂」の顚末』（御茶の水書房、一九八八）を参照。原告である著者は、仙台市や関連団体の不誠実な対応を厳しく糾弾している。
(19) 親族間の使用貸借の裁判例については、差し当たり、田口文夫「不動産の無償利用契約と利用者の地位―親族間の利用関係を中心に」専修大法学論集四〇号一三九頁（一九八四）を参照のこと。
(20) 中尾英俊「本件判批」西南学院大法学論集一五巻二号九九頁（一九八二）は、本件契約を農業維持を目的とする（準）委任契約と見た上で、弟の農業経営への寄与があればこそ、本家の農業が維持できたことから、解約を認めたのは不当であるとしている。
(21) 本件については、岡本詔治「判批」法時五八巻一二号一一七頁（一九八六）を参照。
(22) 広中俊雄「無償行為」『新民法演習4債権各論』七九頁（有斐閣、一九六八）は、たとえば借主の家族が成年に達し高給をえているとか、他に適当な建物を見つけることが期待されている事情があるような場合には、五九七条二項但書による解約が可能であるという。
(23) 岡本詔治『無償利用契約の研究』一頁以下。
(24) 後藤泰一「使用貸借の解約――使用貸主の『必要性』に関する基礎的考察」信州大学教養部紀要（人文科学）第二三号（一九八九）一頁、同「民法五九七条二項但書の類推適用による使用貸借の解約と金銭（立退料）の提供――大阪高裁平成二年九月二五日判決を中心にして」同大学紀要第二七号（一九九三）一七七頁、田口・前掲注(17)一四二頁、一六五頁。ごく最近では、池田恒男・前掲注(15)七六頁、下村・前掲注(14)二一七頁。下村教授は私見の立場をさらに徹底させて、長期継続型の使用貸借につき、長年月の経過を重視して終了を認めた事例と長年月の経過にもかかわらず終了しないとされた事例とに裁判例を区別した上で、さらに後者を贈与が予定されていたものや親子間貸借などに細分化しているのが注目される。この細分化の「指標」それ自体は私見が提示したものであるが、これを類型化の「決め手」にできるかは、なお留保しておきたい。問題は、無償利用の背景にある当事者間の特殊の関係・事情（原因事実と相互援助関係）にあるからである。

第四章　解約・返還請求と権利濫用

前章では、使用貸借契約の終了事由の存否の観点から、無償利用権の存続・消長を問題にしたが、貸主側の返還請求が権利濫用になるか否かというかたちでも、その消長が争点となることもあるので、引き続いて本章でもこの問題を検討した上で、さらに権利濫用に付随する幾つかの問題についても論究してみよう。

権利濫用論は、後述の使用借権の対抗問題のところでも問題となるが、ここでは本来の当事者間で貸主（ないしその相続人）が無償使用関係を終了させる態度（解約・解除、返還請求）に出た場合に、借主が契約の解約や返還請求が権利の濫用であると争うケースを問題とする。(1) ことに親族間では返還請求が容易には認められていないので、借主側が権利濫用を抗弁として主張するケースが比較的よく見られるが、裁判所がこれを認めた事例も少なくない。その根拠を中心として検討してみたいと思う。ここでも無償利用の構造的特質が反映している事情を窺い知ることができるであろう。

権利濫用が主張されるケースでは、当事者間にそもそも特別な契約関係がないとされる場合が多いが、契約関係の成立を前提とした上で、その解約・解除の当否が争われる場合もある。しかし、いずれにしても濫用論の中身にはそれほどの大差がないので、ここでは当事者を親族間とその他に大別して検討してみよう。なお、内縁の生存配偶者に対する死亡配偶者の相続人からの明渡請求については、周知の最高裁判例がある。ここでは、その後の下級審判決を分析して、権利濫用の判断に斟酌される諸事情を比較してみよう。

一　権利濫用の成否

1　親族間貸借と権利濫用

親族間では、親子間での明渡請求がとくに重要であろう。いかなる事情があるにせよ、一方が他方に明渡しを請求することは親子間の情誼ないし道義にそわないのが普通であるからである。以下、肯定例と否定例とに区別して検討する。

(1)　肯定例

親子間貸借に関する従来の具体例では、同居ケースの場合に使用貸借の成立を否定する判決も散見された。このような場合には、借主側に残された救済方途は一般法理しかない。まずこれを肯定した事例を紹介する。

(a)　親子間貸借

この種のケースとしては、やや古いが、母が女手ひとつで育てた息子(夫婦)と同居したが、嫁につらくあたるなど母側の責任で同居ができなくなったという事案で、母の明渡請求を権利濫用とした裁判例がある。詳細は【九四】に譲るが、本判決は、自分の家で生活したいという母の気持ちよりも、長男側の居住の必要性を優先させている。その主たる根拠は、別居の原因の責任が母の側にある、ということであろう。

また、事案は不詳であるが、養親が、養子を子供のころから引き取り、格別の非違があったと認められないにもかかわらず、養家の財産の分配取得を企図する養子の叔父の策謀に踊らされて、ただ養子を困惑させる目的の下に、係争建物の使用貸借契約の解除を主張したところ、物心ともに相互に扶け合うべき養親と養子との関係において要請される情義に欠けること甚だしく、まさしく権利の濫用に当たる、とした事例(大阪高判昭和五三・二・一五ジュリ六七〇号六頁判例カード二六七）がある。
【六二】も父の明渡請求に格別の根拠がないとされ、権利濫用が認められている。

【六三】　東京地判昭和五六・一〇・二九判タ四六六号一二五頁（居住用建物）（【一〇三】）
【事実】　X（父）がYら（息子・娘）と借地上に第一建物（工場）、第二建物（事務所）および第三建物（住宅）の三棟を建築所有し、第一・第二建物でネジ製造業を経営していたが、事業不振となったため、YらはXの了解を得て右工場の一部でガラス・テーブルの製造を始めた。しかしYらとXおよびXの後妻との関係が悪化したため、Xは後妻とともにアパートへ転居し、Y家族が第三建物に入居した。ところが、工場・事務所の使用方法につきXとYとの間で争いが生じ、その際、XはYらの行動により受傷し、その後は、工場等はYらが全面的に使用するようになったが、その使用につきXとの間では話し合いは全くなされていない。その後、YらはXの借入金の残債務を返済するとともに、Xに生活費を毎月支払っている。XはYらに対して三棟の建物の返還を訴求。第三建物は現在、娘が居住するほか、Yらの仕事場として使用されている。
【判旨】　第三建物については使用貸借の成立を肯定し、その終了につき立証がないとして、否定。工場・事務所については、Xが使用を止め、Yらの使用となったものであるから、黙示による使用貸借契約が成立したものとは認められないが、その明渡請求はつぎの理由で権利濫用とした。Xはその使用を承諾し、右建物はYらの右テーブル製造の根拠となっている。また、XはYらの仕事による収入から扶養をうけていたし、両者の紛争の責任はYらだけにあるのではないこと、Xは係争建物を使用して仕事をする意思はなく、Yらを係争建物から退去させることだけを目的としている。それ故、Xの受傷を勘案しても、右明渡請求は許されない。
なお、長男による建物所有目的の土地の無償利用につき、使用貸借の成立を否定し、「父子間の情義に基づく無償使用と解するのが相当である」としたうえで、父からその敷地の贈与を受けた弟の明渡請求を権利濫用とした事例もある（新潟地判昭和四四・一〇・二九判時五九三号七五頁）。これは、兄が無断で増築した建物部分の収去とその敷地のみの返還を求めたため、その部分の明渡しを得ても事実上そこを利用できないのに対して、兄にとっては営業上相当の損失を蒙ることから、権利濫用とされたものであり、かなり特殊な事案である。

(b)　兄弟姉妹間等の貸借

つぎの例は、親が長男と係争建物に同居していたが、折り合いが悪くなり、親が同居の二女の世話を受けるため、二女に係争建物を贈与したが、その所有物返還請求が親族間の道義に反するとされた。同居ケースであるので、使用貸借契約の成立は認められていないようである。

【六三】　広島高松江支判昭和二六・一二・五下民集二巻一二号一三九七頁（居住用建物）

【判旨】　両親とXYは円満な共同生活を築き上げるべきであったのに、双方が互いに自己本位の考えにとらわれ、相手の立場を十分に尊重しなかったことから、別居のやむなきに至った。しかるに、Xが所有権を楯にとって家屋の明け渡しを求めることは、Y一家の生活の本拠を奪い、Yを経済上の苦境に追い込むだけであり、「かかる所有権の行使は相互扶助と信義誠実によって結ばるべき親族間の道義を破るもので、権利の濫用である」。

【六四】【六六】、いずれも使用貸借の経緯のほか、明渡しによって借主の生活が大きな打撃をうけるのに対して、貸主にはさしたる必要も認められないことから、その解約が権利濫用とされている。

【六四】　高松高判昭和四七・一・二七判タ二七六号一七四頁（居住用建物）

【事実・判旨】　異母兄弟間の貸借で、係争建物は兄が家督相続で承継したが、弟が家業を承継し係争建物で母と同居するなど実質的な跡取となっていたところ、兄が、自己の長男が結婚をしたことなどから、使用貸借契約の解除（告知）をした。兄には差し当たって係争建物の必要がないが、弟はその明渡しによって多大の苦痛を蒙るし、その他双方の身分関係、建物の使用の経緯などから、右契約の解除は権利の濫用である。

【六五】　東京高判昭和四九・九・二七金商四三三号五頁（居住用建物）（【五九】）

【事実・判旨】　姉弟間の建物の貸借で、貸与の経緯から弟が引き続き永く居住できることを期待し、姉もそのことを容認していたことから、かかる場合には使用貸借の終了に基づく返還請求につき相当とする特段の事情が必要であり、そうでないと権利濫用となる。本件では、姉は独身で差し当たり緊急な必要性がないが、弟は、係争建物を一家四人の生活の本拠とし、他に住居を求めうる余裕もないので、明渡しによって、生活を根本的に破壊されることから、返還請求は権利濫用となる。

【六六】　東京地判昭和五八・四・二六判タ五〇二号一二二頁（宅地部分）

【事実・判旨】　X（兄）所有地の隣接地にY（弟）が各建物を建築所有したが、その一部分が越境していた。Xはこの事実を承知していたが、これを黙認していた。判旨は、兄弟の情誼として建物の敷地として使用することを黙認してきたので、「YがXに対し特段の不徳義を働いた等の事情の認められない本件においては、Y所有の現況建物が現存する以上その越境部分の収去明渡を求めることは権利の濫用として許されない」と判示。

【六六】は、いわゆる越境建築の例であり、越境部分の取り壊しを求めることは、原則として権利濫用となる、という一般的なケースのもとで理解されるものであり、特に新味がない。むしろ、兄弟間での不徳義を例に挙げて問題としているが、このような考え方自体は不当であろう。既に兄の暗黙の承諾のもとに建築された建物が現存する限り、客観的な事情による利益考量に従うべきである。

なお、叔母が、住居に困窮していた甥夫婦に親子三人水入らずで生活できるように係争建物を無償で使用貸与したが、甥が係争建物から離れて別居し、夫婦が離婚訴訟中に叔母が妻に対して解約・明渡請求するのは権利濫用であるとした裁判例（京都簡判昭和四六・七・三判時六四九号七六頁）がある。本判決は、離婚訴訟中は「近親の間柄」であるので明渡を求めるのはいささか酷であり、離婚訴訟が確定して婚姻関係が解消するときに返還請求するのが相当である、と判示している（離婚訴訟での第一審は離婚を認容）。近い将来、離婚が確定することを予期した判決であるように思われるが、一時しのぎ的な感を免れない。解約それ自体の当否との関連で濫用性が判断されるべきであろう（【七八】を参照）。ほかに、農用地に関するものではあるが、貸借の経緯、贈与が期待されていたことなどの事情から、弟の姉に対する返還請求を権利濫用とした事例（福岡高判昭和四八・一・三〇判時七一六号五九頁）などがある。

(c)　ごく最近の【六七】は、非常に珍しい事例であるが、貸主側の行為態様自体は典型的な濫用行為ともいえるものが問題となっている。ただし、濫用論を使うまでもなかったように思われる事例である。

【六七】　千葉地佐倉支判平成一〇・九・八判タ一〇二〇号一七六頁（本堂庫裏）

【事実】　X社寺（天台宗）は跡継ぎがいなかったので、先代住職の死後にA男は、先代住職の妻Y_1と養子縁組みをするとともに、その長女Y_2と婚姻して（昭和六二）、X寺の住職を引き継いだ。ところが、AY_2夫婦は長男をもうけたものの、結婚当初から折り合いが悪く、Aが実家にかえり住職の職務を放棄して別居状態になったことから、結局、裁判離婚・離縁が確定した（平成元年訴え提起、同七年一月確定）。これに対して、Aは、檀家名簿・過去帳などの引渡訴訟に勝訴したのち、本堂等にYらが居住を継続していたため、親族とともにYらに出て行くようにさまざまな嫌がらせ行為・自力救済をなした上で、平成七年一〇月にX寺（Aが代表者代表委員）が、本堂庫裏等を共同占有しているYらに明渡しを請求した。

【判旨】 XとYとの間には、Aが職務を放棄した間に天台座主任命のX寺職務代行者がYらの無償使用を黙認したことから、「平成元年ころ、本件全不動産を返還の時期を定めず無償で借り受ける黙示の使用貸借契約が成立した」ものと認められる。そして、Xは、遅くとも本訴提起のころに、「右使用貸借を解約（告知）した」。しかし、Yらの先祖や父・夫などは住職として、あるいは私財を投ずるなどして、Xに貢献してきたこと、AとYらとの間には、AがYらと縁組み・婚姻してY家の姓を名乗ることがXの住職の条件であったこと、それにもかかわらず、Aは自力救済をはかったり、Xの住職たる地位を奇貨として、Yらに対してXの権利を行使するものであるので、「本件使用貸借を解約して所有権に基づく権利行使をすることは権利の濫用に当たり許されない。」

本件使用貸借の成立経緯につき、いささか技巧的な面の否めない点は不問とするが、いったん解約を認めながら、解約と明渡請求とを区別しないで権利濫用になる、と構成しているのは、解釈論としてはやや拙劣である。そもそも解約につき何ら理由が必要とされていない点において、従来の判例の蓄積が理解されていないように思われる。結論は正当であるが、解約それ自体を理由がないとして否定すれば足りたであろう。

(2) 否定例

(a) 親子間貸借

【六八】では、親子間の同居ケースであるが、使用貸借契約の成立を前提として、その解約による明渡請求が権利濫用となるかどうかが問題となっている。

【六八】 東京高判昭和四〇・五・一二東京高民時報一六巻六号八八頁（居住用建物）

【事実】　娘Xはその所有建物で帽子製造の仕事場とし、これを婚姻住居としても使用しているが、ほかにXの父Yと Yの妻及びXの弟と妹の計四名が同居している。XはYに対する使用貸借契約の解約に基づく明渡訴訟のなかで、明渡しの条件として、一定の金銭（一時金と毎月払い）の支払いを申し入れている。

【判旨】　XがY及びYの家族と居をともにすることは、YとXら家族との間が不和で、かつ建物が狭いことから不可能なことである。さらにYは右金員を支払う旨の和解の申し入れをこれといった理由もなく拒否した。Xとしては実父であるYに対してできるだけの道を尽くし、かねてからの希望を実現しようとしているものであるのに対して、その明渡しを拒否することはXの幸福を犠牲にするものにほかならない。Xの請求は親子間の相互扶助という親族間の道義を破壊するほどの権利の濫用とは言えない。

【六九】　大阪地堺支判昭和四八・三・二八判時七〇九号六三頁（居住用建物）〔九五〕

【事実】　X（妻）とA（夫）は、Yを実子同様に育て、Yは、婚姻（昭和二〇年四月）後も係争建物でXA夫婦と同居し、Aの事業を手伝っていたが、昭和二七年ころAとYとが不仲となったので、Y夫婦がいったん別居した。その後、再び同居し、Aの死亡（昭和三六年）後、Yは右事業を引き継いだが、結局失敗したため、その借財に充てる目的でX名義の本件土地を譲渡したことから、XY間の仲が決定的に破綻し、移転登記を拒否したXは、昭和三七年四月ころ係争建物から追い出され、現在まで知人宅に身を寄せている。Xから明渡請求が提起され、Yはこれを権利濫用として争う。

【判旨】　約四〇年間もの長きにわたり係争建物に同居し、真の親子同様の内縁関係を継続しておきながら、当事者の一方がその内縁関係を不当に破棄し所有権に基づいて明渡しを求めるような場合には、権利濫用となりうる余地もあるが、本件では、Xの方が内縁関係を不当に破棄したものとは認め難く、むしろYがXを係争建物から追い出し、XY間の共同生活を終了せしめて、内縁関係を破棄したものと認められるから、明渡請求をもって権利濫用ということはできない。

【六九】判決の結論に異論はなかろう。本判決は、XY間の使用貸借の成立を否定し、Yの無償使用は養親子関係によるものとした上で、Xの明渡請求の当否を論じている。なお、本判決は、控訴審判決である大阪高判昭和四九・五・三一（最判昭和五〇・四・八民集二九巻四号四一一頁・四一四頁）でも維持されている（最高裁では養子縁組の有効性のみが論点となっている）。

つぎの高裁判例では、利用者である子が使用借権を主張せず、権利濫用の抗弁（など）を提起したが、否定された。

【七〇】　東京高判昭和五五・九・二五判時九八一号六七頁（居住用建物）

【事実】　亡父と母であるX、及び長男のYらは亡父所有の係争建物に同居していたが、亡父は、自己の死後、Xと長女（脳性小児麻痺）との生活を案じ、係争建物とその敷地をXに贈与した。父の死後、兄弟間でXと長女の扶養問題およびX名義の不動産の分割問題について、Yが具体的な提案をしたが、まとまらなかったので再度協議することにした。ところが、YはXに無断で係争建物の所有名義を自己名義に移した上で、その所有権の移転を迫り、これに応じないならば、Y方からの退去を求めたため、Xは隣接する二男方に一時転居したのち、現在は三男方で長女とともに世話をうけている。しかし、三男方（四人家族）も手狭で、かつその住宅を近く明渡す必要のあることから、XがYに対して係争建物の明渡しを訴求。Yは贈与を主張するとともに、Xの請求は権利濫用である、と争う。

【判旨】　贈与の主張は排斥され、明渡請求については次のように判示する。「Yは、亡父の生存中から、通常の一般的、社会的慣行に基づき、亡父及びXとともに家族の一員として本件建物に居住してきたものということができる…」。かかる家族の一員に対する明渡請求は、「その者に著しい反社会的、反倫理的行為が存するとか、建物所有者がみずから当該建物を全面的に使用する必要があるとかその他明渡請求を正当として肯認するに足りる特段の事情が存することを要する」ところ、Yの行為はXの心情を甚しく傷つけ、その信頼を裏切るもので、強く非難さるべきであるのに対し、Xらが係争建物において三男夫婦の世話をうけ、同居するのが最も適当であるので、Xの明渡請求は正当として肯認できる。

最近のつぎの例では、義理の親子間での紛争であるが、Yの夫Aの母XがYA夫婦のために婚姻住居を提供したのちに、Yが「エホバの証人」の信者となり、そのことが起因となって婚姻関係が破綻したことから、Aとその家族が共同生活を営むための住居として使用するという本件使用貸借契約上の目的に従った使用収益は終了したものとされたところ、XのYに対する明渡請求の当否が問題となった。

【七二】　東京地判平成九・一〇・二三判タ九九五号二三四頁（居住用建物）（【三六】）

【判旨】　Xは自宅のほか資産を有するのに対して、YはAから婚姻費用二二万円を受けるのみで十分な収入は得ていない。しかし、婚姻の破綻がXの責めによるものではないし、そもそも係争建物はAの婚姻生活の便宜を考えて無償貸与したものであるので、婚姻が破綻し、Aがこれに居住しなくなってしまった以上、Xが自己のために使用したいと考えることをもって直ちに不当なものとはいえない。Yの離婚後の住居等の経済生活はAとの財産分与の問題として解決されるべきものであり、Aが住居問題につき積極的に協力する旨を表明しているので、従来から右婚姻費用を継続して支払ってきた実績等をも考慮すれば、Aが住居の点を含めた経済面に協力を惜しむことはないものと認められる。したがって、婚姻破綻の経緯、XYの資産状況、XがYの子らの祖母であることなどの事情だけで、本件請求が権利の濫用に当たるものとはいえない。

本件では、使用貸借契約が終了したことを前提として、Yには占有権限がないが、Xの明渡請求が権利濫用にならないかというレベルで立論がなされている。それ故、XYのさまざまな個別の事情が取りあげられた上で、明渡しの具体的な当否が論じられているので、本来の意味での濫用性判断がなされているといえよう。

(b)　その他の親族間貸借

つぎの例は、係争建物を当面使用する必要がなかったので、養子が同居の養父に一時的に貸与したが、養父が愛人を同居させてカフェを経営していたところ、養父が死亡したため、養子が明渡しを請求したという事案であるが、権利濫用にならないとした。

【七二】　大津地判昭和三〇・四・七下民集六巻四号六四八頁（居住用建物）（【八四】）

【判旨】　Yには養父の死亡後は居住を正当化しうる権限はない。Yの二子はXと兄弟関係にあるが、具体的な扶養義務は発生していない。逆にXは、現在借家住まいで、無職で生活も楽ではないことから、家計の維持を図る必要がある。かかる場合、Xは自己の生活の不如意を忍んでまでYを居住させる義務はないし、道義的にも著しく親族間の情義を失するとは言えない。

2　通常の無償利用

【七三】では、終戦後の住宅逼迫という時代的な背景のもとでの判断ではあるが、使用貸借の解約・返還請求には特別の事情が必要とされている。あまり参考となるものではないであろう。

【七三】　大阪地判昭和二五・一〇・四下民集一巻一〇号一五五五頁（居住用建物）

【事実・判旨】　X会社はYら同族の福利増進のために設立され、Yが空襲の危険を避けるためにXからYに住宅が貸与された。Xは、終戦により使用貸借は期間満了または目的達成により終了した、として返還請求。判旨は、極度の住宅逼迫から、これを他に求めることは極めて困難な現況にあるので、貸主が建物を必要とする特段の事由もなく明渡しを求めるのは、借主が住居を有するなどの特段の事情のある場合を除き、権利の濫用となる、とした（X敗訴）。

判旨の一般論は原則と例外とが逆になっており、時代的な住宅事情を考慮しても、行き過ぎであろう。判旨は、賃貸借の「正当事由」ほどの高度の必要性は不要ではあるものの、貸主の恣意に基づく必要性では足りないとしているが、権利濫用論ではなく、使用貸借の解約の当否の問題として処理すべきであった。

つぎの例は、無償使用の際になされた約定を貸主が履行せずに、契約を解除（告知）して返還請求をしたことから、信義に反するとされた。

【七四】　東京地判昭和二六・一一・二六下民集二巻一一号一三四七頁（居住用建物）

【事実】　Xの養父Aから使用人であるYは係争家屋の留守番として、これに入居することを要請されたが、Yは当時借家を買い取る契約をすることになっていたことから、これを固持したところ、Aは仕事を解雇する旨をYに申し向けたため、やむなくYはこれを賃借りした。しかし、家計費が嵩むほか、空襲から防護することに疲れたため、Yは、任に耐えない旨を懇請したところ、Aは賃料債権を放棄し、かつ、明渡時には、住居の斡旋のほか、移転料を支払うことを約した。Xが、昭和二五年に契約を解除したが、右契約の履行を拒否した。

【判旨】　以上の事実関係のもとでは、Xの明渡請求は著しく条理に悖り、信義に反する。右の先給付義務を履行しないままになされた契約の解除はその効力を生じない。

本件と類似のケースがある。当事者は姉妹会社の関係にあり、貸主は借主を貸主所有の賃借ビルから立ち退かせて、係争地を無償貸与したが、将来は係争地を賃貸するか売却するかを考えていたにもかかわらず、姉妹関係が断絶後に明渡しを請求した、という事案である。

【七五】　大阪地判昭和四〇・九・一八判タ一八三号一七九頁（宅地）

【事実・判旨】　本件使用貸借契約は、その使用をなすに足りる期間をすでに経過した。しかし、当事者間では、係争地の使用貸借にあたって将来これを賃貸するか売却することが期待されていたものであり、解約にあたり従前の関係を斟酌して協議を十分すべきであったのに、いまだこれがなされていない。したがって、解約告知は権利の濫用にあたる。

なお、そのほかに、会社の組合事務所の使用関係を使用貸借とし、その使用期限の満了を理由とする明渡請求について、会社側には右建物を使用する必要性がなく、組合を会社外に放逐する意図が見える場合には、権利の濫用となるとした事例がある（東京地判昭和四五・一・三〇労民裁集二一巻一号一〇九頁、判タ二四六号二五七頁）。これは不法な害意（不当労働行為）がとくに重視されたものであろう。

3　内縁配偶者の居住利益

(1)　具体例の紹介

夫婦間の婚姻住居に対する非所有配偶者の使用関係については、使用貸借と構成することに消極的な傾向が見られることは前述した（最判昭和三五・一一・一〇民集一四巻一三号二八一三頁）。しかし、死亡した内縁配偶者の相続人側による婚姻住居の明渡請求について、かつて最高裁が、相続人には居住の必要性が乏しいのに対して、生存配偶者には扶養の必要な子女がおり、明渡しによって家計上多大の打撃をうけるおそれがあるなどの事情がある場合には、権利濫用となると判示したことがある（最判昭和三九・一〇・一三民集一八巻八号一五七八頁）。

その後の下級審判決もこの権利濫用論を踏襲しているが、実際、内縁関係が長期間に及んでいるときには、その居住継続の必要性を否定することが容易ではないので、余程の事情でもないかぎり、明渡請求を認めることは困難であるように思われる。いかなる事情が考慮されているかを検討してみよう。

【七六】　東京地判平成二・三・二七判時一三七〇号七一頁（居住用建物）

【事実】　Yは亡A女と昭和三五年より三〇年間にわたってA所有の係争建物で同棲し（重婚的内縁関係）、その間Yは増改築を加えたり、アトリエをつくったりして、現在の建物になったが、A死亡後にその兄弟姉妹であるXらが相続し、Yに対して建物の明渡しを請求した。係争建物はYの創作活動には不可欠のものであり、高齢で、他に住居を見出すことが事実上不可能であることのほか、右アトリエで美術教室を営み、その収入を生活の一部としているが、Xらには、それぞれ住居があるうえ、Aの相続財産（不動産を含む）をすべて取得している。

【判旨】　以上の事実から、係争建物についてのYとAのこれまでの関与度合及びY自身の必要性等を勘案すれば、従来通りのYの居住の利益は十分に保護されるべきものであるのに対し、Xらの係争建物の使用の必要性はきわめて乏しいので、明渡請求は信義に反し、権利の濫用にあたるものと認められる。

【七七】でも、重婚的内縁ともいえなくはない関係にある男女が長年にわたり係争建物で同棲していたが、男性の死亡後にその相続人が内妻に対して明渡しを請求したところ、権利濫用とされている。

【七七】　大阪地判昭和五五・一・二五判時九六九号九一頁（居住用建物）

【事実】　X女は妻子あるAと三〇年以上同棲生活をし、Aがその間にA名義で購入した係争土地建物にAと同居していたが、Aの死亡後に、XはAの妻Y_1とその間の子Y_2らに対して、係争不動産につき共有持分権を有することの確認を訴求し、これに対してYらは建物明渡等の反訴を提起した。

【判旨】　共有持分権は否定された。反訴請求については、XA間の使用貸借の成立は否定したが、つぎのように説示して権利濫用とした。Xは当初、Aが婚姻していることを知らなかったが、他方、Y_1がXの存在を知ってもその関係を絶つことを求めなかった。Aは自己の両親が死亡するまでは年に四、五回、Yらのもとに帰っていたが、その後はあまり帰らなくなった。しかし、死亡するまでの間、大体毎月一定額の生活費をYに送金していた。Xは、Aが長らく失業していたことがあるが、その間、職につき家計を支え、Aの仕送りを続けさせた。Y_2らはAの生前中、AとXの住居に一時同居したこともあったし、Y_3はAXの従前の住居の供与をうけた。Xには他に居住しうる家屋はない。以上の事実からすると、AXの関係は重婚的内縁関係ではなく、妾関係と見るほかないが、Aを挟んで家族に近い関係にあり、長年夫であり、父であるAの世話を委ね、自らも世話になっておきながら、他に行き所のない老齢のXを追い立てる結果となる本件請求は「人間の情義として許し難いものといわねばならず、権利の濫用にあたるものというべきである。」

本判決が右の男女関係を妾関係と断言したのは、にわかに支持しがたいが、(2)結論には異論がないであろう。判旨は、権利濫用の判断においては、人間関係を強調しているが、むしろXの係争建物に対する関係度合いやその必要性を強調すべきであろう。それだけでも十分に権利の濫用になると言えよう。また、人間関係の論理の運びにやや不自然なところもある。ことに、判旨の立場では、Xは妾とされているが、妻子が妾と家族に近い関係にあるという表現や、妾に夫・父の世話を委ねたという評価については、いささか穏当を欠くのではないか。むしろ、Yらが長年、AとXの同居ひいてはXの居住を承諾していたこと、Xには、係争建物の取得に内助の功があることのほか、居住継続の必要性があり、Aが生きておれば、Xは死亡するまでここに居住することができたことなどの事情が重要であり、実際、このように解釈することがAの意思を尊重する（ひいては相続人を拘束する）ことになろう。

ごく最近のものとしては、つぎの具体例が参考となる

【七八】　東京地判平成九・一〇・三判タ九八〇号一七六頁（居住用建物）

【事実・判旨】　内縁の夫Aとその実子Xとの共有（各二分の一）の婚姻住居に内縁の妻が一八年間同棲して、その世話を継続し、Aが、自己の死後、妻の身の振り方につきXに委ね、Xもその意向をふまえていたのではないかと推測されるという事案で、Xからの明渡しと損害金の請求につき、使用貸借の成立を否定したが、Yを権利濫用で救済している（損害金の支払いも排斥）。判旨は、Aが一八年間の内縁関係につきYに感謝し、その償いをしたいとの気持ちでいたこと、住居をふくめYの身の振り方はXにまかせ、しかるべく配慮されることを期待し、Yが自分の死後に代替建物等の提供もなく係争建物から立退を余儀なくされるとは、想定もしていなかったと考えられること、Xはかつてマンションの購入の手配をしたことがあったが、それはA死亡後のYの住居の確保を考えたのではないかと推測されること及びYには係争建物以外に居住場所がないことなどの事情を考慮した。

(2)　具体例の分析

以上の具体例で重視されている事情をやや抽象化して整理すれば、つぎのようになるであろう。生存配偶者が従来から係争建物を生活の本拠としていたこと、所有配偶者の死亡後も従来の生活を継続するためには係争建物が不可欠であること、生存配偶者の居住継続が死亡配偶者の意思にそうこと、及び相続人側には係争建物での居住の必要性が少ないことなどである。

要するに、判例の立場では、相続人側の明渡請求の当否は事案ごとに判断するしかないとしても、生存配偶者に居住継続の必要性が認められる限り、相続人側に余程の事情でもないかぎり、権利濫用と判断されることとなろう。したがって、死亡配偶者の生前、夫婦間で無償の利用契約が成立しており、それが相続人に承継されるとした上で、契約の解約問題として処理した方が、より好ましい解釈論といえよう(3)。

4 小括

(1) 権利濫用論の機能

親族間の建物の利用関係では、使用の事実があっても使用貸借契約の成立が否定されることが少なくない。ことに、夫婦の婚姻住居の使用関係や、親子でも同居している建物の使用関係の場合には、無償使用は身分関係の背後に退くものとされる傾向がまだまだ判決例ではみられる。しかし、他人間での単なる事実使用というわけでもないので、所有親族の明渡請求が当然に認められるというわけでもない。そこで、この種の無償利用では、利用者が権利濫用や信義則違反を主張することになるが、これに対して、裁判例は、無償利用の経緯や明渡目的の相当性・合理性等を勘案して、その当否を決している。

しかし、その具体的な判断は、契約関係の成立を前提とした解約ないしは解除に相当する事由の存否の判断とは、基本的に異ならないように思われる。つまり、この種の事件類型では、所有親族の明渡請求には「相当・合理的な理由」が必要とされており、ことに非所有親族に居住継続の必要性があるかぎり、原則的に否定されている。その意味で、ここでの濫用論は、親族間貸借が契約関係に高められるまでの過渡的な救済手段といえよう。

もっとも、使用貸借の存在を前提として、その解約・解除の濫用性も問題となっている。しかし、これらの場合には、解約・解除に合理性があるならば、その濫用は問題とならないのが、通常であろう。解約・解除のなかで同時にその濫用問題も処理されているはずである。裏からみれば、解約法理が未成熟ともいえる（とくに【六七】を参照）。したがって、本来ならば権利濫用論を使う必要性が乏しく、単なる説得のために使用されているといってもよかろう。ただ、例外的に、解約・解除がやむをえないとしても、なお、無条件・当然の明渡しが当事者間の特殊事情から不公平であると考えられる場合には、権利濫用とされることもある。また、明渡しにつき特約をしていたが、貸主がその約定を不履行したケースもこれに含まれる。この種の場合には、その約定の履行をまって明渡しを認めることも、できないわけではなかろう（条件付明渡判決）。いずれにせよ、ここでの濫用論は、先の濫用論とは、その機能が異なるということを見落とすべきではない。

なお、親族外の当事者間では、使用貸借の解約・解除その他の終了事由に相当する事情があるにもかかわらず、明渡請求が権利濫用になるということは、通常考えられない。たとえば【一二】は、係争地が借主にとって営業上不可欠の土地であるのに対して、貸主側が地続きに相当広い土地を所有している場合でも、明渡請求は正当な権利の行使である、としている。これを肯定した事例【七五】は、貸主が明渡しの際の条件を約定しておきながら、これを履行しないで明渡しを求めたという特殊なケースである。

(2)　権利濫用判断で斟酌される諸事情

濫用性の判断は、一般の濫用論の場合と同様に、両者の建物に対する必要度等の諸事情が比較されるわけであるが、貸借の存続・消長問題に関して権利濫用判断がなされるケースでは、いうまでもなく借主側の居住継続の必要性がキーポイントになっている（【六三】【六四】【六五】、【九九】も参照のこと。否定例として【七二】）。ことに親族間貸借では、明渡しに相当の理由が必要とされているので、貸主が漫然と（明渡後の具体的な利用計画がないときなど）明渡しを求めても容易には認められない（【六二】）。これに加えて、親族間貸借では、親子などの身分関係が背景にあるので、その円満な関係（とくに同居ケースでは）がいずれの責めで破壊されたかが重要性をもっているようである。ことに貸主に破綻の主たる責任がある場合には、権利濫用とされる傾向がきわめて高い（【九四】）。逆に、借主側に主たる責任がある場合には、居住継続の必要性があったとしても、明渡しは肯定されていると言えよう（【六九】【七〇】）。問題は破綻の責任がいずれにもある場合である。微妙な判断がなされているように思われる。

なお、かかる判断が、「信頼関係」論など貸借の解約論と共通する側面があることについては、後述する。このことは、視点を変えて見れば、先述のように、濫用論の限界を示唆するものであろう。

加えて、親族間貸借であっても、特段の事情のない場合には、解約の判断にあたって使用期間が重視されていることは前述した。長期間の期間が経過しているときには、借主の居住継続の必要性があっても、原則的に解約を肯定すべきである、というのが、今日の判例理論である。したがって、この方面からも濫用論の適用については、慎重な考慮が求められるべきであろう。

二　使用料相当額の損害金支払義務

所有者の明渡請求が権利濫用とされた場合、占有利用者は「無償」のままで使用を継続できるのかという問題が残される。一般に、下級審判決では、明渡請求を権利濫用で排斥すると、所有者があわせて請求している使用料相当額の損害金の請求も同時に理由がないとして排斥する傾向がみられる。たとえば、【七六】では、Xは、明渡しを前提として被相続人の死亡以降の損害金（賃料相当額）も請求しているが、判旨は明渡しが否定されていることから、当然にその余の請求に理由がないとしている。【七七】も類似の事案で同旨を説く。ただし、これらは明渡しまでの損害金の請求であり、貸主が自己の請求が濫用となることを前提にしたものではないので（そのような予備的主張は明渡請求の根拠を薄弱にする虞があろう）、右の問題に関する判例の立場は必ずしも明瞭ではない。

しかし、権利濫用とされても、利用者の占有利用は当然には適法にならないので（たとえば、未登記借地権者に対する明渡請求が権利濫用として排斥された事例であるが、最判昭和四三・九・三民集二二巻九号一七六七頁、最判昭和四四・一一・二一判時五八三号五六頁は、違法な占有を理由に損害金の賠償を認めている）、権利濫用であること（明渡しが許されないこと）を前提として、改めてその間の賃料相当額を請求できるのではないかとの問題は残されている。(4)

しかし、広島高裁岡山支判昭和三五・一・二八（高民集一六・三・一三一）は、明渡請求が「権利濫用として排斥せられるものである以上、控訴人の本件家屋の占有には違法性がない」としている。本件も明渡しを前提にした請求であるが、ここまで説示すると、別訴による損害金の請求も認められないことになろう（これに対して、【六七】は「解約が権利濫用となる」ことを主たる理由とする）。しかし、前掲の賃貸借の最高裁判決からいえば、右の判決のような考え方は許されないものと思われる。

これに対して、【六二】は、所有者の請求が権利濫用になるとしても、その使用料相当の損害金については、占有者らが使用しているかぎり所有者に支払うべきである、としている。ただ、本件では、所有者が主張した賃料相当額の具体的な金額を相当と認めるに足りる証拠はないとして損害金の請求は排斥された。

たしかに、従来は無償であり、その明渡しが排斥されているので、損害金の請求も理由がないとする考え方も十分に成り立ちうる。この点は賃貸借と異なる。賃貸借では、賃貸借の解約や返還請求が権利濫用とされても、賃料ないしその相当額の支払いまでも免責されるのは、いかにも不合理である。しかし、使用貸借でも、解約はやむを得ないが、明渡しは差し当たり権利濫用で排斥するという処置もありうるので(ことに新所有者との紛争例では)、その間は使用料相当額の損害金の支払いを認めることが、かえって公平に適うこともあるのではなかろうか。したがって、事案に応じた解決が求められており、機械的に損害金の請求を排斥するのは当を得ないであろう。

ただし、内縁の生存配偶者に対する場合には、損害金の支払いも原則的に排斥すべきものであろう。生存配偶者との間に生前に「無償の合意」があったと推認するのが、死者の意思にそう所以でもある。この問題については、最近の最判平成一〇・二・二六(【一六七】)が、共有不動産・共同使用に関する事例ではあるが、内縁夫婦での無償合意を認めて遺産分割までの使用利益の不当利得性を排斥しているのが参考とされるべきである。単独所有・共同使用に関する事例についても同様に解すべきであろう。

なお、店舗一室の法人間での貸借につき、部屋の滅失等の損害を塡補する趣旨の保証金三〇〇万円を支払っただけで、部屋の使用料は無償とする旨の契約が使用貸借と認定され、所有者が変わったため、貸借が終了したところ、右保証金の返還があるまで借主は部屋を留置できるとされたが、その間の使用利益(賃料相当額)は不当利得になると判示した珍しい事例がある(東京地判昭和三四・四・一七下民集一〇巻四号七七四頁)。

三　権利濫用と金銭給付（いわゆる立退料）

1　権利濫用と立退料

解約等により使用貸借関係が終了する場合に、貸主の明渡請求がそのままでは権利濫用となるが、貸主が借主に対して一定額の金銭を支払うことを条件として、権利行使の濫用性がなくなると解釈した具体例がある。

【七九】　大阪高判平二・九・二五判タ七四四号一二一頁（居住用建物）

【事実】　係争土地建物はX（姉）とY（弟）との母であるAが、これを買い受けたが、Aの意向によりAの老後の面倒をみるという趣旨を含めてX所有名義とし、Y夫婦も共同してAの世話をするという理由のほか、姉弟の情誼からこの建物に同居していたところ、昭和四七年ころ、XはYの妻がXの食事の世話まではできない旨を述懐したことを聞き及んで、Y夫婦がAの世話をしてくれるものと期待して、当時まだ若く健康でもあったため、借家に別居しYらの無償使用を許容していた。ところが、Aが寝たきりになるに及んで、Yの妻は特殊なベッドを即時に購入すべきことを半ば強要したほか、A死亡当時にも他人の通夜・葬儀に出席したり、Aの葬儀のときにもXに対して冷淡な態度をとりつづけたため、双方別々に法要を営むなど、両者に精神的な交流が断絶し、XとY夫婦との誼は地を払うようになった。そこで、Xは信頼関係破壊を理由とする解約などを請求するとともに、八二五万円の立退料をも提供した。

【判旨】　本件では、黙示的にはXとYとの兄弟間の誼を基礎として、Yおよびその家族がXと協力してAの老後の扶養および世話をすることが前提となっていたところ、右の事情により本件使用貸借の前提たる事情はその重要部分において欠缺し、Xにもはや使用貸借の存続を強いるのは酷であることから、解約できると解すべきである（五九七条二項類推)。しかし、無条件の明渡請求は権利濫用になるとの誹りを免れえないところ、Xが八五〇万円を支払うことにより、その非難を免れる。

本件は、使用借人に対する明渡請求が権利濫用になることを認めながら、一定の金銭の支払いでその濫用性が阻却されるとした。これに対して、原田教授は、賃貸借では、信頼関係の破壊による解除を肯定しつつ、そのうえで解除権の行使を権利濫用で制限するという論法はまず考えられない、として、本判決がとった二段階構成に疑問を投じている。さらに、立退料の提供によって濫用性が阻却されるという論法にも批判的であり、濫用性の成否の判断の一つとして金銭の提供を考慮するというかたちの方がまだ理解しやすいともいう(5)。たしかに判旨のような構成では、教授が指摘するように、「濫用性を金銭で買い取れる(6)」ことにもなりかねない。いわゆる立退料の性質をより深く分析する課題が残されたと言えよう。

この課題について、後藤泰一教授は、判旨のいう金銭の性質につき、使用貸借がもっと継続すべきところを早めて終了させ、その早められた部分を金銭が補うもの(一種の贈与、無償の利用供与を贈与で代える)とする構成を提案している(7)。一つの見方であろう。

思うに、本件では、使用貸借の解約それ自体はやむを得ないものと判断されたものであろう。それ故、解約・解除権の濫用を問題としているのではなく、明渡しのレベルでの濫用性が問題とされているように思われる(原田教授は解除の濫用性と明渡しの濫用性とを区別していないが)。つまり建物の無条件の明渡しが権利濫用とされたのは、やはり無償貸借の特殊事情に起因するものであろう。ことに、本来はXが母の世話をするということから、係争建物の所有名義をXにしたこと(母の遺産ともいえるので、本来ならばYにも実質的な相続分があったこと)、また、Yが母の世話をするということから係争建物の占有利用を委ね、事情はあるにせよ、Y夫婦が曲がりなりにも母の世話をしてきたこと、などの事情が、本件貸借の成立経緯に絡まっていることに注目しなければならないであろう。

すでに検討してきたように、今日の判例によれば、特別の使用権限がなくとも建物等の占有利用が直ちに違法とはいえず、権利濫用による保護などを享受する場合もあった。とくに親族間ないしこれに準ずる特殊な人的関係にある当事者間での明渡請求は当然には認められていない。もっとも使用貸借が成立している場合には、その解約・解除によって通常は同時に明渡請求も正当化されるものではあるが、事情によっては、両者は区別して判断されることも理論的には可能であろう。本件ではまさしくそのような事案と考えられたものではないか。つまり、使用貸借の解約の理由としては、一応は整っている。解約の理由がないとしてしまうと、このまま使用関係を継続させることになるが、それではかえって公平ではない。使用借権の消滅はやむを得ないが、しかし、無条件での明渡しもまた、前記の特殊な成立経緯から判断して、Yらにいささか酷な結果となる。その妥協の産物が本判旨の説示の趣旨であろう。つまり、「貸借の存続・消長」問題それ自体の濫用論(建物の必要度等の比較考量)ではなく、貸借に附従する特殊事情を考慮したものであろう。それ以上の格別の根拠を見つけ出すのは困難である。八五〇万円という金額の合理性も疑わしい。Xの申出額に格別不合理な点もない、という消極的な姿勢の表れといえようか。その意味では、この種の濫用論の「機能」は、従来の類型にはないものであって、本来、所有者側には給付義務のない金銭の支払いをただ正当化しようとするものでしかなかろう。

ところで、第三者との紛争例であるが、最近の【九三】でも、新所有者との関係では使用借権は対抗できないとしながらも、無条件の明渡しは権利濫用となるということから、五、〇〇〇万円の金銭の支払いによって、その濫用性がなくなるとしたが、その金銭の給付の趣旨は異なるものの、判旨の立場からは、使用借権それ自体の消滅はやむを得ないとする考えが（その当否は別にして）、前提となっていたものと言えよう。

しかし、既に指摘されているように、権利濫用を前提として、金銭の給付がその濫用の非難を免れさせるという構成は再考を要しよう。使用貸借関係の消滅はやむを得ないが、その明渡しによって生ずる当事者間の不公平を金銭で「補償」すると構成すべきであって、その法的論拠は信義則に求めるのが無難であろう。

2　明渡しと立退料の提供

賃貸借の場合だけではなく使用貸借の当事者間でも明渡しの交渉過程で、いわゆる立退料が提供されることがある。このことは、裁判例の事案からも窺い知ることができる。いくつか目に付いた事例をあげておこう。

【七四】では、家屋の使用貸借が家主の強い要請に基づいて成立したが、明渡時には代替建物を提供するほか、移転料を支払う特約があったので、貸主がこの先給付義務を履行しないでなした解除は効力が生じないとしている。新所有者との紛争例であるが、【五二】では、貸主が明渡交渉・裁判所の和解勧告のなかで、移転料等の出費を補うものとして一、〇〇〇万円を超える金額の支払いを申し立てたが、これを頑なに拒絶したことが一つの事情として斟酌され、明渡請求が権利の濫用とはならないとされている。同様に新所有者との関連であるが、【九二】も、権利濫用を否定する際に、立退料の提供を一つの事情とする。【六八】も、親子間の明渡請求事件で、貸主である子が建物の明渡しの条件として相当な金額を支払う旨の和解を訴訟係属中に提案していることを一つの事情として、その権利濫用を否定している。また、境内地の貸借で社殿の移転に要する費用を提供する旨の申し込みを借主が拒否したことも考慮されて、解約が肯定された事例もある（最判昭和四八・一一・一六裁判集民一一〇号四七五頁）。さらに、東大寺二月堂事件【四二】では、貸主は予備的に立退料の提供をしていた（主位請求を認容したので、立退料の判断はなされていない）。

このように従来の実務でも、立退料の提供がなされることがあり、裁判所もこれを基本的には肯定的に受けとめてきたと言えよう。

しかし、それが、いうところの単なる移転料ではないことは確かである。裁判で立退料の提供を肯定する場合には、その趣旨を明確にしなければならないであろう。使用貸借でも、長期間継続すべき性格の貸借もあるので、借地・借家の場合と同様に、明渡請求の理由（相当な理由）を補完する趣旨の立退料を肯定しても、不当ではない。ことに判例は、民法五九七条二項にいう「使用収益をなすに足りる期間が経過したこと」の判断については、使用期間のほか人的関係の変化など当事者双方の諸事情を総合判断しているので、その足らない部分を金銭で補完することも、かかる判例の立場とは矛盾しないであろう。また、使用貸借契約の中身とはならないが、それに固有な人間関係に由来する特殊事情（いわゆる前提となる諸事情）を考慮して、当事者間の不公平を補償するという趣旨の立退料についても、認めることができよう。

（1）　笹村將文「不動産使用貸借の終了事由について」判タ九〇六号二五頁（一九九六）は、新所有者との対抗関係・返還請求と当事者間の返還請求との区別をしていないが、両ケースでは権利濫用の判断で斟酌される利益状況がかなり異なるので、そのような一括的な処理は問題である。前者の事実類型では、第三者の害意が重視されることが少なくない。権利濫用論一般（学説・判例）については、菅野耕毅『信義則および権利濫用の研究』一三五頁以下（信山社、一九九四）に譲る。なお、権利濫用論の本来的機能と法欠缺補充の機能については、広中俊雄『民法綱要第一巻総論上』一三五頁以下（創文社、一九八九）が参考となる。ただし、いずれも、使用貸借自体については言及されていない。

（2）　本件ではそのような判断は不必要であり、「内縁として保護されるかどうかはともかくとして」といえば足りる。二宮周平『事実婚の現代的課題』七四頁（日本評論社、一九九〇）は、内縁か妾関係かの区別は困難としているが、Aが年に何回か妻子のもとに帰り（昭和三八年ころまで）、その間に二子をもうけていることや、定期的な仕送りをしていたことなどの事実から判旨が妾関係と判断したものと推測している。しかし、前者は過去の事実であり、その後の同棲生活からもAの結婚意思は明白であって、また、仕送りが消極評価の要素になるとも思われない。逆に、Aが死亡するかなり前から、すでに正当婚姻はほとんど形骸化しているので、少なくとも死亡当時（昭和五二年）では（重婚的）内縁と評価しても決して不当ではなかったであろう。

（3）　この場合に使用貸借構成をとって内縁配偶者の居住利益を原則的に保護しようとする立場があることは前述した。玉田弘毅「被相続人の内縁の妻の居住権――相続人の承継家屋をめぐって――」法律論叢三八巻四号二九頁（一九六四）。四宮和夫「判批」法協九一巻七号一一五三頁（一九七四）、安永正昭『新版注釈民法1総則（1）』一五九頁（有斐閣、一九八八）もこれを支持する。広中・前掲注（1）一五一頁も、原則として使用貸借、特別の事情があれば、賃貸借とするような裁判規準の構成（欠缺補充）が必要とする。

（4）　この問題については、差し当たり、安永・前掲注（3）一五六頁を参照。なお、権利濫用とする判決の確定後、再度、所有者が建物収去・土地明渡を訴求したという事案で、占有者が「賃料相当額の不当利得金支払義務を負う」ことを前提とした上で、右不払の事実があっても、所有者が「法律関係明確化のための協議を求めた事実」がないかぎり、権利濫用の状態は解消しないとした高裁判決（東京高判昭和五五・二・一二判時九五八号六一頁）が注目される。

（5）　原田純孝「本件判批」判例タイムズ六八二号六五頁（一九八九）。

（6）　原田・前掲注（5）六五頁。

（7）　後藤泰一「民法五九七条二項但書の類推適用による使用貸借の解約と金銭（立退料）の提供――大阪高裁平成二年九月二五日判決を中心にして」信州大学紀要第二七号二〇五頁、二〇六頁（一九九三）。

第五章　いくつかの問題

本章では不動産使用貸借契約の存続に付随する重要な問題点を取りあげることにしたい。それが無償使用契約であるかぎりは避けて通ることができない問題でもある。いくつかあるが、次の二点が特に重要である。

まず、相続性について論究することにした。現行法は使用借権の相続的承継を否定している（民法五九九条）。しかし、この原則もそれほど単純明瞭なものではないので、規定の沿革に簡単に言及した上で、使用借権の相続性をめぐる若干の裁判例に拠りながら、借主が死亡してもその遺家族に使用借権が承継される場合の具体的な判断基準に言及したいと考えている。一方、使用借権の対抗力についても検討しよう。使用借権には現行法上、登記する方途がないこともあって、その対抗力は認められていないが、新所有者の明渡請求が当然に肯定されているわけではないので、従来の具体例を紹介・分析しながら、本書の立場を明らかにしたいと思う。いずれも、使用借権ないし無償利用契約の性質・構造論と密接に関連するものと考えられるので、かかる視点を交錯させながら、右の難問にアプローチすることになるであろう。

なお、一定の事情がある場合に使用貸借を賃貸借に転換させることが可能かについては、学説にはそれぞれの立場からこれを肯定する見解が散見されるので、この問題にも簡単に言及することとした。

一　使用借権の相続性

1　制度の沿革

現行法によれば、使用貸借契約は借主が死亡したときには当然に消滅すると定められている（民法五九九条）。同条は、旧民法財産取得編第一九六条と同じ規定であるとされている。(1) もっとも、旧民法では同条に但書があり、「相続人カ当事者ノ意思ノ之ニ異ナルコトヲ証スルトキハ比限ニ在ラス」（及び返還期限の猶予を裁判所に申請できる）としていた。現行法でもかかる例外的措置が排斥されたわけではない。というのは、民法典にいう使用貸借は借主の個人的な使用目的の下になされるのが通常であるので、動産の貸借ではこのような処理は必ずしも不当ではないとしても、目的物が借主の家族をも念頭において貸与された場合には、右の原則はそのままでは妥当しないといわねばならないからである。起草者も同様の立場にあったものと思われる。(2) ことに、今日では不動産の無償使用が問題となっているので、使用借権の相続的承継を原則的に肯定するべきかにつき、問題が提起されている。

ところで、わが起草者も示唆しているように、実は当時の立法例でもすでに、相続的承継を原則とする立場と、これを原則的に否定する立場とに分かれていた。フランス民法典は、例外的に、使用貸借契約が借主個人に重きをおいて締結されたときには、借主の相続人は目的物の使用を継続することができない、と定めている（仏民一八七九条）。この規定はPothierに由来すると考えられている。

ポティエは、「私がある人にその人の一身的な利用のためにある物を貸与したが、その人が約定期間経過前に死亡した場合には、その期間の経過前でも、目的物の返還を請求できる」（借主が著書をものするため本を借用するごとし）とする一方で、「私が友人にその人の一身的なものではない目的である物を貸与した場合には、約定の利用［目的］に基づいてその相続人は借主と同様に、目的物を使用することができるし、私はかかる約定の利用による使用収益が達成されるまでは、その物の返還を請求できない」（収穫したぶどうを圧搾機に運搬するために馬を借用するごとし）、としていた。[3] ポティエは、「約定期間の経過するまでに返還請求ができる場合」という小題のなかで、右のような注釈を加えているので、相続的承継を原則的には否定していたと解するのが無難なところである。前述のように、フランス民法典は、むしろ逆の立場をとったが、わが旧民法典は、ボアソナードを介して、ポティエの見解に従ったものと思われる。民法典の予定していた無償使用では、このような立場の方が合理性があったであろう。実際、相続的承継を否定する立法例が少なくなかった（スイス債務法三二八条〈現三一一条〉、ドレスデン草案六一一条、ザクセン民法一一八二条など）。

ドイツ民法典は、このような状況を直視して、借主の死亡それ自体は当然には貸借に影響を与えるものではないとする立場をとった上で、貸主側に「解約権」（解約のチャンス）を与えるにとどめている（BGB. Art. 605. 3)。その趣旨については、相続的承継を否定される借主の相続人はその時からすべての利用を奪われ、利用につき責任を問われることとなり、このような立場は「貸主が借主の一身に決定的な重きをおいて契約を締結した場合」には（このような場合も少なくないが）、正当であるとしても（この種の貸借ではそもそも契約の内容から通常は相続人に利用権限のないことが明らかとなる）、他方で相続人にどのような利用権限をも否定してしまうことが困難と思われる場合も多いので、結局、すべての場合に適合した原則として、両者の中間の立場をとり、貸主側に解約権を付与した、と説明されている。[4] つまり、解約が認められるまでは借主の相続人は適法に使用収益を継続できることになろう。[5]

右のように、使用借権の相続性については、立法上、立場の相違はあるものの、いずれの立場でも使用借権の相続的承継が全面的に否定されているわけではない(「挙証責任」の問題は別にして)。むしろ、「使用目的」の趣旨いかんにかかっている。

わが国の解釈でも、常に相続性が否定されると解釈する合理的な根拠はないので、その規定の立法趣旨を考慮して、相続性が認められるための具体的な判断基準を明らかにすることが、ここでの当面の課題である。ことに具体例では建物所有のための土地の貸借や住宅の貸借が問題となっているので、民法五九九条の適用にあたっては、とくに慎重な判断が求められよう。この問題は事例の集積を待つしかないとしても、かなりはっきりした立場を表明する判例も散見されるので、つぎに参考となる裁判例を紹介・分析することにしよう。

2　具体例の紹介・分析

相続性に関する立場を明確にした最高裁判決はまだ存在しないし、参考となる下級審裁判例もいまだ数えられる程度しか見当たらない。しかし、相続性を肯定した判決も散見され、一定の方向性を示しつつあるようにも見えるので、肯定例と否定例とに大別してやや詳しく検討してみよう。

(1)　肯定例

相続性を肯定した事例のうちでも、その貸借の性格からきわめて明確なものがある。たとえば、祖父が孫娘の通学の便のために宅地を借用したという事例についてはすでに検討したが、その「使用目的」は本来の意味での使用目的であり(存続を限定しうる機能をもつ)、借主の個人的目的によるものではないことも明瞭であるので、借主たる祖父の死亡によって右貸借が終了するものでないことは疑問がなかろう（【一三】）。また、墓所として使用するための土地の無償使用関係も、その墳墓の永久性から考えて、借主の死亡にかかわらず、永続性を有するということが、かかる貸借の本質的特性といってもよい。仙台高判昭和三九・一一・一六（下民集一五巻一一号二七二五頁）は民法五九九条の適用を排除する旨の特約があるとするが、形式論にすぎる。右無償使用権の内在的特質と考えるべきである。また、一家の飲料水確保のための隧道施設の設置を目的とする隣地の使用関係についても、それが地域のほとんど慣行に近いものになっているという事情がある場合には、当然のことながら、問題ともならないであろう（【一五】）。同様に通行目的の使用貸借の消長も借主の死亡という個人的事情に左右されるべきではない。しかし右のような明確な性格を有しない無償使用については、なお綿密な検討が必要とされよう。

つぎの高裁判決の事案は必ずしも詳らかではないが、知人間の建物所有を目的とする土地の貸借で、貸主側が借主の死亡により使用借権が消滅したと主張したが、判旨はその相続性を肯定している。判旨の論拠は、民法五九九条の規定が借主の個人的な事情を考慮してなされた貸借を念頭においた任意規定にすぎないという点にある。

【〇】　大阪高判昭和五五・一・三〇判タ四一四号九五頁（宅地）

【事実】　明治四一・二年ころYの先々代がXの先々代から係争地の提供を受け、同人の懇望に応じて係争地上に本件建物を建築所有し、昭和二九年にY先代死亡後もYが相続により建物を所有し、現在、そこに居住している。Y先代およびYが係争地の使用等について謝礼の意味で年二斗の米をX先代に持参していたが、X先代の死亡（昭和四一年）後にYの妻がこれを持参したところ、Xがその受領を拒絶した。Yの使用借権がY先代の死亡により消滅したかどうかが論点となった。

【判旨】　建物所有のための宅地の使用貸借の終期は、建物の所期の用途に従って使用を終わった時であると解されるから（民法五九七条二項、大判昭和一三・三・一〇法学七巻九四九頁）、このような場合、建物の使用が終わらない間に借主が死亡しても、特段の事情のないかぎり敷地の使用貸借が当然に終了するものではない。けだし、借主の死亡による使用貸借の失効を定める民法五九九条は、使用貸借が借主その人を考慮してその人に対してのみ貸与される場合が多いことを念頭において当事者の通常の意思を推定した任意規定であるが、そのような個人的考慮を重視すべきではない建物所有を目的とする敷地の使用貸借について同条をそのまま適用するのは当事者の通常の意思に反するからである。

本件では、Y先々代が借り受け、Y先代、Yが順次その使用借権を相続して、X先代との間にも円満に継続していたので、Y先代の死亡により使用貸借が失効したとのXの抗弁は認められなかった。

本件使用貸借はY先々代が借り受けてから、本判決に至るまで、少なくとも七〇年以上が経過している。貸借の経緯は判文から読みとれないが、貸主側の「懇望」によって成立したという。おそらく、特殊な「縁故関係」が当事者間にあったのであろう。X先代との間では円満な関係が維持されていたというのは、X先代が先々代の関係を熟知していたからであり、事情を知らない三代目のXがこの関係を壊そうとしたのも、理解できないわけではない。

ところで、本件掲載誌には記載されていないので、Xが本件貸借の他の終了原因（民法五九七条二項など）を主張したかは判然としない。しかし、本判旨は、相続性を肯定する前提として、建物所有を目的とする土地の貸借は「建物の所期の用途」をその使用目的とすると解した上で、かかる目的に従った使用が終了しない限りは、借主が死亡しても、なお存続する、との一般論を述べているので、本件使用借権が相続によりYに継承されるほか、その使用目的もいまだ達成されていない（ないしはその達成に必要な期間が経過していない）との判断がなされているものと考えて大過なかろう。

右のような「抽象的使用目的」では貸借の存続を限定しえないことは前述したが、存続を逆に維持する場合には、その限りで意味をもたないこともなく、相続的承継を肯定するうえで一つの積極的な資料となろう。ただし、「解約論」からみれば、七〇年間の使用期間の経過は無視しえないので、単なる好意貸借であるとすれば、終了させるべきであろう。

【八一】も建物所有を目的とする貸借であり、【八〇】とほぼ同趣旨を説示して、使用借権の相続性を肯定している。

【八一】　東京地判昭和五六・三・一二判時一〇一六号七六頁（宅地）

【事実】　Yらの先代Aの兄は係争地を借り受け、Aや兄の長男Bとともに係争地上で工場を経営し、あわせてAを居住させていたが、昭和二五年四月に兄がBのために係争地を買い取り、Bが伯父であるAに係争地を建物所有の目的で無償貸与した。Aは昭和二七年ころ係争地上に本件建物を建築所有し、妻子とともにここに居住していたが、Bの債権者Xが昭和三一年一二月にBから係争地を譲り受け、貸主の地位を承継した。ところが、昭和三六年二月にAが死亡し、本件建物はその相続人Yら（Aの三女ら）の共有にあるが、昭和五〇年までは本件建物でAの三女夫婦が病臥中のAの妻の世話をし、現に居住しているのは三女夫婦とその子二人である。XはYらに対して建物収去・退去を請求したが、使用借権の相続性が一つの論点となった。

【判旨】「ところで、建物所有を目的とする土地の使用貸借においては、当該土地の使用収益の必要は一般に当該地上建物の使用収益の必要がある限り存続するものであり、通常の意思解釈としても借主本人の死亡により当然にその必要性が失われ契約の目的を遂げ終るというものではないから、本件のような建物所有を目的とする土地の使用貸借につき、任意規定である民法五九九条が当然に適用されるものではない」。本件では、Yは本件建物とともに係争地の使用借権をも相続し、また、その使用状況からすれば、いまだ係争地の使用収益に必要な期間が経過したともいえない。

本件使用貸借もすでに三〇年近く経過している。貸借の経緯は不祥だが、Aの工場経営に対する貢献などがあったものと推測される。いわば、Aが分家として一家の住居を構えるために、本家の土地を無償で貸与されたのと比類する事情があったのではないか。Bが借金で係争地を売却せざるを得なかったが、その契約には買戻約款がついていたことからも窺知しうるように、BとしてもAに対して安定した居住用の土地を提供する意思があったものと思われ、現にXがその地位を承継するようにも配慮している。したがって、借主Aの死亡によって本件使用貸借が終了するものではない、とした判断は正しかったであろう。この限りでは、判旨のいう「契約の目的」は意味をもっている。本件ではさらにその相続性を肯定したうえで、本件貸借の使用目的を達成するのに必要な期間が経過したか否かの判断もなされている。この点の説示はあまりに簡略にすぎ、説得を欠こう。この判断のためには判旨の認定した抽象的な使用目的ではほとんど得るところがないわけである。

最近の【八二】【八三】も建物所有目的の宅地の貸借に関する事例であり、当事者は父子などの親族であるが、同趣旨を判示している。

【八二】　東京地判平成五・九・一四判タ八七〇号二〇八頁(6)（宅地）

【事実】　係争地（もと農地）はXとYとの父Aが自ら資金を出して購入し、長男であり跡取りでもあるXのために相続税のことをも考慮して、Xに贈与する趣旨でX名義で払い下げを受けX名義に登記した(昭和二六年)。Aは右贈与後も(当時Xは一八歳)、一家の中心として係争地を農地として管理・利用していたが、昭和三二年当時八人家族の大所帯であり農業以外の収入を得るため、係争地の一部に貸家（二棟）を建築所有し、昭和三五年には同地上にアパートをも建築所有（A夫婦共有）した。他方、すでに同地上には戦災で行き場を失ったBがAから土地を賃借し（昭和二五年）、地上に建物を建てて居住している。Aは右地上建物（及びその敷地使用借権）をYに遺贈し、Aの妻（XYの母）はアパートの持分二分の一（及びその敷地使用権の持分）をYに遺贈した。Xは、本件使用貸借はAあるいはAの妻の存命中に限るものとされていた、とするほか、本件使用貸借は、A及びAの妻とその扶養家族の生活費を得させる目的に基づいているところ、扶養家族が独立し、また建物が築後三五年ないし三二年も経過しているので、約定の使用目的に従った使用収益が終了した、と主張。

【判旨】　本件使用貸借は建物所有を目的として黙示で成立したものであるところ、Aらにその期限についてX主張のごとき約定があったものとは認められない。また、「使用貸借が無償契約であることに鑑み、貸主が借主との特別な関係に基づいて貸していると見るべき場合が多いことから、当事者の意思を推定して、借主が死亡してもその相続人への権利の承継をさせないことにしたにすぎないものと解される。そして、土地に関する使用貸借契約がその敷地上の建物を所有することを目的としている場合には、当事者間の個人的要素以上に敷地上の建物所有の目的が重視されるべきであって、特段の事情のない限り、建物所有の用途にしたがってその使用を終えたときに、その返還の時期が到来するものと解するのが相当であるから、借主が死亡したとしても、土地に関する使用貸借契約が当然に終了するということにはならないというべきである。そして、前認定のとおり、本件各使用貸借契約は、敷地上に建物を所有する目的、あるいは第三者に建物所有させて利用させるために成立したものであり、現在も土地上に建物が存続し、あるいは第三者が建物を所有して土地を利用しているのであるから、建物使用が終了し、あるいは、第三者の建物所有の用途が終了したものとは認められない」。加えて、AらはYに使用貸借上の地位を遺贈しているほか、相続人間でYにアパートの敷地使用借権があることを前提にして遺留分減殺請求をめぐる争いをしてきたことに照らすと、Aらの死亡によって本件使用貸借は当然には終了しない。また、使用収益の目的が終了したとも、それに足るべき期間が経過したともいえない。

【八三】　東京地判平成七・一〇・二七判時一五七〇号七〇頁（宅地）

【事実・判旨】　Xは妹Yの夫Aに建物所有目的で係争地を無償貸与し、AY家族がここに居住していたが、Aが死亡し、現在はYひとりが居住している。判旨は、本件貸借は「AとYら家族の居住を確保するためにおこなわれたものであること、借主はAであるとはいえ、妻が原告の妹であるという関係から無償の使用貸借を得られたのであり、いわばYを介して使用貸借をするに至る特別な関係が成立していることなどの事情を勘案すれば」、民法五九九条は適用されない。ただし、貸借の経緯や使用期間等の事情から、解約を相当とする。

(2)　否定例

これに対して否定例も存在する。

【八四】は、住宅の借主（養親）の家族（内妻ないし愛人）と貸主（養子）との紛争で、使用借権の相続性そのものが論点となったわけではないが、借主の死亡後、その家族がなお居住を継続できるかという意味では、共通するものがあり、参考とされるべきであろう

【八四】　大津地判昭和三〇・四・七下民集六巻四号六四八頁（居住用建物）

【事実・判旨】　Xは養父Aと同居中に、将来の移転先確保の目的で係争建物を購入した（昭和九年五月）。当面使用する必要がなかったので、Aの申入れに応じて一時、Aに無償貸与したところ、Aは、愛人のYをここに呼び寄せ、Yと協力してカフェーの営業を開業していたが、A死亡によりYも右営業を廃止し、そのままAとの間に儲け

た二子（当時一八歳と一二歳）とともに係争建物に同居している。判旨は、「AがXの養父としてXから本件家屋の使用を容認されている限り、右Aの使用権限の範囲内においてその補助者としてこれが使用をXに対抗し得るに止まり前記のとおりすでにAが死亡した後にあっては、もはやYが本件家屋に居住することを正当とする理由はなくなったものといわねばならない」と判示。

本件では、借主が暫定的に建物を使用しえたのは貸主が借主の養子であったという特別の事情によるので、Y親子が貸主と全くの他人とはいえないとしても、判旨の結論もやむをえないといわねばなるまい。XにはYに無償貸与するための具体的な動機は何ら認められないし、それを正当化すべき客観的な事情もないであろう。「内縁配偶者の居住権」問題とは事情を異にするものである。

同様に【会】も、貸主側と借主の相続人との間に使用貸借の相続的承継を基礎づける信頼関係ないし身分関係が認められないことから、借主の死亡によって終了したと判示している。

【会】　東京地判昭和六二・八・二八判時一二七八号九七頁（宅地）

【事実】　A（中国人）は、昭和二一年から翌二二年にかけて、係争地を正妻とその間の子であるB女の居住用とするつもりでBのために買い受け、これをB所有名義とするほか、ほぼ同時期に地上建物を買い受けA名義で登記した。建物には正妻とBとが居住していたが、昭和二三年にAの婚姻外の女性Y_1女と、その間の子であるY_2ら親子六名がここにしばらく同居した。昭和三一年にBは夫のXとともに中国本土に引揚げ、昭和五一年に死亡したため、中国法によりXらが係争地を相続し、遺産分割によってXが係争地の所有権を取得した。一方、Aの死亡によりAの子であるY_2ら一七名の子が地上建物を共同相続し、建物にはY_1のみが居住している。Xは、係争地につきBA間で使用貸借が成立していることを認めたうえで、A死亡により終了した、と主張。

【判旨】「そもそも使用貸借は貸主と借主との間の信頼関係に基礎を置くものであり、それだからこそ民法五九九条は、借主の死亡をもって使用貸借の終了原因と定めているものであるところ、前記認定事実によれば、本件使用貸借はBとAとの間の親子関係に基づいて成立したものであって、Y_1との間の身分関係ないしは信頼関係に基づいて成立し、継続してきたものではないこと、Y_1親子は後に本件建物の一部に同居したものであるが、Bから本件土地そのものの直接の使用者として許容されたものではないことが窺われる上、その後Bないしはその相続人とY_1親子との間に使用貸借の継続を基礎付けるに足りるような信頼関係が成立したことを認めるに足りる証拠もない」。また、貸借以来すでに四〇年が経過しているし、建物も著しく老朽化しているので、民法五九七条二項但書にも該当する。

つぎの事例は、親族間の宅地の無償使用であるが、借主の死亡によって使用貸借が終了したことを認めたうえで、その後も黙示的に相続人との間でこの関係が継続していたと判示している。

【八六】　東京高判昭和六一・七・三〇東京高民時報三七巻六・七号民七六頁、判時一二〇二号四七頁（宅地）（【五四】）

【事実】　A女は亡夫の家業を承継し、養女B、Cとそれぞれの夫DとY_1をも養子として事業を発展させ、戦後、昭和二二年ころより本件建物とその敷地などの不動産を逐次購入した上、資産分けがなされた。その資産処理の方針は必ずしも明らかではないが、事業に貢献した子供らに各不動産を贈与したものと思われ、本件建物はCに、その敷地はBD夫婦の子Xの所有とされた。本件建物はCの取得当時から賃貸されていたが、現在は空き家となっている。Aは昭和五一年に死亡し、翌年にCも死亡したところ、Xが、Cの相続人Y_1とその子Y_2に対して土地の明渡しを請求した。

【判旨】　本件使用貸借は、一応建物所有の目的であるが、民法五九七条二項の趣旨及び賃貸借との対比を考えると、建物が腐朽するまで継続すると解すべきではなく、「ただ相当期間本件建物を存置するというものである」。かかる目的の場合でも、「相続人に対しても貸与する旨の明示の約定があれば別と考えられるが」、民法五九九条の適用を排除しないので、Aの死亡により一旦終了すべきところ、その後もXが異議を述べなかったことから、「引続き前同様の使用貸借関係がXとYらとの間に黙示的に生じたものと解すべきである」。しかし、本件建物は現在空屋状態であるほか、昭和二二年以前の古い建築に係り相当傷みがはげしいことのほか、Yらの借用以降でも六年（A借用からは二五年）を経過したことをも考慮すれば、本件建物所有の目的は借家人の退去とともに完了し、使用収益するに足りる期間を経過したものといわなければならない。

本件の場合、本書が推測したような事案であるとすれば、単に「相当期間」建物を所有することがその使用目的であったと解するのは妥当ではなかったであろう。従来の判例の傾向から判断しても、貸家として建物を所有する目的の貸借ではかなり長期的・安定的な利用関係であるべきものであろう。したがって、借主が死亡したからといって、そこで貸借が終了するとの判断は問題であった。判旨も結局は民法五九七条の適用問題としたのだから、民法五九九条の適用は無用の迂路であったと思う。実際、そのような事実があったかどうかではなく(判旨の立場では事実認定の問題に帰する)、いかなる原則論をたてるかが、ここで求められている視点である。

なお、基地所有者側が番人に係争地を参拝者のための花置場として使用させていたという事案で、相続性を否定した事例（神戸地判昭和六〇・七・三一判タ五六七号二二四頁）があるが、かかる「特殊の関係」に起因する貸借では借主一代かぎりのものと解することに、とくに問題はなかろう。

3　小　括

以上、わずかな具体例ではあるが、その検討を通していえることは、不動産の貸借では、借主の個人的な使用目的で貸与される例は、むしろ例外に属し、ことに建物所有目的の場合には、原則的に相続的承継が認められていることになろう。(7) 学説も、これを本格的に論じたものはないようだが、このような判例の立場を支持しているといえよう。(8)

具体的な使用目的を認定できる場合には、その使用目的によって処理されるべきであり、借主の死亡という偶然の事情には影響をうけないものと解するのが妥当である。この種のケースでは、通常、貸借の期限が短期間で終了するので、そのように解しても貸主に特に不利益なこともない。他方で、「建物所有のため」とか「一家の居住を確保するため」とかの抽象的な使用目的の場合には、それが借主の一身にかかわる目的での貸借ではないという趣旨に理解される傾向が強く、この限りではかかる抽象的使用目的も意味があり（ちょうど、自由に解約できる貸借ではない、という趣旨で意味があったのと同様に）、このような判断は正しいように思われる。ことに、長期間の継続的な貸借では、賃貸借と同様の機能を果しているので、一定の期間の存続が予定されていることから、いっそう借主の死亡という事情に左右されるべきものではないといえよう。ここではむしろ民法五九七条やその他の終了原因による貸借の消長問題として処理すべきであって、またその判断においても借主死亡という事実をマイナス要素として評価すべきものでもない。この点で、【八二】は、当事者の意思を媒介させないで、ことさら「使用目的」を強調しているところが、注目に値する（ただし、「使用目的」の捉え方自体には問題がある）。

ただし、いかなる態様で相続性を認めるか、場合によれば、賃貸借と同様の困難な問題が生じうる。ことに相続人が多数となるような場合には、貸主に思わぬ負担が負わせられることもあろう。(9) したがって、貸与当時に予測できないような当事者が相続人となるような場合には、解約の判断において借主の死亡という事実に特別の考慮が必要ではなかろうか。すなわち、この種のケースでは、相続人は、当初の貸借の趣旨に従った使用収益を継続する必要性を立証する責任を負担し、それを証明できない相続人（たとえば、建物の貸借の場合には居住の必要性のない者など）は使用借権を失う、との構成が妥当であろう。

一方、借主の死亡で終了すべき不動産の使用貸借もある。通常は純然たる好意に起因するもので特定・具体的な使用目的もなく、漠然と貸与されたものが、これに該当するといえる。宅地よりも建物につきこの種の貸借が多くなるのではなかろうか。なお、最高裁判例には、これに近い事例（【三】）がある。借主一家が戦争当時に住宅に困っていたことから、その窮状を憐れみ、建物を無償貸与したが、昭和二八年に貸主が明渡しを求めたという事案で、原審が借主死亡後は期間と使用目的の定めのない貸借となったので、貸主は何時でも返還を請求できるとし、最高裁もこれを維持している。本件事案の詳細は不分明であり、原審がいかなる理由で相続的承継を認めたのか（借主死亡後も黙認していたのかどうか）は分からないが、もともと一時的・暫定的な使用貸借であり、その使用期間から判断して、借主が生存していたとしても解約は認められていたであろう。いずれにせよ、死亡によって当然に消滅するのではなく、貸主の解約告知をまって終了する（その時までは適法）という中間的な処理にも合理性があるように思われる。

二　使用借権の対抗問題

1　問題の所在

使用借権に対抗力がないとしても、使用借人の居住・使用利益を継続的に保護する必要がある場合には、その救済の方途を考えねばならない。新所有者が使用借人の使用継続に異議を申し立てることなく一定の期間が経過すれば、旧使用関係をそのまま（黙示で）承認したとする構成がとれよう。現に通行権の関係ではあるが、これを肯定した事例もある(10)。しかし、かかる解釈は右のような事実を前提とするものであり、その適用範囲がきわめて限定されることになろう。

そこで、一般法理である権利濫用論ないし信義則に頼らざるをえない。この論法も究極的にはそれに相当する事実があるか否かによって結論が異なることになるとしても、いかなる原則的立場をとるかにより、これが理論にまで昇華されることとなる。しかし、この問題については、賃貸借（未登記借地権の対抗問題）の場合とは異なり、これまでのところほとんど論究されていない。

かつて、加藤一郎教授は、この問題について次のように述べていた。「無償の使用貸借は恩恵や好意に基づく弱い権利とされているので、賃貸借の場合に比べて、権利濫用の適用も困難である」。しかし、権利濫用とする余地がないわけではない。新所有者が土地を買う際、現地を調査して無償貸借の存在を知りながらこれを買ったとすれば、相当の悪意だともいえる。ただ、これだけで新所有者を背信的悪意者とまではいえないし、そもそも対抗力を得る方法のない使用貸借にこの法理を適用するわけにはいかないであろう。「そうすると、Y〔新所有者〕がX〔借主〕を害する意図でその宅地を買ってXに明渡しを求めたという主観的要件の強い場合とか、Xが極度に困窮するのを知りつつ明渡しを求めた場合とか、特別の場合にだけ権利濫用が問題となるにすぎない、ということになるであろう」と[11]。

この見解は、「好意契約」としての使用貸借の場合については必ずしも不当ではない。しかし、前述したように、無償契約といってもその性質は多様であり、本書の問題とする親子・親族間での使用貸借については特別の考慮が必要であろう。というのは、通常は契約当事者間で何らかの紛争が生じている場合であるので、このような親族間の紛争に乗じて第三者が係争不動産を購入するという行為態容は、それだけでも不法な害意・図利に基づくものと評価できなくはないし、たとえ、かかる事情がなく、親族間の無償貸借を知悉しているという意味での単なる悪意しか認められないときでも、そもそも親族という当事者間で解約・解除、その他の終了事由が存在しない場合には、余程の事情でもなければ、新所有者側の明渡請求を認めるべきではないであろう。

前述したように、親子・親族間の無償利用は永続性をもつ傾向が強いほか、そもそも返還義務が予定されておらず、いずれは所有権に昇格するものもあった。いうまでもなく「居住継続の必要性」のある貸借であり、賃貸借と同じ（もしくはそれ以上の）機能を果す無償利用権である。これらは民法典が予定した使用貸借ではない。理論的には親族間のもとですでに「物権的地位」を獲得している利用権といってもよい。判例のなかには「終身の使用貸借」、「地上建物の朽廃まで存続する貸借」を肯定した具体例のみならず、地上権を認定した事例もあることを想起すべきである。かかる契約当事者間における「対内的地位」が、目的物の譲渡という偶然の事由によって一朝にして解消する、という論理（物権・債権峻別論）は、近代法が導入したものであるが、これをどこまで貫徹できるのか、きわめて疑しい。立法者自身、安定した有償・無償の借地使用関係については、地上権が利用されるものと期待していたが、周知のごとく、この予測は見事に裏切られている。

もっとも、ここで立法論をしようというのではない。現行法が物権と債権とを「区別」し、民法六〇五条や、これに関する特別法がある限り、使用借権（債権的無償利用権）に対抗力があるのだという主張は、強引な解釈論との批難を甘受せねばなるまい。立法の不備を解釈論で克服することが可能な場合もあるが、立法の不備は不備として、これをそのまま受容せざるを得ない場合もある。ここでの問題は後者に属する。(12)

しかし、使用借権にも特異な形態を示すものがあることのほか、立法者にも予測できなかった事情をも加味すれば、かかる物的な使用借権については、その対内的地位を十二分に尊重して、権利濫用の成否を判断すべきではないか。このような立場にたてば、長期的・永続的な親族間の「特殊の無償使用関係」については、新所有者側の明渡請求は、余程の事情でもないかぎり、権利濫用となる、と解されるべきである。

判例はいかなる立場にあるのであろうか。具体的に紹介・分析してみよう。

2　判例の立場

(1)　最高裁判決

判例も使用借権には対抗力がないということを当然の前提として具体例を処理している。それ故、当事者も第三者との関係では、いきおい賃借権や地上権を主張せざるを得ないこととなる。つぎの二つの最高裁判例は、賃貸借との区別が問題となったものではあるが、いずれも使用貸借関係は新所有者に承継されない旨を判示している。

【八七】　最判昭和三五・四・一二民集一四巻五号八一七頁（建物の一部）(13)

【事実・判旨】　Y_1は、もと係争建物（二階建店舗）の所有者で、Y_1の妻の伯父であるY_2は親戚という関係で係争建物の二階の二部屋（一三畳）を月千円で（当時は一畳当り月四千円が相場であった）借りうけ、Y_3もY_1の妻の弟という関係で二階の一部屋を月千円で借りうけた。一方、XはY_1から借金の代物弁済として係争建物の所有権を取得し、Y_1らに対してその明渡しを請求。Y_2Y_3は右部屋の使用が賃貸借であるので、借家法一条による対抗力がある、と争った。判旨は、右金員は対価というよりも当事者間の特殊関係に基づく「謝礼」とみて、これを使用貸借契約と認定したうえで、Xが右の「使用貸借関係を法律上承継するものではない」、とした原判決を維持した。

【八八】　最判昭和四一・一〇・二七民集二〇巻八号一六四八頁(14)（居住用建物）

【事実・判旨】　Aは又従兄弟のYを学生時代から世話していたが、係争建物を新築した頃、丁度Y夫婦が住居に困っていたので、その世話をみるため係争建物を期間も賃料も定めず使用させることとしたが、固定資産税等はYが支払うことになった。ところが、係争建物は競売に付され、その競落人からXが取得し、Yに対して明渡しを訴求。階下部分はYが転貸していたが、転借人が転出したため、Xが占有している。Yは、右貸借が賃貸借であると争ったが、原審はこれを使用貸借と認定し、これをもって「Xに対抗することはできない」と判示。判旨は、公租公課の負担はこれを対価と認められる特別の事情がない限り、使用貸借と認定する妨げにはならない、と判示して、原判決を維持した。

右の二例の論点は、親族間の建物の貸借で、借主が一定の金銭の支払いを負担していたことから、果たしてこれを賃貸借といえるのかという点にあり、かつそれに尽きるものであって、借主側はそれ以上、何らの主張をもしていない。使用借権が新所有者に対抗できないということが明らかとされ、したがって、本件では家屋の明渡請求が認容されたが、借主側が、予備的に使用貸借であるとしても明渡請求が権利濫用になる、と主張していたならば、別の展開もありえたであろう。

さらに、対抗力がないとは明言しないが、そのことを当然の前提とする最高裁判例としては、最判昭和四一・一・二〇（民集二〇巻一号二二頁）がある。本件では、亡父の妾に地上建物が贈与され、長男がその敷地の無償使用を許諾していたが、敷地も建物も第三者に譲渡されたことから、敷地使用権限の性質が論点となったところ、原審が、賃借権・地上権を否定して、たかだか使用貸借関係にすぎないとした上で、所有者の明渡請求を認容し、最高裁もこの判断を支持している（権利濫用の抗弁も排斥）。なお、本件の第一審判決が、従前の当事者間のような「特別の関係」のない第三者相互間では、「建物所有を認容すべき義務」はないとしている点が注目される。

(2)　近時の下級審判決の動向

従来、権利濫用を肯定した具体例は皆無であった。しかし、近時（昭和六〇年以降）、いくつかの事例が散見されるようになったので、まず肯定例からやや詳しく紹介・分析してみよう。

(ア)　肯　定　例

【八九】は、内縁の夫が妻の所有地上に建物を所有していたが、妻死亡後に妻の実子らがその敷地を相続したうえで、実子の配偶者がこれを売買・贈与により譲り受けて、土地の明渡しを請求したものであるが、新所有者が旧所有者と情を通じて、「明渡目的」で係争地を取得したことは、一見して明らかなケースであった。

【八九】　宮崎地都城支判昭和六〇・二・一五判時一一六九号一三一頁（宅地）

【事実】　Yは昭和四一年六月ころ亡A所有の係争地上に建物を建築・所有し、その建物にAおよびAの妻Bや娘

Cらを同居させ、かつ生活費の一部を負担していたところ、A死亡後、YはBと内縁関係に入り、Cら子供の生活費をも負担していた。昭和五五年にCはXと結婚し、その後Bが死亡したため、係争地は相続によりCら兄弟姉妹が取得したが、Xが、Cから贈与により、他の兄弟からは売買により、その各共有持分権・所有権を取得して、Yに対し土地の明渡しを訴求した。現在、Yは本件家屋で居住し商売を営んでいる。

【判旨】　Xは、係争地と地上建物の権利関係をほとんど調査せず、その利用予定についても具体性がない。また、係争地の取得は対価関係もはっきりせず、通常の売買とは到底見られない。加えて、CらがYと同居し、面倒をみてもらっていたことや、CとYとが本件家屋をめぐり訴訟をしていることも知っていたので、XはYが係争地につき前所有者に対して何らかの使用権を主張しうることは十分知っていた。したがって、係争地をCらに代わって明渡しをうけるために取得したものと推認されるほか、係争地を明渡すことによるYの損害の大きさ、及びYと明渡しにつき誠実な交渉をしていないことなどをも勘案すれば、Xの明渡請求は権利の濫用となる。

本判決の結論は正しいであろう。ただし、権利濫用論については必ずしも整序されているとはいえない。Xに不利なさまざまの事情が指摘されているが、要するに、Xが前所有者と情を通じて明渡目的のために本訴を提起したところに、濫用性の大なるものがある、という趣旨であろう。使用貸借の目的不動産を買い受けた新所有者が売主の夫・兄弟であるというのだから、その点だけでもすでに所有者側の害意を看取できるケースであった。

つぎの事例も、親族間（親子間）の建物所有を目的とする土地の貸借に関する紛争例であり、親族間の感情的対立や財産争いが起因となって、所有親族が係争地を第三者に売却したという事案であるが、この新所有者が親族間の内紛に乗じて不当な利を得ようとしたことから、同じく権利濫用と判示されている。

【九〇】　東京高判平成二・九・一一判タ七六七号一四七頁（宅地）

【事実】　係争地は亡A所有で、Aの三女Cの夫Yが地上に建物を所有しているが、この建物は、CY夫婦が病身のAと同居してAの看護にあたれるようにするために、A所有の旧建物に代えて建築されたものである（昭和五八年六月）。しかし、AとCY夫婦との仲が悪くなり、Aが土地明渡訴訟を提起したところ、昭和六二年にY勝訴の判決が言い渡された（Yが係争地に使用借権を有すること）。一方、昭和五八年ころより、右建物の所有権の帰属をめぐり、Aの長女Bや養女D（Bの実子）と、Yとの間で紛争（訴訟）が生じたほか、昭和六〇年にはAはDに係争地を遺贈し、昭和六二年にはその余の財産をBとDに取得させる遺言をした。Aの死亡（昭和六三年五月）後、CはDに対して遺留分減殺請求権を行使して（昭和六三年九月）、その六分の一の持分を回復したが、その旨の登記をしない間に、XがDから係争地を買い受けて、明渡しを訴求した。

【判旨】　係争地に対しCが六分の一の共有持分権を有していたことや、本件使用貸借が建物所有を目的とし、約定の使用収益をまだ終えていないことからして、DはYに対して土地の明渡しを請求しえない立場にあった。他方、Xは市会議員を勤め、地元の情報を得やすい立場にあること、係争地につき占有に関する紛争のあることを知っていたにも拘らず、Yと会ったことがないこと、さらに係争地を時価の二分の一程度で買いうけていることなどから判断して、Yの土地使用権の覆滅を実現することにより多額の利得を得ようとして本件売買契約を締結したものと推認される。また、Yが係争地を使用できなくなると、その生活の基盤を失う。そうすると、Xは、YDとの間に右紛争があるのに乗じ、Dと情を通じて係争地を譲り受けた上、その明渡しを得て、Yの多大な損失において不当な利得を挙げようとするものであり、権利の濫用としてXの請求は許されない。

本件の場合も、新所有者側は単なる悪意というよりも、不法な図利・害意があったといえるので、それ以上の利益衡量は不要であったろう。しかし、本判決は、契約当事者間の対内的関係にも言及しており、貸主側が借主Yに対して土地の明渡を請求しえない立場にあったことをも指摘している。賃貸借では通常考えられないことである。

つぎの事例も親族間の無償利用をめぐる紛争例である。婚家の家業や跡取りの世話などの貢献をした嫁が夫の所有する建物を相続し、その敷地の生涯にわたる無償使用を許容されていたところ、敷地を相続した親族が自己の子にこれを贈与して、その譲受人が明渡しを訴求したという事案であるが、これも一見して「明渡目的」によるものと判明するケースであった。

【九二】　東京高判昭和六一・五・二八判時一一九四号七九頁[15]（宅地）（【五八】）

【事実】　甲野家（紡績業）の父は長男A（精神薄弱）の行末を案じ、家産をすべてA名義として三男B、四男Cら兄弟がAを惣領とし家業を育成すべきことを熱望する一方、長女Dの夫Eに後事一切を託して死亡した。BCはEの助言・指導のもとに紡績業を経営し、Bは昭和二六年Yと結婚してYも事業を手伝うこととなった。しかし昭和四七年にEが死亡してから経営が行きづまり翌年一一月ついに甲野紡績は倒産し、係争地と地上の本件建物を残すのみとなり、昭和四九年にBが急死したため、YはここでAの面倒をみることにして、CDもそれを期待していた。このようなYの立場に同情し、Aの後見人が昭和五三年一月に、BY夫婦によるAの扶養及び家産の維持管理への貢献に報いるため、「生涯借地権」という名称の利用権を係争地に設定した。しかし、A死亡後、CDが係争地を相続し、さらにCDのそれぞれの子であるX_1X_2がその持分の贈与を受け、Yに対して土地明渡を訴求した。第一審ではXが勝訴。

【判旨】　BY夫婦のAに対する貢献は右土地利用権の対価とは認めがたい。しかし、BY夫婦が長年右建物を生活の本拠として利用し、Aらの生活を支えてきたし、仮りにAがBより先に死亡したとすれば、BはAの遺産を承継すべきことにCDも異議のないところであった。したがって、Aは、CDら親族の了解の下に、BY夫婦に対して「終身の使用借権」を設定したものと解すべきである。この関係は、CDには承継されるが、X_1X_2への所有権の移転によって、終了する。しかし、X_1X_2は推定相続人であり、係争地をめぐる紛争を知悉のうえ、右持分を取得しているので、X_1X_2両名のYに対する立場は、CDのそれと同一視すべきものである。それ故、本請求は信義に反し権利の濫用である。

本判決の結論には異論はなかろう。貸主・所有者の近親に目的物が譲渡された場合には、借地権（未登記借地権）の場合でも、新所有者側の明渡請求が権利濫用とされる一つのパターンとなっている（たとえば、最判昭和三八・五・二四民集一七巻五号六三九頁〈親子間の売買〉）。本件のように新所有者が推定相続人であるときには、将来、相続により貸主たる地位を承継することから、そもそも第三者には該当しない、と構成することも十分に可能である（未登記借地権について、東京地判昭和二九・五・二九下民集五巻五号七七九頁が同旨を説く）。むしろ、権利濫用の効果は、不安定な使用関係を温存することになるので、後者の構成の方が望ましいように思われる。

しかしいずれにせよ、本判決の権利濫用構成には、Yの有する特殊の使用借権（「終身の使用借権」）の性格が直接には反映していない。判旨は、Xらとの関係では右の使用貸借は終了するとしたのち、Xらと前主CDらとの地位が法的には同視できることを決め手にしている。権利濫用としてはそれで十分であると判断したためであろう。使用借権の性格を考慮すれば、前述したように、Xらは前主の地位を承継すべきであるとの理論構成につながったはずである。しかし、本判旨が、わざわざ「終身の使用借権」に言及したのは、実質的にはかかる使用借権ないしはYの居住利益を第三者との関係でも保護すべきであるとの判断があったからにほかならないであろう。

(イ) 否定例

つぎに（旧）使用借人による権利濫用の主張を排訴した事例を紹介しておこう。【九二】の高裁判決は、知人間の土地の無償使用であって、借主が多大の打撃を受けるとしても、新所有者側の明渡請求が権利濫用とはならない、と判示している。

【九二】 東京高判昭和五六・二・二六判タ四四九号七〇頁（宅地）

【事実】 事案の詳細はよく分からないが、Yは係争地の元所有者から係争地上の建物を賃借していたが昭和三四年五月にこれが焼失したところ、元所有者から係争地を無償で借り受け、地上にY所有の本件建物を建築したようである。Yは妻とともに本件建物に居住し零細なパン粉製造販売業を営んでいるが、右建物は粗末な造りでかなり老朽化している。一方、X（建設業兼不動産業）は、係争地を昭和五四年一月に係争地とこれに隣接する二筆の土地上に賃貸建物を建設する目的で代金七、〇〇〇万円で買い受けたが、買受当時、売主である当時の係争地所有者AがYに対して地上建物の所有権を主張してその明渡しを訴求していたこともあって、AにおいてYから明渡しを得てこれを収去するはずであるから、更地同然であると考えていた。なお、Xが、当審における和解期日に立退料として五〇〇万円を提供したが、Yは頑なにこれを拒否した事実も認定されている。

【判旨】 Xにおいて殊更にYを害する意図を以て明渡請求に及んだものではなく、かえって、本件建物は粗末で老朽化し、かつ不潔であり、食品製造加工の用に適するとは認めがたいこと、明渡交渉にもYは誠実に対応しないこと、又係争地上のA所有の店舗が取り壊され更地となるや、ここに廃車を置いて右土地部分を占拠していることが認められ、右諸事情を総合勘案すれば、「係争地の明渡によって、同所を生活の本拠として生業を営みしかも既に老境に達し傷害の後遺症に悩むYが多大の打撃を受けるとしても、本件土地明渡の請求が直ちに権利の濫用にあたるということはできない。」

本件での無償使用関係の経緯はよく分からないのは残念であるが、借家の焼失で困窮していたYに対して当時の所有者が好意でその無償使用を容認したものと推測して大過なかろう。もし、一時的・暫定的な貸借として無償使用が許容されたものであるならば、すでに使用期間がほぼ一〇年間も経過しているので、使用貸借契約の当事者間における「契約問題」として考えても、終了時期がすでに到来しているといえるであろうし、そのような一時的な使用目的ではないと仮定した場合でも、それほど長期の期間が予定されていたものではなかろう。いずれにせよ、貸主との関係でも早晩、土地を返却すべきことを覚悟しなければならなかったものであるので、新所有者との関係でも、特段の事情がないかぎりは、保護されない無償使用であったといえよう。民法典が予定した対抗力のない使用貸借にあたると思われるので、判旨の指摘した事実をも加味すれば、本判決の結論もやむをえないであろう。加藤一郎教授の見解は、かかるケースには妥当しよう。本件では、新所有者側には、とくに「明渡目的」による不法な害意・図利も認定されていないし、むしろ明渡後における具体的な利用計画もある。また明渡交渉にも落度がなかったといえよう。

(ウ)　権利濫用論と補償金

つぎの事例は、権利濫用を単純に肯定したものではなく、権利濫用を前提としながら、新所有者側のいわゆる「立退料」の申し出を考慮して、結局、使用借人側の明渡しによる損失が金銭で補償されるならば、その濫用性が阻却されるとした珍しい判例であり、他に例をみない。しかし、それだけに判旨には不透明な点が少なくない。事案としては、肯定例と否定例とを折衷したようなものであるので、ここに位置づけて検討することとした。

【九三】　東京高判平成五・一二・二〇判時一四八九号一一八頁(16)（宅地）【一二三】

【事実】　係争地のもと所有者AはY女（Aの姪で事実上の養子）による病身介護に報いるため、一切の財産をAに死因贈与した。Yは係争地上の建物についてはY名義にしたが、係争地をA名義のままにしていたところ、Aの相続人Bが相続登記を経由し、B死亡後、Bの相続人がこれを売却して、X不動産会社が転得したのち、係争地を含む一帯の土地にマンションを建築するため、Yに明渡しを請求した。Yは地上権を主張した。原審は、Xの購入価格が不相当に廉価であること、Xの取得しうる利益などのほか、YとBとの間ではYの使用借権が永続すべき性質のものであったことを理由として、Xの明渡しを権利濫用と判示した。

【判旨】　Yの地上権の主張を排斥し、YとB間に、期間をYの生存中とする使用貸借が成立していたとしたうえで、権利濫用については次のように説示する。係争地の「実質的所有者」は死因贈与を受けたYといえるが、Xはこの点を知っていたわけではないし、使用借権という権利の性質上、これをXに対して主張できるとは当然にはいえないので、権利濫用に当たる特段の事情があれば、保護されるところ、Xは係争地を異常に低廉な価格で取得したわけでもなく、不法な害意もなかったことから、右明渡請求が権利濫用として許されないと直ちにいうことはできない。しかし、①Yは係争地の実質的所有者ともいえる者であって、本件建物に五〇年近くも居住し、係争地に深い愛着を有していること、②Yが高齢・病弱であること、③Xは不動産業者であるのに係争地の利用権限を調査していないし、明渡交渉を十分にしたともいいがたいこと、④Xの提供する四、二〇〇万円では、周辺で代替の同程度の土地建物を取得できないこと、その他一切の事情を考慮すると、係争地の明渡請求は、「XがYに補償金として五、〇〇〇万円を支払うことにより初めて、権利行使として是認され、濫用にはならないものと認められる。」

本判決は、新所有者側が係争地を取得した経緯を詳しく認定し、不法な害意・図利、その他公序良俗に反する事情がなかったとしている。そうとすれば、権利濫用にはならないはずである。ことに、加藤説によれば、これに該当する余地はない。ところが、使用借人側の居住利益などと、新所有者側の若干の「落度」を比較して、このままでは権利濫用になるが（いわゆる立退料四、二〇〇万円を申し立てても）、補償金五、〇〇〇万円を支払うことによって、初めて権利濫用が阻却されるとの結論を述べている。

実務では、おそらく使用貸借の場合でも、「立退料」等の名目で一定額の金銭の授受によって、この種の明渡紛争が自治的に解決されることもあるのであろう。現に、本件とはケースが異なるが、金銭の支払いによって解約・建物の明渡しを正当化した事例[17]もあるほか、その他の判例の事案を通して、所有者側が立退料を提供する傾向がある事情を知ることができる。[18] 本件でも、一時、金銭をともなう和解が当事者間で模索されたことがあったが、借主は結局、その余生をここで過ごす決断をしたものと思われる。

本判旨は、いわばかかる和解を裁判で一刀両断的に強制したことになるが、そこに至る論理の運び方が、いかにも不自然であり、権利濫用論の使い方も「濫用」に近い。ことに、申立額四、二〇〇万円では濫用になるが、五、〇〇〇万円では濫用性がなくなることの論拠が示されていない。[19] しかし、本判決を全体的に観察すれば、次のようにいえるであろう。つまり、判旨は、五、〇〇〇万円という高額の補償金（それは係争地の借地権価格にほぼ匹敵する）を認めざるをえなかったが、このことは、結局、Ｙの有する「特殊の使用借権」を考慮したことになろう。判旨①もＹが係争地の「実質的所有者」であることを認めており、これが「終身の使用貸借」という構成に直接反映しているわけであり、対第三者との関係でもかかる契約当事者間の対内的地位を無視できなかったものと思われる。そうとすれば、右の補償金は実質的にはかかるＹの居住利益を買い取らせるための金銭となっていると評価せざるを得ず、このことはＹの居住継続の必要性を肯定した結果であろう。つまり、右金額で近辺にあるマンション一室が購入できるが、このような帰結は、そもそも対抗力を欠く債権的使用借権ではおよそ考えられないことである。本判決は明渡しもやむをえないという結論を先に出したものと推測され、それが故に論理が不透明となったが、皮肉にもYの無償利用権が物権的性格を帯びることとなったといえよう。Yの居住利用・居住継続の必要性を肯定するならば、それを一貫すべきであったろう。

ともあれ、本判決の権利濫用論は右補償金の支払いを正当化するためにのみ意義があり（したがって、従来の類型にはない新規のものである）、これでは濫用性を金銭で買いとれる、との批難も尤もなことであるので[20]、仮に明渡しがやむをえないと判断される場合に、その明渡しの結果、当事者間に生ずる不公平を金銭等で「補償」する必要があるならば（金銭の授受それ自体は不合理ではない）、「信義則」によって当事者間の利害を「調整」するという手法が無難なのではなかろうか。あくまで、明渡請求権の行使それ自体は正当・適法であるという構成を前提とすべきである。そうでないと、本判旨のような論理は実務で一人歩きするおそれが生じ、金銭万能主義という時流に容易にのみ込まれてしまうであろう。

3　小　括

以上、権利濫用を肯定した事例はごくわずかなので、判例の立場といえるほどのものはいまだ不分明ではあるが、いずれも第三者が相当な悪意であり、ことに【九一】判決は譲渡当事者が親族でもあるので、そもそも「第三者」といえるか、疑問がなくはない事例であった。

同種の事例はすでに賃貸借の場合にもみられ、ことに明渡目的により賃借権付評価額で購入した場合（最判昭和四三・九・三民集二二巻九号一八一七頁、最判昭和五二・三・三一金法八二四号四三頁）や、それに加えて親族間での譲渡の場合（最判昭和四四・一一・二一判時五八三号五六頁）にはなおのこと、権利濫用とされており[21]、本書が紹介したいずれの具体例も、この一連の最高裁判例を念頭において濫用性を判断していることは明らかである。ことに、新所有者側に不利な事情としては明渡目的であることないし買受価格が不相当に低廉であることが指摘できるが、それに加えて、肯定例では、契約当事者間の使用借権の特質に言及しているものが少なくない（【八九】【九三】判決の原判決。【九一】も同趣旨と考えられる）ことに注目しなければならないであろう。いうまでもなく、その使用借権とは単純なる無償利用権ではない。本来は、容易には解約の認められない貸借であった。いずれの事例も、第三者側に害意、不法な図利があったものであるので、そのような事情が濫用性判断で重要な意味をもったが、かかる主観的事情がないときでも、右の使用借権の性格を重視して濫用性を客観的に判断すべきであるというのが本書の立場である。将来の判例の動向を見通すことは容易ではないが、ただ、使用借権の個性に注目している判例があるということに期待しておきたい。

三　賃貸借への転換

1　学説の状況

(1)　一定の場合に使用貸借を賃貸借に切り替えるべきであるとの見解が主張されている。これにも幾つかの立場があるようである。まず、親族間の無償貸借の場合について、かかる立場をとる石田喜久夫教授の見解を検討してみよう。親族間の無償貸借は協同体的な紐帯を背景としているので、民法の使用貸借規定をそのまま適用できないことは、本書でもすでに検討してきたところであり、石田説もこれを大前提として展開されている。たとえば、兄が弟に土地を貸与したが、弟が死亡したような場合に、その貸借を終了させると、とりわけ建物所有目的の土地の使用貸借については（建物の貸借とは異なり）無視しえない不利益・不都合が借主に生ずる。ことに親族間での無償利用は、贈与とも使用貸借ともいえない曖昧な側面があり、この種の無償利用が、往々にして農家の財産関係において見られるように、「二男の長男所有財産形成への有形無形の出捐に対する対価」であることも少なくないからである。このような場合には「代が変わったからといって使用貸借規定によって」、その返還請求を認めることは、およそ兄の意思にそうものではない。この場合に、弟側の家族を保護する必要性が強いが、権利濫用による救済は権利関係を不安定にするので、できるだけ避けるべきであるし、民法五九七条二項に当たらないというのも非常識である。長男が子々孫々まで二男に土地を使用させようとの意思をもっていたことは確実ではあるが、いつまでも無償で使用できるというのも、貸主側に酷である。そこで、石田教授は、「代が変われば無償の利用関係は有償のそれに転化する」という解釈論を提起する。ことに兄の死亡によって、本来有償であるべき姿が、あらわになった、ともいう。その具体的な方途としては、賃料額やその支払い時期を確定するにつき(旧)借地法一二条を類推し、貸主が死亡したときに、その相続人が賃料を請求したとすれば、これを地代増額請求に類比して、また、その協議が整わないときは、裁判所による判断をまつのが妥当だとしている。(22)

たしかに親族間貸借の特殊性など教えられるところが多い。しかし、右提案は、教授みずからが明らかにしているように、長男が死亡したら地代がとれる、という一般的な通念を前提にしているが、それ自体の問題はしばらく措くとしても、当事者双方が賃貸借への切り替えを望んでいないときには、使えない論法であろう。タダでないならば、使用権はいらない、ということも充分考えられ、この場合には、無償使用の問題として決着をつけるべきである。また、貸主側としても、相応の立退料を支払ってでも、出ていってもらいたいということもあろう。石田説のような前提をとらない場合でも、いずれにせよ、無償使用を賃貸借に移行させるためには、当事者の意思を尊重したかたちで行うしかない。すなわち、少なくとも借主側が賃料を支払ってでも、使用の継続を望んでいるということが前提となろう。また、賃料の支払い能力も無視できない。支払い能力のない当事者に賃貸借を押しつけるのは、当事者双方にとって迷惑な話であり、無用有害であろう。(23)

つぎに「無償」使用が一代限りのものであるという前提についても、問題が残される。教授は、とくに兄（貸主）が死亡した場合を中心として考えているが、貸主の死亡が使用貸借関係に影響を及ぼすことにつき明文の規定は存在しないし、また、教授のいうごとき社会通念があるとも思われない。ここでは土地の「使用目的」による消長問題に限定されるべきである。むしろ、逆に、弟の死亡こそがその存続に影響を与えるというのが経験則であって、それが故に、この場合についてのみ規定が用意されている。また、かかる場合でも、これまでの判例の立場からいえば、先述のように、ことに建物所有目的の土地の貸借では、原則的に使用貸借の相続性が肯定されている。したがって、むしろ、当事者双方の相続人に承継させたうえで、貸与の経緯、使用目的、使用期間および当事者双方の必要度等の諸事情を総合的に考慮して解約の当否を判断する方が合理的なことが少なくなかろう。賃貸借に移行させてしまうと、かえって当事者間の不公平が結果することもある。また、借地権の場合には、さまざまな保護（存続の保護、譲渡性など）があるが、そこまで借主を保護する必要性がない場合もあろう。

(2)　一方、鈴木禄弥教授は、「居住権」の保護という基本的な立場から、建物（住宅）の使用貸借一般についても、つぎのように構成する。使用貸借の解約が権利濫用や信義則に反するような特別の事情があり、使用借人の居住を引き続き保護することが必要と考えられる場合には、例外的に特別な考慮が必要であるとし、そのように判示した裁判例を取りあげた上で、ただ、かかる処置では、使用貸借関係がそのまま維持されることになるので、公租公課の負担などを考えると、無償貸与を家主に強いることはあまりにも過酷となる、という。そこで、使用貸借は解約により終了するが、「正当な理由」(借家法にいうものより広い意味)が存しない限りは、「家主と旧使用借人とのあいだに法定賃貸借関係が発生し、これによって後者の『居住権』の合法性という基礎が回復される」と主張する。要するに、賃貸借に切り替えて、家賃収入だけは確保させようという趣旨である。[24]

石田説とは、賃貸借への切り替えの論拠もその対象も一致しないが、いずれにせよ、先述の疑問はここでも解消されないであろう。すでに検討したように、今日の裁判例の現状から判断しても、鈴木説は維持しがたい。解釈論の域を超えるものである。

(3)　結局、無償使用を賃貸借に転換させる必要性はあまりないし、実際上も裁判所がそのような見解を採用するとは思われないが、理論的に可能と思われるケースをいくつか掲記しておこう。

まず、無償利用権が第三者に対抗できないが、なお使用継続が必要とされる場合が考えられる。たとえば、兄の所有地に弟が建物を建築所有している場合に、兄がその土地を第三者に譲渡したときには、弟の使用借権は第三者に対抗できないのが原則であるが、既に検討したように、権利濫用で救済されることが少なくない。このような場合には、その土地使用は不法占有のままであるが、かかる不安定な法律関係はできるだけ避けた方が当事者にとっても好都合である。この場合に、なお無償使用が妥当とされるならば、損害金の請求も権利濫用で抑えるべきであるが、諸般の事情から、そこまで保護する必要がないというケースも考えられよう。この場合には、いずれにせよ旧借主は損害金(実質的には賃料)を支払わねばならないので、賃貸借に移行させるのが、当事者間の関係を簡明に処理できることになろう。

この点は、未登記賃貸借につき新所有者に対抗できないが、権利濫用で救済される場合には、いわば旧賃借権の復活ないし存続を肯定する見解が少なくないところ[25]、ここでも類似の問題状況があるので、同様の処理が可能であろう。

他方で、契約当事者間では、通常、賃貸借に転換させる必要はないが、たとえば、被相続人の所有建物に同居していた非相続人（内縁寡婦等）と相続人との紛争で、同居人の居住継続の必要性が認められる場合について、損害金の請求も権利濫用で抑えることが妥当とされることも十分考えられるが、損害金の支払いが相当とされるときには、権利濫用構成よりも賃貸借へ移行させる方途が妥当なこともあろう。ただし、この場合には、賃料の額につき格別の配慮が必要とされよう。

2　賃借権設定の論拠とその内容

つぎに、賃貸借に移行させるための法的根拠、具体的な方途、その場合の賃貸借の具体的な内容をどうするかという難問が残されている。

(1)　遺産分割と財産分与の裁判実務では、判決・審判による賃借権などの使用収益権の分与・創設はほぼ定着している。所有権の分与が法定されているので、そのうちの用益的権能の分与も可能である、と説明されるのが一般的である[26]。

また、共有物の分割でも分割地のために又は分割地に対して利用権を設定することは可能であろう。しかし、ここで問題とする無償利用から賃貸借への移行については、いうまでもなく明文の規定がない。新たに賃貸借を設定する場合については、特に法が厳格な要件を定めていることは周知の事実である。したがって、現行法上はそれとの調整が問題となろう。

(2)　設定される賃借権の内容については、借地借家法との関係が問題となる。かかる特別法の保護を享受できる賃借権であるのかどうかは、最小限明らかにしておく必要があろう。財産分与の際に判決で賃借権を設定した具体例では、賃料のほか賃貸借の期間（こどもが成人になる時期に符合する）まで定めたものがあるが（浦和地判昭和五九・一一・二七判タ五四八号二六〇頁）、このような配慮が必要であろう。ことに、現行法は定期賃貸借制度を導入しているので、なおさら存続期間についての明確な判示が不可欠である。

3　小　括

賃貸借への転換はいわれるほど容易ではないことが判明した。理論的には望ましいとされる場合でも、少なくとも借主側の意思と資力が不可欠であろう。したがって、裁判によることには自ずと限界があり、将来は和解手続きのなかで裁判所が誘導する方途が考えられる。また、その方がかえって望ましいであろう。しかし、和解の指針として考えるという意味においても、無償利用の賃貸借への転換を硬直的に捉えるべきではなく、無償利用の構造的特質を見極めた上で、その継続性の当否を慎重に判断するという姿勢が裁判所に求められているのではなかろうか。いわゆる親族間の協同的関係が消失したからといって安易にその無償性を打ち切るべきではない。

実際、今日の判例理論からいえば、無償貸借をいつまで存続させるのが妥当かという判断がまず優先すべきであって、その途中で賃貸借に切り替えることを強く要請されるような事態は、通常は生じないであろう。

解約はやむを得ないが、直ちに返還を借主に強いるのは酷であるというような例外的な場合でも、相当な期間、明渡しにつき猶予を認めるとか、相応の金銭給付を命ずるとかの措置で、妥当な解決を導けるのではなかろうか。また、事情にもよるが、権利濫用による救済も一概に否定すべきではない。

（1）法典調査会『民法典議事速記録』三二巻一〇一丁表。
（2）起草者（富井）によれば、「使用貸借ヲ為ス当事者ノ目的ハ相手方ニ対シテ何カ特別ノ事情カアツテ貸スノデアリマス其相続人ニマデ権利が及ブト云フ意思ハ先ツ通常ナイモノト思ヒマス…」とし、また、父が息子に使用させるために五年間他人から借り受けたが、一年目に父が死亡したときは、どうなるのかという質問に対して、父が息子の代人といえるか、あるいは「別ノ定トナルカ知ラヌ別段ノ定ノ方デヤレヌノハ不注意ダ」と応答している。前掲注（1）『速記録』三二巻一〇一丁裏。
（3）Pothier, Traite pratiqua usage e precaire, Oeuvres. Pothier par M. Bugnet, Tom. 5, 1847, n. 27.
（4）Motive zu dem Entwürfe eines Bürgerlichen Gesetzbuch für das Deutsche Reich, Bd. II, S. 451.
（5）なお、オーストリー民法典（Art. 975）は、相続性の規定をおかず、ただ存続期間につき争いがあるときは、借主はより長期の利用権限を証明しなければならない、と定めている。
（6）安藤一郎「本件判批」（平成七年度主要民事）判タ九一三号七二頁。
（7）判例の状況については、笹村将文「使用貸借の終了事由について」判タ九〇六号一九頁が、本書の視点とは必ずしも一致しないが、簡潔に整理しているので、それをも参照のこと。
（8）それぞれ立場はかならずしも一致していないが、当事者の意思解釈を介して基本的には相続性を肯定している。山中康雄『新版注釈民法（15）』一二七頁、加藤一郎「権利濫用・信義則」新民法演習・総則（有斐閣、一九八〇）一四頁、広中俊雄『債権各論講義（六版）』（有斐閣、一九九四）一二七頁、吉田克己『民法コンメンタール⒀契約3』七二四頁（ぎょうせい、一九九一）、村田博史「不動産使用貸借論序説」『民法学の新たな展開』（高島教授古稀記念）五九八頁（成文堂、一九九三）など。学説については、笹村・前掲注(7)二一頁、安藤・前掲注(6)七三頁に譲る。ただし、笹村論文が石田喜久夫教授の見解（借主の死亡による有償契約への転化）をここに位置づけるのは、当を得ないであろう。「代」が変われば賃貸借に転化するというのは、使用貸借一般についてではなく、特殊な親族間の貸借に限定されているほか、そのような処理が相当とされる貸借が前提となっているからである。

(9) 笹村・前掲注(7)二二頁参照。

(10) 札幌地判昭和四四・八・二八判時五八二号八八頁。なお、通行使用借権の対抗力問題については、岡本詔治『隣地通行権の理論と裁判』六九頁（信山社、一九九〇）を参照されたい。

(11) 加藤・前掲注(8)一三頁。なお、篠塚昭次『不動産法の常識（下）』（日本評論社、一九七四）一六八頁をも参照のこと。

(12) この問題の重要性と解決の困難さについては学説も気づきはじめている。たとえば、最近のものとしては、水本浩『契約法』（有斐閣、一九九五）一九七頁、村田・前掲注(8)五七九頁、五九二頁を参照せよ。従前では、星野英一『借地借家法』一七九頁（有斐閣、一九六九）も変則的な解釈論を提案している。

(13) 本件の「判批」としては、倉田卓次・曹時一二巻六号六三頁、星野英一・法協七九巻四号五二四頁、西村信雄・民商四三巻四号八六頁がある。

(14) 本件「判批」、高津環・曹時一九巻一号一六六頁、高崎尚志・法協八四巻九号一四〇頁、谷口知平・民商五六巻四号一六三頁。

(15) 岡本詔治「本件判批」法時五八巻一二号一一七頁。

(16) 本件の「判批」としては、佐藤啓子・判評三一号二二二頁、岡本詔治・法時六七巻一一号七五頁がある。

(17) 大阪高判平成二・九・二五判夕七四四号一二一頁。本件の「判批」としては、原田純孝・判夕七五七号六二頁、後藤泰一・信州大学教養部紀要（社会科学）二七号一七七頁（一九九三）。

(18)　東京地判昭和二六・八・二六下民集二巻一一号二六頁（移転料支払特約）、東京高判昭和四〇・五・一二東京高民時報一六巻五・六号民八八頁（訴訟手続中の和解における明渡条件としての金銭の提供）、東京地判平成元・六・二六判時一三四〇号一〇六頁（立退料）、前掲東京高判昭和五六・二・二六（立退料）、大阪高判平成四・一一・一〇判タ八一二号二一七頁（立退料の提供）。

(19)　佐藤・前掲注(16)二二五頁も、判旨の結論は妥当とするが、その理論的根拠と保証金の額に疑問を述べている。

(20)　原田・前掲注(17)六五頁。

(21)　この問題については、差し当り、安永正昭『新版注釈民法（1）』一二八頁、一五三頁（有斐閣、一九八八）、幾代通『新版注釈民法（15）債権（6）』三六五頁（有斐閣、一九九二）など参照。なお、この方面の最近の研究としては、磯村保「賃借権の対抗力と権利濫用法理」『民法学の課題と展望』（石田喜久夫先生古稀記念）二一三頁（成文堂、二〇〇〇）が、新たな視点を抽出している。

(22)　石田喜久夫『現代の契約法』一四三頁（日本評論社、一九八二）。石田教授は、さらに夫婦間や親子間の協同関係が消滅した場合にも、ひろく賃貸借への転換という法的処理を提案している。同『不動産賃貸借の研究』一三〇頁（成文堂、一九八〇）、同「判評」三〇三号一七七頁参照。

(23)　なお、この場合には、借主側が賃貸借関係を望んでいることから、賃料「増額」請求を類推適用することには問題があり、むしろ増減額請求規定の「趣旨」を援用する方が事態適合的であろう。

(24)　鈴木禄弥『居住権論（新版）』八〇頁以下（有斐閣、一九八一）。

(25)　田中実「民法演習1」一頁、鈴木・前掲注(24)七七頁、谷口知平「権利濫用の効果」『権利の濫用(上)（末川古稀記念）』一一四頁（有斐閣、一九六二）加藤一郎「権利濫用・信義則」一一頁（有斐閣、一九七八）など。

(26)　この点は、岡本詔治「財産分与・遺産分割と生涯無償利用権」林・甲斐編『谷口知平先生追悼論文集』三九一頁（信山社、一九九二）を参照のこと。

第二部　親族間の「特殊の無償利用」

第六章　親子間の無償利用

序　説

本章ではその対象を親子間の無償利用に限定したが、今、ことさら何故にこの種の不動産無償利用関係を独立して取りあげねばならないのか、その理由を少しく述べておく必要があろう。ことにかかるテーマを本格的に論究した研究はこれまでのところ見当たらないようなので、その意味でも本書の趣旨を説明しておきたいと思う。

先述のように、親族間の無償利用といわれる関係も、その主体や無償給付の趣旨・目的に応じて多様である。しかし、親子間の無償利用こそがこの種の典型的な貸借として位置づけられるべきものなので、かかる無償行為の特質を明らかにすることが、親族一般の無償行為の構造なり機能を論究・解明するための前提となる、ということがまず第一に指摘されねばならない。親子間では、子の自活能力が不十分である場合には、親は影に陽に精神的にも経済的にも子に対する援助を惜しまないであろうし、逆に、親が老齢に達すると、子は親の身辺看護を含めてその扶助に努めるものであり、法的にも一定の要件はあるが相互に扶養すべき義務を負担する。つまり、親子という血縁・身分関係と相互的な扶助・援助は不即不離の関係にあり、親が子にその所有する不動産を使用させる関係は、相互の援助・扶助を内含する「親子という緊密な身分関係」の延長線上に位置づけられるものであろう。この意味では、兄弟姉妹、叔父・甥等の親族関係による無償行為とはその質を異にする。これらの親族間の法的な扶養義務はともかくも、その身分関係に相互的な扶助・援助（精神的・物質的な無償給付の交換）が内含されている、という社会通念はないからである。たとえば、結婚する弟のために兄がその所有する土地ないし建物を貸与するという関係は、むしろ異例である。しかし、右の関係が親子間で形成されたとすれば、きわめて自然であり、それが親子という血縁・愛情の発露であると考えるのが、われわれの倫理観ではなかろうか。

加えて、子が親の住居に同居するか、あるいは親の住居の敷地を借用して地上に建築した建物に居住するか、いずれの方法によるにせよ、このような無償利用の背景には、親子間で格別の合意があるか否かは問わず、年老いて行く親の老後の世話・扶助の問題が潜在しているといわねばならないであろう。むしろ、見方を変えれば、老後の身辺看護のために親の近くに居住するといった方が実情に即しているかも知れない(1)。このような相互的援助関係のなかで行なわれる無償利用は親子間に固有のものであり、他の親族間において、この種の無償利用が行なわれるためには、特段の事情が必要とされよう。本書が親子間の無償利用をことさら独立して取りあげた所以でもある。

ところで、近時、少子高齢化社会の到来を眼前にして老後の扶養・介護を中心とする高齢者福祉の問題が人々の関心の的となっており、本書のテーマに関わる裁判例でも、このような意図の下で行なわれる無償利用の例が目に付くようになった。親が老後の生活を子（その家族）とともに過し、楽しい余生を全うすることのほか、あわせて「身辺の世話」をも期待して、その所有する住宅・宅地を子に使用させる関係は、どちらかといえば親子間の道義によって暗黙のうちに自然に形成されるのが普通であろうが、最近の裁判例の事案からも窺知しうるように、昨今では明確な協議によって設定されることも珍しくなくなったようである。いうまでもなく、ここにいう老親扶養・介護とは、親には（通常は子にも）十分な自活能力があることが前提となっているので、民法上の扶養（民法八七七条）ではない。しかし、この無償給付は親子間の精神的な絆によって支えられているので、これが途切れたときに、ほとんどそれが決め手となって親子紛争（土地・建物の明渡訴訟）が惹起される。しかも、かかる親子間の無償貸借をめぐる紛争の傾向・特徴が、実は近時における民法上の老親扶養一般の紛争例と照応しているという事情を見落してはならないであろう。そこでは、従来の経済的扶養をめぐる争いから精神的な人間関係の調整へとその重点を移しつつあるという実情が指摘されているからである。(2) 加えて、今日の高齢者層の多くが老後の介護を公的サービスに頼る夢を抱きつつも現実にはそれにも限界があり、(3) 結局は子（およびその家族）に頼らざるを得ない状況にあることは周知の事実である。(4)

他方で、わが国の伝統的な親子観がこの種の無償利用を好んで生み出すという側面もまだまだ根強い。そうとすれば、老親介護を前提とした親子間の不動産無償利用関係は本来的には親子という特殊な身分関係に固有なものであるほか、相続制度の機能変化とともにすぐれて現代的な社会問題をも反映しているものであり、(5) 近い将来、本格的な少子高齢化時代を迎えざるを得ないわが国では、たとい真の意味で介護制度の社会化を達成しえたとしても、なおこの種の無償利用をめぐる紛争は途断えることはないのではなかろうか。

ともあれ、問題は、このような当事者双方の精神的な絆、相互の信頼・期待を法的にどのように吸い上げ、妥当かつ明快な紛争解決規範に仕上げるかにあり、この難問も本書の課題の一部をなすものである。近時、裁判例もかなりの数が蓄積されてきたので、その紹介・分析を通して、現在までの判例の現状・到達点を明らかにするとともに、本書の立場を提示したい。

一　親子間の無償利用関係の構造

親子間の無償利用関係の特質については、親族一般に共通する側面もあるが、親子間の特殊性も無視しえない。ことに親所有の建物に「同居」し、あわせて扶養的要素も絡まると、いきおい親がその所有建物を子に無償利用させる関係は利用関係としての独自性を希薄とせざるをえないからである。それ故、親が所有・管理する「一物」の権利関係における単なる事実的使用とする判例が散見されるのも、決して理由のないことではない。しかし、独自の使用貸借契約の成立を肯定した事例も少なくない。これらの判例の立場は、事案による面もなくはないが、むしろ、この種の無償利用関係に対する基本的な立場の相違によるものと思われる。

これに対して、建物所有を目的とする土地の無償利用については使用貸借関係の存在を肯定する事例が圧倒的多数にのぼる。一戸の住宅全部の無償貸借も、数は少ないが、これを肯定する傾向にあるといえよう。やや詳細にわたるが、従来の具体例を使用貸借の肯定例と否定例とに大別し、さらには「同居ケース」等、無償利用の主体ないしは客体・利用方法に応じていくつかに類型化した上で、この問題に対する判例の現状・立場を明らかにしておきたいと思う。

1　使用貸借否定例

(1)　親所有建物に子が同居する場合

親子が同居している場合、子の同居建物に対する無償使用関係が使用貸借契約にはならないとする具体例の論拠は必ずしも明らかではない。しかし、「利用権」が存在しないということから、直ちに親側の明渡請求が肯定されているわけではなく、その具体的な当否が「権利濫用論」というフィルターを通して吟味されている。以下、無償使用の性質決定を中心に判例を紹介するが、必要な範囲で権利濫用論をも含めて検討することにしたい。

つぎの裁判例では母子家庭の子が婚姻し、子夫婦が母所有の住居で同居することになったが、母が被害妄想的な精神障害に陥り、子に明渡請求をしたのに対して、子が使用貸借契約の成立を主張したが、親子間の情誼関係にすぎないとされている。

【九四】　東京地判昭和四七・九・一四判時七〇一号九一頁（居住用建物）

【事実】　X（母）は女手一つで一人息子であるYを養育し、係争建物が建築されて以来（昭和一九年）、ここにYと同居し、昭和三六年にYがAと結婚した後もそのまま同居生活を継続していたが、XはAに辛くあたり、被害妄想を主とする精神障害に陥ったので、Yがその治療看護に努めたが効果がなく、結局、昭和三九年にYはXを都営の老人ホームに入居させ、現在に至っている。Xは自己の家で生活したいが、YA夫婦（親子四人）との同居は頑強に拒絶している。Yは、昭和三七年の夏にYA夫婦が係争建物からいったんは退去したが、Xが同居を懇請したので、使用貸借契約が成立している、と争った。

【判旨】　Yの指摘する事実はいずれも「親子間の相互扶助と情誼で律すべき事項の域にとどまっている」。ただし、Xが不自然な別居をしている原因は、あげてXのAに対する憎悪と被害妄想とに起因し、係争建物で一人生活をしてもたちまち支障が生ずるのに対し、Yは他に住居を求めねばならないことなどの事情から、Xの明渡請求は権利の濫用となる。

本件では、Y（長男）はいったんX（母）と別居しており、Yが家族とともにXと再び同居したいという事情があるので、そこに使用貸借契約の合意を認定することに格別の困難はなかったはずであるが、判旨はこれを否定している。かかる無償使用に対する「基本的立場」そのものが右のような判示になったものであろう。結論については、X側に別居の有責原因があるというのであるから、止むを得ないといえようが、Xの自宅に帰りたいという気持を想えば、何か割り切れない感もなくはない。また、Yの無償使用が「適法」になるのかという問題も残される。

【九五】判決は、事実上の養親子間の同居ケースであるが、養親子関係が破綻したことから、親が明渡請求を提起したものである。

【九五】　大阪地堺支判昭和四八・三・二八判時七〇九号六三頁（居住用建物）（【九五】）

【事実】　X（妻）とA（夫）は、Yを実子同様に育て、Yは、婚姻（昭和二〇年四月）後も係争建物でXA夫婦と同居し、Aの事業を手伝っていたが、昭和二七年ころAとYとが不仲となったので、Y夫婦がいったん別居した。その後、再び同居し、Aの死亡（昭和三六年）後、Yは右事業を引き継いだが、結局失敗したため、その借財に充てる目的でX名義の本件土地を譲渡したことから、XY間の仲が決定的に破綻し、移転登記を拒否したXは、昭和三七年四月ころ係争建物から追い出され、現在まで知人宅に身を寄せている。その後、XY間で、親子関係の不存在確認請求の認容判決が確定している。

【判旨】　AY間に使用貸借契約を締結したものと認める証拠はなく、YはAが入院中留守番のようにして係争家屋に居住するようになったので、「内縁養親子関係の存在を基礎として係争家屋に住むようになったもの〔であり〕…内縁養親子関係成立に伴い、養子が養親の家屋を使用する関係は、内縁養親子関係の存在を基礎として、それが存続する間無償で使用しうる関係であって、その内縁関係が破綻し、離縁同様の状態になった場合は、法律上の離婚ないし離縁の場合と同様に、その家屋を使用しうる関係は消滅する」。本件の場合、XY間の関係は完全に破綻している。

右判決の結論に異論はなかろう。本判決は、親子間の使用貸借の成否は、「事実」の問題としており、【九四】判決とは若干立場の相違がみえるが、後半の説示部分に重点があるようであり、親子間の無償使用は親子という身分関係と運命をともにする、としている。この判示部分は、内縁夫婦間の婚姻住居に関する無償使用につき最高裁が明らかにした理論構成（最判昭和三五・一一・一〇民集一四巻一三号二八一三頁）を踏襲しているが、身分関係の破綻が所有親族の有責行為に起因する場合には、そのままでは機能しないので、一定の限界があることに注意する必要があろう。なお、本判決は大阪高判昭和四九・五・三一（最判昭和五〇・四・八民集二九巻四号四〇一頁・四〇四頁）で維持されている（最高裁では養子縁組の有効性のみが論点となっている）。

つぎの事例は、親子間の生活扶助義務を強調して、使用貸借契約の成立を否定している。

【九六】　東京地判昭和五六・一〇・一二判時一〇三六号八八頁（居住用建物）

【事実】　X（夫）A（妻）夫婦は、一人娘であるY_1がY_2と結婚する際、Y夫婦との同居を強く望み、そのため係争建物を建築所有するとともに、昭和三八年には二階を増築してこの二階部分をY家族の専用部分とした。しかし、Y_1とAとはもともと折り合いが悪いうえ、昭和五三年にY_1がY_2の事業資金を得るため、係争建物の名義をY_1に移すように申し出たことが起因となって、XY_1間の関係が急速に悪化した。昭和五四年三月には、係争建物を担保にY_2の事業資金を借り入れたが、その弁済についてXから問いただされたため、Y_1はXから信用されていないなどの不平・不満を述べ、結局、X夫婦の生活費を負担しなくなり、X夫婦とY夫婦とは日常生活上ことごとく対立するようになった。Xは年金（一〇〇万円）で生活しているが、物価高と自身高齢もあって、係争建物の明渡しをうけたうえ、これを有効利用したいと考えている。Y_2は現在、経営状態が良好で、月収六三万円ほどある。Y_1らは、Xの請求が扶助義務にもとり許されないと主張するとともに、仮りに使用貸借であるとしても住居として使用することを目的とするものであるので、この関係は存続している、と争う。

【判旨】　子が親所有の建物を使用する関係は、民法上の使用貸借と認められる場合もあるが、本件では「親と子(成熟子)との間の親族的扶養(親子間相互の生活扶助義務)の要素が加わっていることは明らかである」ことから、「建物所有権に基づく明渡請求は、黙示の使用貸借の成立、解約、その制限という構成をとるまでもなく、建物所有者が一方において負担する生活扶助義務の面から制限をうける」。したがって、Xに右扶助義務の履行を尽させることが公正・合理的でないと認められる程度にYらに反社会的・反倫理的行為が存するとか、Xが全面的に使用する必要があるとか、その他明渡請求を正当とする特段の事情が必要であるところ、本件ではかかる特段の事情が認められる。

本判旨は、親子間の無償利用を「生活扶助義務」に依拠させ、使用貸借という構成をとるまでもない、とする。前記高島説に依拠したものであろう。しかし「親子間の生活扶助義務」なるものは、抽象的・一般的に存在するものではなく、自活能力の欠如と経済的余裕を前提とするので、一般的に考えても普通の親子間では不動産の無償利用それ自体を「扶養」の目的とする論法は、今日ではそもそも成り立ちがたいものであるほか、本件の事案との関連でも、Xが何故に十分すぎる余力のあるY夫婦に対して生活扶助義務を負うのか(XY間の合意による扶助義務と解しても)、理解に苦しむ。(6)むしろ、Xは二階部分の管理を全面的にYに委だね、しかも、X側から同居を強く求めたというのだから、単に自然に形成された同居ではないだけに、なおさら、かかる無償利用関係の独自性が肯定されてしかるべきであったと思う。ことに家計の責任者がY_2(娘の夫)であったので、事実としても契約意思を認定できたであろう。

高裁判決である【九七】は、非所有親族（子）が使用借権を主張せず、権利濫用の抗弁（など）を提起したこともあってか、無償使用関係の法律論については積極的に説示せず、「一般的、社会的慣行」を根拠にして子の居住利用を説くにとどまっている。

【九七】　東京高判昭和五五・九・二五判時九八一号六七頁（居住用建物）

【事実】　亡父と母であるX、及び長男のYらは亡父所有の係争建物に同居していたが、亡父は、自己の死後、Xと長女（脳性小児麻痺）との生活を案じ、係争建物とその敷地をXに贈与した。父の死後、兄弟間でXと長女の扶養問題およびX名義の不動産の分割問題について、Yが具体的な提案をしたが、まとまらなかったので再度協議することにしたところ、YはXに無断で係争建物の所有名義を自己名義に移したのち、その所有権の移転を迫り、これに応じないならば、Y方からの退去を求めたため、Xは隣接する二男方に一時転居したのち、現在は三男方で長女とともに世話をうけている。しかし、三男方（四人家族）も手狭で、かつその住宅を近く明渡す必要のあることから、XがYに対して係争建物の明渡しを訴求。Yは贈与を主張するとともに、Xの請求は権利濫用である、と争う。

【判旨】　贈与の主張は排斥され、明渡請求については次のように判示する。「Yは、亡父の生存中から、通常の一般的、社会的慣行に基づき、亡父及びXとともに家族の一員として本件建物に居住してきたものということができる…」。かかる家族の一員に対する明渡請求は、「その者に著しい反社会的、反倫理的行為が存するとか、建物所有者がみずから当該建物を全面的に使用する必要があるとかその他明渡請求を正当として肯認するに足りる特段の事情が存することを要する」ところ、Yの行為はXの心情を甚しく傷つけ、その信頼を裏切るもので、強く非難さるべきであるのに対し、Xらが係争建物において三男夫婦の世話をうけ、同居するのが最も適当であるので、Xの明渡請求は正当として肯認できる。

非所有親族の同居建物に対する居住権限が「通常の一般的、社会的慣行」に基づくとしている点が目新しい。このような判例は他に見当らないが、Ｙの主張（長年月同居し、かつ一家の生計を立ててきたこと）に対する裁判所の応答であろう。Ｙが具体的な居住権限を主張していないので、多少割引いて考える必要があるとしても、本判決の基本的な立場を明らかにしたものと考えて大過なかろう。同居家族の居住権限を積極的に根拠づけることの困難さをあらためて教えられる。

いずれにせよ、「慣行」というような抽象論では親子間の無償利用関係の性質を明らかにできないし、そもそもかかる社会的慣行なるものが存在するのかはきわめて疑わしい。また、明渡請求の当否の基準も提示できないし、何故に「特段の事情」がなければ所有親族が明渡請求をなしえないのか、説得力に欠ける。後述のように、借主の占有権をこのような慣行によって根拠づける論法を明確に否定した高裁判決（【一〇四】判決）もある。

終りに、同居扶養・介護だけではなく、あわせて家業である農業経営をも娘夫婦に委ねたが、結局、破綻したという事例をも紹介しておこう。

【九八】　福岡高判昭和二九・一〇・二九高民集七巻九号七〇六頁（居住用建物）

【事実】　ＸＡ夫婦は高齢で夫であるＡが老衰のため農業に従事できず、Ｘ（六四歳）一人では農業経営も困難であるので、昭和二三年五月ころＸの娘婿であるＹ一家を同居させ、係争農地を耕作させるとともに、Ｘ夫婦の面倒をみさせることとし、将来はＹを養子とするつもりでいたところ、Ｘは生来勝気である一方、Ｙは性格粗呆短気であることから、Ｘ夫婦とＹ夫婦との間には波風が絶えず、ＹはしばしばＸに暴力を振るうことがあった。そこで、昭和二五年にＡがＹに対し建物退去・耕作禁止の訴を提起したが、一応は両者間に当初の約定を確認する趣旨の調停が成立した。しかし、その後もXY間に紛争が絶えず、同居生活が耐えがたい段階にまで達したため、昭和二六年三月、親族一同が集まり、Yに対し本件建物からの退去を求めた。昭和二七年五月にXは他から養子を迎え、これに老後を託すことに決し、Yに対して建物退去・耕作禁止を訴求した。

【判旨】　右農地・家屋の使用関係は「単なる使用貸借や賃貸借をもって目すべきではない」。XY間の調停の内容は単に使用収益だけを目的とするのではなく、他に本質的な目的を有する。すなわち、同居・扶助を目的とする右調停契約は民法七三〇条の規範を実現してXY夫婦の生活の安定を図るという「高次の目的」を達成するためになされたものであり、この目的を達成する手段・方法として、右同居・耕作が約定された。この契約はみだりに一方から解除できないが、「社会一般理念に照らし、契約の継続を期待し難い重大な事由のあるときは、たとえ解除権者に過責の存する場合においても、それが信義に反せず権利の濫用にわたらない限り、解除しうる」。本件の場合には、右重大な事由のある場合に該当する。

本判決が親子間の使用関係を契約関係と捉らえ、単なる親子間の情誼関係としなかった点は評価できる。また、本件の親子契約はたしかに使用関係の設定に尽きるものではなく、判旨が「より高次の目的」を達成するものであると解したのも、理解できなくはない。しかし、家族間の道義に依拠すべき「より高次の目的」であるが故に、かかる目的が当事者間の信頼関係が崩れて達成できなくなったとしても、それ自体として強制する方途はなかろう。それが家族間の契約にみられる一つの特質といってもよい。かえって、利用契約という側面を軽視することにつながり、ひいては借主の保護に欠ける結果になるおそれも懸念される。さらに、対第三者に対する保護を強化する必要性をも考慮すれば、右のような特殊の目的をもった「無償利用権」と構成する方がベターではなかろうか(7)。

(2)　建物所有を目的とする土地の貸借

【九九】は、長男が父所有地に建物を所有していたところ、三男がその敷地を譲り受け、明渡しを訴求したという事案で、長男の敷地使用権の性質が問題となったものである。使用貸借契約を否定し「父子間の情誼関係に基づく無償使用」と判示した珍しい事例である。

【九九】　新潟地判昭和四四・一〇・二九判時五九三号七五頁（宅地）

【事実】　Y（長男）は、昭和二五、六年ころよりA（父）所有の係争地上にある建物（Y所有であるが、その取得の経緯は不詳）で両親ら家族と同居し、農業のかたわら瓦製造業を営んでいた。Yは跡取りとしてゆくゆくはAの財産を承継するものと親族一同から諒解され、X（三男）はすでに分家していた。ところが、昭和二九年ころAが愛人をつくり別居したため、Yは単独で農業と右製造業を営み、母を扶養するとともに、Aに米の仕送りをしていたが、昭和三五年にAY相談のうえ田を売却して以降は、米の仕送りをしていない。その後、Aは生活に窮し、Aの扶養をめぐってAY間で調停が成立したが、その際、Aは、Yが扶養料を出さないならば係争地を買取るよう要求し、Yがこれを拒否したため、Aが係争地を他に売却しようとしたところ、Xがこの事情を知ってAの生活の面倒をみることを条件にAから係争地の贈与を受けた。Yはこのことを知らず昭和四一年に本件建物の増築工事をしたことから、Xは増築部分とその敷地部分の明渡しを訴求。Yは係争地につき贈与を受けたことを主張したが排斥され、その無償利用の性質が問題となった。

【判旨】　YがAと同居して瓦製造にあたっていた間のYの本件土地使用は「Aの占有補助者としての立場に基づくもの」であり、Aが別居して以降の土地使用は「Aとの父子関係の情誼に基く無償使用と解するのが相当であり、これを超えて両者間に法律上の使用貸借契約が明示的には勿論のこと黙示的にも成立したと認めるに足りる証拠は全くない」。そしてAがYに係争地の無償使用を続けさせる気持を失い、Xに贈与するに当っても格別の配慮をしていないので、AとYとの情誼的な無償使用関係は右贈与によって消滅したというほかない。ただし、Xは係争地を使用する必要はないし増築部分とその敷地部分のみの収去・明渡をうけても自から得るところのものが少ないのに対し、Yにとっては営業上相当の損失を蒙むるものであるので、Xの請求は権利の濫用となる。

本件での結論には異論なかろう。しかし、係争地の無償利用が単なる「親子間の情誼関係」にすぎないとしたのは不当である。Yが父と同居していた間の無償関係を「占有補助者」としての使用とするのは、事柄の本質を見誤っている。建物を所有するというかたちでその敷地を独自に占有していることのほか、家業についてもYは単にAの手足として働いていたわけではない（いわばＡＹはパートナーの関係にあった）からである。また、右の点で一歩譲るとしても、Aが妻に対する扶養を一方的に廃し、愛人と同居生活を始めたときに、AはYに家業の経営を全面的に委ねているので、かかる経営に必要不可欠な係争地の無償使用についても明示で許容したと考えねばならない。判旨は重要な事実関係を見落していたといえよう。

ともあれ、右のような事実関係がなかったとしても、後述するように今日では、父の所有地に子が建物を所有する関係は、一般的・抽象的にみて少なくとも使用貸借関係が成立している、とするのが、判例の立場といえる。本判旨の説示の形式的・概念的な面（認定事実にふさわしくない理論構成）をも含めて、もはや先例的価値はない。もっとも事案としては大変興味深いものがある。それはこうである。

本件の場合、ふつうにいけばYは家の「跡取り」として係争地の所有権を取得し（贈与又は相続）、家業を承継するとともに、その反面、父母や親族を扶養する義務を負担したであろう。これを法的に分析すれば、なるほど単なる使用貸借では右の父子間の権利関係を充分には汲み取れず、あるいは本判旨は、好意的にみれば、この点で当惑した結果、右のような説示になったのかも知れない。しかし、父子間の協力関係が崩れてしまうと、結局は「所有権対利用権」という対立関係の構図が前面に押し出されることにならざるをえないので、その無償使用関係を軸として、当事者間の特殊な関係をこれに加味しながら紛争を解決するという手法にもそれなりの合理性があるように思われる。むしろ、使用貸借なるものを一義的に捉え、これですべてを割り切ろうとすることこそ問題があろう。本書の立場からいえば、右のような親子間の特殊の目的の下になされる無償利用は、その実体が「所有権的利用」であるほか、有償的性格をも担うものであるので、これを「プレカリウム契約」と称していることは先に述べた。一見、当事者間の関係・意思が曖昧なこともあって、その契約性が往々にして見過ごされてしまうのである。同様のケースは、父の農業経営を子の一人が承継する場合にも考えられる。子が父所有の農地に対していかなる利用権をもつかについて争われた裁判例はほとんどないようであり、本書の当面の課題からは外しているが、その実体は本書にいう「所有権的利用」ではないかと推測している。(8)

2　使用貸借肯定例

(1)　親所有建物に子が同居する場合

親子が同居している場合でも、同居家屋に対する非所有親族の無償利用関係を使用貸借と認定・判断した先例も少なくない。高裁判決も散見されるので、つぎにこの種の判例を紹介・分析してみよう。

【100】は、亡父と同居していた長男の居住利益は父の遺言によっても奪えないとしている（ただし、他の子女が同一敷地上にある建物を無償使用している事実と対比している）。

【一〇〇】　東京地判昭和四二・九・一六判タ二一五号一六五頁（居住用建物）
【事実・判旨】　父所有の係争家屋に長男のYが（妻子とともに）父母と同居していたが、父の遺言により係争家屋（および借地権）を売却し、その代金を共同相続人に分配する旨が定められていたため、遺言執行人たるXがYに対して明渡請求。判旨は、Yは同居関係であったとはいえ、同一敷地内にある建物を他の子女が無償使用しているのと同様に居住を目的とする使用貸借上の権利を有し、この既得権はYの承諾なくしては遺言によっても侵害しえない、と判示。

【一〇一】から【一〇三】は、父がいわゆる隠居生活をなし、子が父を扶養しながら父所有の住居で共同生活を営んでいたものである。親子紛争の原因はむろん多様である。

【一〇一】　東京高判昭和四六・一〇・二六判時六五二号四〇頁（居住用建物）
【事実】【二三】参照。
【判旨】「Xは、昭和三七年頃Yがその妻子とともに本件建物に入居して以来、かつ旧住居に居住していたときと同様に、平穏に父子としての共同生活を続けることを当然の前提とし、眼目として、Yにおいていわゆる隠居生活をするXの扶養をするとともに自己の居住の用に供する目的から、Yに対して本件建物を無償で、返還時期を定めず、使用占有を許諾していたものであって、使用貸借関係にあったと解するのが相当である」。しかし、XY間の信頼関係は地を払い、共同生活を維持継続することが全く不可能であることは明らかであるので、Xは本件使用貸借を解約できる。

【一〇二】　東京地判昭和五六年一〇月二九日判タ四六六号一二五頁（居住用建物）（【六二】）
【事実・判旨】　X（父）がYら（息子・娘）と借地上に工場（会社所有）、事務所のほか住居を建築所有し、ネジ製造業を経営していたが、事業不振となったため、Yらは X の了解を得て右工場の一部でガラス・テーブルの製造を始めた。しかし、Yらと X および X の後妻との関係が悪化したため、X は後妻とともにアパートへ転居したのち、Yらに対して工場等と住居の返還を訴求。判旨は、工場・事務所については賃借権・使用借権を認めなかったが、Yらが居住する住居については使用貸借を肯定。工場等に対する明渡請求も権利濫用で排斥。

【一〇三】　東京高判平三・一・二二判タ七六六号一九六頁（居住用建物）（【一三〇】）

【事実】【一三〇】参照。

【判旨】　X が昭和五七年ころ二女の Y_1 が Y_2 と結婚するにあたり、Yらを係争建物に同居させ、その際、Yらとの間で X 所有の建物につき使用貸借契約を締結したことは当事者間に争いがない。ところで、借主に背信行為があるとき、その他貸借当事者間における信頼関係を破壊するような特段の事情があれば解約できるが、本件では、ことに X を精神病院に強引に入院させ、係争建物からの退去を余儀なくさせたのは背信行為であって、当事者間の信頼関係が完全に消失し、Yらの方により帰責事由があると認められる以上、X は解約することができる。

以上【一〇〇】から【一〇三】の判例は、いずれも二世帯同居の例であり、同居の場合でも親子間の無償利用を積極的に評価する判例が相当数みられることが明らかとなった。使用貸借を否定したケースと比べて事案の面で若干違うところもなくはないが、ほとんどそれを無視しても差し支えないものである。たとえば【九六】判決と【一〇三】判決[9]とを比較すれば明らかである。使用貸借を否定した【九六】判決の方がむしろ親が子夫婦との同居を強く望んでいたものであって、事案からいえば、当事者間で十分な協議があったはずであり、そこに「合意」をみてとることはきわめて容易であったろう。

したがって、この問題に対する基本的な立場の相違と解しえよう。今日では、この種のケースに対する判例の立場は意見が半ばしていることになるが、将来は肯定例が主流となるものと思われる。実際、使用貸借肯定例は、所有者の明渡・退去請求を否定する前提としてかかる契約の成立を肯定しているのではないし（解約を肯定した事例もある）、また当事者が使用貸借の成否を当初から争わない事例すらある。理論的にも、明渡請求の当否を権利濫用という大論法で処理するよりも、使用貸借を認めたうえでその解約・解除というフィルターを通して判断する方がベターである。むしろ濫用論の判断でも実質的には同じような事情が斟酌されることが多い。また、否定判例は、親族間での明渡請求が権利濫用とならないかぎり認められる、という立場にたっているが、何故に無権限占有者に対して所有親族の明渡請求（物権的請求権）がこのような制約を蒙むるのか、その理論的根拠が詳らかにされていない。(10) さらに、権利濫用論で占有者を保護した場合の所有者と占有者（それは「不法」占有者とされざるをえない）との不安定な使用関係は紛争解決の手法としても、不適切であろう。親族間の紛争はできるだけ一回的な解決が望ましい。紛争の火種を残すような解決は避けるべきであろう。

なるほど、建物全部（一物）の無償使用ではないので、民法典にいう使用貸借とは親しみにくい使用関係であるほか、扶養を内在させた身分関係に包まれているという事情もあって、独自の貸借行為を肯定するには躊躇があろう。住居の世帯的利用は契約関係にはならないと断言する学説もあったことは前述した通りである。しかし、肯定例はかかる現象面には左右されずに、親子間の無償使用関係の核心を見ていたと評価できよう。このような傾向は、ことに次の二つの判例によっていっそう強固なものにされたと思う。

【一〇四】 は、母と姉、妹夫婦とが二世帯同居していた事案で、親子間の好意に基づく占有使用にすぎないとの所有親族の主張を排斥して、二世帯同居そのものを真正面から使用貸借契約と捉え、かつ、この種の契約には、相互に円満な共同利用関係を維持する義務が含まれている、と説示しているのが注目される。また、通常の社会的慣行に基づく無償使用という主張（【九七】判決参照）も明確に排斥されている。

【一〇四】　東京高判昭和五八・一〇・三一判時一〇九七号四三頁（居住用建物）（【一二九】）

【事実・判旨】　Xが、妻Aの母Y_1・実姉Y_2と同居するため係争建物を建築所有し、Yらはその二階に居住していたところ、AとY_2との不仲が起因となって、Yらが共同生活の分担金を支払わなくなり、Xもガス・水道の使用を禁ずるなど、X夫婦とYらとの間に争いが絶えなくなった。Yらは使用権限として「通常の社会的慣行に基づく占有権」を主張したが、判旨は、そのような慣行の存在は認められないとし、また、「親子関係に基づくXの好意」による使用であるとのXの主張をも排斥して、使用貸借契約の存在を肯定した。次のように判示する。「本来二世帯の家族が、それぞれ独立して生活するに適するような構造を備えていない一棟の建物の各一部を使用して、相互の生活を継続することを目的とする使用貸借契約においては、互いに円満な利用関係を害することのないような行動をとるべき義務」がある。Y_2はこの義務に反している（信頼関係を破壊する行為がある）ので、Xは契約を解除できる。ただし、Y_1に対する解約は認められない。

つぎの例も、妻（嫁）と夫の両親との間で二世帯同居をしていたものであるが、先の判例とはまた別の角度ではあるが、同じく使用貸借契約の成立を肯定している。

【一〇五】　東京地判平三・一〇・八判タ七八七号二一四頁（居住用建物）（【一三五】）

【事実・判旨】　Y女はX夫婦の子Aと婚姻し、X所有建物で二世帯同居をしていたが、Aが愛人のもとへ走ったため、YAは離婚した。離婚後も、Y女はAが戻ってくることを期待してX夫婦と協議のうえ（同居後一年経過後に折り合いを欠くに至ったときは別居することなど）、X所有建物の主として二階部分を無償使用していたが、結局、円満に同居することができなくなった。判旨は、右の合意に基づく使用関係は親族間における同居と同様の実体を有するが、Yは本件建物を全部占有しているわけではないので、本件建物全体を使用することを目的とする使用貸借とはいえないが、「無償の使用関係として使用貸借に準じた規律を受ける」とし、Xが本件建物にYを同居させることを認めた「前提」はすべて失われ、使用収益の目的が終了した、と判示。

本件では、XとYとは事実上の親子という関係でもないので、契約関係を認定しやすかったともいえようが、判旨は、XY間の「同居約束」に注目して、これに基づく使用関係を親族（親子）間と同様のものと判示している点が重要であろう。また、右の趣旨の「同居約束」が使用貸借関係の前提ないし目的となるとして、無償利用権を前面に押し出しているのも評価できる。同居親族間の無償利用については、どうしても親子という身分関係に目を奪われがちとなるが、親子といえども経済的に独立した別人格であり、無償使用が親子という身分関係に起因するとしても、無償利用関係それ自体が全面的にかかる身分関係に依存し、その独自の性質なり内容までもが否定されるものではない。このことを右判決の事案と判旨から学ぶことができるのではなかろうか。

加えて、子・非所有親族の「居住利益」は経済的にも評価されるべきであり（この点は、相続が絡む【九七】もおそらくこのことを念頭においている）、ことに遺産分割にあたってはプラス評価されているのが、裁判実務での取り扱いである。(11) これを権利関係にまで高めるのが今後の課題となろう。なお、後述のように、係争住居の新所有者との対抗関係でも、住居に対する何らかの使用権限が成立しているということが、重要な意味をもつものであって、ことに本書の立場からは、肯定例の判例はその一つの論拠を提供してくれることになろう。

(2) 建物の無償利用

親所有の建物全部を子が占有利用する場合には、使用貸借とされる傾向が強いといえる。経済的には賃借権と同じ機能を果すものだからである。いくつかの事例を検討してみよう。

【一〇六】 東京高判昭和三九・三・一二下民集一五巻三号五一八頁（居住用建物）

【事実】 【三七】参照。

【判旨】 Yが係争建物に別居したときにXY間で格別に明示の使用貸借契約がなされた事実は全くないが、「Yが本件居宅部分に入居した関係は、XとYとの親子関係に基いて、Xがその子であるYをその所有家屋に住まわせたという関係であって、これを法律的にいえば、使用貸借の関係というべきものであろう。そしてこの使用貸借の関係は、相互間の信頼関係に強くその基礎を置くものであり、借主側にこの信頼関係破壊の行為があれば、貸主としてはそれを理由として使用貸借の解除をなし得る」。本件での行為は背信行為の大なるものであるので、Xの解除は相当である。

本判決は、いささか親子という身分関係を強調しすぎている面があるように思われ、その立論の仕方から判断しておそらくは前述した田村論文の影響を受けているものと推測できる。解除論は後に譲るが、その背信行為論もかかる理論構成とリンクしたものであろう。いずれにせよ、この種のケースでは、いかに親子という身分関係を強調しても、その契約性を否定することはむしろ難しい。

つぎの例は、養親子間での貸借で、しかも子が老親の世話をするという特殊の動機・目的があったものである。

【一〇七】　東京地判昭和六一・六・二七判時一二二七号六九頁（居住用建物）(12)

【事実】【一三三】参照。

【判旨】「本件使用貸借は、…養親子関係が発生したことに伴ない、XとY夫婦がともに本件建物に住むことによって、親子が一緒に食事をし、子が親の生活を助けるなど、実質的な親子関係を形成し、Y夫婦においてXの老後の生活をみるという本件養子縁組の目的を達成するために締結されたもの」であるが、X主張のように養子縁組の継続を直接の目的とするものではない。むしろ、円満な養親子関係が続き、XまたはYに本件使用貸借の継続に不都合な事情が発生しない限り、当然のこととして継続されるものであり、本件事案のもとでは、右のような事情がみあたらないので、その解約は権利の濫用となる。

この種の養子縁組は相互の打算的な利害に触発されたものであり、養子縁組が往々にして乱用されてきた実情を想起すれば、当事者の意思を慎重に法的に評価する必要があるが、右のような縁組の動機は好ましいとはいえないにしても、一概にこれを非難できないところもあろう。本書の視点からみれば、打算的であるが故に、当事者間の「契約意思」が実親子間よりも強く出てくることになり、またそのようなものとして評価すべきであろう（なお、「養親子間の貸借」一般については、後述(3)(ロ)をも参照のこと）。

このほか、養子が養父と同居していたが、将来の移転先を確保するため係争建物を購入したところ、差し当って使用する必要がなかったことから、養父の申し出に応じて一時これに貸与したところ、養父死亡後、養父の妾と両者間の子供が居住を続けていたという事案で、養子と養父間の使用貸借契約の成立を前提とした上で、養父の死亡によってその妾らには居住権がなくなると判示した具体例【八四】もある。

さらに、建物が営業目的で貸与された場合にはいっそう契約性がはっきりしてくるであろう。【一〇八】の最高裁判例は、事案の詳細はよく分からないが、使用貸借であることを前提にして、その解約問題を論じている。

【一〇八】　最判昭和三九・四・二三裁判集民七三号三八三頁（店舗）

【事実・判旨】　X（父）が事実上の養子であるYに酒類しょう油等の販売業をなさしめるために係争家屋の無償利用を許容したが、すでに約一〇年が経過し、Yが別の家屋を得て右営業をなしうる経済状態であることから、使用収益の目的を達成するのに十分の期間が経過した、との原審判断を相当とした。

なお、親子以外の親族間での貸借を使用貸借とした具体例は相当数あり、建物の無償使用については、親子をも含めて、一般に親族間であっても、これを権利関係に構成するというのが今日の判例の立場といえよう。

(3)　建物所有を目的とする土地の貸借

親（子）所有の土地上に子（親）が建物を所有する場合、その敷地使用権の性質については、それが無償であると認定されたならば、少なくとも使用借権という権利関係を肯定するのが、今日の判例の一般的傾向であるといえよう（最判昭和四一・一・二〇民集二〇巻一号二二頁）。このケースは他のケースと比べて事例数が多いので、ここでは、実親子関係、養親子関係およびいわゆる義理の親子関係（岳父と娘婿との関係など）に区別して検討する。義理の親子間では、ことに老後の介護等の特殊な動機・目的のもとに宅地の貸借がなされるという特色・傾向がみられるであろう。

さらに、親が土地と地上建物とを所有する場合に、地上建物のみを子に贈与したとき、その敷地無償利用関係については、これを「地上権」と認定した事例も散見され、いずれも親族間の特殊な事情を背景とするものであるが、「長期間の使用貸借」の例を理解するうえで参考となるので、簡単に取り上げることにした。なお、この種の使用貸借に関するケースは、他のケースと同様に解約が論点となっているが、ここでは無償利用権の性質に重点をおいて紹介したいと思う。

(イ)　実子間の貸借

つぎの最高裁判例は非公式のものであるので細部はよくわからないが、貸与の動機・目的において格別のものがなかった事例である。

【一〇九】　最判昭和三八・九・一二裁判集民六七巻五六九頁

【事実・判旨】　子が父母と同居していたが、折り合いが悪くなり、父所有地上に住居を建築所有し一家でここに居住していたところ、原審が、敷地使用につき使用貸借が成立しているが、解約の意思表示により終了した、と判示した。これに対して、最高裁は「親子間の情誼に基づき、親が子の建築したその一家の住居として使用せられる建物の敷地として宅地を貸与する契約であって、特段の反対事情の認められない限り、少くとも黙示的に使用の目的を当該建物所有のためと定めたものと認定するのが経験法則に合する」と判示（破毀差戻）した。

原審は、民法五九七条三項にいう使用貸借としたが、これでは占有権限の点でいえば、無権限占有に等しく、契約法からみれば、事実利用に限りなく接近し、使用貸借の存在を認めたところで、あまり実益がない。一定の期間は確保さるべき貸借であるとした最高裁の判断は正当であった。

【一一〇】の最高裁判例は、親子間の宅地の無償使用関係について特殊の目的があったものではあるが、この種の貸借のリーディングケイスともいえる事例であり、最高裁では使用貸借の「解約」論が中心となっているが、原審判決は、親子間の無償使用の「性質」について注目すべき判示をしている。

【二〇】　最判昭和四二・一一・二四民集二一巻九号二四六〇頁[13]（【三二】）

【事実】　Aの長男であるY_1は、弟らとともに父業を承継するにあたり、Aと母X_1との各所有地にある各建物で居住するほかY_2会社を兄弟で協力して経営し、その収益をもって父母を扶養することになっていたが、Aが隠居し、Y_1が名実ともに采配を振るうようになってから、兄弟間にあつれきが生じ、他の妹弟はY_1から離れるとともに、Y_1はAX_1に対する仕送りを理由もなく止めたことが起因となって、AX_1とY_1とは相互に仇敵のごとく対立するに至った。その間、A所有地の贈与をうけたX_1らの親子は、Yに対して明渡しを訴求。

【判旨】　当事者間の信頼関係が地を払うに至り、貸主であるXらが$Y_1$$Y_2$に本件土地を無償使用させておく理由がなくなってしまったこと等の事実関係のもとでは、民法五九七条二項但書を類推適用して、本件使用貸借契約を解約できる。

第一審判決はYらの土地使用についてはXらの主張に応えて無権限占有であるとしてXらの明渡請求を肯定した。これに対して第二審判決は、「父母との間に黙示的に成立した使用貸借契約に基づくもの」とし、さらに次のように説示しているのが注目される。「Xらは、本件土地の使用関係は法律によって規整せられざる事実上の状態にすぎない旨主張するけれども、たとえ親子の間における物の貸借関係であっても、道義習俗の規整にゆだねて不都合を生ぜざる些少の物についてならばいざ知らず、本件土地のごとく相当の価値を有し、ことに不動産たる物件の使用関係が法律の埒外に放置されるも妨げなしという道理は存しない」と。このように親子間に使用貸借契約が存在するということを前提にして、その解約の当否を論じ、右の最高裁判

例は、かかる原審判決をそのまま支持したものである。それ故、親子間の無償使用の性質に関しても実質的には最高裁も右の原審判決と同様の立場にあると考えて大過なかろう。

したがって、最高裁昭和四七・七・一八判決（判時六七八号三七頁）が、「夫婦その他の親族の間において無償で不動産の使用を許す関係は、主として情義に基づくもの」であると判示したのは、その事案が夫婦間の宅地の使用関係を問題としたものであるので、親子等の親族間については先例的価値はない、といわねばならないであろう。実際、下級審判決の主流は、原則的に使用貸借関係を認める傾向にある。主な事例をさらに検討してみよう。

【二二】と【二三】は、母子・父子間の貸借であって、貸与にあたり条件はいうまでもなく格別の動機・目的もなくして、まさしく親子の情愛から子が母・父の宅地を無償で使用していたものである。

【二二】　東京地判昭和四八・二・二七判時七一五号七五頁（【三八】）

【事実・判旨】　X（母）はその所有する係争地の南側にある住居で娘Aと同居していたが、Y（息子）がXの承諾を得てその北側に建物を建築所有し、ここに妻子とともに入居した。ところが、入居後しばらくしてささいなことからXAとYとの関係が悪化し、Xが信頼関係の破壊を理由に明渡しを訴求。係争地には、「親子間の情誼に基づき、少なくとも黙示的に期限の定めのない、使用目的をYが建築し、その一家の住居として使用される建物所有のためと定めた使用貸借契約が締結されたものというべきである」。解除は認められない。

【二三】　東京高判昭和五九・一一・一四判時一一四一号七六頁

【事実・判旨】　亡父がその所有地をYら子の住居の敷地とするためYらにその使用を許諾し、Yが地上に建物を建築所有してY夫婦がここに居住していたところ、亡父がその敷地を二女に遺贈し、その遺言執行人XがYに明渡しを訴求。判旨は、亡父とYとの間に「建物所有を目的とする期限の定めのない使用貸借契約」が成立し、いまだ期限が経過していない、と判示。

(ロ)　養親子間の貸借

すでに養親子関係にある当事者間では、無償使用の成立の経緯は実親子間の貸借の場合と基本的には同じであろう。しかし、無償貸借の動機・目的（老後の世話など）を実現するために、いわばその手段として養親子関係が形成される場合もあり、このケースでは、縁組と無償利用とが一体となっているが故に、無償利用の消長は、養親子関係が円満に維持されるかに左右され、貸借の解約の当否を判断するにあたっても、縁組の経緯を考慮せざるをえなくなる。この種の裁判例は贈与については相当数あるが、無償使用ではまだ数が少ない。というよりも、所有権の譲渡（贈与の機能）によって利用権の委譲という手段がカバーされているといった方が正しいのかも知れない。これまでのところ、宅地の無償利用では養親子間のケースはないようである（建物の貸借については【九五】【一〇七】【一〇八】判決参照）。

つぎの事例は事実上の養親子間での贈与と絡まった特殊の無償使用関係が問題となっているものであるが、ここで紹介しておこう。養母が養女の献身的な看護・介護に報いるため、土地と地上建物とを死因贈与したが、土地については先に相続人が登記を了し、第三者がこれを買いうけたため、敷地について地上権が主張されたところ、「終身の使用借権」が認められている。

【一一三】　東京高判平五・一二・二〇判時一四八九号一一八頁[14]（【九三】）

【事実】　Y女（Aの姪で事実上の養子）は終戦直後、Aとともに本件建物に入居し、以後結婚もしないで半身不随のAの看護に専心した。Aには相続人Bがいたが、Bは単に戸籍上の理由で養子となったにすぎず、AB間には親子の実体はなかった。AはYの行為に報いるため、自分が死んだら一切の財産を贈与する旨を明言し、権利関係の書類をすべてYに引渡していた。A死亡後、Yは本件建物の登記を了したものの敷地の所有名義をA名義のままにしていたところ、Bが相続登記をして世話になった親族のために抵当権を設定した。Yが後にこれを知って抗議したため、抵当権の登記は抹消されたが、B名義のままで、Bが死亡したのち、事情を知らないBの相続人が係争地を売却し、現在はX不動産関連会社が所有者となり、係争地を含む一帯の土地にマンションを建築するため、Yに対して明渡しを訴求。Yは地上権などを主張した。

【判旨】「BとYとの間に係争地につき本件建物所有を目的とする使用貸借関係があったと解するのが相当」であるとするほか、少なくとも、Yは「期間をYの生存中とする使用借権」を有していた。この使用借権はXとの関係では消滅するが、Xの請求は権利濫用になるところ、補償金五、〇〇〇万円（申立額四、二〇〇万円）を支払うことによって初めて権利の行使として是認できる。

本件は、正確には事実上の養親子間の貸借ではなく、養母の相続人との間で「終身の使用借権」が成立するとされたものである。しかし、かかる特殊の使用借権が認められたのは、養女との右の特別の関係があったからにほかならないので、実質的には養親子間の貸借と考えてよいであろう。興味深いのは、死因贈与の経緯から、Yが係争地の「実質的所有者」であるとされ、これが使用借権の性格に反映しているところであり、実際、ふつうにいけばYが係争地の所有者になるはずのものであった。したがって、使用貸借契約に本質的な「返還義務」などそもそも貸借の成立当初より予定されていなかったといわざるをえない。このことは相続人も充分に了解しており、Bはただ登記の名義書替料的な金銭を期待していたにすぎず、文字通りの形式的な登記簿上の所有者にとどまった。しかし、第三者たるXの出現によって観念的なタイトルはXに帰属したので、Yの法的地位が曖昧となったが、Bとの関係では所有者としての利用を長期間継続していたのであり、少くとも「借主一代」は保護さるべき「特殊の使用借権」であったといえよう。本書は、すでに述べてきたように、これを「プレカリウム契約」(「所有権的利用」)と称してきた。本件はかかる無償利用関係が現存することの証左である。判旨は、Xの明渡請求を権利濫用としておきながら、結局は金五、〇〇〇万円でYの居住利益の必要性を代替させている。このような論法は是認できないが、別に論究したいと思う。

(ハ)　義理の親子間の貸借

親所有地上に子夫婦が建物を建築所有してそこに居住する場合も少なくない。娘夫婦であるときは、通常は地上建物の所有権は夫に帰属しているので(夫所有名義の建物登記)、敷地使用関係の当事者は岳父と婿とになるが、いうまでもなく父が無償で土地の使用を許容するのは、娘との身分関係(娘への情愛)が起因となっている。しかし、その他に特殊な動機・目的が潜在していることが多い。従来の裁判例では、実親子間の場合と同様に、「老後の世話」を眼目とするものが多い。最近の事例ではとくに右のような目的でなされる貸借が顕著になっている。

【一四】は、右の傾向から外れるが、将来は「同居扶養」が期待されていたものであろう。嫁が夫の死亡後、夫の両親と共同生活を継続する旨を協議したうえ、共同生活に入ったが、結局、破綻したというものである。

【一四】　東京高判昭和五一・四・二一判時八一五号五三頁

【事実・判旨】　X夫婦の二男の嫁Aは、夫死亡(交通事故)後、二児の生活の方途をたてる必要から、A親子がX方に同居して生計を一にし、同時にXはその居宅の敷地続きである係争地を提供し、A親子がその支払いを受ける右事故の保険金をもって貸家(二棟四戸)を新築したうえ、その賃料収入を増大する生活費に充てることとした。ところが、Aが右保険金を独占しようとしたことなどが起因となって、X夫婦とA親子との間に交渉が全く途絶え、その後Aが再婚し、Yら二児をその夫の養子として、夫の住居に居住している。その間、係争地上の建物所有名義はAからYらに移転されている。判旨は、係争地の使用貸借が、「A親子がX夫婦と同居し生計をともにする家族生活をなし、A親子の同居によって増大する生活費の補てんをはかる目的で成立したもの」であり、本件では右目的に従った使用収益は終了した、と判示。

本件では、共同生活の場である土地の無償使用が問題となっているのではなく、共同生活を維持する経費に充てるため、父所有の土地上に嫁が賃貸住宅を所有することになったが、共同生活が破綻したことから、その賃貸住宅の敷地無償使用権の消長が争われている。その無償使用関係が使用貸借であるという点には疑問の余地がなかろう。結論も穏当である。

つぎの【二五】では、養母がもと養女に老後の世話を託して同居したが、もともと折り合いが悪く、結局、養母が再び同居する気持を喪い、養女夫婦に対して土地の明渡しを訴求している。

【二五】　東京高判昭和六一・三・二七判タ六二四号一八二頁

【事実】　XB夫婦はA（養女）Y夫婦と同居していたが、X（養母）とAとは性格が合わず、昭和四〇年八月に離縁。B死亡後、XはYA夫婦とは約一〇年間特段の交渉もなかったが、親戚の勧めもあってY夫婦がXと同居して面倒をみることになり、X所有建物を取り壊してX所有地上にYが係争建物を建築所有し、ここでYA夫婦とXが同居した。Xは、Yの勧めもあって一階の日当りのよい部屋を居室にしたが、Aがこれを気に入らず、また食事を差別するなど、Xに意地の悪い態度を取り続けた。YはXA間の関係が円満に運ぶように配慮したが、成功せず、結局、XはAの態度に耐えかねて、現在は借間で一人暮しをしており、再びYA夫婦と同居し、その世話を受ける気持はない。

【判旨】「本件建物建築のころ、XとYとの間に、本件土地全部についてYが建物を所有してXと同居しXを扶養することを目的とする期間の定めのない使用貸借が成立した」。しかし、本件の場合、右使用貸借の目的は達成できないので、民法五九七条二項但書の類推適用により、Xは解約できる。

つぎの例は、父所有地上に娘婿が建物を建築所有したが、その敷地所有権を第三者が取得し、明渡しを訴求したものである。契約当事者間の解約が論点とはなっていないが、当事者間での使用貸借契約の成立は別訴ですでに確定しており、かつ、その目的は娘夫婦が病身の父と同居して介護することにあった。

【一一六】　東京高判平二・九・一一判タ七六七号一四七頁

【事実・判旨】　係争地はA所有で、Aの三女Cの夫であるYが地上に建物を建築所有しているが、この建物は、YC夫婦が病身のAと同居してAの看護にあたれるようにするため、A所有の旧建物を取り壊わして建築されたものであった(昭和五八年)。しかし、AとCY夫婦との折り合いが悪くなり、Aが明渡請求を提起したところ、Yが勝訴し、Yの使用借権が確認された（昭和六二年)。しかし、その後、Aが養女（Aの長女の子）に係争地を遺贈し、Xが、右の経緯を知りながら時価の二分の一程度でこれを買い受けて明渡しを訴求。判旨は、Xの請求を権利濫用として棄却した。

使用借権の成立している敷地を第三者が譲り受けて、使用借人に土地の明渡しを請求するという事例も、近時いくつか散見されるようになった。これを権利濫用とした事例もあり、本件もその一例である。この問題については別に論究する。

【一一七】も、娘夫婦が両親の老後の世話を目的として親所有地に建物を建築所有したものであり、娘が死亡したことから、娘婿と岳父との間で紛争が生じている。

【一七】　東京地判平三・五・九判タ七七一号一八九頁[15]（【三】【二四】）

【事実】　X夫婦は定年後も健常で、経済的にも援助を必要とする状態ではなかったが、既婚の三人の娘に対し、そのいずれかにX所有の居宅を相続させるとともに、その家族と同居してX夫婦の老後の面倒をみて貰いたい旨を申し入れた。長女Aの夫であるYは当初は反対していたが、Aの強い希望を容れて、Xの申し入れに応じることとし、Xの居宅に接し、これと相互に往来できる構造の建物を建築所有して、ここに居住した(昭和六一年三月)。ところが、Aが昭和六二年六月に病死したため、YA夫婦の子供の世話やYが再婚したことなどの事情によりXY相互間に感情的な離反が顕著となり、Xから明渡しを訴求。

【判旨】「当事者が本件使用貸借契約を締結した基本的な動機ないし目的は、単にYに一定の期間にわたって本件使用借地を無償で使用させること自体にあるというよりは、Xにおいて本件X所有地及び本件X居宅を長女のAに相続させ跡を継がせることを前提として、あらかじめY及びその家族がX夫婦と同一敷地内に居住し、X夫婦の老後の面倒をみるなど、親族として相互に援助し合うということにあったことが明らかである」。本件では右目的の到達は不能になったか又はその前提たる信頼関係は既に破壊された。

【一八】は、娘夫婦が亡父の所有地上に建物を建築・所有していたところ、敷地が母に遺贈されたため、娘夫婦が係争敷地の贈与をうけたと争うとともに、予備的に賃借権を主張したが、使用貸借の成立しか認められなかったものである。

【一八】　東京地判平五・八・二五判時一五〇三号一一四頁

【事実・判旨】　亡Aは二女X_2を大変に可愛がり、X_1X_2夫婦を自分のそばに住まわせたいこともあって、Aの住居と地続きの係争地を貸与し、X_1が地上に建物を建築所有していたところ、Aが公正証書により係争地を妻Yに遺贈したことから、Xらは係争地につき贈与などを原因とする所有権の取得を主張するとともに、予備的に賃借権の確認を求めるほか、X_2は公正証書遺言の無効確認をも訴求した。判旨は、公正証書遺言の有効性を認めるほか、贈与もしくは賃借権の主張を排斥したうえで、「むしろ、X_1の係争地の使用は、Aが娘夫婦のために、いわば親子の情誼関係に基づいて許諾した無償の使用貸借関係によるものとみるのが自然であり相当である」と判示。

本件では、父が無償使用を許容した特別の動機・目的は明らかにされていない。使用貸借契約の「解約」が論点となっているわけではなく、借主側が賃借権の確認を求めて利用権の存続保護を企図したが、単なる使用貸借にすぎないことから、確認請求が棄却された事例である。それ故、紛争の究極的な解決はまだ将来に残されているが、少なくとも右の敷地無償使用が権利関係となることには疑問の余地がなかろう。

3　地上権肯定例

親族間の敷地無償使用関係を地上権と認定したいくつかの先例がある。古くは、土地建物を父母が共有中、分割により土地が母に、地上建物が父に帰属し、子が父から建物を贈与され、母からは敷地利用の承諾を受けたが、のちに母から敷地を買い受けた第三者との紛争で、夫婦間の敷地使用権限の性質が論点となったところ、成立の経緯、存続期間・地代について特別の合意がないことなどから、地上権（建物保護法の対抗力）を肯定した大審院判例（大判大一五・一一・三【一四七】）がある。戦後の下級審判決でも、土地と建物の同一所有者から地上建物のみの贈与を受けた者をその敷地譲受人の明渡請求から保護するため、無償の地上権を肯定した例が散見され[(16)]、親子間ないしこれと同視できる関係の事例もあるので、紹介しておこう。

【二九】　東京地判昭和三四・九・二六法曹新聞一四五号一七頁
【事実・判旨】　AY（継母子）は協力して係争地上で先代からの家業を経営していたが、抵当権を設定するに際して、敷地はA名義のままとし、地上建物をY名義にしていたところ、敷地所有権を取得したXが明渡しを請求した。判旨は、「使用権の設定されるに至るまでの経緯、当時の使用権者と設定者との間柄、存続期間及び地代につき何らの取りきめのないこと等からみて地上権の性質を有する」と判示。

【三〇】　福岡高判昭和三八・七・一八判時三五〇号二三頁
【事実・判旨】　係争地とその地上建物はもとYの父所有であったが、Yの父は、小児麻痺を患った二男のYの将来の生活の方途を慮って、好配偶者を迎え、料理店を経営させるつもりで係争建物を建築所有し、Yが妻を迎えるにあたっても、将来、Yにおいてよい相続人に恵まれれば、地上建物を贈与する旨を言明していたところ、終戦直前の混乱のなかで死亡した。父死亡後、係争敷地と地上建物は長男の子が代襲で家督相続し、曲折を経て亡父の意思に従い係争建物のみがYに贈与され（登記済）、その後Xが係争地を買い受けYに対して明渡しを訴求。判旨は、「斯様な場合、右Yとその甥にあたる宅地所有者との間には、黙示の地上権設定契約（地代並びに存続期間の定めのない）が締結されたものと解するのが、相当である」。したがって、Yは建物保護法によりXに対抗できる。

右の【三〇】判決では、亡父と二男Yとの間では、いまだ地上建物の贈与がなされたものとは認定されず、「Yは右父の家族の一員として、これが事実上の占有管理にあたっていたにすぎず、独自の占有をなしていたものとは到底認められない」としているので、亡父とYとの利用契約の問題とはされていないが、父の相続人が父の生前の意思に沿い地上建物を贈与したという事情に基づいて地上権の成立が認められていることから、実質的には父と子との無償利用関係の例としてあげることが許されるであろう。

4　小　括

(1)　親子間貸借の性質決定

以上、建物の貸借および建物所有を目的とする土地の貸借を中心として、親子間の無償使用関係の法的性質を検討したが、今日の判例がこれを使用貸借契約と解する傾向にあることが判明したと思う。意見が分かれているのは「同居ケース」の場合であるが、これもいずれは使用貸借肯定論に軍配が上がるであろうことも前述した。使用貸借の成立を否定してみたところで、親の子に対する明渡・退去請求の当否を判断するためには、親子間の無償使用の成立の経緯や貸主・借主の動機・目的、現在の使用状況、必要度等諸般の事情を考慮せざるをえず、そのことは親子間の貸借が社会経済的に独自の意義をもつ行為であるということを暗黙のうちに前提としたうえでの立論であると解するほかなかろう。したがって、かかる社会的に独自の行為を法的にそのまま評価することが事態に即した解釈論ということになるのではなかろうか。最判昭和四二年判決【一〇】の原審判決の説示は同居ケースの場合でも基本的には妥当するものである。また、ごく最近の最高裁判決には、所有者たる父の死亡後の使用関係に関する事例であるが、同居ケースで使用貸借契約の成立を事実推認したものがあり(【一六四】)、この種の無償使用の独自性がそれぞれの局面で自覚されてきたと評価できよう。

(2)　親子間貸借の動機・目的

ところで、親子間の不動産無償使用関係の起因となる貸主・借主双方の動機・目的（本書にいう「原因」）については、すでに個別的に言及してきたが、ここで判例を全体として通観しながら検討しておこう。

まず、漫然と無償使用が許容される場合がある。親側に貸与のための格別の動機・目的がなく、子にも居住のためというほかに借用の具体的な目的(「使用目的」)がない場合である。親子間の抽象的な「相互的援助・扶助関係」のなかで、いわば親子の情愛の発露として行なわれる無償使用である。かかる利用関係と同様の目的は賃貸借でも達成できよう。これまでの判例のなかでは数としては少ないケースである(【一〇〇】【一〇六】【一〇八】【一〇九】【一二二】【一二三】)。ただし、一時的・暫定的な利用のためになされる貸借(有名使用貸借)ではないのが通常であろう(事案による。前掲・大津地判昭和三〇・四・七【八四】は暫定的な貸借といえよう)。このケースでは、抽象的な「相互的援助関係」(円満な親子・親族関係)が崩れることによって紛争が生じている(なお、紛争の具体的原因は次節で検討する)。

つぎに、いわゆる二世帯同居によって子夫婦が「親の老後の世話」をすることを(暗黙の)前提ないし目的としている無償使用関係が指摘できる。事例としては相当の数に上る。親所有の建物に子夫婦が同居する場合(【九五】【九六】【九七】【九八】【一〇二】【一〇三】【一〇四】【一〇七】)、親所有地上の子所有建物で親子夫婦が同居する場合(【一一五】【一一六】)、さらに親所有の住宅の敷地内に子夫婦が建物を建築所有する場合には(【一一四】【一一七】【一一八】)、原則として右のような動機が潜在しており、明示の協議がなされることもある。義理の親子関係ではとくにこの点が客観的にも明瞭となろう。

さらに子が親の家業に協力したり、これを承継する場合にも親子間の無償使用が問題となっている(【九五】【九八】【九九】【一〇二】【一一〇】)。このタイプでは、親の老後の「扶養」(【一一〇】)ないし「同居扶養・介護」が結合することも少なくなかろう(【九五】【九八】【九九】【一〇二】)。本来、「二世帯同居」のケースでもいえることではあるが、より一層土地建物の無償使用という側面は、右のような親子間の協力関係、特殊の目的によって、差し当りその背後に退りぞけられる。普通にこの関係が進展すれば、無償使用が問題となることはなく、子が当該土地建物の所有権を贈与・相続を介して取得するはずのものである。しかし、不幸にして親(ないし子)の期待・信頼が裏切られ、右の協力関係の維持・目的の達成が不可能となると、無償使用関係(「所有権対利用権」)の存続・消長が当事者間の紛争の核心となるわけである。したがって、このケースも使用貸借という法的形式を通して解決されても決して不当ではない。ただし、解約・明渡請求の当否を判断するにあたっては、常に右の特殊の目的(原因事実)を積極的に評価するという解釈手法が必要となろう。

なお、子が親所有の不動産を営業のために借用する場合もある(【一〇八】、【一〇三】は使用貸借否定例)。この場合に、その営業収益から親を扶養するなど特段の事情のないかぎり、先述した「居住目的」のために使用するという無償使用と径庭はない。賃貸借でも同じ機能を果たせるのであるから、諸般の事情を総合考慮して解約の当否を判断すれば足りよう。「居住目的」、「営業目的」の無償使用は他の親族間の貸借の例でも少なくないので、親子という身分関係の特殊性を考慮する必要性は少なくなるであろう。

(3)　親子間貸借の特徴

おわりに、無償使用権の特質について付言しておこう。右の無償使用の機能とも対応するが、相当長期の期間が予定されていたり、そもそも「返還義務」が予定されていないものもあった。「老後の世話」、「家業の承継」を眼目とする無償使用はとくにそうであろう。【一一七】判決では、将来、親が子に建物の敷地を相続させる旨を明言すらしている。

したがって、いずれの無償使用も民法典にいう「使用目的」によってその存続を限定できるような貸借ではないと確言できよう。この問題は次節の検討に譲る。なお、親所有の土地と地上建物のうち地上建物のみが子に贈与されたケースでは、地上権を認定した判例もあった。係争地の第三取得者に対する対抗問題に関する事例であるが、この種のケースでは、少くとも地上建物が朽廃するまで存続することになるが、事案によって使用貸借しか認められない場合であっても、(17)相当長期間の無償使用が予定された貸借と解するのが妥当とされることになろう。(18)

二　親子間の無償利用関係の存続・消長

今日の判例が親子間の貸借でも使用貸借契約として構成し、単なる親族間の情誼による無償利用とは考えていないという事情が明らかになったが、その紛争の要因は、主として親子間の感情的対立に起因するものであることから、目的物の返還請求の当否を判断する場合、その前提としていかなる解約（ないし解除）規範をたてるかという困難な問題がさらに待ち構えている。

判例は、信頼関係の破壊、目的の達成不能もしくは契約の前提たる事情の欠缺等、事案に応じて、これに対処しているが、各々の終了原因の中身が必ずしも明瞭ではないことのほかに、相互の関連も曖昧で、果たして独自の終了原因といえるかもいまだ判然としない。多くの裁判例は根拠条文として民法五九七条二項を類推適用しているが、その趣旨を明確に説示した例もほとんどないといっても大過なかろう。同種の事案で全く別の解釈論（解約権の濫用、目的の終了）をとる事例もあるぐらいである。

このような混迷状況にあるのは、いまだこの種の事例で明確な立場を確立した最高裁判例がないという事情もなくはないが、むしろ問題解決の困難さに起因するように思われる。すでに検討したように学説をも悩ましている。しかし、後述のように、いくつかの解約規準が模索されていることも確かである。確実な胎動を感じとることができるが、その出発点は後掲の最高裁昭和四二年判決（【三】）であるので、本書は、この判決が採用した立場（「目的達成不能・信頼関係破壊」型）を分析したうえで、右の終了事由を強調する各々の事例群を検討し、現在までの判例の到達点・課題を明らかにしたいと思う。[19] このことは同時に、親子間の無償使用関係の構造、その紛争の要因を洗い直し、いかなる紛争解決規準（解約・解除論）を定立すればよいのかという本書の当面の課題を果たすことにもつながるので、いうまでもなく原因論という視座を常に堅持していることは後述の通りである。

Ⅰ　「目的達成不能・信頼関係破壊」型（最判昭和四二・一一・二四）

1　最高裁の立場

最高裁昭和四二年判決が使用貸借契約につき新たな解約・解除原因に関わる重要な問題を提起したことは、衆目の一致するところであるが、それだけにまた難問をも提起することとなった。父母所有地上に長男が建物を所有していたという事案であるが、その法的構成をみてみよう。

【三】　最判昭和四二・一一・二四民集二一巻九号二四六〇頁（宅地）[20]（【一〇】）

【事実・判旨】「原判決の適法に確定したる事実関係、ことに、本件土地の使用貸借は黙示的に成立したもので返還時期の定めがないこと、本件使用貸借の目的の一部はY_1（長男）が本件土地上に建物を所有して居住し、かつ、Y_1を代表取締役とするY_2会社の経営をなすことにあり、……しかし、本件土地の使用貸借の目的は、Y_1に本件土地使用による利益を与えることに尽きるものではなく、一方において、Y_1が他の兄弟と協力してY_2会社を主宰して父業を継承し、その経営によって生じた収益から老年に達した父A、母X_1を扶養し、なお余力があれば経済的自活能力なき兄弟（X_2ら）をもその恩恵に浴せしめることを眼目としていたものであること、ところが、……Y_1は……さしたる理由もなく老父母に対する扶養を廃し、X_2ら兄弟（妹）とも往来を断ち、三、四年に亘りしかるべき第三者が介入してなされた和解の努力もすべて徒労に終って、相互に仇敵のごとく対立する状態となり、使用貸借契約当事者間における信頼関係は地を掃うにいたり貸主は……本件土地を無償使用させておく理由がなくなってしまったこと等の事実関係のもとにおいては、民法五九七条二項但書の規定を類推し、使用貸主は使用借主に対し、使用貸借を解約することができるとする原判決の判断を、正当として是認することができる。」

本判決は原判決と同様に親子間の無償貸借における「特殊な目的」を抽出している。つまり、契約の目的が単に土地使用という物的なものに尽きず、親子間の社会関係に基づく目的(家業を経営してその収益により老父母を扶養することなど）も含まれることを強調している。むしろ、かかる「特殊の目的」を「眼目」としていたとも説示しており、この目的が実現されておらず、かつ目的の達成が事実上不可能となるほど当事者間の信頼関係が破壊されていることから、解約が肯定されたものと考えられよう。つまり、右の物的な土地使用目的が達成できないというのではなく(これ自体はいまだ継続している)、眼目となる人的な目的は最早その実現が期待しえなくなったことから、民法五九七条二項但書を類推適用したものであろう[21]。おそらく判旨の立場を憶測すれば、民法五九七条二項は土地使用に係る物的な目的に関する規定であり、本件のように親子という社会関係に基づく人的な目的は本来予定されていないことのほか、その目的が達成されない場合についても同条の射程範囲外であるが、とにかく「契約の目的」という意味では同条と無関係ではないので、これ(同条本文ではなく但書）を類推適用したものであろう（但書は使用目的が達成されていない場合の規定である)。

ところで、同条の「使用目的」の意義についてはすでに何度も指摘したところであるので、ここでは省略するが、いうところの「目的」なるものについては少しく説明を要しよう。

本件の場合、契約の解釈（事実認定）の問題としても果たして右の「人的な使用目的」が本件使用貸借契約の一部分となっていたかどうかは疑わしいが（黙示構成であるほか、判旨は右「眼目」を「窺知」できるというのみである）、それはしばらく措くとして、理論構成の面からみて、判旨のいう「契約の目的」とはいかなる法的意義をもつものか、なお判然としない。民法典自体は「契約の目的」を契約の内容の一部分として規定することが多いが（民五九七条二項の目的も契約の一部分である）、仮りに判旨のいう「眼目」・「目的」が契約の一部分であるとするならば、一部の学説が指摘する通り(22)、それを「負担」として構成するのがより正しかったであろう。

しかし、本件の第一審から第二審の推移を振り返ってみると、そのように断定できない事情が窺える。一審では、Yは係争地の所有権を主張するのみであったが（そのため敗訴している）、第二審ではYが使用貸借契約を主張し、その解約が論点となったことから、そもそもXY間に土地の無償使用という意識すらあったかどうかも疑わしく、ことに当初は円満な親子関係が維持されていたというのであるから、事実としても契約関係の成立が漠然としたものであったことは否定しがたい。原審・最高裁の説示が曖昧（「窺知」とする）であったのは、このことと関連するし、二審判決がとくに使用貸借契約の成立についてわざわざ強調している事情（【二〇】参照）も肯づけるわけである。もちろん、この点は事実認定の問題ではあるが、このような事情が背景にあったが故に、右の理論としての「目的」論にも曖昧さが残されたといえよう。判旨は、土地使用という物的な目的と個人的な目的とを同列に並べているものの、その目的は契約の中身というよりも、むしろ、本件使用貸借をなしたことの「縁由」という面の方が強いように思われる。そうとすれば、いうところの「眼目」とは法技術的意味での「契約目的」ではなく、日常用語的意味で使用されていたということになろう。これを、法的に表現すれば、貸主側の主観的動機、目的にとどまるものであったと解するしかない。原審判決は、この主観的な目的をきわめて重要なるものと評価したため（そのことは正しい法的直感であった）、この種の主観的目的と契約目的とが混然となり、右のような説示に落着いたものであろう。最高裁も「目的」なるものの曖昧さを明確にしないまま原審判決を漫然と支持したため、学説を悩ましてきたように思われる。実際上も、老後の扶養等の目的を「負担」と構成するのは、特段の事情（たとえば、扶養について紛争が生じ、和解したような場合、あるいは全財産を子に委ねたような場合）でもなければ、当事者の真意にそわないのではないか。たしかに、老後の生活を世話するために同居したという事案で、その世話を使用貸借の「条件」と解釈した下級審判決（東京地判昭和四三・四・二六判時五三一号四二頁）がある。しかし、これは他人間の合意によるものである。本件の場合もそうであるが、老後の世話が親子間の情愛の発露であるため、そのような目的を法的効力をもつ負担や条件とはしないというのが親子間の道義でもある。それをあえて当事者の契約意思として権利義務の関係に構成し直すのは、解釈の域を超えるのではないか。事実審たる原審も明らかにこれを「負担」と構成することを否定しており[23]、事実としてもそのような解釈ができなかったというべきものであろう。つまり、当事者が暗黙のうちに前提とした諸事情をどのように理論構成するかという難問に直面していたわけである。

本判決は、借主側の土地使用目的（何んのために借用したのか）と貸主側の貸与の目的（何のために無償で貸与したのか）とを明確に区別していないことがそもそもの誤りの出発点であったが、とにかく「目的」なるものの重要性に気が付いたという点は評価してよい[24]。他方で、かかる目的を実現するための基礎・前提となるものが当事者間の「信頼関係」である旨を指摘した点も重要である。しかし、「信頼関係が地を掃うに至った」という事実を述べている面が強く、信頼関係理論を採用したと断定するのは早計であろう。

ともあれ、「契約目的」にしろ「信頼関係」にしろ、ともに曖昧で厳密に定義づけることは困難ではあるが、後の下級審判決は右の二つの用語ないし理論を解除・解約論へと高めようと努力しており、この意味でも本判決は重要な問題を提起したといえよう。以下、その後の判例の推移・動向を検討したいと思う。

2　下級審判決の動向

(1)　つぎの高裁判決は根拠条文を示さないが右最高裁判決を引用して、ほぼ同趣旨を述べている。

【三三】　東京高判昭和四六・一〇・二六判時六五二号四〇頁（居住用建物）

【事実】　Xは息子夫婦YAとX所有の係争建物で同居し、隠居生活をしていたが、XがYの幼少のころ亡兄の妾を後妻に迎えたことがあったので、もともとXYとの関係が円満を欠いていたところ、昭和四〇年ころYA夫婦の子供が親に反発するのをXがかばったことなどから、XYの不仲が昂じ、昭和四二年ころからは口を聞くこともなくなり、Xは一時二女の嫁入先で生活することもあった。ところが、昭和四二年八月ころ親族の面前で、AがXに接吻されたことがある旨を述べたため大騒ぎとなり、YがXに危害を加えるおそれも出てきたので、Xは現在、近隣の人の好意でその者の工場の二階で生活している。

【判旨】　「平穏に父子としての共同生活を続けることを当然の前提とし、眼目として、Yにおいていわゆる隠居生活をするXの扶養をするとともに自己の居住の用に供する目的から」、Yに対して無償使用を許諾したものであり、「YA夫婦のXに対する扶養を廃止し、互いに共同生活を断念して双方の信頼関係は全く地を払うに至り」、Y夫婦がXをいわれなきことを理由にその立つ瀬がないまでに非難攻撃したことが決定的な原因となり、その結果、「最早父子として平穏な共同生活を維持継続することが全く不可能な状態となったことが明らかである」。したがって、Xは本件使用貸借を解約できる。

本件使用貸借の「目的」とされたものは、本件では同居ケースであったので、最高裁判例の事案とは異なるが、「目的」（平穏な共同生活と扶養）の達成が不可能となり、信頼関係も破壊されたことを解約事由とする点は、軌を一にしよう。本件では、Yの責任を強調しているので、信頼関係の破壊による「解除」という構成も可能であったと思われる。おそらく解除の前提であるY側の「債務不履行」の認定を避け、「契約目的」の達成不能という無難な方途（最高裁判例）に従ったのであろう。信頼関係の破壊はそのことを補強する事由となっている。

ところで、本判決は右の「契約の目的」を「前提とし、眼目として」と説示するように、その目的を使用貸借契約それ自体から区別しようとする趣旨が読みとれるであろう。[25] また、「目的」の達成が「全く不可能となった」とも述べており、この点でも最高裁の曖昧な点がより明確なかたちで出てきているが、いうまでもなく、右最高裁判決に対する判例批評の成果をとり入れたものであろう。

ともあれ、この高裁判決は、後の「前提」論および「目的達成不能」論をとるそれぞれの裁判例に大きな影響を与えたものと思われ、注目すべきものである。

つぎの高裁判決も「同居扶養を目的とする使用貸借」の成立を認定して、同じ論法で契約の解約（民五九七条二項但書の類推適用）を肯定している。

【一三】 東京高判昭和六一・三・二七判タ六二四号一八二頁（宅地）[26]

【事実】【一二五】参照。

【判旨】　XB夫婦とA（養女）Y夫婦との間には、「Yが建物を所有してXと同居しXを扶養することを目的」とする使用貸借が成立しているが、この貸借は「通常の貸借以上にXとYとの間に信頼関係が維持されることを基礎として成立したもの」である。しかし、右信頼関係はYの履行補助者であるAとXとの不和により全く破綻し、これにより右同居扶養の目的も達成できない状態になっている。その原因はAの態度に起因するものというべきであるから、このような場合には、民法五九七条二項本文を適用しえないとしても、同条二項但書を類推適用して、使用貸借を解約できる。

本判決も、同居扶養という使用貸借の目的が達成できないことを強調して、民法五九七条二項但書を類推適用しているが、何故にそのような解釈論が可能なのかは説明されていない。最高裁理論をほぼ踏襲したままの段階にとどまっているといえよう。否むしろ、「同居扶養目的」なるものを前面に押し出している。最高裁や、ことに【一三二】判決が工夫した解釈の「妙」を全部洗い流してしまった。(27)

(2)　以上の判例では、最高裁判例をも含めて、いまだ、使用貸借の目的とその解約論との関連が必らずしも明確ではなかったが、つぎの【一三四】は、最高裁の理論的枠組に依拠しているものの、契約目的の中身にまで踏み込んで、解約論の理論構成や民法五九七条二項但書の類推適用の趣旨・根拠にまで言及しており、その当否は別にして、この問題の解決に対するかなりはっきりした構図を描いているように思われる。

【一三四】　東京地判平成三・五・九判タ七七一号一八九頁（宅地）(28)（【一三三】【一二七】）

【事実】【一二七】参照。

【判旨】　民法五九七条二項但書の趣旨は、「契約締結後の事情の変更により、契約で定められた使用収益の目的の達成が不能となった場合や、契約の基礎又は前提となった当事者間の信頼関係が破壊されるなどして貸主が借主に対して目的物を無償で使用させるべき実質的な理由が欠けるに至ったような場合にも、類推適用すべきものと解釈する」。また、「右にいわゆる使用収益の目的とは、使用貸借契約の無償契約性に鑑みて、建物の使用貸借における建物所有目的といった一般的、抽象的な使用、収益の態様ないし方法を意味するものではなく、当事者が当該契約を締結することによって実現しようとした個別的、具体的な動機ないし目的をいう」。本件での貸借の基本的な動機ないし目的は、単にYに一定の期間にわたって係争地を無償使用させること自体にあるというよりは、Xにおいて係争地と住居とをAに相続させ跡を継がせることを前提として、あらかじめYとY家族がX夫婦と同一敷地内に居住し、X夫婦の老後の面倒をみるなど、親族として相互に援助し合うということにあった。ところが、双方の配慮に欠けた言動の積み重ねで、信頼関係が破壊され、相互に援助し合うということもおよそ期待しがたい。したがって、右目的の達成が不能になったか、又は右当事者間の信頼関係が既に破壊されているので、同条但書の規定の類推適用により、本件契約は終了した。

本判決は、「契約で定められた使用収益の目的」なるものが具体的・個別的な目的つまり当事者の主観的動機ないし目的であるという一般論を述べた上で、本件での「貸借の基本的動機ないし目的」は、Xの住宅をAに相続させ跡を継がせることを前提として、X夫婦とY家族が同一敷地内に居住し、X夫婦の老後の面倒をみるなど、親族として援助し合うことにあった、と判示している。しかも、土地使用という物的な目的をほとんど捨像してしまっており（この点で最高裁の立場と異なる）、右のごとき貸主側の主観的目的を前面に押し出して、これを契約自体の目的にまで高めているといえよう。それが故に、「目的の達成が不能」となった場合にも解約できるという構成が可能となったわけである。

しかしながら、かかる目的がここにいう契約の目的であるとするならば、本件での使用貸借は土地の無償使用・利用権という使用貸借契約の性質から大きく離反することになろう。判旨のいう契約目的とは、要するに契約の内容となるものであり(民五九七条二項の目的と構成しているので)、具体的には老後の世話などの人的な目的が使用貸借の契約内容に取り込まれることになることから、物的な利用契約に異質のものが混在することになろう。しかも、人的な目的に主眼があるというのであるから、無償使用という側面は法的にも稀薄とならざるをえない。かくては、もはや使用貸借という契約類型を維持することができなくなるであろう。この種の契約を特殊な「同居契約」と称する学説があるのも、(29)決して理由がないわけではないのである。判旨は解約論のみに目を奪われ、いつの間にか自らが立脚する使用貸借契約の特質・構造を忘れてしまったといえよう。「目的」という概念のもつ曖昧さがこのような立場へ導いたものであり、本書が指摘した目的概念なるものの一人歩きの一例である。

理論的には、土地の無償使用関係としての使用貸借契約を堅持するためには、右の人的な目的はせいぜい「負担」ないし「条件」にとどめておかねばならない。最高裁判例やその後の一連の下級審判決が、この種の目的を主観的動機・目的（当事者双方の）にとどめ、これに「信頼関係の破壊という事情」を加味して解約の当否を論じたのは、右のことを考慮した上でのことであったものと思われる。

ただし、本判決が右の人的な目的を前面に押し出して本件貸借の解約問題を解決しようとした法的直感には正しいものがあったといえよう。この種の主観的動機・目的のうちに解約規準の核心が内在していることは一連の裁判例によってすでに明らかにされているところであり、ただ、このことを法技術的に表現する点に未熟さがあったわけである。

なお、本判決は使用貸借の基礎ないし前提としての信頼関係が破壊された場合にも解約が可能である旨を指摘している。[30]そこにいう「前提」なるものは単なる日常用語でしかなく、いわゆる前提論とは全く無関係であることに注意すべきであろう。このような貸借の前提たる信頼関係の破壊による解除論はすでに判例によって一定の方向性が示されていることは後述する。本判決は目的達成不能・解約論を前面に出したため、信頼関係論とは択一的に捉えられており、本判旨の立場からいえば、目的達成不能か、又は信頼関係破壊のいずれかを根拠にして解約・解除ができたはずである。しかし、判旨はいずれをも理由にして解約を認めており、この点においても不透明な理論となっている。いうまでもなく、契約目的と信頼関係とを併用したのは最高裁判決の影響であるが、かえってそれだけに最高裁判決の妙味を奪ってしまったといえよう。

II　信頼関係破壊型

周知のごとく、信頼関係論は継続的契約ことに賃貸借契約の解除一般に関する原則論としてすでに判例・学説のうちに定着している。[31]その具体的中身、つまり物質的信頼関係のほかに人的信頼関係をも含むのかどうかについては学説において争われているが、判例はこれをも考慮して解除の当否を判断していると考えて大過なかろう。[32]

たしかに、この概念の内包にも外延にも曖昧さが残るものの、理論それ自体の有用性は否定できない。それ故、かかる信頼関係論という法理そのものは使用貸借契約にも適用することは可能であるが、無償行為である使用貸借の場合に信頼関係の破壊が問題となる局面は、賃貸借の場合とはおのずと異なるであろう。賃料不払・増額問題ではこの法理を適用する余地はないし、その他の関係でも、両契約に共通する場面（たとえば、用法違反・迷惑行為など）はあるとしても、少くとも従来の具体例を検討したかぎりでは、使用貸借という無償行為の特質に根ざした「信頼関係」違反が問題となっている。ことに親子間・兄弟間という緊密な人的関係にある当事者相互間での無償使用契約につき独自の解約・解除理論として強調されている点に注目する必要があろう。このような信頼関係理論はすでに最高裁昭和四二年判決（【三二】）以前でも下級審判決によって採用されていたが、右最高裁判決が「信頼関係」という用語を使用したことから、ほぼ決定的なものとして受けとめられたといえよう。ただし、先述のように、最高裁判決では、これが独自の「解約理論」とされたものではなく、あくまでも扶養等の目的が実現されなくなったことを「補強」する事情（事実）として指摘されていたにとどまると解すべきことに注意しなければならないであろう。

以下、この法理を採用した下級審裁判例について時系列的に検討を加えてみよう。

1　従前の下級審裁判例

最高裁判例の前に公表された下級審判決でも信頼関係論によって解約を肯定した事例が散見されるので、まずこれらの事例を紹介してみよう。つぎの例では、叔父・甥間での生活扶助を目的とした無償利用が問題となっている。

【三五】　東京地判大八・一・三〇新聞一五四四号一九六頁（居住用建物）

【事実】　X（叔父）は、Y（甥）の借家が売却され、そこでの営業を失うことになる窮状を憐れみ、一面、従来より支給していた生活費の補助に代えるため、Xみずから係争の建物と隣地上の建物を買い受け、取壊新築・改築の上、係争建物をYに貸与するとともに、他の建物の管理を命じた。XはYの懇願もあって便宜上、信託的に係争建物はYの所有名義とし、他は未登記のままにした。Xが権利関係を明確にするため、登記名義の変更を求めたところ、Yがこれに応ぜず、他の建物についても、自己名義でその新築届けを区役所に提出した。Xが登記名義の回復と建物の明渡しを請求した。

【判旨】「係争建物の使用貸借契約はXがYに対し其叔父甥たる関係上Yの生活を助け以て恩恵を与える趣旨をもってなされたることは前段演述する如くなるが故に、YにおいてXの信頼に背く行為がありたるに於ては、Xにおいて何時にても之が返還を請求し得べき趣旨なりしや明らかなり……。敢て契約解除の通知あるをまたざるところなりと謂うべし」。登記面の信託関係もYがXの信頼に背き自己のものであると主張することによって、Xはこれを消滅させることができる（X勝訴）。

本件では、Yは、契約に定めたる目的に従いその使用を終わりたる時またはYの死亡の時が返還時期であり、任意の解除による返還請求は不当である、と争ったが、判旨は、契約の恩恵的な趣旨から信頼に背く行為があれば、いつでも返還が可能であるとした。解除も必要がないというので、背信行為は債務不履行とも異なるという趣旨であろう。多分に温情的な関係での信頼を指しているものと思われるが、本件での背信行為は貸借の基礎を危うくするものといえるので、結論は妥当である。

つぎの例は、純然たる無償利用ではなく、他の契約と混合した「無名契約」とされているが、同じく信頼関係の破壊を理由に解約を肯定している。

【二六】　大阪高判昭和三六・一一・三〇高裁民集一四巻九号六一四頁

【事実】　Xは昭和一二年以降Yと妾関係にあり、昭和二一年九月以降は係争建物でXの監督のもとにYに旅館業を経営させ、その事務全般をYにまかせ、収益はXの所得としてその利益の一部をYの生活費に充てることとして、残部の金銭を受領していた。ところが、昭和二七年一二月ころ、Yは、相互掛け金契約上の約八〇万円の債権の支払いを受けて、Xから告訴され、同月以降、Yは収支報告もしないで利益を独占しているので、Xが係争建物の明渡しを請求した。

【判旨】　XとYとの関係は、XがYに係争建物を無償で使用させて、諸般の法律行為と事実行為を包含する旅館営業行為をすることをYに委託したことに基づく、XY双方の利益を目的とする一種の委任関係と、建物の使用貸借関係との結合した特殊の法律関係である。かかる無名契約は、委任契約の民法六五一条を類推できないので、任意の解約権は認められない。しかし、Yの背信行為によりXY間の「信頼関係」が裏切られたので、本件契約の継続は著しく困難にされたものというべきであるから、Xは催告なくして解約できる。

【二七】の高裁判決も、信頼関係の破壊を理由にして「解除」を肯定しているが、親子間の無償使用関係に対して特異な立場をとっている。

【二七】　東京高判昭和三九・三・一二下民集一五巻三号五一八頁（宅地）（【一〇六】）

【事実】　X（父）は、長男夫婦と同居している現在の住居が手狭であることから、本件土地を購入して地上に係争建物を建築し、ここに二男Y ら子を入居させることにしたが、Xや長男が文字に疎いこともあって右土地取引等すべてをYに委せていたところ、Yは勝手に右土地所有名義をY名義にするほか、地上建物についても無断増築のうえ、これもY所有名義とし、現にこの建物に居住している。紛争の直接の原因は、X主張によれば、本件土地に隠居所を建築する予定であったにも拘らず、Yがこれを無視して右増築を強行したことにあったようである。

【判旨】　XY間に明示の合意はなかったが、右XY間の使用関係は法律的には使用貸借というほかなく、「倫理的色彩の非常に強い使用貸借関係というべきものであろう」。「そしてこの使用貸借の関係は、相互間の信頼関係に強くその基礎を置くものであり、借主側にこの信頼関係破壊の行為があれば、貸主としてはそれを理由として使用貸借の解除を為し得る」ところ、本件ではYの右行為は「信頼関係を破壊すべき背信行為の大なるもの」がある。

本判決は、使用貸借契約の「使用目的」には全く言及していない。また、貸借の経緯、貸主たる父の貸与の動機・目的などの事情にも触れていない。専ら契約成立後における二男の「背信行為」のみを問題としている。その前提として、判旨は親子間の無償使用関係の契約性を積極的に肯定しないで、強いて法律的に構成すれば使用貸借というしかない、という論法（前掲・田村説に従う）をとっている。つまり、「倫理的色彩の非常に強い使用貸借」であるので、借主側の反倫理的行為があればそれを理由に使用貸借を解除できるという理論構成をとったものと思われる。したがって、判旨のいう「信頼関係」とは親子間の倫理的関係を基礎にしたものということになろう。もっとも、本件の事案では、無断増築による用法違反・債務不履行という解除事由でも処理できたはずである。判旨があえてこれらの行為をも含めて「背信行為の大なるもの」と称したのは、親子間の無償使用に対する右の基本的立場に起因するように思われる。解除・解約に関する根拠条文を一切明示していないのも、右のような本判決の立場と密接に関連するものであろう。そうだとすれば、本判決は、親子間の無償使用関係を単なる情誼関係として処理できなかったが、さりとて明確な権利関係とも断言できず、いわば倫理的性格と法律的性格とが融合したものと位置づけたように思われ、かかる性格の無償使用を基礎づけ、特徴づけるものが「信頼関係」であったといえよう。それ故、賃貸借でいう信頼関係とは異質のものである。

実際、この当時の下級審判決では親子間の無償使用を権利・契約関係と構成すべきか否かにつき動揺があったように思われる。このことは、前記最高裁判決（【二〇】）の原審判決がその契約性を殊更強調していたことからも窺知できるであろう。

2　最高裁判決以降の具体例

最高裁昭和四二年判決以降の下級審判決では、一般にその判例理論を意識していることはいうまでもない。その後の最高裁判決としては、親子間・親族間貸借ではないが、最判昭和四八・一一・一六（裁判集民一一〇号四七五頁）[33]があるぐらいである。右判決は単なる事例判決であり、また、信頼関係論に直接言及しているわけでもないので、ここではあまり参考とはならないであろう。これに対して、その原審判決（大阪高判昭和四七・一一・三〇）は右最判昭和四二を引用しているようである。

しかし、【三八】は、信頼関係の破壊があればこれのみで使用貸借契約を「解除」できるとの一般論を述べた上で、それが法律上の義務違反によることが必要であるとする厳格な立場から、具体的には解除を否定している。

【三八】　東京地判昭和四八・二・二七判時七一五号七五頁（宅地）（【一二】）

【事実】　Xは亡夫から贈与された係争地上の建物で娘AおよびBと同居しているが、長男Yの申し出により係争地の一部にYの住宅を建築することを許容した。Yが新居に入居後しばらくして、Xの住宅の勝手口付近に木材を放置したことが起因となって両者間に争いが生ずるようになり、XAがYの住宅寄りにブロック塀を建築したり、Aが空地部分に車庫を増築したりする一方で、YがAの車庫近くまでブロック塀を築造するなどしたことから、XAとYとの関係が悪化し、YはXに経済的援助をしなくなり、互いに口もきかず反目対立するに至った。Yが調停を申し立てたが、その間にXが信頼関係の破壊などを理由に係争地の明渡しを訴求した。

【判旨】　使用貸借契約は当事者相互の信頼関係にその基礎をおくので、「信頼関係破壊の行為」のみを理由として契約を解除できるが、このことは、「使用貸借についてはその無償性に基づき、契約上の法律的な借主の権利義務の履行が信義則に基いてなされるべきであるから、これが法律上の義務違反があり、信義則上使用貸借契約を維持することが困難であることに基づくもの」であることによる。したがって、「貸主側の好意を無視した行為」のみでは解除できない。本件では、Yの側に子として親であるXにやや遺憾な点があるが、いまだ借主としての法律上の義務違反は存在しない。（本件を民法五九七条二項類推適用による「解約」の主張とみても、Yの使用期間はわずか七ケ月余であるのに対して、Xには係争地を利用しなければならない差し迫った事情がないので、解約も認められない。）」

本判決の「信頼関係」論は広中説に従ったものであろう。しかし、その根拠は判然としていない。借主の義務の履行が信義則に基づいてなされるべきことが指摘されているものの、このことは何も使用借人に限定されるものではないし、そのいう「信義則」がそもそも何を意味するのか不分明であることのほか、何故にそのことから「解除」そのものが法律上の義務違反を前提としなければならないのか、説明不足であろう。むしろ、本判決の趣旨は、単に「貸主の好意に背むくこと」だけでは解除できない、というところにあるようにも思われ、その限りでは不当ではないが、それを超えて、右のような厳格な要件をもち出さねばならないのか、理解に苦しむ。本件の結論はやむを得ないと思うが、かかる結論を導くために右のような要件を課す必要はなかったであろう。ここにいう信頼関係とは当該の貸借それ自体を支える意味での特殊の関係と解すべきものと思われるので（後述参照）、本件のごとき俗にいう「親子げんか」では不十分であろう。

つぎの高裁判決はいわゆる「二世帯同居」の例であるが、紛争の原因は妹夫婦と同居の姉との不仲にあり、同居の母はむしろこれに巻き込まれたものであることから、母に対する明渡請求は否定している。「信頼関係」の捉え方についても独得のものがある。

【二九】　東京高判昭和五八・一〇・三一判時一〇九七号四三頁[34]（居住用建物）（【一〇四】）

【事実】　Xとその妻Aは、Aの母Y_1とAの実姉Y_2とともにXが建築・所有した建物で同居していたところ、Xが強制執行を受けるおそれがあったため、右建物と敷地の所有名義をYらの名義にしていた。ところが、Y_2が建物の共有権を主張して譲らなかったことなどの事情から、XA夫婦とYらとの関係が悪化し、Yらは生活費の分担金を支払わなくなり、XA夫婦はガス・水道の使用を禁ずるなど、日常生活上ささいなことにつき争いが絶えなくなった。第一審ではXの請求は棄却された。使用収益をなすべき期間が経過したとして解約を主張するとともに、信頼関係の破壊による解除を主張して控訴したところ、後者の解除が認容された。

【判旨】　X夫婦とY_2との不和の原因については、その発端は必らずしも明らかではないが、Y_2が頑強に本件土地建物の所有を主張したところに大きな原因がある。「使用貸借契約において、借主は、契約又は目的物の性質によって定まった用法に従って、目的物を使用、収益しなければならないところ、本件使用貸借におけるように、本来二世帯の家族が、それぞれ独立して生活するように適するような構造を備えていない一棟の建物の各一部を使用して、相互の生活を継続することを目的とする使用貸借契約においては、互いに円満な利用関係を害することのないような行動をとるべき契約上の義務があり、借主においてこれに反する行為があって、その結果、円満な利用関係を維持することが著しく困難になったときは、貸主は、借主の債務不履行を原因として使用貸借契約を解除することができるものというべきである。してみると、Y_2に使用貸借契約上の債務不履行（信頼関係を破壊する行為）があり、……」、Y_2に対する解除は理由がある。しかし、Y_1はY_2に対する情愛から、Y_2の主張に同調しているにすぎないものと認められ、Xもこれを察知していることがうかがわれるので、Y_1の行為がXに対する「不信行為」であることは否定できないが、本契約の継続を困難ならしめる程のものではない。

本判決の結論はやむを得ないといえよう。また、いうところの「信頼関係」論にも教えられる点がある。判旨は、使用貸借契約における「用法」を守る義務（民五九四条）を根拠にして、二世帯同居では、「互いに円満な利用関係を害することのないような行動をとるべき契約上の義務」があると説示しており、信頼関係を単なる親子間の倫理的義務に依拠させなかったところは評価してよい。ただし、根拠条文にいう「用法違反」は契約目的物に対する物的な用法を前提としたものであるが、判旨のいう「円満な利用関係」とは精神的な感情・情愛を基礎としてはじめて成り立ちうるので、「円満な近親関係」を維持するということでしかなく、そうとすれば、そもそもかかる関係を使用貸借契約上ないし法律上の義務として構成できるのかは、はなはだ疑問とせざるをえない。理論的にも判旨の論理によれば、貸主側にも借主と同じ義務があると解する必要があることになるが、そのような義務はあくまでも道義の領域にとどめられるべきものであろう。否、そのように解することこそが、二世帯同居の当事者の円満な近親関係・利用関係を維持する最善の方途ではないか。

ともあれ、使用貸借「契約」のなかに異質のものを持ち込み、契約の構造を崩すことがあってはならない。右のような「精神的な遵守事項」を理論的にどのように無償行為のうちに取り込むかという工夫が求められている。本書の立場からいえば、右のような「円満な利用関係」に対する当事者間の「期待」は契約の「原因」論によって処理されることになるのである。

【一三〇】も親子間の無償使用（二世帯同居）の例であり、父と母・娘夫婦との間の紛争につき、同じく「信頼関係」の破壊を理由に解除を肯定している。ただし、根拠条文は五九七条二項但書である。

【一三〇】　東京高判平成三・一・二二判タ七六六号一九六頁（居住用建物）(35)（【一〇三】）

【事実】　年金生活を送っていたX（父）は二女Y_1がY_2と昭和五七年五月に結婚するにあたり、XA夫婦の老後の世話とY夫婦の住居費等の補塡を図る必要から、X所有の係争建物で二世帯同居することとなった。ところが、Xは性格的にかなり頑固で老人特有の猜疑心も人一倍強く、右同居前からXA夫婦間の関係がすでに円満を欠いていたところ、同居後もXA間の対立が絶えず、結局、XA夫婦の対立がXとA・Y夫婦との対立に発展し、昭和六〇年ころからXはYらに事ある毎に係争建物から立退きを要求するようになり、同年末から翌一月にかけて暴力沙汰が繰り返され、Xとの同居に困り果てたYらは警察・役所に相談に行くなどしていたが、昭和六二年二月にXとY_1との口論が警察沙汰となったこともあってYらはAと相談のうえXを精神病院へ入院させた。Xは姉を身元引受人として退院し、現在はアパートで一人暮しをしている。なお、AはXに対して離婚訴訟を提起している。

【判旨】　本件使用貸借は、Yらの住宅の確保とX夫婦の老後の世話とを使用収益の目的とした期限の定めのない契約であるが、かかる使用目的が定められていても、「借主の信頼を裏切るような背信行為があるとき、その他貸借当事者間における信頼関係を破壊するような特段の事情があるときは、民法五九七条二項但書を類推適用して貸主は、借主に対し、使用・収益の目的が終わらない前でも、使用貸借の解約を申し入れることができる」と解すべきである。本件では、「共同生活を営む前提たる信頼関係は全く喪失し」、XYの対立関係の修復は期待しがたく、その原因はXY双方に責任があるが、いずれかといえばYの方の責任が大きく、Xを強引に精神病院へ入院させ、Xに本件建物からの退去を余儀なくさせたことは「背信行為」といわざるをえない。「そうすると、使用貸借の基礎であるXとYらとの基本的な信頼関係が完全に喪失し、その回復も極めて困難な状況にあり、しかもYらの方により帰責事由があると認められる以上、Xは、本件使用貸借を解除できる。」

本件の場合も、娘夫婦が別居し他に住居を求めることがそれほど困難な事情もないので、その結論はやむをえないであろう。問題は「信頼関係」の中身であるが、判旨は、「双方に相互理解と濃やかな愛情に基づき、建設的な共同生活を営もうとする意欲ないし姿勢が欠落していた」ことをもって、相互の対立の要因としているので、かかる愛情関係を念頭においていることになろう。別のところで「共同生活を営む前提たる信頼関係」というのも同趣旨であろう。したがって、さまざまな事情があり、Yらも右信頼関係を維持するために努力をしなかったわけではないが、精神病院へ無理やり入院させ、結果的に共同生活からXを放逐した行為が「背信行為」とされたものである。

ところで、本判決は、右の信頼関係論をとりながら、わざわざ民法五九七条二項但書を根拠条文としている。最高裁昭和四二年判決（【二】）に影響されたものであろう。本判旨が、「使用目的」に言及しているのは、このことと関連する。しかし、最高裁判例では、右目的の達成が不可能になった旨の指摘があり、それとの関係で、同じく「目的」に言及する本条但書を類推適用したものと推測されるのに対して、本判決はその点には全く触れていない。むしろ、使用目的の定めとは無関係に、「信頼関係」それ自体を前面に押し出しており、これを独自の解除原因としている。したがって、右条項の類推適用など説示する必要がなかったであろう。実際、五九七条二項の類推適用のところでは「解約」と述べているのに対して、結論を導く具体論の場では信頼関係の破壊によって「解除」できると述べており、みずからも論理の不透明さに気が付いているようにも思われる。最高裁の曖昧な態度にもよるが、この問題の難解さをあらためて教えられる。

さらに、ごく最近のつぎの高裁判決も信頼関係の破壊を理由に解約をみとめたが、最高裁判決を引用して、民法五九七条二項但書を類推適用している。

【三】　大阪高判平成九・五・二九判時一六一八号七七頁（宅地）

【事実】　係争地はX（母）が亡夫Aから相続したものであるが、Y_1（XAの実子）が係争地に無断で本件建物を建築所有し、Y_2にこれを賃貸した。Xはこれにつき格別の承認を求められたこともないが、不満を述べなかったのは、Xとしては、長男であるY_1がXの扶養看護を確実にしてくれるものと信じていたからであった。ところが、本訴提起当時以前において、Y_1はXへの扶養看護を打ち切り、現在まで仕送りも一切していない。そのためXは他の子の世話になるなどしているが、その生活は苦しく困窮している。他方、Y_1は経済状況からみて仕送りが困難であるとはいえない。XからYらに対して土地の明渡請求。原審は、XY間に使用貸借契約が成立しているとして、その期間は建物の朽廃するまで存続し、第三者に賃貸している限り不確定である、と判示。X敗訴。

【判旨】「右使用貸借契約の目的は、Y_1に本件土地使用利益を与えることのみに尽きるものではなく、むしろY_1が得た収益から、Xを扶養、看護し、本件土地の固定資産税等の費用に充てることにあったものである」。右の事実関係からみて、「XとY_1との間の信頼関係は、Y_1によって完全に破壊されたものというべきである。このような場合、Xは、民法五九七条二項但書を類推適用し、右使用貸借契約の解約の申入れをすることができる（最判昭和四二・一一・二四民集二一巻九号二四六〇頁）。」

本件はたしかに最高裁判決と事案に共通する面があるが、契約の目的の達成が不可能となったというのではなく、信頼関係の破壊のみを強調して解約を肯定しているのであるから、同条の類推適用をいう必要性はなかったであろう。

3　信頼関係論の中身

(1)　使用貸借契約の場合にも信頼関係理論が判例においてほぼ定着していることが明らかとなった。しかも、それが最高裁昭和四二年判決（【三】）の直接的な影響によるものであることも疑問のないところであろう。本書では紹介しえなかった事例（東京高判昭和五六・七・一六判時四五三号九〇頁）ではあるが（隣人間の土地貸借の例）、「使用貸借において、当事者の信頼関係が地を掃い、借主をしてその利益のために目的物の使用収益を継続させる合理的理由がなくなった場合、貸主が民法五九七条二項但書の規定を類推適用して、使用貸借契約を解約することができる場合のあることは、否定しえない」との一般論を説示して、わざわざ右最高裁判例を直接引用しているものすらある。しかし、何故に信頼関係が地を掃うに至ると解約・解除が可能なのか（その解約と解除との区別も含めて）、単に右条文を引用するだけで、その論拠が曖昧であることのほか、より具体的な要件も今後の課題である。

かつて、広中俊雄教授は、「信頼関係」につき、地主・小作関係のような主従関係にともなう「非市民的な人間関係」、売買にみられるような「ザッハリッヒな人間関係」、さらには、親族・友人等のように、人間が人間として対等・自由にかかわり合う「市民的な人間関係」などに区別して、賃貸借解除論では「即物的信頼関係」を提唱したことは周知の事実である。(36) もっとも、ここで問題となる右のいわゆる「市民的人間関係」なるものが、そのままでは法的な「信頼関係」には高まらず、当然、そこに一定の枠がはめられねばならないであろう。(37) いうまでもなく、それは当事者双方の個人的・主観的な漠然とした際限のない日常用語的意味での信頼感情・期待をいうものであってはならないからである。

かつて、賃貸借の関係ではあるが、これを客観化して、「個人的な主観的な信頼感の共存関係」ではなく、当事者として「信義に従い誠実に行動すべきことに対する相互の期待を内容とする一定の関係」をいうとした下級審判決（東京地判昭和三四・六・二九判タ一九二号一二頁）があり、このような考え方は基本的には使用貸借にも応用できるであろう。ただし、使用貸借の場合には、事案にもよるが、当事者双方が個人的には抜き難いほどの激しい不信の念を抱くようになると、それがほとんど決め手となって、解除が認められる場合もあることに注意する必要があろう。つまり、使用貸借それ自体を動揺させるほどの信頼感情（「貸借の基礎となる信頼関係」）もありうるというところに、無償契約の特性がみられるわけである。

ところで、前述のように、ここでの信頼関係理論は広中説をもって嚆矢とするが、広中教授は、それによる解除を「法律上の義務違反」の場合に限定している。[38]おそらく、単に好意が裏切られたということだけで法が介入すべきではない、という基本的な立場に由来するものであろう。[39]教授の引用する大審院時代の判例にも同趣旨のものがあり、借主の長男が成年に達するまでという約定の家屋の無償貸借につき、契約の動機が借主等に恩恵を与えるためのものであるところ、借主が貸主の「好意を無視し背信の所為を為したりとするも斯る事由に因りては契約を解除することを得ざるを以て……」と判示している（大判昭和一一・六・五法学五巻一五〇一頁）。もっとも、この判例の趣旨から、逆に信頼関係違反を法律上の義務違反と解釈しなければならないというものではない。実際、本件にいう「背信の所為」とは、当該使用貸借関係とは別の事情であり、貸主の父と借主であるその妹との間で生じた兄妹間の財産上の争いが機縁となって借主が貸主の父を告訴した、という事実を指しているようであり、[40]このような事実は、そもそも貸借の基礎となる信頼関係（後述参照）とは関係がないものであろう。むしろ、【三八】の事案（「親子げんか」に近いもの）の方が、ここにいう「好意に背くこと」による解約の例としてはふさわしい。この判決では、親子間の紛争の発端は使用貸借の客体たる宅地の使用方法をめぐるものであったからである。少なくとも貸借の基礎となった信頼関係と無関係ではないといえるであろう。[41]

この関係では最近の親族間での賃貸借の事例（横浜地判平成元・一一・三〇判時一三五四号一三六頁）に注目したい。姉妹間の建物賃貸借が認められた珍しい事例であるが、本件のように貸借が当事者間の特別の人間関係に依存し、賃料が極めて低廉である場合には（借主夫婦が貸主の妻を世話するなどの事情による）、信頼関係の破壊の判断においては、「通常の賃貸借よりも低い程度の背信行為で解除できる」と述べた上で、ここにいう信頼関係とは、「当該貸借をめぐる両者の接触場面でのそれに限られ、当該賃貸借とは無関係な事項は、たとえ一般的、社会的な意味では両者間の信頼関係を破壊するといえるようなことであっても、これを斟酌すべきではなく、このこと自体は、……当事者間に親族関係があるなどの事情が認められた場合にも、原則として妥当する」と判示しているのが参考となる。

(2)　しかし、問題は、法律上の義務違反ではなくとも、なお解約が認められるための積極的な要件を見つけ出すことである。この点は、当事者間の人的要素を抽象的に分析してみたところで、あまり意味のあるものではなかろう。従来の具体例から参考となる事情をアトランダムに拾いあげてみよう。

前述のように、親子間ないし親族間の貸借では、「同居ケース」が一つの無償使用の類型をなしているので、このケースについてはここでの問題でも別途の考慮が必要であろう。事実、「同居使用」の場合には、「円満な利用関係」を維持することを「契約上の義務」と構成した裁判例【二九】もあったほどである。その当否にはすでに言及したが、当事者間で同居を困難とするほどの感情的対立が生じ、ことにその主たる原因が借主側にあるとなると、背信行為とされ、解約もやむをえないと解されているように思われる（【二九】【三〇】【三二】）。ただし、そこまでには至らず、「不信行為」と評価されるにとどまるときには、解約が否定されている（【二九】では母側が借主でもあったという事情も無視できない）。また、貸主を追い出す行為はいうまでもないが、貸主を事実上追い出す結果となった場合にも、原則として背信性ありと考えてよいであろう。

しかし、同居ではない宅地・建物の貸借では、「同居の継続」ひいては「貸借の維持継続」が困難であるか否かという視点は問題とならない。したがって、円満な近親関係が破壊されたという事情のほかに、借主側に積極的に非難されるべき具体的な行為のあったことが必要とされよう（【三五】を参照）。【三七】判決は、その理論構成には問題があったが、借主である子が親の無知に乗じ、無断で自己所有名義にするなどの行為を背信行為としているのが参考となろう（用法違反という事実も加味されているが）。逆に、このケースでは単に目的物を自己の所有だと主張して譲らないということだけでは、やや薄弱であろう。(42)

ところで、いくつかの判例が、使用貸借の基礎ないし前提となる信頼関係という一般論を述べていることに注意しなければならない。むろんこの表現自体もやや漠然としているが、貸借と直接関連する信頼関係が念頭におかれているので、無償使用関係とは無関係な当事者双方の個人的なレベルでの信頼感情の破壊だけでは、不十分であり、(43)貸借の存続を維持・存続しえないか否かという観点から判断しなければならない。このことは、本書が採用した類型的な無償使用関係の具体的なケースとの関連でその当否を考えざるをえないことをも意味することになろう。

III　「前提」喪失型

最高裁昭和四二年判決（【三二】）のいう「使用収益の目的」を使用貸借契約の起因となった事情という趣旨での「前提」におきかえて、かかる前提が契約締結後に失われた場合には貸主が契約を「解約」できるとする法的構成を採用した注目すべき裁判例がある。この判決が、いわゆる「前提喪失論」（前掲の三宅説）をとったものとする評もあるが、決してそうではないことは後述の通りであり、むしろ本書にいう原因論と軌を一にするものである。親子間ではなく姉弟間の無償貸借ではあるが、母の扶養・世話が念頭におかれていたところ、母の死亡が機縁となって、双方の交流が断絶したという事例であり、重要な先例であるので、やや詳しく検討してみよう。

【一三】　大阪高判平二・九・二五判夕七四四号一二一頁（居住用建物）[44]（【七九】）

【事実】　【七九】参照。

【判旨】「建物の使用貸借において、明示の目的は単に借主がその建物に居住することであった場合でも、黙示的にその前提とした事情があり、その後その前提とした事情の全部又は重要部分が欠缺するに至り、もはや貸主に使用貸借の存続を強いることが酷と認められるときは、貸主は民法五九七条二項但書の類推適用により使用貸借を解約することができる」。本件では、黙示的にはXとYとの兄弟間の誼を基礎として、Yおよびその家族がXと協力してAの老後の扶養および世話をすることが前提となっていたところ、右の事情により本件使用貸借の前提たる事情はその重要部分において欠缺し、Xにもはや使用貸借の存続を強いるのは酷であることから、解約できると解すべきである。しかし、無条件の明渡請求は権利濫用になるとの誹りを免れえないところ、Xが八五〇万円を支払うことにより、その非難を免れる。

本件は、使用借人に対する明渡請求が権利濫用になることを認めながら、一定の金銭の支払いでその濫用性が阻却されるとした点でも珍しい判例ではあるが、その問題は別に譲るとして（第四章三を参照）、ここでは、いわゆる前提論にのみ的を絞って分析してみよう。

学説は、本判決の理論構成を好意的に受けとめており、実質面では従来の学説の成果をとり入れるとともに、最判昭和四二年判決（【一二】）の不透明な論理をより明確な形で定式化した、と評価している[45]。私もこのような一般的評価には異論がないが、本判決がどのような点においてより明確な理論構成を提示しえているのかについては、しかく判然としない。右の論評のいう従来の学説とは、来栖教授、広中教授、及び山中教授（目的達成不能による解約をも肯定するが、わずかに根拠らしきものを提示しているにすぎない）[46]の見解を指しているようだが、これらの学説の実質面からみても、本判決がその成果をとり入れているとの評価には、直ちには従いえない。ことに本判決は「居住すること」を「明示の目的」（これは民法五九七条二項の使用目的を指す）とし、これと明確に区別して本件使用貸借が黙示的に前提とした諸事情を指摘しており、しかも、かかる黙示的に前提とされた当事者双方の主観的動機・目的等の諸事情の推移に使用貸借の命運をゆだねるというのであるから、むしろ右の学説とは異なった具体的な方途を模索していると考えるべきである。そうとすれば、三宅教授のいう前提喪失論に形式的にも実質的にも極めて近似しているものといえよう。ただし、三宅説のいう「前提」なるものは、「借主にも明らかな重要な動機」とされており、その点に問題があることはすでに本書が指摘したところであるが、本判決の「前提」も当初から右のごとき重要な動機に限定せず、しかも当事者双方のそれぞれの主観的動機・目的を念頭においている点をも考慮すれば、無視できない立場の相違がみられよう。むしろ、本書の立場と軌を一にするといっても大過なかろう。

換言すれば、本判決のいう「前提」とは本書にいう「原因事実」を指しており、「前提とした事情の全部又は重要部分が欠缺するに至り」とは、右「原因」が崩壊したことにほかならないであろう。また、本判決が右の前提の事情を本契約の「目的」として構成しなかった点も高く評価してよい。さらに、本判決は信頼関係の破壊についても言及していないが、「前提論」を前面に押し出すときには、それを併用する必要はなかろう。これらの点で、本判決は、目的達成不能と信頼関係の破壊とにより解約を肯定した【三四】判決よりも、はるかにすぐれた解約論を提示したものといえよう。

しかし、本判決の理論構成にもなお課題が残されている。当事者が「黙示的にその前提とした事情」が欠如した場合に、何故に解約が可能となるのか、その理論的根拠が明らかにされていないからである（ただし、これはむしろ学説の課題といえよう）。つまり、使用貸借の契約意思・内容とは区別さるべき「事情」であるにも拘らず、かかる貸借の消長の命運を左右できるのは、何故か、その理論的根拠が無償契約の構造論との関連で明らかにされねばならないであろう。ことに「黙示的に前提とした事情」のごときものは有償契約では余程の格別の事情でもなければ考慮できないはずである。考慮されることがあっても、せいぜい「契約意思・内容」を確定するための単なる資料にすぎないであろう。逆にいえば、無償行為の場合に、本来、契約意思の中味になりえない個人的・主観的諸事情が契約の効力を奪ってしまうほどの「重要な事情」として法的に評価をなしうる論拠が必要なのである。その意味において本判決のいう「前提」なるものもいまだ日常用語的色彩を完全には脱却していないといえるであろう。

Ⅳ　その他の判例

以上の判例のほかに、「解約権の濫用」として処理するものもあれば、使用収益の「目的が終了した」として解約を肯定するものや、逆に「目的がいまだ終了しない」とするものも散見される。「解約権の濫用」論は解約を肯定する場合には使えない理論であるので、「解約規準」の構築という面からはみるべきものは少ないが、その判断の中身が参考となろう。のみならず、それが親子間の紛争であると、これまで紹介した事例との事案面での共通性もみられる。

他方で、「契約の目的」の達成ないし終了を基準にして解約の当否を判断する具体例も散見されるが、果してそのような判断が事案に整合した理論であるのか疑問であり、むしろその事案からみて、別の論理（すでに検討した判例理論）でも充分に処理しえたものであるように思われる。

いずれにせよ、判例の混迷状況を示す事例として紹介しておきたい。

1　「解約権の濫用」型

使用貸借を認めた上で、解約・返還請求の当否を論じた事例はすでに検討したが（第四章参照）、ここでは返還請求自体の濫用性というよりも、むしろ契約目的との関連で解約の側面に重点をおいた事例を分析することとする。

【一三】は、養親子間の住居の無償使用に関するものであるが、養親の老後の世話を目的にして縁組がなされたところ、しばらくして円満な関係を維持することが困難となったが、それが親側の態度に起因するなどの事情から、解約権の行使につき「合理的な理由」が必要であるとして、その濫用を肯定したものである。

【一三】　東京地判昭和六一・六・二七判時一二二七号六九頁（居住用建物）(47)（【一〇七】）

【事実】　夫死亡後、X女は自分の老後の世話と自家の氏を残したいことから、養子縁組を望んでいたところ、甥のYをすすめられ、Yに対し養子縁組とX所有の係争建物（貸貸用の共同住宅）への転居を求めた。Yの妻は子供の転校や氏の変更等の事情もあって当初は反対していたが、Xと何度か交渉を重ねるうちに賛成するようになり、昭和五三年二月にXの老後をみることを主目的とする養子縁組がなされ、Y家族は係争建物の一階部分に入居した。Xは隣接の戸建住宅で起居し、当初三ケ月ぐらいはXとY夫婦との関係は円満であったが、同年一一月ころ、突然XはY家族と一緒に食事をとることを拒否し、Y夫婦がXのスリッパや布団の綿を勝手に取り替えたなどと言いはじめ、「泥棒」などと悪態をつくようになり、Y夫婦は医者に相談などしたが、結局、右のような状態のまま推移し、昭和五九年に、Xが本訴で使用貸借を解約して、その返還を請求した。

【判旨】「本件使用貸借は、……養親子関係が発生したことに伴ない、XとY夫婦がともに本件建物に住むことによって、親子が一緒に食事をし、子が親の生活を助けるなど、実質的な親子関係を形成し、Y夫婦においてXの老後の生活をみるという本件養子縁組の目的を達成するために締結されたもの」であるが、Y主張のように養子縁組の継続を直接の目的とするものではない。しかし、円満な養親子関係が続き、XまたはYに本件使用貸借の継続に不都合な事情が発生しない限り、当然のこととして継続され、合理的理由がなければ解約されないものと信じて、右の犠牲を払って転居したものである。本件の場合、養親子関係は円満でないことは明らかであるが、本件使用貸借契約の継続に不都合な事情が発生したものとは認められないし、右関係の悪化の主原因はX側にあるほか、Y夫婦はXの扶養・看護にあたる意思を有しているうえ、転居による不利益も大きい。かえって、Xの離縁の意思自体、真に理性的な判断によるものか疑いがないわけではなく、Y夫婦の転居も高齢で病歴のあるXにとって利益になるものではない。したがって、離縁の認められていない現時点においては、Xの解約申入れは、Yの信頼を裏切り、その利益を不当に害する反面、Xにとって特段の利益はないので、権利の濫用となる。

たしかに、判旨のいうように養子縁組の継続を貸借の目的と解するのは当を得ないが、しかし、判旨のように、本件使用貸借がXの老後の生活をみるという養子縁組の目的を達成するために締結されたと構成するのも問題がないわけではない。というのは、「養子縁組の目的を達成すること」が使用貸借の契約目的（契約の内容）であるとすると、前述したように、貸借契約の本質が崩れるし、そうではなく、使用貸借契約の「目的」だとすれば、使用貸借はそのための「手段」ということになりそうであり、この場合にはそもそも貸借行為を独自の契約として論ずる意味が半減しよう。

したがって、XY間の右の合意を使用貸借を中心として構成するならば、養子縁組の目的である「老後の世話」を当事者双方の主観的目的、貸借の縁由と解さざるを得ないのではなかろうか。それは結局、最高裁昭和四二年判決のいう使用貸借をなすに至った当事者の目的・眼目であり、貸借の「前提」ということになろう。

もっとも、本件では、貸主たる親側に帰責事由があり、そのことによって右の目的が達成できない状況にあることから、結果的には行為の前提(原因)もなくなっている。判旨も当事者が円満な関係にはないことを認めている。それ故、このような場合には、三宅前提論ないしは行為基礎論はそのままでは使えないであろう。しかし、借主側の動機・目的、期待をも前提として評価する本書の立場では、まだ前提の重要部分が欠如したとはいえないことになる。「原因」が崩壊していないわけである。判旨が、貸借を継続することに「不都合な事情」が発生しない限り解約できないとか、解約に「合理的理由が必要」というのも、その論拠は明確ではないとしても、実質的には同じ考慮に基づくものと思われる。

したがって、本件は前提論で処理することが可能であった。あるいは、貸主側に有責行為があったので、信頼関係論を適用することもできたであろう。結論は正しかったが、「養子縁組」に強く束縛されてしまったので、貸借行為の解約論が曖昧なものとなったように思われる。(48)

2　「目的終了」型

最判昭和四二年判決は、前述のように、目的達成不能と信頼関係破壊とを根拠にして解約を肯定したが、使用収益という物的な側面からみれば、その目的を終了した、と説明できないわけではなく、現にそのような見方を指摘する学説もあった。(49) このことは「目的」概念の曖昧さに起因する。【一三四】も、最高裁の事案と共通するものがあるが、契約の目的に従った使用収益が終了したと判示している。

【一三四】　東京高判昭和五一・四・二一判時八一五号五三頁（宅地）（【一一四】）

【事実】　X夫婦の二男の嫁Aは、夫死亡（交通事故）後、二児の生活の方途をたてる必要から、A親子がX方に同居して生計を一にし、同時にXはその居住建物の敷地続きである係争地を提供し、A親子がその支払いを受ける右事故の保険金をもって貸家（二棟四戸）を新築したうえ、右の賃料収入を増大する生活費に充てることとした。ところが、Aが右保険金を独占しようとしたことなどが起因となって、X夫婦とA親子との間に交渉が全く途絶えた。その後Aが再婚し、Yら二児をその夫の養子として、夫の住居に居住している。その間、係争地上の建物所有名義はAからYらに移転されている。

【判旨】　係争地の使用貸借が、「A親子がX夫婦と同居し生計をともにする家族生活をなし、A親子の同居によって増大する生活費の補塡をはかる目的で成立したもの」であるが、XとAY親子との間には、はげしい感情の対立が生じ、「親族としての情誼、信頼と協力関係は全く失われたのであって」、その原因は嫁姑という人間関係や双方の利害関係にあり、「責任は双方にある」。かかる対立は解消できない状況にあるので、「本件貸借の目的とされていた共同生活と、その収入確保の必要性とは既に消滅してしまったので、……本件貸借の目的に従った使用収益は終了したとみるほかない。」

本判決の認定した「貸借の目的」も最高裁判決【一三一】のいう「目的」と何ら異ならない。本判決が、この目的（共同生活と、その収入確保）を民法五九七条二項にいう「使用目的」と解したのかは必ずしも明らかではない。同条を引用していないし、類推適用についても一切言及していないからである。「貸借の目的」というのは「契約全体の目的」と考えていたとも評価できる。いずれにせよ、かかる個人的な目的を前面に押し出したところが、最高裁の立場と異なる点である。

このような貸借の目的が当事者双方の責任で実現できなくなったが、本判旨は、それを目的の達成の不能とは考えないで、「目的の消滅」と解したことから、「目的に従った使用収益は終了した」と構成したものであろう。しかし、最高裁判決と同様の目的と解し、さらにこれを「貸借の前提」としても何ら不自然ではない事案であった。前述したように、むしろその方が望ましい。「目的」概念の曖昧さが解釈論を混乱させている事情が、よく理解できるのではなかろうか。本件も「原因論」で処理できるものであった。

つぎの例も、その論旨に不透明な点があるが、「目的終了」型に含めてよいであろう。妻（嫁）が夫の両親の建物に同居していたが、円満に同居することができなくなったときには別居する旨の約定（念書の作成）がなされていたという珍しい事例である。

【一三五】　東京地判平成三・一〇・八判タ七八七号二一四頁（居住用建物）（【一〇五】）

【事実】　Y女はX夫婦の子Aと婚姻し、X所有建物で二世帯同居をしていたが、Aとの性格の相違等から円満を欠くようになり、Aが愛人のもとに走ったため、YAは離婚した。しかし、離婚に当たって、親族や媒酌人らを含めて協議した結果、Aに非があり、Aに反省を求め、三年後にはAが戻ってくることを期待する一方、Yにも責任の一端を認めさせ、Aが戻ってくるまでの間、娘たちを養育しかつX夫婦に誠意をもって尽くし家を守って行くことを期待し、そのような前提でYが引き続きX方に同居することを認め、一年後になってもYの態度が改まっていないと認められた場合には、Yが本件建物を出ていくことなどが約定され、その旨の念書が作成された。ところが、Yはささいなことで X夫婦に反発するほか、屋敷内の使用方法についても独断的なことをしたり、注意されるとXを突き飛ばしたりするなどのことがあり、また、Yは仕事をもっているにも拘らずほとんど生活費を入れず、食事の仕度もX夫婦にまかせきりであった。そこで、X夫婦はもはやYとの同居はできないと考えている。なお、Yは財産分与としてAから土地および地上建物の所有権を取得しており、自活のための居住環境は整っている。

【判旨】　Yは A が戻ってくることを期待して X 夫婦と円満に生活すること及び一年を経過した後に X 夫婦との折合いを欠くに至った場合は別居することを約束し、これを前提として X は Y を無償で本件建物に同居させたものである。しかし「X が本件建物に Y を同居させることを認めた前提はすべて失われたことになり、Y は前記約束に基づき本件建物を明渡すべきこととなったといわねばならない。使用貸借契約は、契約に定めた目的に従った使用収益を終ったときは終了すべきものであるから、この点からしても、Y はもはや本件建物を使用して占有すべき権原を有しなくなったものということができる。」

本判決は一見すると、いわゆる「前提」論に従っているようにみえるが、仔細に検討すれば、そこにいう「前提」なるものが日常用語的意味として使用されていることが判明するであろう。すなわち、その前提の中身は、離婚した夫が自己のもとに帰って来るまで妻が夫の両親に誠意を尽し娘を養育して家を守っていくことであるが、この限りでは「貸借の前提」といえなくはないものの、これだけにとどまらず、さらに同居中に円満を欠くに至ったならば別居する旨の「明示の約定」もなされており、判旨は、かかる約定の合理性（効力）をも肯定しているところ、この約定の中身（円満に同居すること）が右の前提とされた事情にほかならないからである。したがって、貸借の単なる前提というよりも、同居約束（貸借）の一部分となっているといわねばならないであろう。

判旨は、右の合意に基づく建物の無償使用関係は親族間における同居と同様の実体を有するものであって、本件建物の二階部分のみを目的としていることから、典型的使用貸借ではないが使用貸借に準じた規律を受けると付言した上で、かかる無償使用契約の前提がすべて失われたことから、部屋の明渡しを肯定した。しかし、右前提が失われたことから、「解約」を肯定するとは説示していないことに注意する必要があろう。右約定（円満を欠くに至ったときは別居する旨の合意）に基づく明渡しを命じているからである。

つまり、判旨の論理はやや不透明ではあるが、そのいう「前提」なる事情は、使用貸借契約の一部分となっているので、一種の「負担」ないし「解除条件」に近いものといえよう。判旨が、「契約に定めた目的に従った使用収益を終った」との解釈をも付言しているのは、このことと付合するのではないか。約定によって円満に同居すること等が本件貸借契約の目的ないし条件であり、その目的が実現されなくなったことから、使用収益が終了したと結論づけたものであろう。(50) この意味で【一三四】判決と同じ立場をとっているといえよう。

本件では、同居約束のみならず、退去に係る合意まで書面に作成されており、本判決がこれを貸借の中身としての目的と構成したのも無理からぬところがあるが、ここでもやはり「目的」概念を明確に認識しないことが、理論を不透明にする要因となっていることが明らかにされているといえるのではなかろうか。

最近のつぎの事例では、夫の母所有建物を夫婦が婚姻住居としていたが、夫婦の離婚によって使用貸借の目的が終了したとされている。

【一三六】　東京地判平成九・一〇・二三判タ九九五号二三四頁（居住用建物）（【七二】）
【事実】　妻が「エホバの証人」の信者となり、そのことが起因となって結局、婚姻関係が破綻し、夫Aは別居して、係争建物には、現在、妻子のみが居住している。本件と同日に夫婦の離婚判決が宣告されている。
【判旨】「婚姻関係はもはや破綻し、Aは本件建物から出てしまい、他で居住するようになったものであるから、本件建物を、Aとその家族が共同生活を営むための住居として使用するという本件使用貸借契約上の目的に従った使用収益は、本件口頭弁論終結時（平成九年九月一一日）に既に終了したものといわざるを得ない。」
本件でも本来の意味の「使用収益の目的が終了した」と言うよりも、貸借全体の目的、つまり貸与の前提が欠落した（貸与しておく理由がなくなった）といった方が正確であろう。その目的が一定の使用期間経過後に達成されたという事案ではないからである。なお、本件でのもう一つの論点は、明渡請求の濫用性にあるが、この点については、Aが妻子の住居を含めた経済面の配慮を惜しむようなことはしないことなど、諸般の事情を考慮して、濫用にはならないと判示している。

V　小　括

(1)　貸借の「前提」（特殊の目的）と紛争の要因

民法五九七条が直接適用されない事例では、親子・兄弟姉妹間の紛争例が主流となっている。それは、この種の緊密な身分関係にある当事者間では「特殊の目的」が絡まっていることに起因する。多くの事例では、親の老後の同居扶養・世話、家業の承継が無償利用の前提ないし目的となっているが、これら前提となる事情（当事者双方の期待）が円満な近親関係とともに維持される限り、かかる無償利用関係は永続すべきものであって、何年経過すれば契約目的を達成できるというものではない（なお、これを親の死亡までの不確定期限付貸借とするのは、形式論にすぎる）。むしろ、当事者双方のかかる主観的動機・目的が何らかの事情で達成されなくなったことから、貸借の解約・解除、土地建物の明渡しの問題が生じている。実際、右のような「特殊の目的」（双方の期待）が前提となっている貸借であるが故に、その期待（ことに貸主・親側の期待）が裏切られないかぎりは、事実として法的紛争など生じうる余地がなかろう（ふつうにいけば、所有権に昇格する）。これに対して、当事者双方に特別の具体的な目的が前提とされていない貸借では、親子・近親間の「情誼」に起因するものであるので、たとえ円満な近親関係が維持されていても、本来的には一定の期間が経過すれば、貸借の終了時期がおのずと到来しよう。後者は機能的には賃貸借と同様の経済的効用を果たしているにすぎないからである。

ところで、かかる特殊の目的が前提となる貸借の紛争の要因は多様である。親の扶養義務を果たさなくなったことによるもの（【一三二】）、貸借の目的物たる土地建物の所有権の帰属をめぐる対立によるもの（【一二五】【一二七】【一二九】）、目的物の利用方法に起因するもの（【一二八】）、親子間の感情的対立が増幅したことによるもの（【一二二】【一三一】【一三三】）、親側の老人特有の猜疑心が強く作用しているもの（【一三〇】【一三三】）のほかに、いわゆる二世帯同居で子夫婦の一方（貸主の子）が死亡（ないし離婚）するという偶然の事由により義理の親子関係に亀裂が生じ、双方の協力関係が失われたこと（ことに再婚が双方の対立を決定的なものとしている）に起因するもの（【一二四】【一三四】【一三五】、【一三六】もほぼ同旨）などが指摘できる。

老後の扶養・世話という本来の目的が実現されなくなるのは、右の紛争の結果であることが少なくない。かかる目的それ自体を果さなくなった結果、紛争が生じているというものでは必ずしもないのである。しかも、そのことと密接にかかわって、多くの事例では、親子のどちらか一方に決定的な有責行為があるというわけでもない。そこで、契約の前提となる事情（本来的な目的）と契約成立後の事情（双方の感情的対立など）をどのように法的に評価するかという非常に困難な問題に直面することになろう。判例の解釈が混乱しているのは、このことを如実に物語るものである。ことに、契約の前提となる双方の主観的目的・期待が漠然としているが故に、事実認定のレベルでも困難を伴うことは容易に理解できよう。すでに、贈与についても同趣の問題があり、判例はさまざまな解釈論でこれに対応してきた。[51]

いうまでもなく、かかる課題に応えるためには、この種の無償利用関係の特異性、ことに右に述べた契約成立の経緯、紛争の要因等の諸事情を考慮したうえで、一般的・原則的な解約規準を構築することでなければならない。ことに、当事者の目的としたことは、本来的には親子・近親間の「道義」にゆだねられるべきものであるが故に、このことを念頭においた理論が求められている。本書では、これを「原因」論として独自の理論を提唱したが、ここで改めて、判例の多様な理論構成をどこまでこの立場によって整序できるかについて検討してみよう。

(2)　判例理論の現状と展望

前述したように、親子間の無償使用関係が民法五九七条所定の終了事由以外によって解約・解除されている事例にはほぼ共通性があった。ところが、最高裁昭和四二年判決【三二】の理論構成を出発点とし、かつこれを源泉として、「目的達成不能論」、「信頼関係論」、「前提論」、あるいは「目的終了論」など、諸説が縦横に入り乱れて「奔流」し、いずれが本流かを見分がたい状況にある。しかし、これらの判例の事案はほぼ共通しているので、統一した理論構成が可能であり、かつ求められているところ、老後の扶養・世話などの特別の目的を「契約目的」と解すると、それが契約内容となりかねず、それでは「利用契約」としての使用貸借の本質的構造が崩されることになることから(ことに扶養についても精神的側面が重視されるので、介護とともに、それは権利義務の関係に還元しがたいものである)、これを使用貸借契約とは区別さるべき主観的・個人的事情つまり「前提」と解する【三三】判決が最も秀いでた法的直感をもったものであり、将来は、この方向に諸潮流が統一されるべきものと思われる。ただし、右の「前提」とは行為基礎論にいう主観的諸事情とは異なり、本書にいう「原因事実」に相当するものであることも前述した通りである。換言すれば、牽強付会とのそしりをあえて甘受するとしても、当事者双方の主観的諸事情（単なる期待をも含む）を全体的・一体的に捉えて（「統合」して）、これを「原因」論として構成するとともに、かかる「原因」を使用貸借契約（無償契約一般）の「基層」に位置づけるものである。

具体的に検討してみよう。最高裁判例と同じケースの一連の判例（「目的達成不能・信頼関係破壊」型）では、わざわざ信頼関係を強調する必要はなく、目的達成不能ということだけでも処理できたであろう。つまり、前提論に吸収できる。また、「信頼関係」論を前面に出す一連の判例でも、たとえば【一三〇】判決は老後の世話などの目的を使用目的と認定している。【一二九】判決は、この種の使用目的を認定していないが、娘婿の住宅に二世帯同居する場合であるから、同居扶養・世話も前提とされていたであろう。それ故、これら具体例でも前提論によることが可能であった。このことは、同趣の目的を前提とするケースで、【一二四】判決が、「目的達成不能」論と「信頼関係」論とを相互に独立させ、併用していることからも明らかとなろう。両理論相互の関係がいかに曖昧であるか、いかに判例が主体的立場を確立しかねているかを如実に物語るものである。加えて、「目的終了」型の判決【一三四】【一三五】も「前提論」で処理できることは前述した通りである。

ただし、前提論と信頼関係論とは必ずしも相互に排斥し合うものではない[52]。前提が喪失したか否かの判断に際して、信頼関係の中身（事実）はそれを補強する資料にはなるであろう[53]。さらに、「信頼関係論」で処理するのが望ましい場合もある。【一二七】【一二八】判決では、親子間の貸借の前提となる特殊の目的が認定されていない。この種のケースでは、契約成立後の事情、ことに親子間の感情的対立を法的に構成して、その解約・解除の当否を決するしかなかろう。親子間の「貸借の基礎」となる信頼関係の破壊を殊更に強調した右判例の立場は、そのかぎりで是認できる。また、借主側の背信性が強い場合には、それを根拠に「解除」を肯定することも必ずしも不当ではない（【一二七】の事案を参照）。これらの場合には、一部の判決が言うように、使用貸借の継続を強いることが貸主に酷となるからである。
ともあれ、判例の「混迷状況」は、学説の状態をそのまま反映したものともいえなくはない。本書があえて「原因論」を提唱して、これを横断的に分析したゆえんである。

(3) 解約論の未来像

おわりに、将来、本書にいう原因事実における動機等（同居して看護・世話をすることなど）が当事者間で明確に約定されるような時代がいずれは来るであろう。その場合には、使用貸借という物利用権の側面が希薄になり、むしろいわゆる「同居契約」の命運に貸借が左右されることもあろう。貸借の独自性を認めるとしても同居契約に付帯する契約（ないし、いわゆる複合契約）として位置づけることも可能であろう。しかし、現段階では、そのような合意は独自の権利関係と構成できる実体は持っていないように思われる。

近い将来、これを権利関係とすべきであるとの一般的な社会通念が形成された段階では、まず差し当たっては、使用貸借契約（ただし無名契約）を本体として堅持した上で、それに付随する義務として、信義則に依拠させるのが妥当なように思われる。つまり、貸借それ自体の存続の判断を決して過小評価すべきではなく、付随義務の不履行が貸借の解約・解除をもたらすかは、信義則により柔軟に判断すべきものであろう。この種のケースでは信頼関係破壊が往々にして強調されるのが現状であるが、差し当ってはこの現状を踏まえた解約法理が求められているからである。

（1） 中尾英俊「判批」（東京高判昭和五四・二・二六下民集三〇巻一～四号四六頁）西南学院大法学論集一五巻二号九九頁（一九八二）は、その当否は別にしても、この種の契約を使用貸借ではなく「同居契約に伴う土地使用」と解している。

（2）この問題については、上野雅和「老親介護をめぐる諸問題」林・甲斐編『谷口先生追悼論文集第一巻』三一一頁（信山社、一九九二）を参照のこと。

（3）最近の調査では、介護を期待して子との同居を希望する高齢者は、神戸市での調査結果ではあるが、三分の一程度で、他は公的サービスに期待しているという。菊澤康子「高齢者と住宅」都市政策七五号（一九九四年）一七頁以下参照。親子間の意識の変化もあるが、現実には親と子との個別・具体的な諸条件が同居介護の賛否に影響を与えるのではないか。子が親を介護できるならば、当事者にとってそれに勝るものはないように思われる。

（4）この点については、鈴木ハツヨ「要保護者を世話すべき私人の義務」前掲注(2)『谷口先生追悼論文集第三巻』六二六頁（六四二頁、六四三頁注37）を参照のこと。

（5）ちなみに、相続についても「親の面倒をみる子が相続する」という、いわゆる対価的相続を望む声が一般に強くなっており、相続制度の機能変化に対応した法的処理の必要性を説く学説もある。差し当っては、有地亨『家族法概論』（法律文化社、一九九〇）二四八頁以下。このような考え方は、一般の通念でもあろう。たとえば、曽野綾子『中年以後』九五頁（光之社、一九九九）は、「何もしなかった子供でも相続は平等だ。これはまちがっている。親をみた子供が、財産はすべて引き継ぐのが自然だ。」としている。卓見といわざるを得ない。具体的な解釈論としては、永山栄子「相続と扶養をめぐる家族間の契約―相続人の一人に扶養の負担を課す合意を中心にした考察」共立女子大学文芸部紀要第三五集一頁（一九八九）、同「老親扶養の負担を附した遺贈・死因贈与に関する考察」共立女子大学文芸部紀要三六集一頁（一九九〇）などがある。本書の取り扱う老親介護を目的とする「無償利用関係」は、そのまま円満に維持されるならば、右のような意味での「相続」へと発展的に解消することになるものである。

（6）右近健男「判批」判タ七八六号七五頁（七六頁）（一九九二）も、扶養構成が技巧的で、利用者に要扶養状態が存在しないときには、その論理が機能しないとし、使用貸借構成のなかで右の事情を考慮する判例が妥当という。

(7) ただし、中尾・前掲注(1)一〇七頁は本判決を支持している。

(8) ちなみに、時効取得（自主占有）の成否が論点となった、いわゆる「お綱の譲り渡し」事件（最判昭和五八年三月二四日【一八七】）では、農家の長男が隠居した親から農業経営・家計の一切をゆだねられ（これを熊本県郡部では「お綱の譲り渡し」と称する）、係争不動産の贈与を受けたものと信じていたところ、親死亡後に共同相続人間で争いが生じ、長男が時効取得を主張したが、長男が所有権を取得しないことを前提にすれば、その間の無償使用を理論的にどのように考えればよいかは、重要な問題であろう。たとえば、遺産分割において長男の従来の無償使用を「特別受益」というのは論外であり、むしろこれを経済的に評価して（長男にプラスになるように）、父の遺産を分割すべきであるが、その前提として長男の無償使用を「権利」と構成するのが望ましいのではないか。そうとすれば、かかる無償使用権は単なる有名使用借権ではなく、本書にいう「所有権的利用」という構成が事態適合的であり、かつ、経済的にもそのようなものとして評価すべきであろう。ただし、養親が係争農地の耕作一切をまかせるために養子としたが、亡養父の遺産分割で所有権を取得した養母と養子との間で争いが生じたという事案で、かかる関係は本来道義的なもので、法律的に強いて構成しても、使用貸借・委任等いつでも解約しうる性質の契約にすぎないとした事例（【一】）もあるが、多分に時代的な制約から免れない先例である。

(9) 中川淳「本件判批」法律のひろば四五巻一号四六頁。本件では扶養的側面はなく、「身辺の世話」を目的としているので、単なる使用貸借として処理するのがよい、という。

(10) 同居家族に対する家屋の明渡請求で、占有者にも当該家屋に対する「共有権」がある場合には、たとえその持分が請求権者の持分よりも少なくとも、当然にはその明渡請求が正当化されるものではないと解されているが（最高裁昭和四一・五・一九【一六〇】）、この論法はここで問題としているようなケースでは単に「家族間」

の明渡請求ということだけでそのまま妥当するものではなかろう。

(11)　この点については、岡本詔治「財産分与・遺産分割と生涯無償利用権」『谷口知平先生追悼論文集第一巻・家族法』三九一頁、四一〇頁、四一一頁注23で簡単に言及している。最近の実務家の研究としては、渡邊温「使用借権の負担のある土地の分割方法」判時一五二三号一一頁（一九九五）がある。

(12)　森孝三「本件判批」龍谷法学二一巻一号七五頁（一九八九）。

(13)　本件の「判批」としては、平井宜雄・法協八六巻三号四〇六頁、森孝三・民商五九巻一号頁、谷口知平「土地の使用貸借と返還時期」新版・判例演習民法4七一頁、後藤静恩・曹時二〇巻四号一五七頁などがある。

(14)　佐藤啓子「本件判批」判評四三一号二二二頁、岡本詔治「本件批判」法時六七巻二号七五頁。

(15)　右近健男「本件判批」判タ七八六号七五頁、三和一博「本件判批」私法判例リマークス一九九三年（上）三五頁。

(16)　大阪地判昭和三八・六・一八判時三四二号二六頁は、当事者間の身分関係は不詳であるが、土地と地上建物の所有者Aが地上建物のみをBに贈与し、建物が転々譲渡されたのちYが所有して、敷地をAから買い受けたXが明渡しを訴求したという事案で、AがBに建物を贈与したときに「底地に用益権を設定したもの」であり、「その用益権の性質は民法三八八条および地上権に関する法律第一条の法意にかんがみ地上権と解すべきである」と判示している。

(17)　最判昭和四一・一・二〇民集二〇巻一号二二頁では、亡父の愛人が父から乙建物の贈与をうけたため、親族間で問題となり、相続人である長男Aが、その解決策として隣接の甲建物（乙建物の約半分程度の建坪）と交換したが、のちに甲建物がYに、その敷地がXにそれぞれ譲渡されて、XがYに明渡を訴求したという事案で、愛人のA所有地に対する使用権の性質が論点となり、Yが賃貸借や地上権を主張したのに対して、最高裁は、右の事案では明示の合意がなくとも敷地使用権設定について合意があったと推認できるが、しかし、その「性格、内容は当該具体的事実によって決定されるべきもので、一般に地上権又は賃借権と解しなければならないものではない」とし、本件では「たかだか使用貸借関係があったにすぎない」と判示した。その結論は妥当であろう（本件「判批」玉田弘毅『住宅私法の研究』二九頁は判旨を疑問とする）。

(18) たとえば、この無償使用で、父が二男Yに生活の一助として地上建物を贈与し、Yがこれを貸家としていたが、家督相続をした長男が父の死後二〇年ほど経て、土地明渡を訴求したという事案で、「地上建物が朽廃するまで」存続する、とした事例がある（【二九】）。前掲【一三】判決もこのタイプに属する。なお、父が小児麻痺の二男の将来を憂い、係争地上に建築した建物で料理店を経営させようとしたが、死亡したため、その家督相続人である孫が死者の遺志を尊重して、地上建物を二男に贈与したという事案で、地上権の成立を認めた事例すらもある（【三〇】）。

(19) 以下に検討する一連の判例については、後藤泰一「民法五九七条二項但書の類推適用による使用貸借の解約と金銭（立退料）の提供」信州大学教養部紀要（社会科学）第二七号一七七頁（一九九三）が詳細に分析しており、本書とは視点を異にするが、参考となる。また、笹村将文「不動産使用貸借の終了事由について」判タ九〇六号四頁も簡潔ではあるが総合的に判例を分析している。

(20) 本件の「判批」としては、後藤静思・最高裁判例解説民事編昭和四二年度六〇五頁、平井宣雄・法協八六巻三号四〇二頁、森孝三・民商五九巻一号六六頁などがある。

(21) 後藤・前掲注(20)六一一頁。

(22) 平井・前掲注(20)八六頁、石田穣『契約法』二〇二頁（青林書院新社、一九八二）、広中俊雄『債権各論講義（第六版）』（有斐閣、一九九四）一二七頁。

(23) いうまでもなく、そのような事実があれば負担と構成していたはずである。むしろ、そのような解釈をとるべきではない、と判断したものと考えなければならない。同旨、後藤・前掲注(20)六一一頁。これに対して、他人間では、このような目的を負担ないし条件として構成することにつき、特に困難はない（東京地判昭和四三・四・二六判時五三一号四二頁）。

(24) およそ「目的」なる用語は多義的である。当事者の一方の単なる期待ないし主観的動機のほかに、当事者双方に共通の重要な動機であるが契約内容の一部分とはならないもの、同じく契約自体の内容とはならないが負担・条件として構成しうるもの、さらには契約そのものの一部分となるもの（民五九七条の使用目的など）などに大別できよう。

一方、有償契約では契約の唯一の客観的な機能（つまり給付の交換）を目的と称することがある。また、無償契約では、たとえば結納は結婚を目的とする贈与（目的贈与）といわれる。かかる意味での目的は、法律行為の定型性、抽象的性格のうちに内在した客観的に明瞭な目的であるので、いうまでもなく、ここにいう「契約の目的」とは異質である。ここでの「目的」とはあくまでも当事者の一方又は双方の主観的動機・目的であり、これを当該の契約内容との関連でどのように評価するかが問題となっている。

(25) 後藤泰一・前掲注(19)一九六頁は、本判決をも「前提」論をとるものとして位置づけているが、本判決は後掲【三】判決とは異なり、「信頼関係」の破壊にも言及しているので、前提という用語は、最高裁判例を一歩前進させたという評価はできるとしても、日常用語的意味で使用されていると考えるのが、無難であろう。

(26) 本件の「判批」としては、平井一雄・法時五九巻七号九〇頁（一九八七）などがある。

(27) なお、平井・前掲注(26)九〇頁は、Y側においてXとの同居・扶養を果たさないことが、目的物の返還請求を肯定する要因である場合には、負担付使用貸借の「負担」の不履行を理由とする解約という構成が妥当であるとし、この解約は「目的の不達成による契約の失効としての性格を有する」ので、返還の範囲は現存利益で足りる、と主張している。

(28) 三和一博「本件判批」私法判例リマークス一九九三年〈上〉三五頁。

(29) 中尾・前掲注(1)九九頁は、「同居契約に伴う土地使用」と解する。

(30) 三和・前掲注(28)三八頁は、本件の場合には、帰責事由を前提とする解除とは異質のもので、このような場合を考慮すれば、「目的到達不能または前提喪失の法理を適用するのが事態適合的であり、そのための法律構成として二項但書を類推適用することは妥当といえる」として、本判決の理論を評価している。

(31)　この問題については、原田純孝「賃借権の譲渡・転貸」星野・平井編『民法講座5』二九五頁以下（有斐閣、一九八五）が詳細を極める。

(32)　最近の研究として、菅野耕毅『信義則および権利濫用の研究』一一〇頁以下（信山社、一九九五）が参考となる。

(33)　事案はよく分からない面もあるが、上告理由引用の原審判決などを参照すれば、次のようになろう。神社本社と末社との境内地等の土地の無償貸借で、末社が本社所有の境内地、地上の社殿等を管理していたが、戦災により焼失したため戦後に末社がこれを再建・所有したことから、本社が末社としての神社活動をすることを目的としてその敷地等を無償貸与した。ところが、まもなく末社が独立の宗教法人となり、本社末社の関係を拒絶したため、本社が、土地の明渡しを求め、社殿の移転等に要する一切の費用として三千万円を提供する旨の申し入れをしたが、末社がこれを拒絶して土地を明け渡そうとしないので、本件訴訟が提起された。原審が信頼関係違反を理由に使用貸借契約の解約を肯定して本社の請求を認容し、最高裁もこれを維持する旨を判示した。ただし、最高裁判決は、原審とは異なり、信頼関係なる用語を使用していないし、最高裁昭和四二年判決を引用しているわけでもない。

(34)　石田喜久夫「本件判批」判評三〇三号一七四頁（一九八四）。石田教授は、判旨を支持する。

(35)　中川淳「本件判批」法律のひろば四五巻一号四六頁（一九九一）

(36)　広中俊雄『借地借家法の研究』一〇五頁（一粒社、一九六五）。

(37)　山中康雄『新版注釈民法⒂債権⑹』八六頁（有斐閣、一九八九）は、無償契約では、恩恵的色彩が強い場合には、信頼関係ということはあてはまるが、そのような場合でも事情変更の原則とか信義則違反とかをいうことで十分であり、信頼関係の語を用いるときも、「飼い犬に手を噛まれた」式の考え方をもち込むべきではないとして、一般に信頼関係論に消極的な立場を表明している。

(38)　広中・前掲注(22)一二七頁。

(39)　広中教授は、最近の座談会のなかでも、賃貸借の信頼関係論との関連ではあるが、賃貸人に迷惑をかける不快な思いをさせるようなことが信頼関係の破壊となるという考え方を批判し、「たとえば、好意とか愛情とかその他そういう種類のものが、裏切られたといってすぐ国家にそのことを斟酌してもらおうと考えるのは、国家に対して出すぎた仕事を期待することになる」と述懐している。「国家への関心と人間への関心―広中俊雄教授に聞く―民法」法時六二巻三号六四頁（一九九〇）。

(40)　広中・前掲注(22)一二七頁を参照。

(41)　なお、謝礼の値上げを要求したが拒絶されたこと（東京地判昭和四九・三・一四判時七四七号七七頁）、固定資産税の支払いを地代と誤信して、貸主がその値上げを要求したが、拒絶されたこと（名古屋地判平成二一・一〇・三一判タ七五九号二三三頁）につき、それぞれ信頼関係違反になるとの貸主側の主張を排斥した裁判例がある。

(42)　賃貸借に関する判例であるが、借主が売買が存在しないにも拘らず、存在することを根拠に貸主の所有家屋を自己の所有物であると称して裁判によりこれを奪取しようとした行為は、「それだけで著しく信頼関係を裏切るものであることはいう迄もない」とした最高裁判例（最判昭和二六・四・二四民集五巻五号三〇一頁）がある。しかし、最近の事例（浦和地判平成四・四・八判タ八〇五号一六四頁）では、建物の賃借人が敷地の賃借権の存在を主張し、裁判で地上建物を売買により取得したことのほか、その敷地賃借権の確認を訴求した事案で、右賃借人の主張がいささか穏当を欠くとしながらも、その誤解に相当の理由があれば重大な背信行為とはいえないとして、本件賃貸借が三〇年以上にわたり円満に推移し、契約書には建物賃貸借の文言がないことのほか、建物の補修費等を借主が負担してきたことなどの事情を総合考慮して、いまだ背信行為があったというには足りない、と判示されている。親族間の無償貸借では、ことに「贈与」の事実の存否に微妙なものがあるだけに、借主側が右のような誤解をすることが少なくないであろう。

(43)　この点で参考となる判決としては、【三】があり、係争住居とは別の漁網の返還につき紛争が生じて当事者間での信頼が崩れ、これが起因となって係争建物の返還が争われている。
(44)　原田純孝「本件判批」判タ七五七号六二頁、後藤泰一・前掲注(19)一七七頁。
(45)　原田・前掲注(44)六四頁。原田教授も「実質的には『解除』に相当する使用貸借の『解約』を認めるためのより明確な法律構成」であるとして、賛意を評している。
(46)　山中・前掲『注釈民法』一一六頁。そもそも教授のいう「目的」とは何であるのか。民法五九七条のいう「目的」との区別は全く認識されていない。
(47)　森孝三「本件判批」龍谷法学二一巻一号七五頁。
(48)　森・前掲注(47)八四頁は、本件では「使用目的」が認定されていないことから、「已むことを得ざる事由」の解約基準を主張する見解と通ずるものがあるとしている。しかし、養子縁組の目的を強調しているので、契約締結後の事情に重点をおいているというよりも、締結の動機面を重視したものと評価すべきであろう。
(49)　我妻栄編『判例コンメンタール契約法』三九頁（日本評論社、一九七五）。
(50)　なお、類似の判例として、妻の死亡後長く一人住まいをしていた老齢の建物所有者XがY夫婦を身辺の世話をさせる目的でX所有の住宅に同居させたが、やがて折り合いが悪くなり、Y夫婦がXに暴力を加えることもあったという事案で、民法五九七条二項本文によりY夫婦がXの身辺の世話をしなくなったときに、使用貸借が終了する、としたものがある（東京高判昭和二三・四・五民法判例総覧追加篇（上）六三九頁、広瀬『借地借家法上の諸問題』一〇七頁参照）。
(51)　贈与についても、その前提となる事情が崩壊した場合、判例は動機の錯誤、負担の不履行、解除条件、さらには信義則など、さまざまな工夫をして、いったん履行された贈与の撤回を肯定する、という基本的な立場にある。この問題については、加藤永一・前掲『贈与』五六頁、岡本詔治「判批」法時六二巻一一号一〇〇頁（一九九〇）などを参照されたい。

(52)　原田・前掲注(44)六四頁、六五頁は、前提喪失による解約理論は、実質的には解除に相当するものであるだけではなく、「信頼関係」の破壊、負担の不履行その他の「貸主に使用貸借の存続を強いることが酷と認められる」諸事情の存在などをあらかじめ総合的に考慮したうえで認められたものであるとし、使用貸借の場合には、無償の継続的債権関係という性格から、賃貸借における信頼関係理論に類似する考え方が契約の解除・解約を直接かつ積極的に基礎づける要素として当初から組み込まれていることを認めるものとも評価できる、とする。このような見方は基本的には是認できる。ただ、それは貸借の継続的な性格によるというよりも、むしろ無償貸借の特殊の目的によるものというべきであり、その継続性はかかる性格に起因するものでしかない。前述の如く、使用貸借それ自体は（有名使用貸借）決していうところの継続性をもつ債権関係ではないからである。また、何故にそのような評価が可能なのか、まさしくその論拠がここで求められているものである。

(53)　なお、笹村・前掲注(19)八頁は、使用貸借の無償性のほかに継続的関係から引き出される信頼関係があるとして、前提事情の消滅とかかる二重の信頼関係の破綻との関係につき論じている。即ち、かかる二重の信頼関係が全面的に崩壊してその回復の見込みがない場合とその見込みが全くないとはいえないが著しく困難な場合とに区別して、後者では借主の帰責性が前者よりも強度であることや、使用期間の経過を考慮すること（この意味では五九七条二項の類推適用といえる）が必要であるとする（このような考え方自体は、すでに仲江利政「不動産使用貸借に関する若干の問題」判タ三〇四号七三頁にも見られる）。二重の信頼関係なるものにも問題があるが、右の類型で判例を整理することは困難であろう。現在の判例は貸借の前提となったいわゆる目的を念頭において信頼関係の破綻を問題としている（前記最高裁昭和四二年判決【三二】参照）からである。

第七章　夫婦間の無償利用

序　説——問題の所在と限定

1　婚姻住居と無償利用

親子等の親族間の不動産無償利用関係が原則として使用貸借契約となることについては前章で検討した。しかし夫婦間でも同様の処理が妥当であるかは、なお一つの問題となしうる。とりわけ、夫婦共同生活の本拠としての住居（「婚姻住居」と略称する）をめぐる使用関係は、夫婦という身分関係と表裏一体の関係にあり、これなくしてはそもそも夫婦共同生活も成り立ち難い。その意味で、他の親族の無償利用とは類型を異にするのではないかとの疑問が生ずる。本書が対象とする紛争はかかる婚姻住居をめぐる夫婦間の明渡訴訟であるので、その使用関係の法的構成が特に重要な課題となる。

加えて、夫婦の財産利用関係は「夫婦財産制」と無関係でもない。ことに、利用関係を夫婦財産制（所有帰属の問題）の中へ取り込んで実質的に非所有配偶者の利用を確保することも可能である。(1) しかし、いかなる立場にあるとしても、少なくとも「所有権」（特有財産）と「利用権」との対立が生ずるかぎり、利用関係の法的構成を避けて通れないはずである。また、夫婦の共有にある不動産ですら、一定の局面では利用関係の法的構成が重要な意味を持つことは、後述のように最近の最高裁判決からも学びとることができる。本書は夫婦財産制に関する判例や多くの見解に不都合があるとは思えないので、とりわけこの課題が重要となる。(2) ことに単なる家事労働を所有配偶者の所有権に（無媒介的に）反映させるべきであるとする見解にはとても賛じえない。(3) もっとも、婚姻住居の所有形態は、住居の取得の態様（婚姻前からの所有か、婚姻中の取得か、また具体的に財産的出捐ないし役務の提供をどの程度したか等）に応じて、多様であることも否定しがたい。非所有配偶者のなした単なる協力寄与を超える「特別の協力寄与」が所有権そのものに反映できなくとも、利用権的側面に反映させることは可能であろうし、また「単なる協力寄与」についても諸般の事情（ことに婚姻年数）から同じ処理も不可能ではない。(4)

いずれにせよ、婚姻住居の利用関係には、夫婦という特殊の身分関係と「夫婦財産制」に関する基本姿勢が反映するという意味において、他の親族間貸借にはみられない特異性がある、という視角が求められているといえよう。この問題は後述する。

2　無償利用の法的構成—その実益

ともあれ、右のような問題を自覚しつつ、婚姻住居を婚姻中に夫婦の一方が所有し、他方が無償で利用するという関係を、今、ことさら何故に取り上げねばならないのか、その理由を述べておく必要があろう。かつて、加藤永一教授は、婚姻住居の使用関係については、婚姻共同生活にともなう事実上の使用にすぎないとみるか、使用貸借と構成するか、あるいは夫婦相互間の協力扶助の権利義務（婚姻の効力）に基づくものとするか、いずれかの見解が可能であるところ、どの立場をとっても、非所有配偶者の占有利用が不当利得・不法行為にならないという意味では、婚姻継続中は結論を異にしない、と解するとともに、右の諸説の

実益は婚姻解消（ことに離婚）後に生ずる旨を指摘していた。(5)

たしかに、右の指摘の後半部分は正しい。事実的使用説や婚姻効力説では、婚姻が解消すると非所有配偶者の占有利用は違法となり、財産分与・遺産分割の結果によっては、その間の使用利益につき不当利得金ないし損害金の支払を余儀なくされる。使用貸借説ではその難点を克服できる可能性がある。しかし、婚姻継続中はいずれの見解をとっても径庭がないという前半部分の指摘は正確ではなかったであろう。婚姻が事実上破綻しても離婚には至らない場合のほか、離婚が成立するまでの経過的段階でも、所有配偶者が婚姻住居の明渡し（ないし退去）を請求したり、あるいは非所有配偶者が事実上婚姻住居から退去させられたときには、いずれの立場をとるかによって結論を異にしよう。ことに事実的使用説では所有者の「黙認」という構成によって非所有者の占有正権原が根拠づけられるが、黙認とは所有者側の主観的行為態容にほかならず、非所有者側の「利用行為」という観念を法的には容れる余地がないので、婚姻の破綻は当然に右の占有正権原を崩してしまうことになるはずである。これに対して、使用貸借説をとれば、婚姻の破綻があっても、独自の利用権として処理することが可能となろう。また、婚姻効力説だけに限定しても、その効力の捉え方によって、非所有配偶者の婚姻住居に対する利益保護が異なってくることは後述の通りである。

このようにみてくると、本書のとりあげた課題は、離婚のみならず事実上の婚姻破綻が急増する昨今の社会状況のもとでは、ことのほか重要で、かつ格好の研究テーマとなろう。(6)

なお、私は無償契約ないし無償給付については有償契約とは異なった視点つまり「原因」論がとくに重要な意味をもつことをすでに本書でも何度か指摘した。夫婦間の無償利用関係でも同じことが妥当し、ことに無償利用関係の解消においてこの原因論が機能することは後述する。

一　婚姻住居の使用関係

夫婦が婚姻住居として一定の不動産を使用する関係は、それを一方配偶者が所有する場合に限定されるものではない。ことに賃借家屋が婚姻住居であるときには、家主との関係も絡まって、一時期、大議論されたこともある。

しかし、本書のテーマは親族間の「無償利用」にあるので、一方配偶者の所有家屋を他方がいかなる権限に基づいて利用するかにその主眼をおかざるを得ない（なお、夫婦共有の場合にも、基本的には同じことが妥当する。この問題については、第八章に譲る）。

また、本書にとっては、婚姻住居以外の不動産を夫婦間で無償使用する関係も軽視できないであろう。婚姻住居の無償使用とは異質なものか、異なるとすればそれはいかなる根拠によるのか、を明らかにしなければならないからである。この問題を独立して取扱った所以である（第三節）。

1　学説の状況

従来からこの種の研究が意外と少ないことは指摘されていたが、[7] 今日でもかかる状況は基本的には変わっていない。婚姻住居の「利用」を夫婦財産の「帰属」の論理でカバーしようとする意図があったのかも知れないが、むしろそれよりも、そもそも婚姻住居をめぐる夫婦間での紛争・裁判例がきわめて珍しかったことに起因しよう。戦後における民法学の発展が判例に負うところが大きかったことはいまさらいうまでもあるまい。ともあれ、これまでの学説の状況と到達点を明らかにしておく。従来の学説は、婚姻住居に対する非所有配偶者の使用関係を使用貸借とみるか否かを中心に論争しているので、まず両説から検討してみよう。

(1)　使用貸借否定説（婚姻効力説）

この立場では夫婦という身分関係の特殊性が強調される。ある説は、「夫婦の一方が、自己の所有する土地または建物をその配偶者に使用させる関係は、夫婦…が、その土地または建物を生活の本拠として、共同生活をいとなんでいる関係、いいかえれば、生活保持の義務を実現している関係であるか、ないしは、共同生活のため、その土地または建物の管理を委託している関係とみるのが相当であって、親族的扶養の要素が極めて濃く、夫婦間に賃貸借ないし使用貸借上の法律関係が成立すると解すべきではないであろう[8]」という。

他の説によれば、夫婦間で黙示的に使用貸借契約が成立したとするのは「不自然な擬制」の観を免れず、明示の合意があったとしても、婚姻住居の使用（生業用に使用するときも）は純財産法的理解にはなじまないので、これを使用貸借とするのは「事柄の実態に即した判断」ではない、とされる。それでは非所有配偶者の占有正権原の根拠は何かといえば、夫婦は同居協力扶助義務を負うので（民法七五二条）、「かかる義務を相互に負担し合う身分関係に立つ配偶者としての地位には、少なくとも相手方所有財産の生活の本拠として使用する関係においては、相手方の使用許諾を条件とする無償の使用権限が内包されていると解すべきである」とし、したがって、かかる使用権限は離婚・内縁の解消によって、使用貸借法理による不自然な技巧を用いることなく、「極めて平明に当然に消滅する」と主張する[9]。

使用貸借を否定する見解にも仔細に検討すれば、その主張するところに差異が認められるものの、要するに婚姻の効力として婚姻住居に居住できる権限が派生するという点では一致している[10]（以下、これを「婚姻効力説」と略称する）。この見解を支持する学説は少なくないし、下級審裁判例の主流も同じ立場にあることは後述の通りである。

(2)　使用貸借肯定説

これに対し、玉田教授は、使用貸借構成が「不自然な擬制」であるとの批判に強く反論して次のように主張する[11]。妻が夫所有の家屋を使用する関係は、夫婦間における「財産利用」の一場合であるので、単に同居協力扶助の権利義務関係の一側面としての特殊の使用関係というだけでは不十分である。というのは、民法の定める夫婦財産制は、夫婦間における財産の帰属・管理・利用の関係について、これを能うがぎり財産法原理によらしめようとしているからである。つまり、夫婦間における同居・協力・扶助の権利義務の経済的側面は夫婦財産制にゆだねており、具体的にいえば婚姻住居の使用関係は夫が婚姻費用（一種の現物給付）の分担として、その所有家屋を共同の住居に提供した結果にほかならない[12]。もっとも民法典には七六〇条以外の規定がないので、この場合に親しむ物利用規定は使用貸借しかない。ただし、夫婦の共同生活（共同利用）の本拠としての家屋であるので、民法典の使用貸借規定はそのままでは妥当せず、夫婦財産法的修正が必要となる。たとえば、維持管理費に関する五九五条は適用されない。返還時期を定める五七九条は適用され、離婚の場合には、特段の事情がないかぎり、同条により当然に使用貸借関係は解消するが、死亡の場合には、遺産分割まで存続し、分割の結果、妻にその家屋が割り当てられなかったときは、妻の死亡の時まで存続するとみることもできなくはない[13]、と。

同じく使用貸借説に従う加藤永一教授は玉田説とかなりその趣旨を異にする[14]。同教授は、夫婦財産制については共有推定規定（民法七六二条二項）を拡張させる立場に従い、夫婦財産の「帰属」（共有）によって婚姻住居の「利用」の問題をカバーしようと試みる半面、夫婦の一方が婚姻前から所有する不動産など、その一方の特有財産となる婚姻住居については、夫婦間に使用貸借の「合意」があるとする。しかし、婚姻中は使用貸借規定（民法五八九条や五九七条など）は適用されず、夫婦の協力扶助の権利関係におおわれている。けだし、「夫婦間の共同使用関係は原則として婚姻共同生活をはなれては存在しえないし、その存続は婚姻関係と運命を共にする。逆にこの共同使用がなければ婚姻生活はうまくいかないであろう[15]」。むしろ、かかる構成の実益は婚姻解消時にあらわれる。離婚の際、財産分与のなかで婚姻住居の帰属・利用が処理されるはずであるので、その間（二年間）は使用貸借はそのまま存続し、仮に右の期間を徒過しても使用貸借契約が解約されない限り、非所有配偶者の利用は適法である。婚姻効力説では、右の二年の期間を徒過すれば、使用者は悪意占有者としての責任を負うという不当な結果になろう[16]、と。

加藤説は、夫婦間の「合意」を前面に押し出しているが、玉田説はむしろ使用貸借規定の準用に主眼をおいている。事実、婚姻住居の無償使用権は「その発生（成立）のみならず、その内容・効力も、法定財産制の規定によることになるはずであるが」、民法典にはこれに関する規定がないので、財産法上の使用貸借規定によるしかない[17]、と述べている。しかし、右の無償使用権の独自性を肯定する点で、単なる婚姻効力説とも異なるのであるが、反面、この無償使用権が婚費分担義務によって媒介されると構成するところにその特色がある。

両説は婚姻効力説とは異なり無償利用関係を可能なかぎり独立させようと務めており、このかぎりで評価すべき点がある。しかし、加藤説では婚姻中、利用権の独自性が奪われており、また玉田説も、これを婚姻費用分担義務に媒介させるところに、かかる理論構成の限界がみられる。

(3)　夫婦財産制からのアプローチ

以上の諸説は非所有配偶者の無償使用権を使用貸借と構成するか否かに主眼をおいて論争している。これに対して、夫婦財産制のあり方に引き付けて、ないしは夫婦財産制のなかで、この問題を解決しようとする立場もある。これに本格的に取り組んだのが、南方論文である[18]。次のように主張する。

婚姻住居の取得の態様・帰属の形態は多様であり、必ずしも夫の特有財産とはいえないこともある。従来の学説は、夫の特有財産であるという前提のもとに、協力扶助、婚費分担の一形態としての妻の「居住できる権利」を捉えてきたが、これでは専ら用益的側面に重点がおかれざるを得ない。しかし、婚姻中の妻の財産的出捐や協力寄与をこの居住権限に反映すべきであるので、「居住できる権利」は用益的側面だけではなく所有的側面をも有するものと考えられる。すなわち、完全別産制ないし修正された別産制に立つ見解では妻の協力寄与を居住権限に反映しえないか、ないしは反映させにくいことから、家屋を婚姻の用に供される「目的財産」と捉える構成が妥当である。ただし、当該家屋が目的財産となる時期・要件が問題となり、その判断要素としての家屋の種類、夫の意思、夫の処分行為のほか、夫婦の利用状況（協力寄与も含む）も考慮されるべきであるが、このようにして婚姻住居が目的財産であると判断されると、妻の「居住できる権利」は用益的、所有的側面を持つ権利として対第三者に対しても（一定の要件のもとに）保護される、という。

夫婦の一方の特有財産でも婚姻共同体（消費共同生活）を維持する目的で提供された財貨（婚姻費用として拠出された財産）はその単独所有から離れ婚姻消費共同生活のみにその用途を限定された目的財産となり、他方の協力寄与の質や量とは無関係に共有（合有）持分二分の一を認めるという見解はすでにある。

ただし、この立場にある深谷教授によれば、不動産については所有権ではなく単に「利用権」が婚姻費用として拠出されるにすぎない、と解されており、[19] 南方論文は、これを一歩前進させたものといえよう。しかし、そのいう「居住できる権利」とは共有（合有）持分権に基づくものと解されているようにも思われるが、[20] もしそうとすれば、理論的な説明のために「居住できる権利」なる用語を使用することは格別、自身の立場では、解釈的概念として「所有的側面」をもつ「居住できる権利」なるものをことさら強調する必要はないはずである。逆に、共有持分権に定礎された居住権限ではないとするならば、所有配偶者の「所有権」との関係を明らかにする一方で、かかる権利の成立、効力・内容、存続・消長に関わる議論を提示しなければならない。ことに、賃借居住の場合にも夫名義の賃借権と同じ「居住できる権利」を妻が行使できるというのだから、[21] なおさらその感を深くする。

いずれにしても、かかる「居住できる権利」は婚姻の効力ではなく、したがって婚姻と同時に成立せず、婚姻住居が「目的財産」と認定された時から生ずることになるが、それではその前段階の非所有配偶者の法的地位はどうなるのか、また、「目的財産」の認定（つまり居住権限の成立時期）は事実認定の問題に帰着するので、解釈論としては問題を残している。「居住できる権利」なるものの体系的位置づけが何よりも先決問題であろう。

しかし、南方論文が非所有配偶者の居住権限の独自性を論究しようとした姿勢、その発想には学ぶべき点がある。ただ、その論文のタイトルがいみじくも示しているように、「妻」の居住利益を社会法的観点から保護しようとするようにみえ、かかる実質的価値判断が解釈論を不透明なものにしているといえようか。

なお、他に夫婦財産制の構造的把握から、その一環として婚姻住居に対する非所有配偶者の居住権限に言及する学説もある。前記の深谷論文によれば、不動産が婚姻共同生活のために拠出された場合には、「婚姻共同生活のためには利用権だけの拠出で足りるのであるから、通常は利用権の準共有というべきである」とされる。[22] その叙述から明らかなように、いうところの「利用権」の側面からアプローチしていないので、みずから自認されるように、解釈論的作業は今後の課題にゆだねられている。もっとも、「準共有」という構成それ自体がそもそも曖昧であるが[23]、ただ、夫婦が同質的な利用権を有すべきであるという趣旨ならば、そのかぎりで支持できよう。

(4) 私　見

(イ) 従来の学説は、婚姻住居をめぐる夫婦間の財産法的関係を家族法・夫婦財産法的視点からどこまで修正できるか、という点に主眼をおいてきたといえよう。かかる視点それ自体は正しい。しかし、夫婦の社会的、経済的、さらには法的な意味での人格的平等が確立されるべき今日の法状況の下においては、むしろ能うかぎり財産法的観点からこの問題を分析しなければならないように思う。元来、近代法の成立以前の段階では、この種の無償利用は、法的にはいうまでもなく、社会的にも独自の利用行為とは意識されず、ほぼ完全に家族法・家族制度のなかに埋没していた。近代以降でも、わが国の旧来の家族制度（妻の財産に対する夫の全面的な管理権限）のもとでは、同じく、右の無償利用の独自性を当事者も認識せず、また社会的にもそのような要請はなかったであろう。[24]

しかし、今日、現行法では夫婦は別産制のもとに所有権も管理権も対等独立にもちうるとされ、加えて現にそのことを可能とする諸条件が整いつつある昨今の経済社会状況のもとでは、一方配偶者が「所有」しているという事実を前提に立論するかぎり、非所有配偶者の利用を単なる「好意的利用」と解しえないならば、これを独自の利用関係に高めるべき時期にすでに入ったといえるのではないか。その意味では「婚姻効力説」

は経過的な、克服されるべき理論であろう。元来、無償利用は、沿革的には、それを生み出す基本的な法律関係に埋没していたところ、経済社会の発展と主体の人格的平等などの諸条件が整うことによって、独自の利用関係へと発展している。かかる発展史的視角からみると、単に「不法ではない」という法的地位は、きわめて素朴な初期の段階にあるものである。もっとも、右のような抽象的レベルの批判だけでは必ずしも十分な論拠とはならないであろう。それ故、具体的に婚姻効力説の難点を指摘しておこう。

同居義務等を規定する民法七五二条が精神的・倫理的意味しかもたない無用の規定であるかどうかはさておき、多分にかかる色彩の濃厚な規定であることは一般に認められている(25)。物理的に夫婦が同居できる婚姻住居(財貨)があっても、またそこにたとえ同居していたとしても、夫婦が精神的に離反しているかぎり、この義務が果たされているとはいえないからである。逆に、夫婦が特定の場所に婚姻住居を定めなくとも、あるいは現に同居していないとしても、夫婦双方の道義的・精神的な努力によってこの義務を果たすことは十分に可能であろう。この一事から判断しても同居協力扶助義務なるものが特定の場所の具体的な居住権限を直接に根拠づけうる権原としては難があるといえよう(26)。もっとも、夫婦は、通常は一定の場所を婚姻住居と定めてそこで婚姻共同生活を営むので、このような原則的な場合を想定して考える必要もあろう。しかし、かかる場合でも、右に述べた同居義務の性格はいうまでもなく変わらない。むしろ、この種の場合には、かかる倫理的性格を帯有した同居義務は、物質的な婚姻住居の存在を論理的に前提にしているといえるのではないか。つまり、同居義務と婚姻住居に対する住居権限とは接点をもつものの異なるレベルにあるものと思われる。

たしかに、婚姻住居の占有権限の存否が問題となるのは通常は婚姻が破綻(別居)したときであり、従来の裁判例もこのことが前提となっている。したがって、同居義務の存否と家屋明渡請求の当否とが直結して現れてこざるを得ない側面もあった。しかし、これはあくまでも現象面であって、家屋明渡請求権つまり物権的請求権を排斥するという防禦的な意味では右のような消極的な根拠だけで足りるとしても、積極的に婚姻住居に対する「居住権限」を正当化するにはきわめて不十分なものといわざるを得ないであろう。ここでは単なる「占有権限」だけでなく、積極的に特定の婚姻住居に対する「使用収益しうる権限」を明らかにする必要があるからである。

このことは、夫婦共同生活が円満に維持されているという、前述の場合とは別の場面をも想定すれば、明らかである。夫婦が相互に同居義務を果たしているときに、非所有配偶者の占有権限が所有配偶者の所有権との関係で、その所有権を侵害するものではないとの評価（違法評価からの解放）しか受けえないとするのは、いかに法技術的レベルの問題であるとしても、事柄の本質を正しく捉えていないといわざるを得ない。実際、占有権限の存否にのみ限定しても、この場合には不当である。すなわち、同居協力扶助義務を夫婦の双方が負うべき同質的な内容の義務とされるならば、非所有配偶者の同居義務だけを一面的に捉え、これを「占有権限」の根拠として「所有権」と対置せしめるのは、双方にとって終生の同居義務であるべきその「理念」に矛盾することになろう。かかる義務の半面であると解される占有権限は、このレベルではあくまでも「他主」の占有権限であって、いずれは所有者に返還すべきことを運命づけられている（その意味では一時的性格をもつ）からである。

婚姻生活にとって同居協力扶助義務が本質的要素であるとするならば、所有配偶者はみずからと同質的な「使用収益権能」を相手方に許容すべきであろうし、また非所有配偶者も単に権限のみならず婚姻住居の管理責任をも自覚すべきであろう。

とまれ、解釈論的観点からみても、同居義務の存否が往々にして微妙であるだけに、これに占有権限の命運をゆだねるという手法には、問題が多い。この点は後に再論する。

(ロ) 次に婚姻費用分担義務(民七六〇条)に居住権限を根拠づけることの当否を論じよう。この義務の履行として現物給付も可能であるということはいうまでもないが、果たして婚姻住居の提供まで同条が予想していたかどうかきわめて疑わしいことのほか[27]、この義務も婚姻住居の存在を論理的に前提にしているように思われる。仮にその点で百歩譲るとしても、通常の生活費とは異質の婚姻費用であろう。この区別をしないならば、応分の生活費が非所有配偶者に給付されれば、理論的には非所有配偶者の居住権限はその根拠を失うことになろう。それが不当である(つまり居住継続の必要性がある)と判断されるならば、それは、裏からみれば婚費分担規定とは別の準則に従って処理したといわねばならない。問題はその準則が何かである。

(ハ) 婚姻効力説は理論的に右のような難点を蔵しているだけではなく、居住権限が婚姻関係の運命に左右されるので、居住継続の必要性をめぐる具体的な当否(利益考量)を軽視しがちになり、硬直した法的処理に陥いる危険があるほか、前述のように、婚姻解消後の占有利用が違法となる、という不当な結果も招来される。

このように考えるならば、むしろ使用貸借説の方がベターである。この見解も婚姻という身分関係を決して軽視しているわけではなく、むしろそれと調和させたうえで、いかにして非所有配偶者の法的地位をこの身分関係から遊離させるかに眼目をおいているといえよう。紛争当事者が財産法的処置を求めているということをも併せ考慮するならば、可能なかぎり右の法的地位を物的に構成すべきであり、したがって、所有権に対置した独自の占有権限・物利用権を構築しようとした努力は評価されてよい。そのかぎりでこの説を支持したい。

ただし、使用貸借であると構成してみても、現行の使用貸借規定の適用が考えられるかどうかであるが、せいぜい婚姻の解消を民法五九七条にいう「使用収益ノ終リタル時」に相当すると解しうるにとどまろう。また何よりも問題なのは、前述した使用貸借説の論者が、そもそも民法典にいう使用貸借とは何か、その基本構造、社会的機能を一顧だにしないで、漫然とこの典型契約を前提に立論しているところにあろう。今この問題に深入りできないが、近代民法典にいう「使用貸借」とは、友人・知人・隣人などで行われるところの、好意等に起因する一時的・暫定的な無償利用であって（「好意契約」といわれる）、ことにその存続が一時的な「使用目的」によって限定される点に本質的特徴がある。だから、親族間でなされる継続的な無償利用は、元来予定されていなかった。沿革的には、この種の無償利用は「プレカリウム」と呼称され、使用貸借とは区別されていたのである。(28)

それはしばらく措くとしても、非所有配偶者の婚姻住居に対する無償利用については、これを「使用貸借の合意」と解すると、その「貸借」契約の本質的要素たる「返還義務」が予めかかる合意のうちに内含されていなければならないが、そのような構成は婚姻が終生にわたる結合体であるということと論理的に矛盾するであろう。また、「貸借」契約は他人の物・所有権を前提にした利用ではあるが、婚姻住居の利用は夫婦の人格的平等を旨とした特殊な身分関係に起因するので、利用の側面では夫婦とも同質的なものであるとの認識で利用しているはずであり、また法的にもそのような構成を工夫すべきであろう。所有配偶者の「利用」と非所有配偶者の「利用」とが質的に異なるという発想は、財産法的な従来の硬直した理論をそのまま適用した結果にほかならない。

㈡　結論を急ごう。私はすでにこの無償利用権（「生涯無償利用権」という用語を提唱した）に関する基本的な姿勢については別稿にて明らかにしているが(29)、ここでより一般的にその成立・効力・消長をめぐる解釈論を敷衍しておく。

まず、成立について。いうまでもなく婚姻という身分関係を前提とする。民法典は、この身分関係に付随する種々の義務（同居義務・婚費分担義務等）を個別的に法定しているが、元来これらの法定義務は有機的に関連し結合して右の身分関係に内含されているものである。しかし、夫婦相互間の義務は法定の義務に尽きるものではなく、夫婦であることを前提にして「合意」により義務を負担することも可能であろう。所有配偶者の婚姻住居の提供はまさしくかかる「合意」による。むろん、この「合意」は現行の夫婦財産契約とは異なる。後者は、法定財産制を修正する「契約」であるが、ここにいう「合意」は、あくまでも法定財産制を前提にした「契約」であるからである。なるほど、この種の「契約」については民法七五四条の規定がある。しかし、この夫婦契約取消権に服する契約は夫婦であることを必然的に前提としてなされる契約ではなく、一般の財産法上の契約を指しているにすぎないと考えるべきである。婚姻住居の提供は、一部の学説・判例がこれを同居・協力・扶助義務に絡ませるように、婚姻共同生活にとって本来的には本質的なものであって、法定されてしかるべき義務であるともいえよう。つまり、婚姻という身分関係・権利義務関係にある夫婦相互が、その義務を具現するためになさざるを得ない「財産的処分行為（合意）」と解することができる。

このような「合意」に基づく利用行為は身分関係に起因するとしても、それと運命をともにしない。独自の利用権であり、その効力・内容は、質的には所有配偶者のそれと同質の「所有権的利用権」である。観念的なタイトルは所有配偶者に留保されるが、いわばその傘の下で、事実上も法的にも、所有者と同様に利用できるわけである。ただし、譲渡性・相続性はない。

独自の物利用権と解するので、その「存続・消長」問題も、夫婦という当事者の特異性を考慮しながらも、無償利用権の解消・解約の論理を可能なかぎり適用する。このことは、民法典の使用貸借規定ではなく、判例が従来この種の親族間の紛争で形成してきた「知恵」を借用することを意味する。また、私自身、無償契約について提唱した「原因論」も重要である。婚姻住居の提供は夫婦関係が円満に維持されることを前提にしてなされるものであるから、非所有配偶者の責めに帰すべき事由によって婚姻が破綻したときには、右の「原因」が崩れるので、婚姻中でも無償利用権・占有権限が消滅すると解すべきである。

しかし、そのような事情がない限り、婚姻の解消によっては無償利用権は当然には消滅しない。離婚の場合には少なくとも財産分与手続までは存続するし、分与請求の期間を徒過したときや、または分与手続のなかで非所有配偶者の居住利益について格別の配慮がなされなかったときにも、独自の利用権の解約問題として、居住継続の必要性等の諸事情を勘案して判断すべきであろう。このような所有権の拘束は、所有配偶者が婚姻住居として当該不動産を提供したという行為・合意の「原因事実」に内含されているものである。

所有配偶者が死亡したときには、非所有配偶者の無償利用権は通常、その相続分によって単独の所有権へと高められるべきだが、そうではなく婚姻住居が他の共同相続人の所有に帰したとしても、その生涯にわたって無償利用権が存続すると解される。このように解することが、所有配偶者の意思にそうゆえんであり、ここでも婚姻住居を提供した行為（無償給付）の「原因事実」のうちにその趣旨が内含されているといえよう。(30)

2　判例の紹介と分析

つぎに判例が夫婦間の無償利用をどのように構成しているかを検討してみよう。まず判旨の一般論だけを取り出せば、使用貸借を否定するものもあれば、これを肯定するものもあり、さらに曖昧なままにして当面の解決に必要な限度で使用権限に言及する例も散見され、見解は多様である。たとえば、東京地判昭和二八・四・三〇（下民集四巻四号六四一頁）は、夫婦間に「使用貸借契約が存在するものと解するのは別段の意思表示のない限り当事者間の真意に合しない」とし、同居の義務・同居の権利に非所有配偶者の使用権限を依拠させている。これに対して、大阪地判昭和三七・一一・三〇（下民集一三巻一一号二四〇三頁）は、「内縁の夫の死亡を停止条件とし、その妻の死亡を終期、その不行跡その他特段の事由の存在を解除条件として、夫婦生活の本拠であった家屋を妻に無償で使用収益させる合意（使用貸借）が内縁関係そのものの身分的合意に付随して、夫婦間に存する」という。さらに、土地の無償利用を使用貸借のような債権法的な法律関係とみるべきではなく、夫婦の協力扶助義務に基づく家族的な法律関係であるとしながら、借用物の返還に関する使用貸借規定を参酌すべきであると判示した例もある（横浜地判昭和四八・八・七判タ二六八号二七一頁）。

この問題についてはすでに最高裁判決もあるが、その立場は必らずしも明らかではない。内縁夫婦の土地貸借で原審が使用貸借と認定したのに対して、民法の使用貸借であるかどうかはともかく、特別の事情がないかぎり、内縁関係の解消によって当然に消失するとした例（【一四六】）、同じく土地の無償利用で原審が地上権と認定したのに対して、「夫婦その他の親族の間において無償で不動産の使用を許す関係は、主として情義に基づくもので、明確な権利の設定もしくは契約関係の創設とは意識されないか、またはせいぜい使用貸借契約を締結する意思によるものにすぎず、…」と判示した例（最判昭和四七・七・一八判時六七八号三七頁）が参考となるにすぎない（ただし、後述の最近の最高裁判例【一六七】では、内縁夫婦の共有不動産に関する使用関係につき、夫婦間の「無償の合意」が認められており、注目に値する）。

以上のように、婚姻住居の無償使用関係については、判例の立場は多岐に分かれ、それが事案による面が強いとしても、我々を当惑させる。ことに最高裁は、従来、消極的な姿勢に甘んじてきた。この点、同じ親族間の貸借でも親子間の無償利用については、原則としてこれを使用貸借と解しているのとは対蹠的である。判例の将来の展開に期待するしかないが、本書では、従来の具体例をいくつかに類型化することによって、差し当たりこれまでの到達点を明らかにしたいと思う。

(1)　婚姻中の無償関係（夫婦相互間の明渡請求）

婚姻住居に対する使用関係の法的性質がとくに問題とされるのは、婚姻中における夫婦相互間の紛争においてであろう。所有配偶者の土地・建物明渡請求に対して非所有配偶者は何らかの占有正権原を対抗させることになるので、いきおいその占有権限の根拠・性質が問われることにならざるを得ないからである。従来、この種の具体例はきわめて珍しいものであったが、最近ではいくつか散見され、数が少ないのでまだまだその方向性を予測することはできないものの、下級審裁判例の動向を知ることができるようになった。

そこで、本書では右の事例を中心として検討することにして、婚姻解消時における婚姻住居をめぐる紛争例と一応は区別した。また、婚姻中は夫婦の一方と第三者との紛争例を区別する意義が大きいがこのような事例はほとんどないこともあって（わずかに東京地判昭和三一・三・一下民集八巻三号四一三頁）、別の関連するところで検討することにした。

さて、所有配偶者が他方配偶者に対して土地・建物の明渡請求をするのは婚姻が事実上破綻している場合であるが、婚姻が破綻したという一事で明渡しが肯定されているわけではない。いかなる場合に非所有配偶者の占有権限が消失するのか、この点に留意しながら肯定例と否定例に大別して下級審裁判例を分析してみよう。

(イ)　肯　定　例

【三七】　東京高判昭和六一・一二・一一判時一二五三号八〇頁（居住用建物）

【事実】　X（妻）とY（夫）とはともに台湾の出身で、日本に留学中の昭和五四年一一月に母国法により婚姻したが、婚姻の直前にXの父が出捐した資金で係争建物を購入し、ここに同居。ところが、Yの異状な猜疑心・嫉妬心に起因して同居当初から喧嘩が絶えず、まもなく夫婦関係が冷え、昭和五九年七月には離婚話の書面も作成された。その後、Yは危害を加えるかのような言動をもって繰り返し脅迫し、また現に傷害を負わせたため、Xは恐怖心から係争建物を出て、Yと別居した。なお、その間、昭和五九年九月にXYは日本国籍を取得するため日本法に基づく婚姻届を出して、昭和六〇年八月に日本に帰化している。

【判旨】　相手方の責めに帰すべき事由により婚姻生活が完全に破綻し、以降の同居継続が困難である場合には、同居拒絶権を行使できる正当事由がある。本件の事実関係のもとでは、「今後の円満な夫婦生活はとうていできない」ので、「Xの同居拒絶には正当な理由があると認められ、Yは本件建物の占有権原を有するものではなく、これをXに明渡す義務がある。」

本件判旨は、Yがいかなる法的根拠に基づいて係争建物に居住しうるのかを積極的に説示していない。しかし、所有配偶者に同居拒絶の正当事由があれば、非所有配偶者の占有正権原が消失すると解しているので、Yの建物に対する居住権限はXY夫婦の「同居義務」に基づくという考えを前提にして立論しているように思われる。しかも、右の「同居義務」は抽象的な同居義務ではなく「具体的同居義務」であることは、判旨の右前段部分から明らかとなる。

後述のように、非所有配偶者の占有権限を同居義務によって根拠づけようとする判例が多い。しかし、これを明確に否定する例もある。【三八】がそれである。

【三八】　徳島地判昭和六二・六・二三　判タ六五三号一五六頁(31)（店舗兼居宅）

【事実】　Xは女手一つで三〇年余の間、洋装店を開業し、この間に係争建物（店舗兼居宅）を購入して、順調に営業を継続していたが、昭和五六年にYと知り合い、翌年係争建物で同居し、まもなく正式に婚姻した。ところが、Yは、Xに自己の借金を弁済させるなどXの収入をあてにし、Xが要求に応じないとたびたび暴力を振い、また、Xの営業を妨害し、これに抵抗するXに暴力を加えるなどの行為を繰り返したため、Xは昭和五九年六月に係争建物を退去し、実兄宅から通勤を続けるとともに、建物の明渡・離婚等を訴求した。（ただし離婚請求は分離）。

【判旨】「民法七五二条は夫婦の同居義務を定めているが、右は多分に倫理的、道徳的な側面を有するとともに、夫婦として居住の場を同じくし、協力、扶助の夫婦共同生活の実をあげることにその趣旨があり、特定の場所についての占有権限を直接に根拠づけるものではない。しかし、夫婦の一方が所有権に基づいて所有権のない他の一方に対して明渡しを求める場合、右明渡しを求める住居がそれまでの夫婦共同生活の本拠であったときは、法律上の婚姻関係が存続している以上、明渡請求を正当とすべき特段の事情がない限り、他の一方は右民法の定める夫婦の同居義務を根拠に明渡しを拒むことができると解すべきであり、右婚姻が実質的に破綻しているというだけでは直ちに明渡を求める理由となし得ないというべきである」。本件の場合、婚姻破綻は主としてYの責任によるし、また、Yは暴力を繰り返して、Xの営業を危殆に瀕せしめ、今後もその蓋然性がすこぶる高い。さらに、係争建物はXにとって営業・生活に不可欠であるがYは昭和五七年二月にここに入ったに過ぎず、またここを離れても自活できる。したがって、Xの明渡請求には特段の事情がある。

本件判旨は、非所有配偶者の占有権限について、他の判例にみられない特異な説示をしている。すなわち、夫婦間の同居義務（民七五二条）の立法趣旨から、同条が「特定の場所についての占有権限を直接に根拠づけるものではない」という。私も、同条の解釈については本判決が正しいと思う。他の判例が、ただ漫然と同居義務を援用していることを想えば、特筆すべきことであった。もっとも、判旨は、占有権限にはそれ以上言及しないで、所有配偶者側の所有権に基づく明渡請求（物権的請求権）から説き起こし、その請求を正当とすべき特段の事情のないかぎり、右同居義務に基づいて明渡しを拒むことができる、と判示する。婚姻関係の存続中は、婚姻住居に対する物権的請求権は原則として否定されるということになるが、要するに所有者の側に焦点を合せた解釈論であるので、非所有配偶者が明渡請求に対して抗弁できるにとどまる。何らかの事情により占有を喪失すれば、みずから積極的に占有を回復する方途がないことになろう。同居義務（抽象的）により占有権限を根拠づける立場では、まだその可能性が残されているので、本件判旨は従来の判例の立場をこのかぎりでは一歩後退させたことになろう。ただし、明渡しの正当事由に関する諸事情については、実質的には非所有配偶者が「利用権」を有している場合と同様に、当事者双方の利害を比較検討しており、参考となる。ともあれ、種々の意味で注目すべき判決である。

つぎの事例は、非所有配偶者が「居住権」を有していることを明言している。

【一三九】　東京地判平成三・三・六判タ七六八号二二四頁（居住用建物）

【事実】　X（妻）とY（夫）とはX所有（共有）の建物に昭和五八年ころから同居していたが、昭和六一年に右建物の共有持分を売却した代金で係争建物と店舗を購入。ところが、しばらくしてYが店の売上金を勝手に持ち出すほか、女性関係など夜遊びも激しく、そのためXY間に争いが絶えなかった。その後もYの遊びぐせは直らず、売上金を強要してはXに殴る蹴るの暴行を加えた。昭和六三年八月にXはYの強い要請で婚姻届を出したが、Yの暴力はますます激しくなり、Xはストレスが原因で食事もままならず、結局、平成元年一一月一三日に店を一時閉店にして係争建物から退去。Xは、昼間は保険外交員、夜はクラブのホステスとして働き、アパート住まいをしているのに対して、Yは店舗の収益を独占するほか係争建物の一部を第三者の利用にゆだねている。

【判旨】「夫婦は同居し互いに協力扶助する義務を負うものであるから（民法七五二条）、夫婦の一方は、その行使が権利の濫用に該当するような事情のない限り、他方の所有する居住用建物につき居住権を主張することができるものと解される」。右に認定した通り、XYの婚姻生活はすでに破綻状態にあり、その責任は専らYにあることが明らかであるので、Yが居住権を主張することは権利の濫用に該当する。

本判決は【一三八】判決と全く対照的な理論構成をしており、非所有配偶者の占有正権原に焦点を合わせている。しかも、これを「居住権」と称し、民法七五二条の同居・協力・扶助義務からかかる「居住権」が派生するという。その同居等の義務は抽象的な義務であることはいうまでもなく、したがって、婚姻関係が解消しないかぎり、「居住権」も消滅しないという構成をとり、ただ、居住権の主張が濫用となる場合にのみ、所有配偶者の明渡請求が許容される。

本判決によれば、所有配偶者の物権的請求権は婚姻中は「居住権」によって完全に排斥されていることになり、理論的には婚姻住居に対する妨害排除・占有回復も可能である。このように「居住権」の帰属を強調する判例は他に例をみない。判旨のいう「居住権」は単なる占有権限ではなく婚姻住居に対する使用収益権能をも含むものであることは、かかる用語自体が明らかにしている。しかし、その性質や効力は漠然としており、非所有配偶者の占有・利用が違法・不当ではない（不法行為・不当利得にならない）ということぐらいしかよく分からない。そうとすれば、「居住権」というも占有権限というのと径庭はない。ただし、「居住権」という用語を前面に押し出したという意味では評価されてよいように思う。

以上、肯定例はわずかではあるが、いずれも共通している事情は、非所有配偶者の有責行為によって婚姻が破綻していることである。ことに、継続的な暴力的行為に耐えかねて所有配偶者が婚姻住居から退去を余儀なくされている。すでに円満な夫婦共同生活に回復する見込がないというならば、離婚は単に手続的に遅延しているにすぎないのであるから、非所有配偶者の居住利益も消失すると解し、財産法的処理にゆだねても不当ではない。否むしろ、そのように解決することこそ、事態の解決にとって最善の方途といえよう。その意味では、右の諸判例の結論は正当であった。

(ロ)　否　定　例

これまでのところ所有配偶者の明渡請求を排斥した例のほうが多い。これは事案によるものか、それとも理論構成によるものか、必ずしも明らかではない。このことに留意しながら、しばらく具体例の紹介・分析に頁を割いてみよう。

【一四】　東京地判昭和四五・九・八判時六一八号七三頁（居住用建物）

【事実】　X（妻）が居住している(1)建物（Y所有、ただし昭和二九年にYがX名義で登記）とY（夫）が居住している(2)建物（Y所有、Xが昭和四〇年に無断で自己名義に登記）とを夫から贈与をうけたと主張して、その所有権の確認と建物の明渡しを訴求したのに対し、Yも各建物の所有権確認とその明渡しを求める反訴を提起。X主張の贈与は排斥され、結局、Xの占有権限が問題となった。婚姻が破綻した事情など詳しい事実関係は不詳。

【判旨】「そこでXがY所有の右建物につき居住権を有するか否かについて考えるに、夫婦は同居し互いに協力扶助する義務を負うものであるから、夫婦の一方は特段の事情のない限り他方の所有家屋につき当然に居住権を有するものと解するべきであるところ、XYが夫婦であることは当事者間に争いがなく、かつYがXに対して右建物に居住することを拒否し退去を求める特段の事情は認められないから、Xは右建物につき居住権を有するものというべきである。」

本件では詳しい事情は分からないが、現在はXが(1)建物に、Yが(2)建物に居住し、別居中であることは確かであり、しかも夫婦間で民事訴訟を提起しているのであるから、婚姻関係は回復しがたいほど破綻していたものと推知できる。問題は妻たるXの有責行為で破綻したのかどうかであるが、おそらくそうではないのだろう。判旨が、夫婦の同居協力扶助義務を指摘し、これに基づいてXが居住権を有するところ、例外的に「特段の事情」があれば別だが、そのような「特段の事情」がない、と判示しているのは、Xに格別の有責行為がなかったことを示唆しているように思われる。ただし、これも推測の域を出ない。

本判決の注目すべき点は、非所有配偶者の「居住権」が民法七五二条より法上当然に生ずるとするとともに、特段の事情があれば、この「居住権」は婚姻中であっても消滅する、と説示するところにある。ここでも、「居住権」の中身は判然としないが、所有配偶者の所有権(明渡請求権)と居住権との関係については素直・穏当な解釈論を提示しており、前述した【一三九】判決のような曖昧さはない。

つぎの例は、内縁夫婦間の紛争であるが、ここでの問題については婚姻夫婦と同視できる。

【一四二】　横浜地判昭和四七・八・七判タ二八六号二七一頁（宅地）

【事実】　X女とY_1とは昭和二六年ころより重婚的内縁関係に入り、昭和三五年にY_1が借地上に二棟の建物(1)・(2)

（いずれもバラック構造）を建築所有し、ここでXY_1夫婦が同居していたところ、Y_1が権利金を支払わないため、XはY_1に代わって地主と借地契約を締結。XとY_1は将来は新家屋を建築するつもりでいたが、昭和四四年九月にY_1が入院したこともあって、身辺看護に不安を感じ、実子Y_2Y_3夫婦と(1)建物に同居したため、Xとその親族は(2)建物に居住することとなった。Xは、Y_2夫婦が係争建物に入居することには反対しており、Y_2の性格が粗暴なこともあって、Y_2をめぐりXとY_1とは円満を欠くようになり、Y_1は現在、Y_2夫婦に今後の扶養を期待している。Xは、係争建物を建替えてY_1を同居させたいと考え、$Y_1Y_2Y_3$に対して建物収去土地明渡の訴を提起。

【判旨】　XとY_1との土地利用関係は使用貸借のような債権法的な法律関係ではなく、「夫婦の協力扶助義務に基づいて、XがY_1に本件土地上の本件建物所有を認容し、Y_1も夫婦の協力扶助義務にもとづいて本件建物にXを同居せしめている家族的な法律関係にあるもの」であるが、無償の土地使用関係であるという意味において、借用物の返還については使用貸借規定が参酌されるべきである。(2)建物については、本件土地を使用する目的はすでに終わったと認められる以上、Y_1が建物を収去すべき義務を負うべきことは、夫婦の協力扶助義務にもとづく本件土地利用関係の家族法的処理として適切である。(1)建物については、Y_1が今後の扶養をY_2に期待していることなどを考慮すると、Y_1が(1)建物を失うことは直ちに自己の住居を失うことになり、「XがY_1に対して代替住居を用意するなど、Y_1が(1)建物を喪っても当面の住居を喪わないように、Xの協力扶助の義務を果たす措置をとることなしに、(1)建物の収去をY_1に求めることは、内縁関係にあるXの負う協力扶助の義務に反するものとして、収去請求を不当とすべき事情がある」。Y_2Y_3に対する退去請求についても、Y_1の承諾のもとに占有しているものであるから、その請求は認められない。

本判決は(2)建物の敷地の明渡請求を肯定しているが、これは、明渡請求の主体たるX自身が居住している建物であるので、本書にいう「肯定例」としての意義は少ない。むしろ、Y_1が居住している(1)建物に関する説示部分が重要であり、ことにY_1にとって(1)建物が唯一の住居であるので、その問題の解決なくして明渡しを求めるのは夫婦間の「協力扶助義務」に反する、としているところに注目しなければならない。判旨はY_1の居住利益が扶養的性格を濃厚に帯有しているとの判断を示している。しかしその反面、同居義務には言及されていない。Y_1みずからが同居義務に反して別居しているので、Y_1の居住利益を保護するためにかかる義務を根拠とすることができなかったからであろう。そこで、Y_1の(1)建物での居住継続の必要性が強調されたものと考えて大過ない。実際、Y_1の今後の生活にとって(1)建物・敷地利用権は不可欠であるようなので、そのかぎりでは判旨の説示にも一理ある。しかし、Y_1が自己の今後の扶養を実子夫婦に託しているという事実認定をしておきながら、Xに対し夫婦としての協力扶助義務を強いるのはいささか酷ではなかろうか。後者の扶助協力義務を精神的・倫理的な義務におきかえたとしても納得のいくものではない。実際、本件におけるXY_1夫婦は事実上崩壊しており、それが内縁であるので、なおさら右の「協力扶助義務」なるものに疑問が生ずる。その結論が正しいとするならば、別の考慮がなされるべきであったであろう。

同様に、【一四二】も理論構成が不透明である。

【一四二】　東京地判昭和四七・九・二一判時六九三号五一頁（居住用建物）

【事実】　X（夫）とY（妻）は昭和五九年に婚姻したが、Xが「株屋」で経済的に不安定であるほか、たびたび女性問題を起こすことから、Yは住居面だけでも安心を得たいものと望んでいたところ、昭和三八年末ころにXが株で大儲けした折りに、係争土地建物の買取りをねだり、Xがこれを購入してYに贈与したものとの意識はあったが、その所有名義は当初X名義でなされ、昭和四三年五月にY名義に移転された。もっとも、XYはもともと不仲で、三〇数年間夫婦として共同生活をともに過ごしてきたが、昭和四二年の初めころから係争建物に同居しながら、一切の生活を別々に送るようになり、離婚を前提にして前記Y名義への移転がなされたものである。

Xは係争土地建物の贈与の無効を理由に登記の抹消手続を訴求したが、これに対してYは反訴として、所有権の確認とXに対する係争土地・建物の明渡を請求した。

【判旨】　Xの請求を棄却し、Yの所有権を認めたが、明渡請求は棄却。「夫婦であるXYの関係が破綻の危機に瀕していることは先に確認したとおりであるが、法律上婚姻状態が存続している以上、夫婦に同居と協力扶助を命じている民法七五二条の法意に照して、右の請求を認容するのは相当ではない。Xとしては、Yが計画しているアパート築造にできるだけ協力すべきであるし、Yとしても、離婚に至るまでの間は、新築後のアパートを含めて、Xとの同居（たとえ形だけのものであるにしても）を拒むことはできないのであるが、もともと法による実効的な規制を望みがたいことがらである。」

本件では、夫婦であるXとYとは同じ建物内に現に居住しており、他の例にはみられない特殊性がある。この事案とも関連するのであろうか、判旨はYの占有権限には全く言及せず、専ら民法七五二条の同居協力扶助義務の問題として処理している。ただし、同条の「法意」から明渡請求（退去請求）を認容できないとしているのは、右の点を意識してのことであろう。

理論的に不可解なのは、Xの係争土地建物の所有権を肯定しながら、非所有者たるYの計画しているアパート築造（建替）に協力すべきだとしているところである。判旨も、XYの不仲が昭和四二年に決定的なものとなったことを認定しており、また、同年にYから離婚の申入れがあったというのだから、同居協力義務を命じたところでほとんど無意味であるはずだし（このことは判旨みずから説示している）、このような夫婦相互間で、何故にXが右の建替計画に協力すべきなのか、説明不足といわざるを得ない。しかも、このことを重要な根拠にして、何故に明渡請求を排斥したのか、その実質的な判断が釈然としない。形式論としては、同居協力義務を抽象的義務として捉えて、それが婚姻中は消滅しないという立場から一応の説明はなされているが、十分とは思われない。

判決全体から、判旨が右のような結論を導いた動機を抽出するとすれば、次のようにいえるかもしれない。もともと係争住居はY所有であり、YがXとの離婚を前提に贈与したものであった。したがって、贈与したといっても離婚が成立しないかぎり、実質的にはなおYにも係争住居に対する強い権益が残存している。加えて、XとYとは外形上は従前と変わらず係争住居で居住・同居しており、この状態を将来において存続させたとしても、Xは事実上の不利益（Yからの暴力等）をうけるおそれもない。むしろ、Yには他に住居もなく、収入を得る見込みもないので（賃貸アパートへの建替計画はこの故である）、Xの退去請求を肯定するわけにはいかなかったのである、と。しかし、いずれにせよ利用権の独自性には全く気が付いていない。

これに対して、【一四三】は「夫婦間の合意」と「居住する権限」を強調している。

【一四三】　東京地判昭和六二・二・二四判タ六五〇号一九一頁（居住用建物）

【事実】　X（夫）はY（妻）との結婚を直後にひかえて、昭和五四年三月に婚姻住居とするべく係争家屋を購入し、婚姻後（同年四月）はここに同居していたところ、折り合いが悪くなり、昭和五八年一〇月にXが係争家屋を出て別居し、現在、離婚訴訟を提起している。これに対して、Yは婚姻費用分担の審判を家裁に申し立て、そこでXが月額二〇万円の婚費を支払う旨の決定がなされている。婚姻破綻の事情等は不詳。

【判旨】　「夫婦が明示又は黙示に夫婦共同生活の場所を定めた場合において、その場所が夫婦の一方の所有する家屋であるときは、他方は、少なくとも夫婦の間においては、明示又は黙示の合意によって右家屋を夫婦共同生活の場所とすることを廃止する等の特段の事由のない限り、右家屋に居住する権限を有する」。本件の場合、XがYに月額二〇万円を支払う義務を負担していても、また、Xが係争家屋を出たのが粗暴なYとの同居に耐えられなかったとしても、これらの事情は右の特段の事由を構成するものではない。

本判決は、婚姻住居に対する非所有配偶者の居住権限を直接、法定の義務に根拠づけるという従来の判例の手法に従っていない。むしろ、夫婦が特定の場所を婚姻住居と定めたこと、つまり夫婦間の「合意」に基づいて「居住する権限」が生ずると解しているように思われる。しかし、このような「合意」は、財産法上の契約である必要はない。Xが、Xの特有財産たる右家屋にYが居住権限を主張しうるためには賃借権・使用借権等の一般的な占有権限を必要とする、と主張したのに対して、「本件においてXの特有財産なるものは夫婦がその共同生活の場所と定めた家屋であって、ことは夫の特有財産たる右家屋に妻が居住する権限を有するか否かである。」とした上で、明確にXの主張を排斥している。このように特定の住居を婚姻住居と定める夫婦間の「合意」に注目したのは特筆に値する。法定の同居義務でもないし、また婚費分担義務でもない。ましてや扶養義務など念頭にもおいていない。夫婦相互間の人格的平等と財産的独立性とを前提にした見解と評しえよう。このかぎりで本書の立場に近い。ただし、その「居住できる権限」の中身がここでも明確ではない。

そのこととも関連するが、右の居住権限を解消しうる「特段の事由」の一例として夫婦間の「合意」をあげることにとどまっている。かかる「合意」があれば事は単純に解決できる。問題はその他の事情であり、判旨は、Xの主張をすべて排斥している。しかし少くともYの粗暴・乱暴な行為によって婚姻が破綻したという主張については、説明不足であろう。仮りにYの有責行為の有無は問題外であると解しているとすれば、従来の判例とも整合しないし、かつまた不当でもある。もっとも、YだけではなくXもまたYに対してしばしば暴力を振っていた（Yの主張）とするならば、本判決の結論にも合理性があるともいえよう。ただ、妻が夫の暴力をおそれる場合、婚姻住居から退去するのが通常であり（別居後でもなお夫の暴力的行為の行使を懸念するものである）、そのあたりの事情が残念ながらよく分からない。いずれにせよ、本判決が右のような事情をあまり重要な事実と考えていなかったということは確かであり、その点に一つの問題があろう。いまだ居住権限が独自の権利に高められていない証左である。

つぎの事例は再び「同居義務」論に逆行し、しかも、その理論的難点が鮮明に現実化したものといえよう。

【一四】　東京地判平元・六・一三判時一三四七号五八頁(32)

【事実】　X（夫）はY（妻）と昭和四五年ころから同棲したのち同五一年に婚姻して、同時にYの母Aと養子縁組をしたが、短気で同棲直後から些細なことでYに殴る蹴るの暴力を働くことがしばしばあり、昭和五三年二月ころYが実家へ帰り、しばらく別居状態になることもあった。昭和五八年にYがAの土地上に係争建物（ビル）を建築所有し、ここにXY夫婦とAが同居するようになった。Xはビル一階でYが営業していた喫茶店を当初は手伝っていたが、次第に遊び暮らすようになり、Aに六〇〇万円もの借金をさせてベンツを購入したこともある。その間もXの暴力は止まず、YとAとは離婚・離縁を決意していったんは家を出たが、Xが謝ったためAが離縁したのみで、XYは夫婦としての生活を続けた。昭和六一年にXが覚醒剤取締法違反で逮捕され、その間にYが他の男性と過ちを犯したことから、激しい暴力を振るうようになり、そのためYは相当な傷害を負ったこともある。この間に、XはYに対して過ちの代償として係争建物の持分三分の一の贈与契約書を作成させた。また、この直後にAはやむを得ずXと縁組をしている。その後もXの暴力は止むことがなく、昭和六三年一月にも些細なことから暴力を振るったため、ついに係争建物を出て、離婚・離縁を決意した。Xは右贈与に基づく持分三分の一の登記手続を訴求したのに対して、YはXの占有している建物の一階・五階・六階部分の明渡しを求めて反訴を提起した。

【判旨】 贈与は強迫によるもので取消によって失効した。Yの反訴請求については、「YとXとは、現在離婚訴訟が係属中であるとはいえ、依然として婚姻関係にある夫婦であることは前記認定のとおりであり、そうだとするとYとXとは法律上の同居義務を負っていることになるから、Xの右請求は失当なものという以外にない。」

本判決の理論構成も結論も不当である。従来の先例が明らかにしているように、婚姻中であっても、明渡請求の可能性を例外的に肯定しないと、かえって不当な帰結に至ることになるが、本件事案はまさしくその例外的な場合に該当するからである。なるほどYにも不貞行為があり、婚姻の破綻がXの全面的な帰責事由に起因するとはいえない。しかし、繰り返される暴行のほか、「強迫」およびそれに近い行為によってYやAの財産を奪い取ったXにこそ、婚姻関係の破綻の主たる原因があると考えねばならないはずである。判旨は、結果的にはXとの同居をYに強要することになり、そのことはXのYに対する暴力的行為を事実上許容したことに等しい。係争ビルが中層建物であり、物理的には階層により区画されているので、Xが現に占有している階層部分の立退を認めるまでもない、と判断したというのであるとすれば(33)、その判断はあまりにも軽率に過ぎる。暴力的行為に対するYらの精神的苦痛・心理的不安こそがここで問題とさるべきキー・ポイントなのである。夫婦であるということにより往々にして暴力的行為が大目にみられるという実情を想えば、なおさらその感を強くする。

ところで、本判決は【一四】判決と共通する部分が多い。本件も形式的には、YはXの占有していない階層を占有しているので、XとYとは係争建物を共同占有・共同利用していることになろう。また、そのことと関わるものと思われるが、本件判旨も、Xの占有権限には全く言及せず、専ら同居義務の有無を論ずるにとどまっている。しかも、それが抽象的同居義務である点も共通している。現に婚姻住居を共同利用している夫婦間の紛争では、ことさら非所有配偶者の占有権限を問題としなくとも、同居義務の存否だけで紛争を解決できるという考慮が、その底流にあるのであろう。しかし、事実上婚姻が破綻している夫婦に、形式的な同居義務を援用して、求められている紛争の核心（財産法的処理）に目をそむけるという姿勢は、正しくない。本判決のような結論を導くおそれもあるので、同居義務に非所有配偶者の占有権限を依拠させる学説には問題が多い。

(ハ)　判例の評価

一般に親族間の不動産明渡請求については、占有者に格別の使用権限がなくとも、特段の事情がないかぎりは、これを認めないのが判例の立場である[34]。夫婦間の明渡訴訟でもかかる実質判断が判例の底流にあることは否定できない。ことに婚姻住居の無償利用では、非所有配偶者の占有正権原の存在を前提としているので、なおさら、明渡請求が認められにくいといえよう。

問題は占有権限の理論的根拠である。従来の判例の主流は同居義務にこれを求めている（【一三七】【一三九】【一四〇】【一四二】【一四四】）。ただし、抽象的同居義務に依拠する判例（【一三九】【一四二】【一四四】）と具体的同居義務に依拠する判例（【一三七】【一四〇】）とに分れる。前者だと、婚姻中は占有権限が消滅しないのに対して、後者だと婚姻中でも同居義務がないとされることから、明渡請求が認められる可能性があり、現にそのように判示した例がある（【一三七】）。ただし、実質判断が先行し、その理由づけのために同居義務が援用されている側面もなくはないので、事案に注意する必要がある。しかし、理論的には、具体的同居義務を根拠にした方がすぐれているであろう。というのは、非所有配偶者の有責任行為（ことに暴力的行為）によって婚姻が事実上破綻しているならば、占有権限も消滅すると解するのが、最も事態に即した解決であるからである（その意味で【一四】判決は問題であった）。また、右のような場合に婚姻解消に至るまで占有権限が形式的にせよ存続するというのであれば、その間の損害金の支払いを占有者は免れることになるが、これは不当である。ことに離婚が単に手続的に遅れているにすぎないときには、なおさらその感を深くする。【一三九】判決は抽象的同居義務に拠りながら、かかる損害金の支払いを肯定するという不透明な構成をとっていることは前述したが、このことは逆にその構成に理論上の問題点があることを物語っているともいえよう。また、明渡請求の判断が厳格なように思われ、結論も支持しがたい事例【一四四】もある。

もっとも、具体的同居義務によるのがベターであると仮定しても、その義務の存否は文字通り具体的・個別的に判断されざるを得ない。同居を拒絶しうる「正当事由」の具体化が課題であり、この点については一定の方向性があるものの、(35)なお微妙な場合もある。また、何よりも、かかる同居義務の存否（そこで類型化されている事情）だけで、それを決め手にして占有権限の解消の当否を論ずることは著しく困難となろう。同居義務があるから明渡請求を否定し、逆に同居義務がなくなったから、明渡しが認められるという単純な問題ではない。非所有者側の「居住継続の必要性」という視点も入ってこざるを得ないからである（【一四二】。協力扶助義務の例だが【一四二】も参照のこと）。その意味で具体的同居義務に基づく見解も、実質的な解釈原理になってはいないといわざるを得ない。同じことは、一般に婚姻効力説にも妥当するであろう。要するに、当事者双方の婚姻住居に対する必要度等の諸事情を比較検討しなければならないのであるとすれば、非所有配偶者の無償利用を独自の利用権に高め、「利用契約の解約」問題として処理することこそ、ここで求められている有用な解釈原理である。

ところで、「居住権」という用語を使用する判例もいくつかある（【一三九】【一四〇】【一四三】）。この居住権を抽象的同居義務に依拠させるもの（【一三九】）、具体的同居義務に依拠させるもの（【一四〇】）のほか、夫婦の「合意」にその根拠を求める例（【一四三】）もあった。いずれも、そのいう「居住権」の中身は詳らかではないものの、単なる「占有権限」ではなく、「使用収益権限」を意識している点に我々は注目しなければならない。ことに、「合意」を論拠にする右の判例は、まだまだ理論的には未成熟であるが、今後の進むべき方向を示しており、本書の立場に一歩近づいたと評しえようか。

(2)　婚姻（内縁）解消と無償利用

前記の(1)で検討した裁判例では、すべて婚姻関係が事実上破綻していたが、いまだ婚姻継続中であるという前提で立論していた。しかし、その反面、婚姻が解消すれば婚姻住居に対する使用権原が消滅すると解することでは、その旨を明言するか否かに拘らず、ほぼ一致していたといえよう。かかる使用権原を婚姻の効力として構成する立場では当然の帰結である。

もっとも、右の説示はあくまでも抽象論であり、具体的事案との関連では、たとえば財産分与請求権の出訴期間までは存続すると解することも不可能ではない。また、婚姻の解消といっても、離婚の場合と死亡の場合とに区別する必要があろう。後者の場合には(旧)夫婦間で争うということがあり得ないからである。したがって、夫婦間の利用関係の法的構成も事案との関係で異なってくる可能性もある。そこで、夫婦間の紛争例を中心に検討すべき課題を担っている本書の立場では、婚姻解消時における紛争例を独立して取りあげる必要があるわけであるが、さらに、これを離婚によるものと死亡のそれとに区別して検討することにした。

(イ)　離婚の場合

【一四五】は、夫婦が直接当事者となって争ったものではないが、実質的には（もと）夫婦間の裁判例といってもよい。有責配偶者に対する家屋明渡訴訟である。

【一四五】　東京地判昭和二八・四・三〇下民集四巻四号六四一頁（居住用建物）

【事実】　係争建物はもとAの所有で、A（妻）とY（夫）とがここで同居していたが、Yが他の女性と関係をもつほか、賭博に耽りAの営業上の収益を浪費し家庭を顧みないので夫婦間に波風が絶えなかった。加えてYがAに暴力を振るい、そのためにAが健康を害したことから、結局、AYは協議離婚をしたが、Yが係争建物を自己の所有物と称して譲らないので、Aは余儀なく実家に帰った。Aの姉の夫であるXは、Aの生活費・治療費などすべてXの負担とした代わりに、Aから係争建物を譲り受け、Yに対してその明渡しを訴求した。

【判旨】　夫婦間における婚姻住居の使用関係を使用貸借契約と解するのは別段の意思表示のない限り当事者の真意に合しない。「蓋し配偶者は同居の義務を有すると共に相互扶助の原則上同居の権利を有する筋合であるから、所有者でない配偶者は同居すべき家屋を使用する権限を有するけれども、特段の事情のない限り、この権限は婚姻の解消によって当然消滅するものと解するべきである。…AはYに対して離婚後は本件建物を使用させる意思がないものと推認すべきであるからYはこれを使用する権限はないものといわねばならない。」

本判決は、非所有配偶者の婚姻住居に対する使用関係が使用貸借契約ではなく、婚姻の効力である同居義務ないし同居の権利に基づくので、特段の事情のない限り、婚姻の解消とともに当然消失する、と判示した。この結論自体には何人も異論はなかろう。ただ、婚姻中の使用権限に関する説示部分だけを取り出せば、Yには「同居の権利」に基づいて係争建物を使用する権限があったとも解しえなくもないので、仮にそうだとすれば、Aが婚姻中に明渡請求をしたとしても、同居義務を抽象的に捉えているので、棄却されたことになろう。しかし、そのような結論は本件の事案からいっても不当であることはいうまでもない。

このように考えると、本件では、すでに婚姻が解消していたという事実があったので、判旨は、この事実に依拠して右のような理論を説き、結論を出したと推知して大過なかろう。婚姻中の無償利用が使用貸借契約ではないと解していることには疑問がないものの、婚姻中の使用関係のより具体的な準則は明らかにはされていない。したがって、判例の分析にあたっては婚姻解消という事実の有無にことのほか注意しなければならないわけである。

なお、本判決は、婚姻解消後の使用権原の消長について、所有配偶者の「意思」をも問題にしているが、仮りにAとYとが逆の立場にあり、有責のYが無責のAに対して明渡しを請求する場合にも、同じように考えてよいのか（Yの意思を問題とすること）、疑問である。つまり、所有配偶者の「意思」を考慮したところで、婚姻が事実上破綻しているかぎり、この種の紛争の解決に資するところはほとんどないであろう。単なるダメ押しにすぎないように思われる。

【一四六】は内縁の夫婦間における紛争例であるが、婚姻住居の敷地使用権限の性質が問題となっている。

【一四六】　最判昭和三五・一一・一〇民集一四巻一三号二八一三頁（宅地）

【事実】　X（妻）とY（夫）とは内縁関係にあったが、Xの父の死亡（昭和一五年六月）ののち間もなく、XYはX所有の係争建物に移り住み、そこで湯屋営業中のXの母と同居するとともに、昭和二一年から二四年末までの間に、YはX所有地上に建物三棟を建築所有し、これを共同生活のための住居・物置として使用していた。ところが、昭和二六年一二月ころXがYの虐待に耐えかねて家出をし、一方、YはXの母とXY間の子とともに係争建物で同居していたが、昭和二七年七月ころ他の女性と事実上の婚姻をしたのち婚姻届を出した。そこで、XがYに対して係争建物の明渡しと係争地上の建物収去・土地明渡を訴求した。原審は、係争建物については使用貸借契約の存在を認めなかったが、宅地については使用貸借関係があるものの、地上建物の建築費の七割はXが出捐しているほか、右使用貸借は内縁夫婦としての共同生活の存続を目的とし、これを前提とするものであることから、XY間の内縁夫婦関係の解消によりその目的を失い終了した、と判示。

【判旨】「原判示によれば、昭和一四年以来内縁関係にあったXY両名は、同二六年一二月Xが家出するまで同棲を続け、その同棲継続中に判示第二目録記載の建物三棟がYによつて建築され、Xはその所有にかかるその敷地（いわゆる本件土地）の使用を認めていたというのであるから、このような土地の使用関係が民法上の使用貸借に該当するや否やの法律論は別論として、Yの本件土地の占有権限は特段の事情のない限り右内縁関係の存続する間だけに限られ、これが解消とともに消滅に帰するものと解するを相当とする。」

本判決の結論は是認できよう。しかし、最高裁は、夫婦間の宅地使用関係の法的性質についてはことさらその判断を避けたため、批判を浴びている。(36) たしかに、この無償使用関係が内縁とは別個の法律関係であるのかどうかは、よく分からない。しかし、内縁関係の効力にすぎないと考えていたとすれば、端的にその旨を判示すれば足りたはずであるので、少なくとも独自の使用関係であると解していたと判断して大過ないのではなかろうか。そのように態度を留保したのは、民法典にいう使用貸借とは異なるが、さりとて地上権というわけでもないので、とりあえずこの問題は不問に付し、当面の解決に必要な範囲で、右のような説示をしたように思われる。本件では内縁関係が破綻しているだけではなく、非所有配偶者が他の女性と再婚までしているので、内縁の解消とともに使用権限も消失するとの結論を出すことに、何ら支障はなかったであろう。

ところで、本件でのXが何故に家出をしたのか、またそのこととも関連するが、内縁破綻の原因がどこにあるのか、いずれも判然としない。主としてYにその責任があるようだが、仮りに内縁の破綻がXの有責行為に起因した場合であっても同じ結論になったであろうか。一般論としてはそのような請求を認容するのは不当だといえよう。しかし、再婚後の婚姻住居を前婚の所有配偶者の負担に帰するのは、いかに婚姻破綻に責めがあるとしても、いささか酷に過ぎよう。最高裁は、このような問題にも言及しないで、内縁の解消だけを強調しているが、本件事案のもとでは止む得ない措置であったと評しえようか。

なお、私見の立場でも、本件では同じ結論を導き出せる。Yはその有する生涯無償利用権の享有を再婚によってみずから断念したとみなされても止むを得ないからである。

(ロ)　死亡の場合

婚姻関係が所有配偶者の死亡により解消した場合に、生存(非所有)配偶者と他の相続人との間で婚姻住居をめぐって紛争が生ずることもある。しかし、従来から、遺産分割の審判例では、居住している生存配偶者にこれを分割所有させる傾向があり、今日では配偶者の法定相続分は少なくとも二分の一になっているので、ますます右のような傾向が強化されていくであろう。(37) もっとも、他の相続人との共有関係が継続する場合には、婚姻住居の管理問題として生存配偶者に生涯権を与える必要は依然として残される。ただ、実質的には所有帰属によって居住利益をカバーできることになろう。

これに対して、相続権のない内縁夫婦の場合には、居住利益の法的構成がことのほか重要となる。ここでは、生存配偶者(非相続人)と相続人とが婚姻住居をめぐって争うことになり、周知のごとく、この種の裁判例は、いわゆる「借家権の相続」問題と関連して、一時期、学説の格好の研究テーマとされたことがある。

もっとも、判例（最高裁）は、相続人による明渡請求を「権利濫用」で抑えるにとどまっているので[38]、この立場にあるかぎり、所有配偶者と非所有配偶者との使用関係をどのように構成するかは、直接の関心事ではなくなり、判例から学ぶべきものは少ない。むしろ、所有配偶者の死亡によって生存配偶者の居住権限が当然に消失するとの前提で立論している。

しかし、下級審判決のなかには、夫婦間における「居住する権利」の存在を前提にして説示する具体例[39]のほか、使用貸借契約と構成して、これが相続人に継承され、「合意にもとづく使用収益権」を対抗できるとした例[40]もある。相続が介在する場合には、直接の夫婦間での紛争とは、その類型を異にするので、右の判例と、本書が問題としている判例の立場とは直結はできないが、非所有配偶者の居住利益を独自の権利に高めようとする判例が現に存在することに注目しておく必要があろう[41]。

私見によれば、内縁夫婦にも前述したことがそのまま妥当する。夫婦間に生涯無償利用権が成立し、これが所有権に高まらないときは、そのままこの権利は相続人に承継されるのを原則とする。この利用権の負担は、所有配偶者の生前、その観念的所有権の傘の下にあった独自の所有権的利用権であるので、相続人はかかる負担つきの所有権をそのまま承継するからである[42]。

なお、ごく最近、最高裁が内縁夫婦の共有不動産の場合であるが、夫婦間の「無償の合意」を認めたことによって（【一六七】判決を参照）、この問題に新たな光があてられたことについては、後述する。

二　婚姻住居以外の不動産の使用関係

1　無償利用の理論構成

婚姻住居に関する無償使用関係の法的構成は、婚姻住居であるということを眼目にして考えられているものであるから、それ以外の不動産の使用関係については、いずれの立場にあるにせよ、また別途の考慮を必要としよう。ことに「同居義務」ではその使用権限を根拠づけることはできない。しかし、全く無関係なのかといえば、必ずしもそうではなかろう。本書のような視点から夫婦間の無償利用関係を分析した研究は、従来皆無といってよいので、学説の状況はよくわからないが、婚姻住居の使用関係と同様に、かかる無償利用を婚姻関係のなかで捉えようとする立場（協力・扶助義務ないしは婚費分担義務に依拠する）が考えられる。この立場によれば、無償利用は婚姻関係と運命をともにすることになろう。これに対して、可能なかぎり財産法的側面に重点をおく立場もありうる。つまり、婚姻住居の使用関係を使用貸借であると解する学説では、いっそう物利用権としての独自性が強調されるはずである。本書もまた、無償利用契約としての独自性を前面に押し出す必要があると考えている。たとえば、夫所有の土地上に妻が店舗・賃貸住宅を所有する関係は、父の土地上に子が建物を所有する関係と基本的には同様に構成すべきものであり、権利性の濃淡については夫婦間の特殊な事情を個別的に考慮して判断すれば足りるはずである。

換言すれば、ここでの無償利用は生涯権ではなく、一般の親族間における無償利用権と同様に、原則として債権的合意に基づくもので、その存続・消長については貸与の動機・経緯、使用期間、当事者双方の使用の必要性等、諸般の事情を斟酌して判断されることになろう。

2　若干の具体例

(1)　判例の立場はどうか。そもそも夫婦間での不動産利用関係をめぐる紛争例が少ないので、ここでの具体例もほとんど見当たらないが、現在までのところ知りえた若干の例を紹介・検討してみよう。

(イ)　まず、夫婦間の無償利用を物権であると認定した事例をみてみよう。

【一四七】　大判大一五・一一・三新聞二六三六号一三頁（宅地）

【事実】　夫婦が共同相続した土地と地上建物とを、A（夫）が建物、B（妻・Yの継母）が土地をそれぞれ分割所有し、その後、息子のYが地上建物の贈与をうけたが、Xが右土地をBから買い受けたため、Yの敷地使用権限、ひいてはAB夫婦間の無償使用権の性質が問題となった。Yが地上権に基づいて仮処分仮登記を経由したので、Xがその抹消を訴求。第一審は、地上権の主張を排斥し、「何等ノ契約ナク一家ノモノトシテ事実上使用シ居タルニ過キサル事実ヲ窺知シ得ヘキニ於テオヤ」と判示して、X勝訴。原審は、係争地と建物とがAB共有に属したる際、「其夫婦間ニ土地ト建物トヲ分割所有スルコトヲ合意シタル以上ハ特別ノ事情ナキ限リ土地ノ取得者ヲシテ其建物所有ノ為土地ヲ使用セシムヘキ合意カ暗黙ニ成立シタルモノト解スルヲ相当トスルノミナラスAカYニ対シ建物贈与ノ際BモYカ該地上ニ其ノ建物ヲ所有スルコトヲ承諾シタル…カ故ニ畢竟Aカ共有財産分割ノ際本件土地ニ付建物所有ノ為借地権ヲ取得シタルモノ」とし、しかも、これを地上権である、と判示。これに対して、Yは、使用借権ということもありうるのに無償無期限の地上権と認定したのは、第三者を害することはなはだしい、などと主張して上告。

【判旨】　上告棄却。「土地及ヒ其ノ地上ノ建物カ夫婦ノ共有ニ属シタル際ニ於テ夫婦間ニ土地ト建物トヲ分割所有スルコトヲ合意シ其ノ後建物カ他人ニ譲渡セラレタル時ニ土地ノ所有者タル妻カ譲受人ニ対シ該土地上ニ建物ヲ有スルコトヲ承諾シタルコトアルカ如キ場合ニ於テ其ノ前後ノ状況ニ鑑ミ他ニ特別ノ事情ナキ限リ分割ノ当初ニ於テ土地ノ取得者タル妻ハ建物ノ取得者タル夫ニ対シ土地ノ使用権ヲ与ヘタルモノト認定シ得サル可キ理由ナク而シテ右ノ使用権ハ前記ノ如キ其発生当時ノ沿革ニ照シ且其ノ存続期間及地代ニ付何等特別ノ合意ナカリシヨリ見テ其ノ地上権ノ性質ヲ有シタルモノナルコトヲ推認シ得ラレサルニ非ス。」

本件の土地・建物は婚姻住居として利用されていたものではないようである。むしろ、妻の老後の生活のために、建物より管理のしやすい土地で地代をとるか、場合によっては土地を売却する、という趣旨で分割所有されたものらしい。

ところで、大審院は、右の説示からも明らかなように、夫婦間の土地の貸借が当然に権利関係になるとの一般論を述べているわけではない。夫婦が共有していた土地と建物を分割して各々の単独所有としたこと、および夫所有の地上建物の譲渡を土地所有者である妻が承諾していたこと、この二つの事情が夫婦間での土地利用関係を権利関係と認定するうえで重要な意味をもっている。さらに、地上権の認定では、右の事情のほかに、「無償無期限」の使用関係であったという事実が加味されている。Yを保護したことは必ずしも不当ではないが、右の理論構成にはやや不透明なところがある。というのは、地上建物の譲渡に対する妻の承諾を捉えて、それ以前になされた土地建物の分割の当時に妻が夫に「使用権」を与えたものとの認定が可能だとしているからである。むしろ右譲渡を承諾した時にその使用権を建物譲受人(Y)に与えたと解した方が理論的にはすっきりしていたであろう。ことさら夫婦間での土地貸借の法的性質論にまで言及しなくてもすんだはずである。

加えて、夫婦間で地代や存続期間を約定するなどということは、むしろ異例である。だから、無償無期限ということから「地上権」を認定したものも問題であった。もっとも、使用貸借ではYの使用権はXに対抗できないので、それでは地上建物（登記済）の存在をおそらく熟知して係争地を取得したXを保護することになり、その結果の不当性を避けるため、右のような説示のかたちになったものと推測される。したがって、夫婦間での紛争であった場合にも果たして「地上権」と認定されたかどうかは、きわめて疑わしい。ともあれ、右のような諸事情から判断して、夫婦間の無償利用に関する本判決の先例的価値は乏しいといわざるを得ないであろう。

つぎの判例も、夫婦間で物権つまり通行地役権の合意があったとしている。

【一四八】 福島地判昭和四〇・一・二八下民集一六巻一号一四七頁（土地）

【事実】 甲地はA（父）所有、乙地はB（母）所有で、昭和九年にBが乙地上に建物を建てた際、甲地内に係争通路が開設された。甲乙両地は機能的にはもともと一体として利用される関係にあり、乙地にとって甲地内の通路がなければその効用を全うしえず、現に乙地上の建物の玄関は、当初から係争通路及び甲地上にある門を利用しうるように設計されていた。X（姉）は乙地を母から継承し、Y（妹）はAの家督相続人から甲地を買いうけたところ、Yは係争通路にトタン塀を設置してXの通行を妨害したので、Xが訴求。

【判旨】 「この事実〔X所有建物の玄関口と甲地上の門との関係〕と前記認定の本件甲乙両地の地形を総合すると、AはBの本件建物新築当時、甲地上の本件通路の開設を当然許容していたものと認めるのが相当である。しかして、右のような合意に基づきBが本件通路について取得した権利の性質を考えると、Aにとっては乙地のために相隣関係に基づく囲繞地通行権を容認すべき立場にあったといわざるをえないから、Bの取得した権利を単なる債権的な使用権と解する余地がなく、物権たる地役権と解するのが相当である。また、Yはかかる甲地上の負担を熟知のうえ甲地を取得しているので、Xの通行権を否認するのは信義則に反するし、ましてや、甲乙地の相隣関係からYの否認権行使は権利の濫用となる。」

本件も夫婦間での紛争例ではないが、甲地（承役地）と乙地（要役地）との物的な関係が当事者間の身分関係の特殊性をほとんど希薄にしてしまっている。地役権それ自体が土地相互の利用調整を目的としているので、この種の権利の場合には、当事者間の身分関係よりも、土地の地理的環境が決め手となる。したがって、夫婦間において物権の合意があったという意味での先例的価値は【一四七】判決よりもさらに乏しいことになろう。

(ロ)　これに対して、夫婦間の土地貸借を使用貸借と構成した裁判例がある。【一四九】の高裁判決では農地の無償利用関係が問題となっている。

【一四九】　東京高判昭和二六・六・二〇行裁例集二巻七号一〇四一頁（農地）

【事実】　X（妻）はA（夫）所有の農地を利用して戦前から農業を営んでいたが、人手不足のため敗戦直後に一時これを賃貸した。昭和二二年一一月に当時の法令により、Bとの農地賃貸借の更新拒絶の許可を受けたところ、行政庁がその後この許可を取り消したため、Y（知事）に対して行政処分の取消を訴求し、勝訴した。この行政処分の取消を求める「法律上の利益」がXにあるかに係わって、Xの土地使用権限の性質が争われた。

【判旨】　Xの夫であるAは娘婿からの借入金で昭和一五年六月に係争農地を買い入れた。Aは他に職業を有し農事に従事することができないのに対して、Xは農家育ちで耕作能力もあることから、AはXの農業経営に供する目的で係争農地を購入して、これを無償でXに貸与したものであるので、Xと所有者との法律関係は使用貸借である。

本件では、夫所有の農地を妻が独立して農業経営をしていたという事情がきわめて重要な意味をもっている。実際、当時の農事実行組合へも妻自身の名義で加入し、米・麦の作物を妻みずから供出するほか、肥料の配給も受けていた。したがって、事実として妻固有の土地利用行為が存在するだけでなく、社会的にもそのような行動をとっているものと評価されて差し支えなかろう。したがって、これを婚姻関係とは別個独自の利用権と構成した本判決の判断は正しい。

つぎの例も夫婦間の土地使用関係を使用貸借と判示している。贈与税の賦課処分の違法性が争われ、その前提として夫婦間の宅地無償使用権の法的性質が問題となったものである。

【一五〇】　大阪地判昭和四三・一一・二五判時五四四号二五頁（宅地）

【事実】　X（妻）は、昭和四〇年にA（夫）からA所有の宅地（一四四坪）を借り受け、地上に賃貸用の共同住宅二階建八戸（一棟約七六坪）の建物を建築所有していたところ、Y所轄税務署は、XがAから係争地を無償で使用する経済的利益の贈与を受けたものとして、これに贈与税を賦課するとともに、無申告加算税を課した。そこで、Xはこの処分の取消を訴求したが、Yが右贈与を認定する前提として係争地の無償利用を「地上権」と判定したため、Xが「使用貸借」にすぎないと争った。

【判旨】「親族間における土地利用が愛情等の特殊なきずなによって結ばれ、その基礎の上に成立したものであればその間に何等利害関係の対立はないのであるから経済的利害について無色ともいうべき使用貸借が最も適合するというべきであって、地上権のような物権を設定する必要性は毫も存しない」。しかし、Xは土地の使用による経済的利益をAから受けており、この利益相当額の贈与を受けたに等しいところ、これは具体的には賃料相当額になるが、一年間の地代相当額は土地の時価額に純益にあたる年六分と、税金その他の維持費にあたる年二分との合計八分を乗じた額をもって相当とする。ところが、これによって計算しても贈与の基礎控除（当時四〇万円）額の範囲内にあるので、Yの処分はすべて違法である。

本件では、課税の当否という視点から「夫婦間の無償利用」の法的性質が論じられているので、その点に留意して判旨の説示を読まねばならない。しかし、地上権の成立を排斥し使用借権を認めるにとどめたのは正当であった。もっとも、かかる使用貸借が「純粋な親族間の愛情」に起因することを根拠にしたのは、少し注意しておく必要があろう。通常、利用関係が当事者間における好意・愛情に起因するときには、それが権利関係であっても、その権利性が非常に弱いものと解される傾向が強いからである。だから、本判決の立論は強力な地上権の成立を排斥することにあったと考えるのが無難であろう。

むしろ、本件では、妻が夫所有地上に賃貸住宅を所有しているのであるから、たとえその貸与の主観的動機が愛情であったとしても、客観的な貸与の「原因」は単なる好意の精神に尽きるものではなく、経済的利害もあったと評価できるので、夫婦間の無償利用を物質的に把握することが可能となろう。したがって、たとえば離婚によってこの貸借が当然に解消すると解すべきではなかろう。

(ハ)　婚姻費用分担義務に店舗の使用権限を依拠させた事例もある。

【一五二】　東京地判昭和五八・一〇・二八判時一一二〇号六〇頁（店舗）

【事実】　Y（妻）とA（夫）とは昭和三七年ころから同棲し（重婚的内縁）、昭和四四年四月に正式に婚姻して、その間に子Cを儲けている。YとAとは婚姻前からYの交遊関係等をめぐりトラブルがあったが、婚姻後はさしたることもなく、昭和四六年からはYはAの承諾をえて、係争建物で麻雀屋を営業していた。しかし、昭和五二、三年ころからAの財産の管理、Aの交遊関係をめぐって再び夫婦仲が険悪となり、昭和五六年にAが離婚訴訟を提起して現に係属中である。Aは別居後も昭和五五年末まではYに生活費を送金していたが、翌年からは送金しなくなった。そこで、Yは、係争家屋で麻雀屋を再開するとともにスナックを開業した。

Aは Yに対して係争建物の明渡しを求めていたが、昭和五六年一二月にこれを含むビル全体を自己の実子X（先妻との子）に贈与し、Xが明渡訴訟を提起した。Aは資産家だが、YはCを扶養し、C名義の建物の賃貸収入（月15万～20万円）と係争建物での営業収入だけであり、Cの学費だけでも年間40、50万円を必要としている。

【判旨】「夫婦は、その資産、収入その他一切の事情を考慮して、婚姻から生ずる費用を分担しなければならないものであるから、夫婦の一方の所有に属する財産について、婚姻を維持するに必要な限度において、相手方は当然にこれを使用することができるものと解すべきであり、その所有者である配偶者は正当な理由がないのに、他の配偶者の使用を拒むことはできず、このことは婚姻が事実上破綻し、別居生活をしている場合でも、同様に解するのが相当である」。本件では、Aは資産家であるのに対し、Yに送金もせず、Yには収入があるとしても係争建物を使用する必要性がないとはいえず、それ故、Aには使用を拒否する正当の理由があるとはいえない。Xの本訴請求もAと相謀ってのものであるので、その請求は権利濫用である。

係争建物（ビルの一部）は店舗であり、婚姻住居として使用されていなかったようである。同居義務に全く言及していないのは、そのような事情によるのであろう。だから、非所有配偶者の使用権限を婚費分担義務に依拠させている。たしかに、係争店舗による営業収入はYとCにとっては重要な生活費の源泉となっているので、Xが生活費を支給しないというのであれば、Xの婚費分担義務を根拠にして店舗の使用継続を根拠づけることができないわけではない。だから、本件の解決としては右の説示にも一理あるが、ただ、判旨は一般論として非所有配偶者の使用権限を論じているように読める。そうとすれば支持できないことは前述した。たとえ生活費を支給していたとしても、結局は、係争不動産の利用継続の必要性を軸にして、明渡しの当否を判断せざるを得ないからである。生活費の支給の有無・額は斟酌されるべき一事情にすぎないと考えるべきである。

(2)　以上の判例はそれぞれ事案も異なるので、一般的評価は難しい。しかし、婚姻住居以外の不動産では、いきおい非所有配偶者が事実として独自に当該不動産を利用するかたちとなることが多い。本書が取り上げた判例ではすべてかかる利用行為が前提となっている。それが社会的にも独立した行為と認められるならば、独自の利用権に高められやすいと一応はいえそうである（【一四七】【一四九】【一五〇】、【一五二】は店舗）。ことに、建物所有のために他方配偶者の土地を使用する関係では、そのような認定がなされているように思われ（【一五〇】、【一四七】も）、今後もかかる傾向がいっそう強くなろう。それ自体は正しい。問題はその利用権の中身であり、特段の事情でもない限り、債権的利用権（使用借権）と解さざるを得ないとしても、その存続保障、対外的保護を理論的に工夫することが将来の課題である。

三　いくつかの問題

本章の主たる課題は前節までの論究でほぼ果たしたことになる。しかし、「生涯権」の存続は、対外的効力の存否によって、大きく左右される。否、そもそも権利の本質論と直接に関わるといってもよい。そこで、この問題にも論及しなければならないであろう。あわせて、無償利用の権利性と占有保護とは密接な関連があるので、主として判例を素材にして、夫婦間の占有関係についても若干の検討を加えることにした。

1　無償利用権の対外的保護

(1)　解釈論上の限界

所有配偶者が婚姻住居を処分した場合、その譲受人等の第三者と非所有配偶者との関係が問題となる。婚姻効力説ではいうまでもなく使用貸借説によっても、非所有配偶者の居住利用はかかる第三者に対して保護される可能性はない。ことに婚姻効力説では、夫婦という特殊な身分関係のうちにおいてのみ認められる使用権限にすぎないので、第三者との対抗問題はそもそもはじめから生じないことになろう。[43]また、使用借権には現行法上、対抗要件を備える方途がない。[44]

前述の南方論文は、「一七七条、九四条二項の解釈により妻の『居住できる権利』を保護する途が図られてもよい」として経済的弱者の保護を強調するが、その論拠は明確ではない。[45]

一方、かつて深谷松男教授は、婚姻消費共同生活のために夫婦によって拠出・取得された不動産については実質的には共有であっても一方の名義であるかぎり取引の安全（ことに善意の転得者）のため、その名義人の処分を無効にはできないが、夫が家出をして妻子の居住する不動産を処分したときには、（旧）借地・借家法による対抗力の具備と同様の処理が可能である、とするとともに、夫が離婚のときに財産を浪費して求償（共有持分の侵害による内部的求償）に応じないときには、かかる「悪質な処分」を民法四二四条の類推適用によって取り消しうる、と主張していた。[46]

後者の詐害行為取消権については、教授によれば離婚のときしか問題とならないし（求償権が現実化しないから）、また、かかる求償権のためにこの取消権を使えるのかという疑問もさることながら、取消したとしても、目的物が不動産であるかぎり、それは総債権者の共同担保となりうるにとどまると解されているので（最判昭和五六・一〇・五民集三二巻七号一三三二頁）、居住利益それ自体を確保する手段としては必ずしも十全なものではない。むしろ、ここでは前者の指摘が重要である。婚姻住居に居住する妻子を保護するために、簡便な対抗要件を用意している借地借家法の法意を借用することは可能であろう。ただし、対抗問題と同視すると従前の法律関係がそのまま新所有者に承継されることになるので、果たしてそのような硬直した処置でよいのか、若干の疑問が残る。つまり、無償のままでいつまでも存続するというのでは、第三者に酷なこともあろう。両者の利害の調整が必要かと思われる。いずれにせよ、この問題の出発点は婚姻中の使用関係の理論構成におかれるべきである。

(2)　本書の立場

私見のように「生涯権」という独自の利用権と構成する立場でも、第三者に対する保護は当然には与えられない。婚姻住居であるということが一見して客観的に明瞭であるならばともかくも、そのような事情ではないのであるから、取引の安全を考慮せざるをえないからである。しかし、全く保護されないのかといえば決してそうではない。非所有配偶者が建物を占有利用している(もしくは過去に居住し、現に居住の必要がある)か、又は地上建物について登記を経由しているならば、所有権に基づく明渡請求は原則として「権利濫用」になると考えられる。第三取得者は新築の建物ないし更地を購入するわけではないので、当然、抵当権や借地権の調査もせざるをえないので、いきおい不動産の利用状況や所有配偶者の売却の動機、その家族関係等の諸事情を知らないままではおれないことになろう。ことに、第三者みずからが当該土地の利用を意図しているならば、土地・建物の利用者の立退を売買契約の条件としておかねばならない。したがって、第三者は売買の目的物が婚姻住居であると知りうるのが通常であろう。もっとも、従来の判例では、この種の単純なる悪意だけで第三者側の権利濫用が認められているわけではない。そのほかに、たとえば所有配偶者と第三者とが親族であるとか、第三者が時価よりも相当に廉価な価格で購入しているとか[47]、特段の事情が必要とされている。

しかし、私見によれば、右のような事情がなくとも、この種のケースでは、第三者が婚姻住居であるという認識をもって（ないしその認識可能性のもとに）あえて当該不動産を取得したとするならば、それだけで権利濫用となる、と解する。ここでは第三者側の「害意」が重要なのではなく、純粋に客観的な利益衡量が問題となる。その際に重視されるべき事情は、非所有配偶者の「生涯権」である。婚姻住居の取得または維持・管理に協力寄与をなした非所有配偶者の生涯権は婚姻中に強化され、共有持分に高まることはないとの前提であったとしても、本来的には所有権に食い込むほどの物権的地位を獲得している。したがってまた、夫婦間ではそもそも明渡請求それ自体が理論的には成立しがたいものである。この点で、通常の使用貸借とは質的に異なる。後者はその「貸借」のうちに返還義務を内含しているからである。

このような特異な所有権、所有権の内的制約は、通常は、「婚姻住居」であることと、そこに非所有配偶者ら家族が居住していること、この二つの事実によって外部から推知できよう。このかぎりで、みずからの意思で婚姻住居を提供した所有配偶者の物的支配秩序のうちに、「家庭の住居」という観念による緩やかな拘束が、そこに内在していると考えるべきである。

ただし、右の生涯権は夫婦間においても存続しうるものであることが前提となる。たとえば、非所有配偶者の有責行為によって生涯権が消滅すべき運命にあるときには、有責の当事者はこのような拘束を所有配偶者に対して主張できないし、また第三者としてもかかる負担を甘受すべきいわれはなかろう。

なお、権利濫用であるとすると、当事者間の法律関係が不安定なまま残存することになる。残留配偶者の占有利用は不法ということにもなりかねないので、損害金の支払いを義務づけられる可能性もある。第三者との利害を調整するためには賃料相当額の支払いもやむを得ないと判断されることもあろう。この点は個別的に判断するしかない。ただし、第三者が婚姻住居と知って時価よりも低廉で当該不動産を取得していたときには、使用料相当額の損害賠償の請求も権利濫用となろう。あとは当事者間の自治的解決（和解）に期待するしかない。

ところで、非所有配偶者と第三者との対外関係を論じた先例はこれまでのところ存在しないようである。ただし、東京地判昭和三二・三・一（下民集八巻三号四一四頁）は、第三者異議訴訟ではあるが、妻の特有財産に対する夫の占有権限にも言及しているので、ここで指摘することは不適切ではないものの、その説示は一般的に過ぎ、事案も特殊なものであることから、本書にとってあまり参考にはならないので注記するにとどめておく。(48)

なお、賃借住居の事例であるが、最近の最高裁判決が興味深い。夫婦間の事情を貸主（ただし、夫の経営する会社）側の返還請求権の権利濫用の判断において考慮すべき旨を説示しているのが、参考となる。(49)

2　占有法との交錯

(1)　私見によれば、非所有配偶者も婚姻住居に対して固有の占有(権)を取得できるので、夫婦は共同の「自主」占有者ということになろう。しかし、非所有配偶者も独自の利用権（当事者間の合意）を有するので、少なくとも当事者間ではかかる本権で原状回復的救済も可能である。ただし、離婚等、何らかの理由で右の利用権が消失したときには、占有者としての保護を享受できるし、対第三者との関係でも占有訴権保護を与えられることになる。以上の点では、使用貸借説でも基本的には同じ結果になろう。もっとも、「生涯権」説では暴力・妨害行為のおそれのある所有配偶者を婚姻住居から退去させることも可能である。このような積極的な妨害排除権能の理論的根拠は、所有配偶者みずからが当該所有不動産を婚姻住居として提供したという自己の意思による所有の拘束力（ひいては夫婦間の合意の履行請求）に求められるべきである。

なお、右のような本権関係を考慮したものではなく、専ら占有レベルで夫の所有物に対する妻の占有法的地位が従来から論じられていることは周知の事実であるが、近時、妻の占有保護を肯定する学説が少ない。(50) ただし、これらの学説は、非所有配偶者に何らの具体的な本権が存在しないことを前提に立論しているものと考えて大過なかろう。

(2)　判例の立場では占有保護はどのような意義をもちうるであろうか。同居義務に依拠する多くの判例を理論的に展開させると、たとえば、非所有配偶者が婚姻住居から放逐されたときに、同居義務違反ないし同居の権利を主張して原状回復を実現することはできない（その強制手段がない）ので、仮りに非所有配偶者に占有を認めることができるとすれば、占有訴権保護を介して現状を保全することが可能となる。したがって、この立場では占有論を展開させると、夫婦間でも占有保護はそれなりの機能を果たしうることになろう。一般に、占有が不法とはいえないが、さりとて権利に基づくものともいえないような場合には、占有訴権によって占有を回復することは、本権訴訟での「被告」となりうる利益が約束され、その占有が不法でない限り、単に「仮りの保護」ではなく永続的な保護を確保できるからである。もっとも、判例がこのような占有保護を肯定する立場に到達すれば、それは独自の利用権を認める見解へ一歩接近したことを意味しよう。占有保護の発展は、意識するとしないに拘らず、本権関係の保護の必要性と手を携えているものである。これを裏からみれば、権利へと生成の途上にある法的地位は占有保護と結合しやすいともいえよう。ただし、この使用関係を同居義務の反映として捉えることしかできない判例・学説の立場では、占有保護も期待できないであろう。

(3)　夫婦間の占有をめぐる従来の判例は、夫婦間の利用関係（本権）を念頭においた紛争例ではないので、本書にとってあまり関心のある対象ではない。むしろ、非所有配偶者には何ら利用権もないことを前提にしているようにすら見える。しかし、本権保護が薄弱であることと占有保護がないこととは理論的には相関関係にあるので、その意味でこの種の判例に簡単に言及しておきたいと思う。いくつかに類型化できるが、占有訴権保護を肯定した事例から出発しよう。

(イ)　【一五二】は夫婦間で占有回収の訴を認めた珍しい事例である。

【一五二】　東京高判昭和四八・六・一九判時七一四号一八九頁

【事実】　X（妻）はY（夫）所有の家屋に居住していたが、婚姻関係が破綻し、Xは母家、Yは離れの部分に居住することになったところ、母家が火災により半焼したため、Xと子供が一時他に避難した。ところが、その間にYが母家を修復して居住できるようにしたが、Xの入居を拒否したため、XからYに対して、占有回収の訴えが提起された。

【判旨】「夫婦関係が決定的に破綻した後、暗黙の合意に基づくにせよ、同一建物内で夫婦の居住部分を妻は母家の部分、夫は離れの部分と協定して別居するに至ったときは、妻の居住部分とされた部分について妻も占有権を有するにいたるものと解するのが相当である。」

本件では、夫婦が共同利用していた婚姻住居に関する占有保護ではなく、すでに別居し、独立して非所有配偶者が利用していた建物の占有の存否が問題となっている。しかも、所有者たる夫が妻の利用を許諾したという事情もある。したがって、債権的合意を認めても決して不当ではなかったが、少なくともこの関係を夫の占有補助と解することは困難であったろう。その意味ではやや特殊な事案であって、一般的に非所有配偶者の占有保護を肯定したものではない。

ところで、YがXに対して所有権に基づく返還請求権を行使した場合、Xにはどのような防御手段があるのであろうか。使用借権等の本権がないことが前提となっているので、せいぜい権利濫用による救済を期待するしかなかろう。

つぎの最近の事例では夫婦共有の婚姻住居に居住する妻に対して夫が占有回収の訴えを提起したが、敗訴している。

【一五三】　東京地判平成六・八・二三判時一五三八号一九五頁（51）

【事実】　X（夫）とY（妻）は係争マンションの部屋（婚姻住居）を共有（Yが五分の四の持分）しているが、婚姻関係が破綻に瀕し、離婚問題が持ち上がっていた状況から、体調を崩したYは、平成三年七月ころこども三名とともに係争マンションを出て実家に戻り、Xと別居した。Xは同年九月に係争マンションの鍵を付け替えたが、平成四年八月には勤務先を退職し、係争マンションから自己の荷物を実家に搬出し、実父の会社に就職した。Yは平成五年三月に係争建物の住所地に住民登録を移し、その当時、部屋の鍵を付け替えたが、この時には、Yの家財道具など荷物の多くはそのまま残置されていたものの、Xの所有に属するものは机、衣類、電話などが残されていたにすぎなかった。Xは、YがXの留守中に鍵を壊してXの占有を排除・侵害したとして、提訴。

【判旨】　Xは実家に荷物を搬出した後は、係争マンションを生活の本拠としてその占有を継続していたとは認められない。かえって、YはXに無断で別居したものの、その家財道具等が残置されたままの状態であるので、係争マンションに対するYの法的権限や占有が消滅したとは言えない。しかも、Xの事実的支配はYの立ち入りを排除する態様・方法で取得されたものであり、平穏かつ円満な状態で居住占有を継続しているとは到底認めがたい。X

Y間では係争マンションの権利関係や占有関係についていまだ確執が残っているので、占有に関する秩序の撹乱が一応収まり、Xが社会的な秩序として保護されるべき確立した事実的支配を有するに至ったとは認めることができないので、Xの事実支配は占有訴権により在るがままに保護されるに値する占有とは言えない。

本件では、夫がすでに事実上婚姻住居から退去していたという事情があることから、妻がこれを占有利用することが可能であったものといえよう。夫が現に占有しうる可能性があれば、妻がここに居住するというのは、事実の問題として極めて危険なことであるからであり、およそそのような暴挙を離婚状態にある妻が選択するとは通常考えられないであろう。その意味では特殊のケースであろう。本権レベルでもXを保護する合理的な根拠は何もない。むしろ、訴権の濫用に近いものである。

つぎの例は、妻の占有を第三者が侵奪したため、占有権を被保全権利とする仮処分（占有訴権保護）を肯定しているが、これもやや特異な事案が問題となっている。

【一五四】　東京地判昭和二五・八・七下民集一巻八号一一九二頁

【事実】　X（妻）は、その資本を投じて係争建物を建築し、ここに居住して中華料理店の経営にあたってきたが、その所有名義はA（夫、やみ物資のブローカー）にしていた。Aが母国台湾に帰国するということであったので、係争建物の所有名義は贈与を原因にXに移転されたが、その後、Aが愛人をつくったので、XAは協議離婚することになった。ところが、離婚手続をする前に、Aが自己の叔父にあたるYと即決和解をなし、そこで、係争建物がY所有であること認め、その所有名義をXからYに移転する旨約定したため、この和解調書に基づいて、Xの居住・占有している係争建物に対し明渡しの強制執行がなされた。そこで、Xが所有権および占有権に基づく仮処分を申請。別に所有権確認訴訟をも提起。

【判旨】　Xの承諾を得ないでAがYとなした右和解は、Aに対する債務名義により妻であったXから強制執行による家屋明渡を意図したもので、少なくともこの部分については違法である。「そして…Xの占有は、Xが他人の実力行使を排除するに足りる権利範囲としての、而も前夫Aのこれに対する占有とは独立別個の占有であ（る）」。したがって、Xは右強制執行によって占有を不法に奪われたものといえるので、返還を求むる請求権がある。

占有権侵奪の一態様として、私人が強制執行を利用して他人の占有を違法に奪う場合も考えられる。本件もAYが馴合いで債務名義を詐取したところに、占有侵奪に関する違法性の原因があるとされたものである。しかし、その前提としてXに占有がなければならないが、この点は本件ではほとんど問題とすべきことがなかろう。Xが係争家屋の所有者であることは実質的にも形式的にも疑問の余地がないからである。したがって、本件も夫婦が共同利用していた不動産をめぐる占有保護の事例ではないし、また、事案の特殊性もあるので、その点に注意しておく必要がある。

(ロ)　夫婦間の「共同占有」の存否が問題となっている他の事例は強制執行と関連する。つまり、所有配偶者（または賃借名義配偶者）に対する債務名義でその婚姻住居（その他の不動産）を執行債権者が差押さえた場合に、当該不動産を非所有配偶者が占有していることを根拠にして執行異議または第三者異議を提起できるかである。一般に本権がなくとも「占有権」に基づいて右の異議を提起できることが認められている。[52]したがって、非所有配偶者が係争不動産を占有しているかどうかが、キー・ポイントになるが、これを肯定した具体例もある。若干の例を検討してみよう。

【一五】　東京高判昭和三二・九・一一東高民時報八巻九号二二〇頁

【事実】　X（妻）はA（夫）名義で賃借した係争家屋に子供六人と同居しているが、それ以前にAとは別居し、Aは別に家を構えているので、係争家屋ではXはAと同居したことがなかったところ、家主YとAとの間で家屋明渡の調停が成立し、その強制執行がなされたため、Xが第三者異議を提起。
【判旨】　妻が夫と同居していない場合とか、同居していても、例えば妻が美容院を経営していて夫がこれにより生活している場合のごとく、社会観念上妻が夫と別個独立の占有を有すると認められる場合には、妻に対する債務名義を要する。本件ではXとは別個独立の占有を有していた。

【一五六】　東京高判昭和四四・一〇・一六判時五七五号三七頁
【事実】　係争建物にA（夫）とX（妻）とが結婚以来同居していたが、これをAの弟Yの所有と定め、AY間で賃貸借契約が締結された。しかし、Aが家庭をかえりみないことから、Xは生活費を得るためYの承諾を得て一階で麻雀屋を経営し、二階を住居としているが、Aは現在では全く帰宅しなくなった。その後、YとAとで係争家屋の明渡しが合意（調停）され、これに基づく強制執行がなされたため、Xが第三者異議を提起。同時に、Xは離婚の調停を申し立て、現に継続中である。
【判旨】「夫婦関係が正常を欠くにいたり、ためにX自ら建物内の営業主体となって独自にその経営に従事し、Yもその情を知ってXの営業開始に同意を与えたような場合には、YはAの賃借権に関係なくXに建物独自の使用を許したものであって、Xは建物につき独立の占有権を取得したものと認めるを相当とする。」

【一五七】　神戸地判昭和五三・七・二七判タ三七三号九二頁
【事実】　Y所有地上にA（妻）が建物を所有し、そこにX（夫）がAと居住している。世帯主はXで、Xが右建物の大改造の経費を負担したこともある。YがAに対して土地明渡の強制執行をしたため、Xは占有権又は共有持分権に基づいて第三者異議を提起。

【判旨】　Xが生計の中心にあるとしても、Aが右建物を所有・居住しているという事実により敷地と地上建物を占有していることになるので、Aとは別個に占有関係があるものと認めるべき特段の事情がない限り、Xをそれらの独立の占有者と解すべきではない。また、共有持分を取得した事実はないし、仮にそうとしても登記がないのでYに対抗できない。

妻の独自の占有権を肯定した【一五三】【一五六】判決は、賃借家屋の例であるが、いずれも夫婦が別居し、事実上、妻が係争目的物を独占的に利用しているケースであり、共同利用が前提となっていない。その意味では特殊な事案であり、夫婦が同居している場合には、非賃借名義人は名義人の賃借権、したがって「その占有権に依拠して建物に居住している。」（【一五六】）とするのが、判例の一般的立場であろう。

それ故、【一五七】判決では、所有家屋での非所有者の占有が問題となっているが、夫婦の共同利用が前提となっているので、所有配偶者が全面的に当該不動産を占有することになる。つまり、本権関係がストレートに占有に投影されていることになろう。非所有配偶者が独自の利用権（ないし共有権）をもたないかぎり（【一五六】および【一五三】判決の説示部分を参照）、共同利用・世帯的利用が前提とされる以上、現在の判例の立場ではこのような帰結に至るのもやむを得ないであろう。

(ハ)　なお、不動産の明渡請求ないしは不法占拠に基づく損害賠償請求の被告適格との関連で、夫婦の共同占有が問題となることもある。つまり、夫婦が他人の不動産を婚姻住居として占有利用している場合に、その占有が正権原によるものではないとされると、所有者の明渡訴訟ないし損害賠償請求の相手方とならねばならないが、夫婦の共同占有が認められると、夫婦双方が被告となるべきであろう。(53) しかし、単なる占有補助者だとすれば、そのような責任を問われることはない。とりわけ損害賠償請求については非所有配偶者に独立の占有を否定することが、かえって彼に有利となる。しかし、いずれにせよ、この問題は「占有保護の主体」という観点から夫婦の共同占有を検討しようとする本書のテーマから大きく外れることになるので、つぎの大審院判例だけを掲記するにとどめておく。

【一五八】　大判昭和一〇・六・一〇民集一四巻一一号一〇七七頁

【事実・判旨】　Xが買い受けた家屋にY_1Y_2夫婦ら家族が不法に居住していたため、Xが家屋の明渡しと損害賠償を求めたが、妻であるY_2もY_1とともに家屋を共同占有し、それ故、共同不法行為者として損害賠償義務を負うかどうかが問題となり、原審はY_2の責任を肯定した。

大審院は、「我国ノ社会事情ニ顧レハ特別ノ事情ナキ限リ妻ハ単ニ夫ニ従ヒテ之ト同居スルニ過キサルモノ」であるので、「妻ノ居住ハ夫ノ占有ノ範囲内ニ於テ行ハレ独立ノ占有ヲ成スモノト云フコトヲ得ス」との一般論を述べながらも、本件では、Y_2は単に同居しているのではなく、不法占拠に加担していることを理由に、原判決を維持した。

(4)　非所有配偶者の所持が、占有ではなく、単なる占有補助者としての所持にすぎないとすれば、これに独自の利用権を肯定することは理論的には不可能に近い。もっとも、独立の占有（共同占有）を有すると解しえても、独自の利用権を有するかどうかは別の問題である。しかし、「無償利用」という視点からみると、その利用権の保護は占有保護と密接に関連する。一般的・社会的に非所有配偶者が婚姻住居に対して占有保護を享受できる段階に達すれば、利用権保護についても機が熟したことを意味しよう。問題は、解釈論としていかにそれを工夫するかである。

私見のように、夫婦間でも原則的に無償利用の合意が成立するという立場では、この問題はおのずと解消するが、残念ながら今日の判例はかかる状況にはいまだ到達していない。前記大審院判例（【一五八】判決）の一般論が現在の下級審判決の底流にあるように見える。実際、非所有配偶者に占有保護を認めた事例は、いずれも一方配偶者が他方と別居し、事実上、係争不動産を単独で利用しているという特殊な場合が問題となっている。つまり、原則である「占有補助者」論は夫婦という身分関係が投影された結果にほかならないが、右の事例では、一方配偶者の占有利用がかかる身分関係から完全に離脱したところで行われている。夫婦の世帯的利用ないし「共同占有」を前提とする占有保護ではなく、文字通りの独立・単独占有が問題となっているとも評価できる。独自の利用権を肯定できるような具体例もあったぐらいである。

しかし、婚姻住居をめぐる居住権保護に関するごく最近の判例のなかには、「居住権」を強調する立場もみられたので、占有保護を念頭においた説示ではないとしても、一筋の光明を感じとることができないわけではない。今後の動向を注意深く見守りたい。

四　まとめに代えて

(1)　以上、夫婦間における不動産無償利用関係をいくつかの観点から検討した。学説も判例も、婚姻住居に対する非所有配偶者の居住利益を保護すべきだとする実質判断ではほぼ一致しているものの、その理論構成は多岐に分かれ、したがって、結論においても重要な差異が出てくる可能性もあり、いまだ一定の方向性を示す段階には至っていない。私見は、かかる使用関係を、所有権と対置させるべき独自の利用権と捉え、夫婦間の「合意」を基調にしてこれに当事者間の特殊な身分関係を投影させた結果、「生涯無償利用権」という概念・理論に行きついた。つまり、無償利用権の一環として位置づけた。無償利用関係は決して一義的なものではなく、多様な形態に分かれることつき、繰り返し言及してきた。本書は、かかる視点の延長線上にある具体的解釈論である。

これに対して、学説では、これを独自の利用権として捉える立場はまだまだ少数説であり[54]、判例の主流も、夫婦という身分関係に付従した使用関係にすぎないと考えている。また、独自の利用権と構成する学説も、その利用権の中身が曖昧で、せいぜい使用借権ということにとどまっている。本書が、あえて問題を提起した所以である。ごく最近の最高裁判決【一六七】が、一定の局面ではあるが、夫婦間での「無償利用の合意」を認めているので、今後の判例の動向に注目しなければならないであろう。

(2)　他方で、婚姻住居以外の不動産無償利用関係にも言及したが、残念ながら学説の立場は明らかではなく、判例も、先例の少ないことに加えて、事案にも共通性がないので、一般的な準則を見つけ出すことは困難な状態にあるといえよう。しかし、ここでは使用借権等の独自の利用権を肯定しようとする傾向がみられた。それは、事実上も社会的にも非所有配偶者が独自の利用を行なっていたという事情が、右の判断において考慮されたことによるものと思われる。ことに、一方の土地上に他方が建物を所有する関係では、建物所有というかたちで土地を独占的に占有・使用することになるので、いっそう強く利用関係の独自性が浮き出てくるともいえよう。

(3)　右の婚姻住居以外の不動産の使用関係に比べると、婚姻住居の場合には、それが借地使用であっても、地上建物に夫婦が「同居」している（ないしは同居していた）という事実が前面に出てくるので、このような同居的使用関係を独自の利用権に高めることは、決して容易ではない。どうしても身分関係と結合した同居という現象面にのみ焦点を合せがちにならざるを得ない。判例の主流がいまだかかる現象面に依拠した解釈論にとどまっているのも、その意味では理由のないことではない。

しかし、かかる同居的・世帯的利用という現象面の背後にある当事者双方の法的地位の核心を正しく把握しなければならない。つまり、婚姻の効力として夫婦双方が等しく分けもつ種々の権利義務関係および夫婦財産制（別有財産制）の趣旨をも考慮すれば、非所有配偶者に固有の利用権を与えることについては現行法の下でも何ら支障がないはずである。婚姻住居以外の不動産に対して非所有配偶者が固有の利用権を取得するのに格別の問題がないとするならば、同じことは婚姻住居にも妥当する。ことに、夫婦の財産的独立性と人格的平等性[55]が強調される昨今の経済社会状況のもとでは、世帯的利用という利用方法の態様はもはや特別の意味をもたないし、もたせるべきではなかろう。その半面、かかる利用権の独自性は婚姻住居に対する管理面での責任と対応する。責任を応分に負担し、対等・固有の利用権を享有する当事者こそ、婚姻住居という特異な不動産所有・利用関係の主体にふさわしい。かかる婚姻住居に対する夫婦相互の権利義務関係は、同居・協力・扶助義務あるいは婚費分担義務の単なる投影であってはならないし、理論的にもそうではありえない。むしろ、これら法定の権利義務と同次元にある、本来的には法定されてしかるべき独自の権利義務関係である。もっとも、かかる「生涯権」の対外的保護には現行法上おのずと限界がある。

(4)　夫婦財産制の立法論では、第三者との関係も含めて非所有配偶者の居住権保護の問題は再三にわたって議論の俎上にのぼっているが、道は遠い。この方面の理論的蓄積が外国法の紹介の域にとどまっていることにも一因があるように思われる。わが国の実情に即した解釈論が求められているのであり、当面は理論的に可能な救済の方途を探し求めるべきであろう。本書は、この問題をも含めて、夫婦間の不動産無償利用関係をめぐる論議に一石を投じたつもりであるが、果たして所期の目的をどこまで達成しえたかは諸賢のご批

判にまつしかない。(56)

（1）　非所有配偶者の共有持分をひろく認める立場では、基本的には利用の問題を所有によって解消できることになる。このことを明確に意識して自説を展開する学説としては、加藤永一「夫婦の財産関係について（一）（二）—夫婦財産の利用関係を契機として—」民商四六巻一号三頁、同三号八二頁（一九六二）、佐藤義彦「夫婦財産の帰属・利用・分配についての一考察」同志社法学一一五号一頁（一九七〇）、人見康子『現代夫婦財産法の展開』二〇七頁以下、二一四頁（鳳舎、一九七〇）などがある。ただし、共有の場合でも、持分を超える使用利益につき不当利得・不法行為などが問題となることもあるので、夫婦共有の場合も含めて、無償利用関係の法的構成を考えておく必要があろう。

（2）　学説・判例の状況については、犬伏由子「夫婦財産制」星野編『民法講座7親族・相続』九七頁（有斐閣、一九八四）、高倉良一「夫婦財産制の理念と課題」有地亨編『現代家族法の諸問題』一三七頁（弘文堂、一九九〇）、鈴木真次「離婚給付の性格とその決定基準」『講座現代家族法第二巻夫婦』（日本評論社、一九九一）、同『離婚給付の決定基準』（弘文堂、一九九二）七〇頁以下、二四二頁以下、三〇八頁以下、最近では本沢巳代子『離婚給付の研究』二三三頁以下（一粒社、一九九八）などに譲る。

（3）　この問題については、上野雅和「夫婦財産帰属の論理」松山商大論集一五巻二号二三頁（一九六四）、深谷松男「夫婦の協力と夫婦財産関係」金沢法学一二巻一・二号一九〇頁、坂本圭右『夫婦の財産的独立と平等』（成文堂、一九九〇）が示唆に富む。

（4）　この問題については、岡本詔治「財産分与・遺産分割と生涯無償利用権」林・甲斐編『谷口知平先生追悼論文集・第一巻家族法』三九一頁（信山社、一九九二）を参照のこと。

（5）　加藤・前掲注(1)「夫婦の財産関係について（一）」一五頁、同旨、佐藤・前掲注(1)一五頁。

（6）　この方面の最近の研究としては、常岡史子「婚姻の解消と住居の利用関係—財産分与的処理のドイツ法を契機とした再吟味—(一)(二)完」帝塚山法学一号一〇五頁、同二号一三三頁（一九九八）が問題状況と学説を的確に整理しているので、本書に欠落しているものは文献も含めてこれに譲る。なお、常岡論文は、婚姻解消時に焦点をあわせながら、婚姻中の使用関係にも視野を拡げて、非所有配偶者の使用権を一般的に考察しようとする。私見との立場の相違は別にしても、離婚給付の場合しか念頭にない（したがってまた、諸外国の例を引くことの繰り返しに終始している）従来の学説の主流に対し、婚姻中の使用関係にも注目している点において、将来の展開が期待される。ドイツ法に依拠するとしても、それを超えた解釈論的視点の提示が求められているからである。

(7) 佐藤・前掲注(1)九頁。

(8) 高島良一『判例借地借家法上巻』一五二頁（判例タイムズ社、一九六二）。

(9) 鈴木潔「判批」『最高裁民事判例解説昭和五四年度』四一四頁。

(10) 佐藤・前掲注(1)一五頁、黒木三郎『新版注釈民法(21)親族(2)』三五九頁（有斐閣、一九八九）。田村精一「親族間の不動産利用関係」『契約法大系Ⅲ』（有斐閣、一九六二）二九四頁が、所有不動産の世帯的利用では所有者と非所有者との対立分解は本来生じないので、「契約を媒介とする利用関係と質を異にする」とし、強いて個人の関係に分解するとすれば、広義の扶養関係と捉えることができる、と解するのも、この見解に近い。また、鈴木録弥『借地法（上）』一四八頁、一五四頁㈨4（青林書院新社、一九八〇）では、夫婦親子等、緊密な当事者間で共同生活を営むために不動産を利用する関係は、「土地の貸借としてこれを律すべきではなく、婚姻関係・親子関係等の家族法の原理によって、これを律すべきである」として高島説を引用しつつ、これを扶養義務（一種の現物給付）の問題として処理することを前提にして立論している。さらに、深谷松男「夫婦の協力扶助と婚姻費用の分担」新民法演習三九頁（有斐閣、一九六八）も扶養的側面を強調する。ただし、後述のように、婚姻費用分担義務として「利用権」が拠出されるとしているので、利用権的側面にも注目している。右近健男・民法判例レビュー36「家族」判タ七七八号五五頁、宮本ともみ「判批（【一三九】）」法学新法一〇一巻一・二号一三五頁も婚姻効力説に立つ。なお、宮本「判批」一四八頁は、私見に対する疑問を提起しているが、私見はすでにそれらの疑問を予測した上で立論している。婚姻効力説を支持するならば、私見の批判を克服すべきである。ちなみに、最近の最高裁判決（【一六七】）は、「無償利用権」説に傾いたと評価できよう。

(11)　玉田弘毅「被相続人の内縁の妻の居住権―相続人の承継家屋をめぐって」法律論叢三八巻四号二九頁（一九六四）。四宮和夫「判批」法協九一巻七号一一五三頁（一九七四）も同旨。安永『注釈民法1総則(1)』一五九頁もこれを支持する。

(12)　玉田・前掲注(11)六三～六五頁。

(13)　玉田・前掲注(11)六六～六七頁。

(14)　加藤・前掲注(1)（一）三頁、（二）八二頁。

(15)　加藤・前掲注(1)（一）一六頁。

(16)　加藤・前掲注(1)（二）九四頁。同旨、田口文雄「不動産の無償利用契約と利用者の地位―親族間における利用関係を中心として」専修法学論集四〇号一五八頁（一九八四）。

(17)　玉田・前掲注(11)六五頁。

(18)　南方暁「夫婦財産制と妻の居住権」『現代民法学の基本問題（下）』一二七頁（第一法規、一九八三）。

(19)　深谷松男「夫婦の財産関係と家事労働」法セ増刊・日本の家族三二二頁（一九七九）。

(20)　南方・前掲注(18)一四五頁は、不動産については、利用権の拠出とする深谷・前掲注(19)を引用しつつ、利用権ではなく所有権の拠出と考えてよいのではないか、としていることから、本文のような推測も可能であろう。

(21)　南方・前掲注(18)一四五頁。

(22)　深谷・前掲注(19)三二二頁。坂本・前掲注(3)一六七頁、二一四頁も同旨。

(23)　利用権の曖昧さもさることながら、利用権の「準共有」というのは、所有者の利用権との準共有であるのか、問題が多い。

で、所有権と利用権を対置させている現行法のもとで、右の準共有なる観念をどのように理解すればよいの

(24) もっとも、個々的には妻（内縁）の「居住する権利」が不法行為的な救済を受けることはあった。大判昭和八・八・一〇法学三巻三号三三七頁は、亡夫所有家屋に居住していた内妻を夫の弟ら親族が立ち退きを強要したという事案で、内妻の損害賠償請求権を認容している。

(25) 黒木・前掲注(10)三五八頁、林信夫「夫婦の同居協力義務」『家族法大系II婚姻』（中川善之助教授還暦記念）一七〇頁（有斐閣、一九五九）。

(26) この点を強調する判決として、徳島地判昭和六二・六・二三判タ六五三号一五六頁がある。

(27) なお、伊藤昌司『新版注釈民法(21)親族(1)』四三五頁（有斐閣、一九八九）は、「住居の権限自体を入手する費用」まで婚姻費用に含ませるのは、別産制のもとでは疑問とする。

(28) 岡本詔治『無償利用契約の研究』六頁、二〇頁。

(29) 岡本・前掲注(4)三九三頁、四〇九頁。

(30) 周知のごとく、離婚後の非所有配偶者ないし子供の婚姻住居・居住利益に対する保護については、諸外国では特別法が用意されている。ことにドイツでは裁判官に婚姻住居を一方に割り当てる権限（使用権設定の権限）が与えられ、、たとえば、わが国で問題となっている賃借住居と所有住居については、非賃借名義人を賃借関係に組み入れることや、非所有配偶者との間に賃貸借関係を設定することが明記されている（「婚姻住居及び家具の取り扱いに関する命令」（一九四四）。住宅難時代に制定されたものだが、今日では、規定の趣旨は、婚姻家族及び子どもの福祉を公的に保護すること（ドイツ連邦憲法裁判所一九九一年一〇月九日決定）と解されているようである（この問題については、宮本ともみ「離婚後の婚姻住居利用問題への対処—ドイツ家具令(Hausrats VO）の沿革を拠り所にして（一）（二）（三）完」法学新報一〇二巻一号一四五頁、二号一二九頁、五・六号八九頁が詳しい）。ところで、宮本論文によれば、この家具令制定前の理論や裁判実務の状況は、婚姻

住居が夫婦の「共同賃貸借」の対象であったということから、民法典の共同関係の廃止（共有物分割請求）規定の適用の有無を起因にして争われ、やがてライヒ裁判所（一九四三）が、家族法的な視点を採り入れ、公平の観点から、離婚の有責問題のほか、住居の必要性ないし子どもの世話の有無などの諸事情を総合的に判断した上で、住居の割り当てが決定されるとの立場を表明して、一応の方向性を与えたのちに、家具令の制定をみたという（宮本・前掲（二）一五四頁以下参照）。ドイツの立法例が一つの解決手法を示していることは否定し得ないが、家具令制定前の理論状況は賃借住居を対象としていたが故に、対症療法的な側面が強く、また、その段階で立法的解決を図ったことから、かえって婚姻住居一般に対する家族間の使用関係をめぐる理論的蓄積は、今日に至るまで十全には展開されていないように思われる。ことに、家具令の目的を「公的な問題」にすり替えているところに、将来の展望を切り開く上では限界があるのではなかろうか。

ちなみに、比較法的には、イタリア法の方がはるかに柔軟な対応をしており、わが国の学説・実務とも相通ずるものがある（ただし、夫婦財産制については、「法定共有制」をとっている）。すなわち、イタリアでは、賃貸住宅の場合には、別居・離婚ケースでは、残留配偶者（子の監護権者）に優先的に「家族の住居」が付与され（民法典、離婚法）、子を監護しないときでも利益考慮によって保護されることもある（破棄院）。賃借名義人の死亡ケースでは、特別法により、配偶者・相続人の外、一定の法律上の同居家族に承継されることとなっている（ただし、憲法裁判所一九八八・四・七第四〇四号判決は憲法上の住宅アクセス権に依拠して同居の内縁配偶者・親族にも保護を拡張している）。また、所有住宅の場合には、別居・離婚ケースでは、残留配偶者（子の監護権者）に優先的に「家族の住居」が付与され（民法典、離婚法）、利益考慮によることもあるのは、賃貸住居の場合と同様であるが（破棄院）、この場合の居住者の利用権の性質については、破棄院は債権的利用権とする。学説では、使用貸借説のほか、「物権的住居権」説もある。これに対して、死亡ケースでは、遺留分として生存配偶者に「物権的住居権」が付与される（民法典）。G. Cian=A. Trabucchi, Commentario breve al codice civile, p.378 ss., 1997. なお、ここにいう「物権的住居権」とは、相続性・譲渡性のない「人役権」

の一種であるが、かかる保護はローマ法以来の伝統に従ったものと思われる（物権的住居権の沿革は必ずしも定かではなく、文献も多くはないようであるが、差し当たり、岡本詔治『無償利用契約の研究』二二八頁以下参照のこと）。つまり、居住者の「従前の居住利益」を尊重し、そのまま権利関係に高めようとする趣旨であり、ドイツ法のように有償契約に転化させる方途がいかほどの合理性をもっているのか、きわめて疑わしい。ここでも無償利用権に関する議論が未成熟であるドイツ法の一般的傾向がみられるが、解釈論的視点を問題とするならば、むしろわが国の裁判例や学説を展開・精錬させることこそが、わが民法学に求められている現実課題である。

(31)　岩木「判批」判タ七〇六号一三四頁（一九八九）、中川淳「判批」法令ニュース二六号四四頁（一九九一）。

(32)　床谷「判批」法セ四三〇号一一五頁（一九九〇）。

(33)　床谷・前掲注(32)一一五頁。

(34)　最判昭和三九・一〇・一三民集一八巻八号一五七八頁、東京地判平成二・三・二七判時一三七〇号七一頁など。同居の親族に対する例として、東京高判昭和五五・九・二五判時九八一号六六頁の一般論を参照（肯定例）。

(35)　大阪高決昭和六二・一一・一九家月四〇巻四号一一五頁は、「民法七五二条の『同居』とは、夫婦としての同棲、すなわち、住家を同じくして夫婦共同生活をすることであるから、同居拒絶を形式的に義務違反とするのではなく、夫婦関係の実質および婚姻共同生活の維持向上という目的等に照らして同居拒否の正当事由を検討し、別居の止むなきに至らしめた原因が同居請求者にある場合、同居請求者が別居につき責任がなくとも、同居が客観的に不可能な場合、合理的な夫婦共同生活の必要から一時的に別居した場合、婚姻関係が破綻し、夫婦たるの実を失っているような場合には、別居していても同居義務に違反していないとされる場合があることはいうまでもない」とするが、これが裁判所の基本的な立場であろう。問題はいかなる場合に夫婦関係が破綻していると認定できるかである。しかし、本書の問題とするケースでは夫婦が離婚を前提にして民事訴訟で紛争しているので、この一事からして夫婦関係は既に破綻しているといわざるを得ず、そうだとすれば同居義務も消滅していると解されることとなろう。山口純夫「夫婦間の同居請求を拒絶しうる正当事由」法セ四一一号一二一頁（一九八九）も参照。

(36) 鈴木潔・前掲注(9)四一五頁、加藤永一＝鈴木ハツヨ「判批」民商四四巻四号九九三頁（結論は妥当とするが、一般論としては、判旨は不当な結果を招来させかねないので、夫婦間の使用関係は、広義の清算という観点から、財産分与の問題として処理するのが妥当とする）。なお、明石三郎「判批」家族法判例百選（新版・増補、一九七五）二八頁も参照のこと。

(37) この問題については、岡本・前掲注(4)四〇四頁以下を参照。

(38) 最判昭和三九・一〇・一三民集一八巻八号一五七八頁。玉田弘毅「判批」民商五二巻五号六九四頁、中川淳「判批」評論七五号二五頁、四宮和夫「判批」法協九一巻七号一三四頁、中井美雄「判批」家族法判例百選（第三版）一六頁、森綱郎「判批」最高裁判例解説（昭和三九年度）三五九頁。太田武男『内縁の研究』二六二頁以下（有斐閣、一九六五）も参照。

(39) 長崎地判昭和三六・六・三〇判時二七三号二五頁。但し、控訴審判決である福岡高判昭和三七・四・三〇下民集一三巻四号四二頁は、右長崎地判を取り消して、「権利濫用」で内縁寡婦を保護している。

(40) 大阪地判昭和三七・一一・三〇下民集一三巻一一号二四〇三頁。

(41) したがって、現行法上かかる法律関係を認めることは無理である、との批判（小野幸二「内縁の妻らの居住権」水本編『現代借地借家法講座2』一七七頁（日本評論社、一九八六）は独断に過ぎよう。

(42) ちなみに、権利濫用構成をとる最近の判例には、「生涯権」の構成と親しむ判断を説示するものがある。【七六】は、内縁の夫（八四歳、画家）が居住している亡妻所有の係争住居・アトリエに対して、亡妻の相続人が明渡請求をしたという事案で、これを権利濫用としたが、そのなかで、判旨は、内縁夫婦の「共同生活からみて、花子（内妻）が存命していたならば、花子よりは高齢である被告は、花子と共に生涯本件建物に居住し続けたことは十分考えられるし、原告らも右のように考えていたことは十分うかがわれること」という事実認定ないし評価をしている。このような事情は、何も本件のような夫婦の場合に限定されるわけではなく、大なり小なり夫婦一般に当てはまることであろう。

(43)　佐藤・前掲注(1)一七頁は、婚姻効力説をとりながら、婚姻法上の利用権も一個の「権利」であるので、理論的には「対抗問題」になるというが（同旨、鈴木宏「夫婦共同使用物の差押え」専修法学論集一九号六七頁注5)、このような便宜的な解釈論は許されるべきではない。所有者との内部関係で独自の法的地位を獲得してはじめて、対第三者との関係で物的支配を争える資格を理論上与えられるのであって、「権利論」をする場合には、このことを常に念頭におくべきである。夫婦という身分関係から占有権限が派生するという前提に立つ限り、その権利義務関係は物的な「所有―占有」関係とは別次元のものと理論的にはならざるを得ないのである。

(44)　鈴木・前掲注(43)七一頁は、妻に持分権を与えるというような「立法論」で、この対抗問題を解決すべきであるというが、何よりも理論の蓄積が急務であり、まだまだ工夫すべき余地が残されている。

(45)　南方・前掲注(18)一四五頁。しかし、この問題を対抗問題と同じレベルにおくと、かえって第三者こそが九四条二項の類推適用により保護されねばならい（鈴木禄弥『親族法講義』三二頁、創文社、一九八九）ことになろう。

(46)　深谷・前掲注(3)二三三頁。その後、深谷教授は、前述したように、婚姻中に夫婦の一方の名義で取得された不動産についても、夫婦は共有持分を有するのではなく、単に「使用権」につき準共有にとどまる、と解しているので（前掲注(19)三二二頁）、この「使用権」の法的性格が明らかにされないかぎり、対第三者との関係は論じられないであろう。教授の最近の著書『現代家族法』五九頁（青林書院、一九八八）でも問題点が指摘されているにとどまっている。

(47) なお、不動産の使用借人に対する明渡請求が権利濫用で排斥された事例が最近、若干数見られるが、【二六】も、新所有者側が時価の二分の一で購入したという事実などを考慮している。この問題については、本書の「五章」二を参照。

(48) 東京地判昭和三二・三・一下民集八巻三号四一三頁。X（夫）は係争土地建物を買い取った当時、満州からの引揚者で信用がなかったため、A（妻）の信用において小料理屋を経営させて一家の生計を立てることとし、A所有名義で右建物にYに対して（二番）抵当権を設定した。Yが、Aとの競売事件での不動産引渡命令にもとづく強制執行をしたところ、Xが所有権ないし占有権にもとづいて執行異議を提起した。判旨は、XもAも係争家屋の所有権をYとの関係ではX所有とは主張できないので、Yに対する関係ではAの特有財産に属するし、また、占有についても、夫婦別産制を採用している現行法のもとでは、「妻の財産に対する夫の法律上当然の占有権限を認めるべき理由をみい出すことができない」、つまりXは「占有補助者」にすぎない、としてXの請求を排斥した。結論は是認できるが、本件でのXを占有補助者というのは、事態に合わないであろう。所有権については、今日の判例理論では民法九四条二項の類推適用が可能であろう。

(49) 妻子の居住している賃借住居について、借主である夫と貸主会社（夫の経営）との賃貸借契約が合意解除された上、貸主が妻子に対して明渡しを請求したという事案で、原審は、夫が別居後の生活費を支給しないため妻と子が他からの援助を受けながら当該建物で生活しているなどの婚姻生活に関する事情と賃貸借契約の解除・明渡しの当否の問題とは関係がないとして、その明渡請求が権利濫用には当たらないとしたが、最高裁は、右の夫婦間の事情を考慮しないのは不当であるとして破棄した（最判平成七・三・二八判タ八七六号一三五頁）。「家庭の住居」論を提唱する本書の立場からはことのほか注目に値する判例である。

(50) 夫婦ないし家族間の居住家屋をめぐる占有関係については、田中整爾『占有論の研究』三一五頁以下（有斐閣、一九七五）が詳しい。同著は、「社会的事実関係において、妻は夫に対してなんらの従属関係にたたず服従義務をも有しないのであって、原則として、夫婦の共同占有を認とむべき（である）」とし、学説にも同様の見解が多くなりつつある旨を指摘する。水辺芳郎「占有制度」星野編『民法講座第二巻』二八〇頁（有斐閣、一九八四）も妻を占有補助者とするのは現行法のもとでは妥当ではない、とする。北川善太郎『物権（民法講要II）』一三七頁（有斐閣、一九九六）、川井健『民法概論2物権法』一二四頁（有斐閣、一九九八）も同旨。

（51）佐藤啓子「本件判批」評論四四八号三九頁一九三頁。夫婦間の占有をめぐる問題点が要領よくまとめられている。

（52）ただし、藤原弘道『時効と占有』二二三頁（第三章「占有権と第三者異議訴訟」）（日本評論社、一九八五）は、占有権のみを根拠とする第三者異議に疑問を提起する。これは同氏の基本的な立場によるが、にわかに支持しがたい。

（53）田中・前掲注(50)三一八頁。

（54）なお、立石芳枝「妻の居住権」民事研修二五〇号五一頁（一九七八）は、さまざまな問題点を指摘し、「居住権」の多様な理論構成を提示しているので、考え方自体には参考となるものが少なくないが、結局、従来の概念的な思考の枠にとどまっている点が惜しまれる。

（55）この問題については、坂本・前掲注(3)を参照。

（56）本書のような理論構成をとれば、離婚給付の具体的な算定基準においても「居住利益」をプラス評価することに積極的な根拠が与えられることになろう。実際、この種の裁判例も決して少なくない（鈴木・前掲注(2)七〇頁以下などを参照）。なお、婚姻住居が夫婦のほとんど唯一の財産で、しかも住宅ローンの未払残高が多額に上るような場合には、離婚給付の対象財産は限定されざるを得ず、その清算のなかで非所有配偶者の居住利益を保護することは、実際上、困難にならざるをえないであろう。この種の難問は、一般に蓄財の少ない夫婦間（ことに若い世代）において生ずる問題であり、いわゆる「所有家屋をめぐる居住権保護」に固有のものではないので、本書の当面の課題ではない。差し当たり、本沢・前掲注(2)二四七頁以下が示唆に富む。

第八章　相続不動産と無償利用

序　説——課題と視点

1　遺産不動産と占有利用

親族間、ことに親子間での不動産の無償利用関係は、一般の使用貸借契約（民法五九三条）とは異質の構造的特性を示すものが少なくないことについては、これまでに明らかにしたところである。(1) 親所有の不動産を子が単独で占有利用しているか、又はそこに同居しているか、いずれであるかを問わず、親子間での明渡請求という法的紛争が生じた場合には、「所有権対利用権」という権利の対立構図が鮮明となる。ここでの紛争解決は親子間の道義に期待できないし、また道義を強調して解決すべきものでもない。

かかる親子関係の延長線上にある問題が、親の死亡に起因する遺産共有の場における相続人間の紛争である。もっとも、本書の課題は、遺産共有そのものを直接の分析対象とするものではなく、あくまでも無償利用という視角からこの難問を分析することにあるが、今、何故にこの種の問題を取り上げる必要があるのか、少しく説明を要しよう。

家族の利用に供されている不動産の権利関係については、その大黒柱である一家の主宰者・代表者の単独所有名義になっているのが普通であるが、その者が死亡した場合に、かかる相続不動産をめぐって所有権と利用権（とくに居住利益）とが交錯・対立して相続人相互間または相続人と第三者との間で紛争の生ずることが少なくない。ここでは主として相続人間の紛争に限定するが、つぎのような問題が提起されている。

ひとつは、遺産分割前に共有不動産を一部の相続人（「占有相続人」と略す）が独占的に占有利用している場合、その占有利用を他の共同相続人との関係で法的にどのように評価すべきかという問題がある。すなわち、かかる暫定的かつ不安定な権利関係の存続中に生ずる問題としては、占有相続人に対する明渡請求の当否及びその間における占有利用の不当利得ないし不法行為の成否であるが、判例は、これに対しては以下のように処理してきた。まず、占有相続人に対して持分の多数の他の共同相続人（「多数持分相続人」と略す）が明渡しを請求した場合には、その明渡しは当然には認められず、明渡しにつき「相当の理由」が必要とされている。また、その間の使用利益の不当利得性についても、最近の最高裁判決（最判平成八・一二・一七【一六四】）は、被相続人による同居許諾があれば、分割終了時までの間は使用貸借契約が成立・存続すると構成して、その返還請求を排斥している。両者を統一的に処理する判例理論はまだ形成されていないが、学説では、持分権とは別の独自の占有権原、つまり（ここでは無償であるので）「使用貸借構成」を提唱する見解もあり、その理論的な分析もいっそう深められてきた。

もっとも、かかる使用貸借構成については有力な反対説もあり、ことに右の最近の最高裁判例に対しては相続人間の平等論を旗印に厳しい攻撃を加える学説もある。なかには判例理論の「短命性」をいう、いささか大上段に振りかぶった有力な批判すら見られ、かかる学説の強い影響力を思うとき、その将来の動向に関心をもたざるをえない状況にある。しかし、果たしてこれら批判的見解が従来の裁判実務の蓄積を正しく認識しているのか、極めて疑わしい。本書があえてこの問題を取り上げたひとつの動機でもある。(2)

ところで、従来の学説は、いずれの立場であっても、この問題を相続法の側面（とくに相続人間の公平性という視点）から分析する傾向が強く、使用貸借説でも、そもそもそこにいう使用貸借契約とは何かについては必ずしも明瞭ではない。単なる事実利用ではないという指摘は重要ではあるが、その半面として、先述の当面の問題を解決する前提として形式的・技術的に契約関係（無償であるので使用貸借）が強調されているに過ぎないのではないかとの疑問もある。逆に、反対説は、相続人間の公平という側面に目を奪われ、典型的・単純な使用貸借を念頭において、判例の立場を批判しているように思われる。

しかし、この問題の鍵は、遺産の管理・分割の手法の当否にあるというよりも、むしろ相続・遺産分割の対象である不動産をめぐる占有利用、すなわち無償利用の「構造的特質」の裡に秘められているというのが、本書の視角である。実際、この種の無償利用が、相続の現代的な機能的変化の一側面（老後の介護ないし同居をしてくれる者に遺産を残したい）に規定された被相続人の諸動機や「家族の財産」という観念を背景にもつところの「特殊の無償利用」であることが少なくない。あわせて、被相続人との生前における無償利用関係の特質ないしその実態を常に銘記すべきことも忘れられてはならないであろう。先述のように、本書の課題は、その延長線上に位置づけられるべきものであるからである。

一方、内縁夫婦の共有不動産をめぐる生存配偶者と相続人との紛争についても、類似の判断を示した最高裁判決（最判平成一〇・二・二六【一六七】）があるが、これら一連の最近の判例は、いまだかかる視点を自覚的に展開したものではないとしても、親子間および夫婦間の無償利用関係の特異性に気づき始めているとしか思われないような法的処理をしている。(3) ひとつの転機を迎えたと評価して大過ない。この方面の研究をしてきた筆者としても、判例の現実的な法的直感に触発されないわけにはいかないであろう。本書をものした所以でもある。

残されたもう一つの問題は、遺産分割において、占有相続人の従来の占有利用を分割後の権利関係をも見通してどのように評価するか（どの範囲まで保護するか）である。ここでも右に指摘した無償利用の構造的特質を投影させることが事態の解決に適合的である場合が少なくない。実際、分割審判においても右の占有利用を「居住権」や「使用借権」などの独自の権利とみなすものが相当数みられることは、後述の通りである。

2　「家庭の住居」論

いずれにせよ、ここでの課題は、相続人間の公平を図る一方で（ただし、従来の学説のいう形式的な平等論ではなく、「合理的な平等論」という視点が必要不可欠である）、占有相続人の居住利益をどの程度まで保護すべきかという問題に帰着するが、その際、家族の各構成員の自立的財産生活の保護を図ることを大前提としながら、なお家族全体の「緩やかな団体的規律」を念頭においた解釈論が求められているように思われる。本書では、所有親族が当該不動産を共同生活のための住居（ないし家業）として提供した行為（意思）のうちに、所有者のみならず一定の親族をも拘束するという視座（これを「家庭の住居」論と称しておこう）を措定することによって具体的な解釈論を展開することとなろう。[4] その際、あわせて相続法の現代的な機能的変化という側面（法定相続の場合でも、可能な限り被相続人の生前の意思を尊重する）をも念頭においた理論構成に留意している。

加えて、相続の対象である財産、ことに不動産の所有権の構造的特質についても、古典的な所有権像がいまだに解釈論の場では暗黙の裡に前提とされている傾向が見られ、かかる概念的思考が硬直な解釈論（形式的な相続人間平等論）につながっているようにも見えなくはないが、本書では、不動産所有権は、その経済的・社会的な効用・機能の特殊性から多様な局面で（公法上も私法上も）本来的に制限を蒙るものである、という所有権観念を後景においていることを付言しておきたい。この問題には深入りできないが、本テーマとの関連で、解釈論として「家庭の住居」という視点を提示した所以でもある。

3　時効取得占有と無償利用

なお、相続不動産の占有利用をめぐる紛争については、これに関する無償利用それ自体が直接の論点となるものではないが、家族間の特殊の無償利用形態が前提となっている裁判例もある。とくに占有相続人が時効取得を主張するケースでは興味深い事例（親子間の贈与に近い無償利用）が散見される。この種の事例では、ことに被相続人との生前の関係が重視されているが、このことは何も時効取得ケースに限定されるものではなく、大なり小なり前述した無償利用にも当てはまるところ、往々にしてこの視点が軽視されることがあるので、かかる意味をも含めて、本書の視野に入れることとした。もっとも、時効取得に関する判例理論の当否を問うことはここでの当面の仕事ではない。あくまでも、親子・親族間における特殊な無償使用の存在を確認することが中心となる。(5)

一　遺産不動産の無償利用

1　遺産共有者間の明渡請求

遺産である不動産を共同相続人中の特定の相続人が占有利用している場合に、遺産分割手続きに入る前に非占有相続人（ことに多数持分相続人）が占有相続人に明渡しを請求することがある。[(6)] たしかに、共有者は各々共有物全部につき持分に応じて使用収益することができるので、一部共有者がこれを独占的に使用することは、共有者間の協議によらない限り、他の共有者の使用権を侵害していることになる。しかし、占有相続人も持分権を有するので、純然たる違法・不法行為とも断言できない側面が残される。また、この種の場合には、占有相続人が生前から被相続人との間で何らかの利用権限を有しているときには、かかる利用権限によって、遺産不動産をそのまま使用継続できる（相続人は利用契約の負担をそのまま承継する）ことになるが、親子間などの親族間ではそのような契約をするかどうかが問題となることのほかに、かかる契約の存在を前提としても、解約できないかどうかという問題もある。まず、判例の立場を検討してみよう。

(1)　判例の現状

とくに問題となるのは、遺産である建物を相続人の一人が占有利用している場合に、他の相続人がその明渡しを請求するケースである。つぎの事例は、共同相続人の一人（甥）が被相続人（叔父）の生前から建物を無償で借り受け、その死亡後も建物に居住している場合に、その使用貸借契約を解約することは共有物の管理行為となるので、持分の過半数を有しない他の共同相続人が解除をしても効力がないとした。

【一五九】　最判昭和二九・三・一二民集八巻三号六九六頁

【事実】　係争建物は亡A所有であって、AはYの叔父にあたるところ、Y夫婦の子BがAの事実上の養子となり、Aが養育していた関係もあって、Yが戦後、引き上げ後に、家族八名が六畳二間を親族から無償で借り受けていたことなどの事情から、AはYが係争建物に移居する場合にも家賃の支払いを求めない旨を表明していた。Aが死亡後、旧法時代に相続人が確定せず、新法の規定が適用された結果、相続人は、結局、Aの弟Xと妹C及びAの姉の代襲相続人Yの三名になった。XがYに対して、賃貸借の成立を前提にして家賃の支払いを請求するほか、かりに使用貸借であるとしてもその解約をもとめる、として家屋の明渡しを訴求した。

原審は、YとAとの契約は使用貸借であることは明白であるとした上で、XYら共有の係争建物の「使用貸借の解約」については、特段の事情がない限り、「共有物の管理行為」となるので、借主以外の二名の一致した決議（民二五二条本文）が必要であるところ、本件ではその同意がない、と判示。Xは、家屋の明渡し・家賃請求のごときは保存行為であり、管理行為ではない、として上告。

【判旨】（上告棄却）「原判決は、亡AとY間の本件家屋の貸借は使用貸借であると認定し、そしてAの死亡による共同相続人が為す右使用貸借の解約は、民法二五二条本文の管理行為に該当し、したがって、共有者（共同相続人）の過半数決を要する旨判示するところであって、所論のように明渡及び家賃損害金の請求を管理行為と判示しているものではないことは、原判決に照らして明白である。」

本判決は、被相続人の生前に占有相続人との間に建物使用貸借契約が成立し、かかる契約が相続によって共同相続人に承継されたという原審の判断をそのまま維持している。したがって、共有者間であっても、共有不動産について使用貸借契約・独自の利用権が成立しうるということを前提にして、その「解約」は管理行為であると判断したわけである。本判決の解決としては必ずしも不当ではないが、使用貸借の経緯や係争不動産が相続財産であるという事情を一顧だにしていないのは、問題を将来に残したと言えよう。ただし、明渡しについては、判断が留保されている(7)。

つぎの例は、父子間の使用貸借が父の生前に解約されたことが前提とされた上で、相続人間での明渡しの当否が論点となっている。

【一六〇】　最判昭和四一・五・一九民集二〇巻五号九四七頁

【事実】　父が生前に家業を承継した次男に対し分家の趣旨で建物を無償で使用させていたところ、折り合いが悪くなり、父が使用貸借契約を解約して明渡しを訴求したが、死亡したため、他の相続人が訴訟を承継した。次男が一二分の一しか持分を有しなかったことから、原審がその明渡請求を認容した。

【判旨】（破棄自判）少数持分権者は、「他の共有者の協議を経ないで当然に共有物を単独で占有する権限を有するものではない……が、他方、他のすべての相続人らがその共有持分を合計すると、その価格が共有物の価格の過半数を超えるからといって、共有物を現に占有する前記少数持分権者に対し、当然にその明渡を請求できるものではない。けだし、このような場合には、右の少数持分権者は自己の持分によって、共有物を使用収益する権限を有し、これに基づいて共有物を占有するものと認められるからである。従って、この場合、多数持分権者が少数持分権者に対して共有物の明渡を求めることができるためには、明渡をもとめる理由を主張し立証しなければならないのである。」

本判決の解決手法は一般に好意的に受けとめられている。(8)問題は、「明渡を求める理由」とは何かであるが、この点については積極的な判断基準は示されていない。しかし、相続開始前から被相続人と同居したり、その承諾のもとで遺産を占有利用している場合には、余程の事情でもなければ、現状を変更することは困難であるという趣旨が読みとれる。(9)

本件と同旨の判決としては、共同相続人の一人が（持分四分の一）、他の共同相続人ら（持分合計四分の三）から使用貸借契約により共有物（病院施設）の占有利用を承認された医療法人（他の相続人などが理事となっている）に対して明渡しを請求したという事例がある。(10)これらの判例では、先述の最高裁判例と法律的な論点も事案も異なるので、両者は必ずしも矛盾しているわけではない。

なお、下級審判決ではあるが、やや特殊な事例として、遺産建物に従来から永く居住していた母らを別居の長男が強引に追い出したという事案で、多数持分権者である母らの明渡請求を認めたものがあるが(仙台高判平成四・一・二七金商九〇六号二六頁)、これは当然であろう。

(2)　判例の整理・分析

問題を整理すればつぎのようになるであろう。被相続人の生前から一部の共有相続人が使用貸借（賃貸借）により相続土地・建物を占有利用している場合には、他の相続人が使用貸借契約等を解約するためには、少なくとも過半数の持分を有しないと、一般の共有法理のもとでも管理行為となるので、解約・明渡請求は認められない。逆に、かかる使用借人が少数持分権者である場合には、使用貸借契約の解約は可能とされることがあるかもしれないが（この場合には、いうまでもなく解約の当否が論点となる）、解約が認められた場合でも、なお、占有者は持分権を保持しているので、一応は共有物の所有•占有関係（管理問題）のレベルに戻ると考えることができよう（なお、この場合には、改めて当事者間での「協議」が求められるべきである）。そうとすれば、少なくとも非同居相続人の自己への直接的な明渡請求（物権的請求権）は、前掲の最高裁判例の趣旨から言えば、格別の事情がない限り、否定される。もっとも、使用貸借の解約が肯定されているので、格別の事情の判断には、このことが考慮されるであろう(明渡しに際しては、金銭的な補償問題も考慮に入れられることになろう)。これに対して、使用貸借の解約によって、共有者間での返還請求も同時に認められる(共有物の管理問題として処理する）と解釈することも可能であり、学説は一般にそのように解しているように思われる。このように解する場合には、占有相続人には権利濫用による保護が残されるにすぎない。いずれにせよ、相続人間に使用貸借関係が成立している限りは、その占有利用は無償であるので、不当利得の問題は生じないであろう。

一方、使用貸借契約等の契約関係が当事者間に成立していない場合でも、前掲の最高裁判決（【一六〇】）によれば、少数持分権者もとにかく持分権を有する（形式的には全部につき占有使用できるという意味では、当然には違法ではない）ので（民二四九条）、多数持分権者といえども、先述のように格別の事情がないと、その明渡しは認められない。しかし、この明渡請求が否定されても、占有相続人の排他的・独占的な占有利用が当然に適法になるというものではない。最高裁も、「当然に共有物を単独で占有する権限を有するものではないが……」としているので、持分を超える使用収益は不当利得ないし不法行為になりうる可能性が残されていたといえよう[11]。

古い大審院判例ではあるが、まぐさ場の一部共有者による共有権の侵害について、他の共有者が民法一九〇条の悪意占有者の責任を主張したのに対して、不法行為又は不当利得によるべきであるとした原審判決を維持するにあたり、そのように明確に述べたものがある（大判明四一・一〇・一民録一四輯九三七頁）。ただし、一般論としてはこれでよいが、遺産共有の場合には、この種の抽象論がそのまま妥当しない場合が少なくないことに注意する必要があろう。つぎにこの問題を検討してみよう。

なお、占有共有者の一人が、積極的に共有物に物理的な変更を加える行為（遺産たる農地を無断で宅地造成し、非農地化すること）は、他の共有者の持分を侵害することになるので、その侵害行為の禁止のほか、「原状回復請求」も可能である（最判平成一〇・三・二四判時一六四一号八〇頁）。

2　遺産の使用利益と不当利得

(1)　判例の一般的傾向

占有相続人による遺産分割終了時までの使用利益が他の相続人に対して不当利得・不法行為となるかについては、下級審判決でも具体例は少ない。つぎの高裁判決は、分割前の不安定な段階ではその返還請求はできないとしたが、分割後における請求はできるとして、その不当利得の可能性を認めている。

【一六】　東京高判昭和四五・三・三〇判時五九五号五八頁

【事実・判旨】　遺産建物全部を占有利用している共同相続人に対して他の相続人（持分三分の一）が持分に相当する使用料を不法行為に基づいて請求した事案で、遺産分割前の相続分の権利性は通常の共有持分権のように確定的なものではなく浮動的・潜在的であることなどから、占有使用者の使用収益が直ちに他の相続人の持分を侵害しているとはいえないが、遺産分割では分割時までの使用収益による利益は分割の対象となる積極財産と評価されるべきであるので、分割により遺産建物の所有権を確定的に取得した相続人は占有使用者に対して不法行為または不当利得によりその返還を請求できる可能性があるとし、遺産分割前の原告相続人の請求を排斥した。

また、遺産共有の例ではないが、被告が係争建物の単独占有者ら一部共有者から持分（四分の二）を譲り受けて占有利用しているのに対して、原告（持分四分の一）が妨害排除と使用収益の利得を請求した事例で、後者につき原告の持分に応じた損失を与えていることから、その範囲で不当利得をみとめた（共有関係の消滅するまで）ものがある（東京地判昭和四八・七・一一判時七八三号八〇頁）。さらに、つぎの高裁判決も、傍論ではあるが、肯定している。

【一六二】　東京高判昭和五八・一・三一判時一〇七一号六二頁

【事実・判旨】　遺産分割前に被告・相続人の一人（持分六分の一）が原告（持分六分の一）以外の共有者の同意を得て、相続土地に建物を建築所有したという事案で、原告の明渡請求を否定したが、「この場合、共有物の使用、収益についての協議が成立するか、又は共有物の分割が行われるまでは、使用、収益を奪われた他の共有者は、不法行為又は不当利得を理由とする金銭賠償によって救済を求めるほかはない」との傍論を述べている。

このように、数は少ないが、先例は原則的に占有利用の不当利得性を肯認していたといえよう。ごく最近のつぎの最高裁判決は、この問題に一応の決着をつけている。

【一六三】　最判平成一二・四・七裁判集一九八号一頁、判時一七一三号五〇頁

【事実・判旨】　本件の事案は複雑であるが、ここで関連する範囲ではつぎのようになる。父所有の係争の各土地（A名義）と各地上建物（Y_2名義）のうち、母が父から二棟の地上建物の贈与をうけ、おそらく黙示で敷地に使用借権を取得したのち、父が死亡し、母と三人の子A、Y_1及びY_2が土地を相続したが、その後、Y_1とY_2に母から各地上建物がそれぞれ贈与されたのちにAと母が順次、相次いで死亡したところ、Aの妻Xが、Aによる係争地全部の所有権取得を前提として、$Y_1$$Y_2$に建物収去と地代相当額の金員等の請求をした。原審は、Aの所有権取得を認めず、Xの請求を全面的に排斥した。判旨は、原審の認定事実によれば、YらとAしたがってXとは相続による共有関係にあり、相続土地の共有者が、共有地の一部に地上建物を所有している場合に、これを単独で占有しうる権原を有しないときには、他の共有者は、持分に応じた使用が妨げられていることになるので、その割合による地代相当額の不当利得金ないし損害賠償金の支払いを請求できる、と判示した。

本件では、$Y_1$$Y_2$が母から承継した建物所有権のほかに、その敷地使用権である使用借権も承継していると

解することができれば、不当利得性がないことになるが、使用借権には譲渡性がないので、判旨は、本件では単独で占有しうる権原につき特段の主張・立証がないとして、その不当利得ないし損害賠償義務を肯定したものと思われる。しかし、母がY_1らに建物を贈与した当時（昭和五三年）から、Aが死亡（昭和五九年）するまでこれに異議を申し立てず、黙認していたとすれば、従前通りの占有利用が許容されていたことになるので、共有物の管理問題が事実上解決されていたと解釈できる余地が出てくるのではなかろうか。いずれにせよ、本件では、Xは、係争地がA名義であるのでAの単独所有を前提にして、相続による取得（共有持分権）を主張していなかったこともあって（原審がこの点を釈明するなどして、Xの請求の一部認容の当否を判断しなかったことが破棄理由とされている）、Yらの主張も所有権確認ないし共有権の確認等の反訴請求に重点をおいており、それ故、共有関係を前提とした上で、共有物の占有権限の立証にまで想いが至らなかったのであろうか（共有権だけで使用収益が適法になると判断したのであろう）。本件のように、父所有の土地と建物のうち、建物だけが家族に贈与されたときには、特段の事情を必要とするが、地上権を認定されることもなくはないのである。

ところで、通常の共有の場合には、上記判例の処理は必ずしも不当とは言えないが、遺産共有の使用関係では、占有相続人と被相続人との間には特別な事情が存在することが多い。特に親子間の無償使用関係については、父の死亡によって遺産たる建物の共有状態に移行した途端に、単独占有者・子の占有利用が不法行為・不当利得になるというのは、実情にあわないことが多いであろう。学説では、この点で工夫する意見が決して少なくなかった。つぎに学説を検討してみよう。

(2)　学説の状況

(ア)　学説は、遺産の使用方法をめぐる紛争(妨害排除)については、最高裁の立場を一歩進めて、占有関係・使用方法の変更は「変更行為」に準ずるとして、遺産分割と同様に全員一致によるべきものと解し、持分の多数決による使用方法の変更を認めない見解が主流である。[12]

(イ)　分割前の使用収益に関する不当利得性を論究したものはあまりない。戦前では、一般の共有につき、共有者が持分の範囲を越えて使用収益したときには、その受けた利益は不当利得となると、抽象的に述べる学説があったに過ぎない。[13]戦後の学説でも、ほぼ同様の状況にあった。[14]

しかし、実務家では、裁判実務を通して、関心がもたれていたようである。[15]具体的な遺産共有の実情に照らした見解が提唱され、[16]被相続人と占有相続人との間に使用貸借関係が成立していることもある、とする注目すべき見解もあった。実務家の鋭い現実認識の一面を見る思いがする。[17]

たしかに、使用貸借関係が認められれば、問題は解決するが、いかなる場合がそれに当たるのかという問題が残されよう。とくに、被相続人と占有相続人が遺産建物に「同居」している場合には、実務では、独自の使用貸借契約を認定することが難しい面があった。

この問題に応えて、使用貸借契約の成立の時期まで明確に述べる見解が出てきた。占有使用者に多数持分権者が明渡しを求めたとしても、「そのことのみによっては、明け渡しを求めることはできない。その理由は、相続人が被相続人の許諾を得て同居を開始した場合、その許諾には、黙示的に被相続人の死亡を始期とする始期付き使用貸借契約が締結されており、その使用貸借契約の期間は遺産分割終了までと解するのが合理的であり、契約で定められた時期まで、原則として返還を求めることはできないと考えられるからである」

とするほか、使用貸借などの占有権限があれば、不当利得も成立しない。また、占有相続人が独自に遺産不動産を占有利用している場合には、被相続人の生前から使用貸借が成立していること、およびこの使用貸借は遺産分割終了時に当然に消滅するものではないことが指摘されている。(18)

(ウ)　したがって、従来の見解の到達点は、妨害排除でも不当利得でも、特別な身分関係から占有相続人の独占的な居住利益を保護しようとする傾向が強く、その根拠を使用貸借契約の成立に求めていたと言えよう。しかも、かかる契約の成立をかなり形式的に認めようとする見解もあった。このような学説の傾向は基本的には支持できる。ただ、「親子の同居」ケースについては、その現象面にとらわれて、無償利用の独自性を認識できるところまでには、到達していない。これは、使用貸借契約ないし無償利用契約の構造把握がいまだ十全ではないということのほかに、従来の硬直的な占有概念の理解の下にとどまっていること、この両者の事情に起因するものであろう。この問題は後述する。

ところで、右の議論の解決が使用貸借ないし無償契約の成否に帰着するというならば、結局のところ、問題は占有相続人と被相続人との間の「生前の特別な事情」に左右されることとなる。したがって、相続人といっても、配偶者と他の親族とに差し当たっては区別して検討する必要があろう。けだし、夫婦間の場合には、夫婦という特殊な婚姻法上の身分関係や夫婦財産制の問題とも絡むので、親子など他の親族間の財産関係とは異なり、おのずと占有者としての地位にもこのことが反映するものと思われるからである。加えて、相続開始前に被相続人と占有相続人とが相続不動産について共有関係にあるか否かという点も重要であろう。「同居ケース」の場合でも、共有関係にある当事者は対等の地位にあるので、契約関係を認めることに特別な困難が生じないからである。近時、これらの場合についても、二つの注目すべき最高裁判例があらわれたので、差し当たり、この先例を参考にしながら、検討をさらに進めよう。

(3)　家族間貸借の場合（最高裁の立場）

(ア)　親子間の無償利用

親単独所有の建物で同居する子の無償利用については、つぎの最近の最高裁判例が使用貸借構成に歩みよって一定の方向性を示している。

【一四】　最判平成八・一二・一七民集五〇巻一〇号二七七八頁、判時一五八九号四五頁

【事実】　被相続人Aの所有する本件土地建物（土地七三平米余、木造二階建）で家族のY_1とY_2（Aの子と思われる）が同居し、家業を承継していたが、Aの死亡（昭和六三年九月二四日）後もYらは遺産である本件土地建物に居住している。ところが、Aは生前、本件不動産を含む一切の財産につき公正証書により、Y_1、Y_2、Y_3及び訴外B（妻）には十六分の一（後にBはY_1に持分を贈与した）、X_1とX_2には十六分の三、X_4とX_5には十六分の二の相続分をそれぞれ指定するほか、X_3には十六分の二を包括遺贈する旨の遺言を残していた。

Xらは、Yらに対して、共有物の分割（民二五八条二項）を訴求するとともに（遺言により遺産分割の方法が定められたことを理由とする）、本件土地建物の無償使用につき不法行為ないし不当利得に基づいて賃料相当額の支払いを請求し、各訴えを併合提起した。

原審は、本件遺産はいまだ遺産共有の状態のままであることから、共有物分割請求は不適法としたが、不当利得については、自己の共有持分に相当する範囲を越える部分については、法律上の原因なく利得しているとみられるから、格別の合意がない限り、占有使用していない他の共有者に対して、相応の不当利得返還義務を負担する、とした。

【判旨】（破棄差戻）「共同相続人の一人が相続開始前から被相続人の許諾を得て遺産である建物において被相続

人と同居してきたときは、特段の事情のない限り、被相続人と右同居の相続人との間において、被相続人が死亡し相続が開始した後も、遺産分割により右建物の所有関係が最終的に確定するまでの間は、引き続き右同居の相続人にこれを無償で使用させる旨の合意があったものと推認されるのであって、被相続人が死亡した場合は、この時から少なくとも遺産分割終了までの間は、被相続人の地位を承継した他の相続人等が貸主となり、右同居の相続人を借主とする右建物の使用貸借契約関係が存続するものというべきである。けだし、建物が右同居の相続人の居住の場であり、同人の居住が被相続人の許諾に基づくものであったことからすると、遺産分割までは同居の相続人に建物全部の使用権原を与えて相続開始前と同一の態様における無償による使用を認めることが、被相続人及び同居の相続人の通常の意思に合致するといえるからである」。本件の場合にも、AとYらとの間には右の趣旨の使用貸借契約が成立していたものと推認するのが相当であり、それ故、Yらが得る利益に法律上の原因がないということはできないから、Xらの不当利得返還請求は理由がないものというべきである。

(a)　使用貸借契約の成否

原審が従来の判例の立場を漫然と踏襲したのは、事案との解決においても現実認識が著しく希薄であったといえよう。これに対して、本判決が、遺産分割時までの遺産建物の一部相続人による占有利用について、被相続人の生前から遺産建物に「同居」していたという事情がある場合には、当事者間に分割時までは使用貸借契約が存続するとした点は、特筆に値する。ただし、その理論構成にはやや不透明なところも残されている。ことに、本判決が、同居中にすでに「使用貸借関係」が成立していたと構成しているかであるが、本判決の「判決要旨」は、右のような事情があれば、「被相続人と右の相続人との間において、右建物について、相続開始時を始期とし、遺産分割時を終期とする使用貸借契約が成立していたものと推認される」とまとめている。また、調査官の本件論評も、相続開始後から遺産分割までの期限付使用貸借契約を認めたものと解釈している。[19] そこで、「擬制」という評価ないし批判もなされたが、仔細に検討すれば、使用貸借契約は既に被相続人と同居相続人との間に成立していたものと推認しており、かかる使用関係が相続開始後において共同相続人に承継されると構成していると読むこともできよう。[20] 実際、判旨自体は、「判決要旨」のいう「始期」という用語を使用していないし、相続人間では使用貸借が「存続」するとも述べているので、「判決要旨」のまとめ方は、判旨の構成を全面的に捉えたものとはいえないように思われるし、また、それではあまりにも技巧に過ぎるであろう。判旨はこの点を曖昧なままにしたともいえなくはない。従来の下級審判決でも、同居ケースの場合には、使用貸借構成をとった事例も少なくないが、いまだ方向性が出ていないことは、すでに明らかにしたところである。[21] これに対して、親所有の不動産を子が独自に占有利用している場合には、親子間でも使用貸借契約が成立しているとすることには、格別の困難は生じない。

他方で、「判決要旨」のいう「終期」という表現も不適切であろう。判旨は遺産分割により当然消滅するとは述べていないからである。「少なくとも遺産分割終了までは」としている。これについては、学説には、「遺産分割終了後も存続する可能性が示唆されているようにおもわれるが、そのようなことはありえようか」と疑問を提起するものもある。[22]

しかし、これはおそらく、遺産分割（協議・審判）のなかで当該使用貸借がそのまま終了後も維持されるような場合（このときは使用借人と現物取得者は「契約当事者」となる）、たとえば、他の相続人の所有となったが、居住継続の必要性があるときや、共有という分割方法がとられたときなども考えられ（もっとも、この種の場合には、協議・審判で使用貸借の再確認がなされるはずであるので、この点を強調すれば、新たな使用貸借といえなくもないが、むしろ既存の貸借の内容レベルの問題と捉えた方が事態に即している）、現に同居配偶者の生涯までとした審判例（【一六九】）もある。また、分割時には終了させたとしても、本来ならば将来まで存続すべき貸借であるとすれば、遺産の財産的評価において居住利益が特別な価値を持つ（居住利益の経済的評価がそれだけ高くなる）ことになるので、このような場合も念頭においているのではなかろうか。なお、遺産分割のなかで、従来の居住利益がどのようなかたちで財産評価されるかの問題については、後述する。

　ともあれ、私見のように被相続人との間に既に使用貸借契約が成立していると解する立場では勿論、これを相続後に擬制する立場でも、遺産分割のなかでかかる無償利用が当然終了するというような硬直な解釈は避けるべきであり、すくなくとも黙示合意での成立を認めうる関係が親子間にある以上、その使用関係の趣旨・経緯、ひいては無償利用の特質を十分に考慮して遺産分割がなされる必要があろう。

(b)　使用貸借構成に対する批判

　ところで、本判決の具体的な結論は一般に支持されているが、理論構成については異論が少なくない。高木教授は[23]、法的には被相続人と同居相続人との間には使用貸借契約が黙示的にも存すると見るのは無理であり、せいぜい同居の承諾による反射的利益として居住権限を有するにすぎないとし、同居相続人には、遺産分割までの居住を保護すれば十分であり、そのために他の相続人との間に使用貸借まで認めて、居住利益の独占を正当化するのは妥当ではない、という[24]。これはまさしく占有補助者論と同じレベルの議論といわざるを得ない。さらに、「一時期の不当利得を否定する理論としては行き過ぎである」とし、とくに遺産分割が長期化し、占有相続人の不当利得を否定することが不公平である事態が生じた場合には、他の相続人にその利得の返還をさせるという柔軟な処置ができないし、さらに、最高裁の理論が一律に適用されると他の相続人にとってかえって不公平な結果をもたらすことが少なくないことなどから、「短命な理論に終わる可能性もあ

る」と極言する見解すらある。(25)

しかし、かかる批判は抽象に過ぎよう。親族間の無償使用関係の構造的特質に対する視点が欠落している点もさることながら、そもそも判旨の要件を充足するような不公平な事態が生ずるのか、何ら論証されていない。とくに遺産分割が長期化する場合の不当性を問題にしているが、この批難は主客転倒している。そもそも被相続人が無償利用を承諾したということが大前提にあるのだから、かかる関係を相続人間にそのまま継続させても、何ら問題は生じないはずである。相続の対象たる遺産建物が被相続人の生前の意思にしたがって当初からそのような負担付きのものであったからである。共同相続人はそれ以上のものをもともと相続できるわけではない。実際、他人に係争不動産（全部ないし一部）が使用貸与されていたとすれば、相続人もこれに拘束されざるを得ない（解約の問題となるにとどまる）。それ故、遺産分割の長期化は事実問題に過ぎない（仮にそのような批判が通用するならば、逆に、同じレベルの問題として、たまたま所有親族が死亡してその途端に有償に転化するという事態も占有相続人には不公平といえよう）。かかる批判は、相続人間の公平とは何かについて、その占有利用に特殊な人間関係（被相続人の意思）が反映していることを看過し、相続的承継レベルでの抽象的・形式的な共有者間の公平論に拘泥したものといえよう。最高裁判決の趣旨を正しく受けとめていないように思われる。また、従来の下級審裁判例が、遺産分割のなかで（ないしは分割の前後もふくめて）、この種の居住利益を積極的に評価し（使用貸借構成をとるものも少なくない）、遺産から外す傾向が強かったことも見落とすべきではない（後述参照）。今次の最高裁判例はかかる裁判実務をも背景としているものといえよう。また、野山調査官の指摘をまつまでもなく、あくまでも使用貸借を事実推認しているにとどまるのであって、真に不公平があるというならば、その反証ができるのであるから、この点でも、不当な批判であるように思われる。また、占有相続人が遺産建物を他に賃貸し、高額の賃料収入を取得しているというような場合には、そもそも判例理論の適用の前提を欠くことになろう。要は、いかなる原則的立場に立つかにあり、批判説は家族間の無償利用関係について旧態然たる立場にあり、著しく現実認識に欠けるとの批難を甘受すべきである。

加えて、本件での居住利益は、そもそも交換価値には代えがたいものであり、この事件では遺産建物の賃料評価額は月額二四万円にもなる、という異常さである。最高裁のいう「無償の合意」とはかかる趣旨を含意しているものである点を看過してはならないであろう。従来の学説・判例は、さまざまな局面でこの種の居住利益の保護を企図してきた経緯はいまさらここで強調するまでもない。ここでの問題はその一つの場面にすぎない。不当利得返還義務を負わせるのは「落ち着きの悪さを否定できない」という実務家の心情[26]・鋭い現実認識もこのような理論的・実務的な背景があることを看過できないし、また、かかる処置は経験則に照らしても首肯しうるところであって、形式的で形骸化した平等論はかえって有害である。むしろ、使用貸借契約の解除・解約問題として解決する方が、公平に適うであろう。[27]

ともあれ、これまでの下級審判決は、先述のように、親子間の無償利用関係を独自の利用契約に高めようと工夫してきた経緯があり、最高裁も基本的にはこの方向に一歩踏み出したものと評価できよう。[28]

実際、同居の親子間でも、本件のように子がすでに経済的に独立しているような場合には、権利関係として処理することの方が、事態を明確にするものである。父の占有補助者というのは、過去のドグマであり、実情にもあわない。パートナーとしての親子関係という視点が求められている。[29]

ところで、占有相続人が被相続人と単に同居していたという事情だけで使用貸借の推認が可能かであるが、これだけでは必ずしも十分でないように思われる。本判旨はこの点について不明確なところがあるが、所有者側の「同居許諾の趣旨」が考慮されるべきであろう（少なくとも使用貸借契約の成立を「暗黙」で推認しうるような事情が必要とされよう）。本件では、Yらが父の家業を承継して、おそらく父を扶養しながら、同居していたものであろう。他方、Xらはかかる同居の事情を承認していた。このような場合には、遺産建物をYらが無償使用しても、不法行為はいうまでもなく不当利得にもならない、と処理するのが妥当である。ただし、このような場合にのみ限定する必要がないことについては、後述する。

(c)　使用貸借契約の解除・解約

つぎに、使用貸借契約の成立を前提として、解約が可能かという問題が残される。被相続人と同居相続人との間では、通常の親子間の無償利用として処理できるが、この場合の解約問題については困難な問題があり、その契約関係をそのまま承継する相続人間でも同様である。[30]

この点につき争われた事例がある。【一六五】はやや特殊な事案であるが、占有相続人の使用借権を強く保護しようとしている。

【一六五】　東京地判昭和四二・九・一六判タ二一五号一六五頁（【一〇〇】）

【事実】　係争家屋は被相続人A所有で、Y（長男）はAら両親とそこに同居していたが、Aの死亡によりYら四名が相続した。Aの遺言により、建物とその借地権を売却し、その代金を相続分に応じて相続人間で分配することが定められていたが、Y家族が係争建物に居住している。遺言執行人XがYにその明渡しを請求した。Yは「占有使用権」を主張した。

【判旨】　Yは長男たるの立場で他の子女とは異なり両親と居を共にしてきたにとどまるので、Y主張の権利は居住を目的とする使用貸借の範疇に属するものと解する。とすれば、この既得権としての使用貸借上の権利をYの承諾なくして遺言によっても、故なく侵害しえない。もっとも、期間の定めのないものである限り、Xにおいて解約告知をなしうるが、本件では、Xらも別棟建物を無償使用しているので、その権衡上、Yの使用借権はなお相当期間存続を許されるべきものと思われる。

被相続人が生前に占有相続人に対していったん無償使用を許諾した限り、一方的に解約できるものではなく、したがってまた、相続人も解約するためには相当なる理由が必要とされる、という趣旨が読みとれる。ことに、親子間で相互に仇敵のごとく争い、子が親の扶養を廃止するなど当事者間の信頼関係が地を払うような状態になっていたという特別の事情があると、解約が可能となる（最判昭和四二・一一・二四【三】）。しかし、ただ、仇敵のごとく争っていたというだけでは、かかる親子紛争は氷解することも少なくないので、父が解約の意思を表示しないまま死亡したという場合には、とにかく曲がりなりにも同居を継続していたわけであるので、むしろ、使用貸借の承継を認めた上で、解除・解約問題として処理した方が、父の通常の意思にそうようにも思われる。

なお、子が遺産建物を被相続人の生前からその許諾のもとで独自に占有管理しているときには使用貸借契約の成立を認めることに特に困難はないが、この場合には、かかる使用貸借はそのまま共同相続人に承継されることとなる。この種の使用貸借契約の存続は、通常の使用貸借契約の解約問題として処理され、本来的には遺産分割とは区別して取り扱うべきであるが、そのなかで処理することも可能であろう（特にそのような解決を当事者双方が合意しているような場合）。また、このような使用利益は、何らかの事情があって被相続人から許諾されたものであるのが普通であることから、その「使用許諾の趣旨」を慎重に判断しなければならない。実際、特別受益とはならない（持戻し免除特約を事実推認できる）ことが多いものと思われ、ここでも単純な相続人間の平等論に拘泥することがあってはならないので、事実認定にあたっては、ことのほか右のような事情に配慮すべきものであろう。

なお、この種のケースとしては、最近のつぎの事例が参考となる。

【一六六】　東京地判平成九・一・三〇判時一六一二号九二頁

【事実・判旨】　父の生前に相続人の一人である被告が「生活費を得ること」という目的で係争地の無償使用を暗黙の裡に許諾され、被告がこれを賃貸して、その収益を取得していたが、父の死亡後、原告ら他の相続人との間で、係争地を原告らの共有とする旨の審判が確定したのちに、原告らがその明渡しを請求したところ、使用期間が二一年に及ぶほか、既に被告が不動産業で高額の所得を得ていることなどから、使用収益をなすに足りる期間を経過したとされた。

本件では、遺産分割の状況は全く分からないので、被告の無償使用がどのように扱われたかも不分明であるが、本件のような場合には、無償使用は特別受益としても、利用者に酷ではないであろう。いずれにせよ、このような当事者間の権利関係は究極的には「訴訟」での判断をまつしかないが、本件では、前述のように、同居ケースではなく、使用貸借の成立・発効が父の生前に認められているので、使用貸借の解約問題として処理されたわけである。

(d)　居住利益の遺産評価

本判決は、遺産共有中の特定の使用収益が不当利得とはならないとしたが、これは要するに、ＸＹ間の遺産建物をめぐる紛争を遺産分割手続の中で最終的な解決をはかるべき旨を指示したものにほかならない。しかし、全員の合意が成立する可能性はきわめて少ないので、結局は裁判上の分割によることになろう。この問題は後述する。

(e)　最近の学説

本判決後に、岡部喜代子教授は、（1）の学説の傾向に異論をとなえ、共有持分権の処分は許されるのに、占有状況の変更ができないとする理由はないとし、持分権以外の独自の占有権原の存在を問題として、先述の「使用貸借」説の理論的根拠をより深く分析した上で、明渡請求と占有利用の不当利得性とを論ずる見解を提唱して注目されている[31]。本書にとっても示唆深いので、簡単ではあるが、紹介しておこう。

具体的には、占有相続人が被相続人と同居しているケースと同居していないケースとに大別して、非同居の占有相続人が遺産不動産の独自の無償利用を被相続人から許諾された場合には、生前に使用貸借契約が成立し、これが相続人に承継され、この場合の存続は契約の内容による、という[32]。これに対して、占有相続人が被相続人と同居していた場合には、通常は独立の占有を持たないが(占有補助者)、たとえば、おやの面倒をみるためにとくに同居したような場合には、占有相続人は独立の占有者となり、この場合には使用貸借契約が成立している。また、占有補助者の場合にも、同居するに至った目的（扶養とか看護など）から、その範囲での使用貸借契約が締結されたものと認めることができ、この場合には、同居相続人が独立の占有を取得するまで(通常は被相続人の死亡まで)その使用借権の効果は生じないだけであるとし、その死亡を始期、遺産分割の終了時を終期とする使用貸借契約の成立を認めることができる、という[33]。

注目すべき見解であり、持分権とは別の独自の利用権限を肯定して、この種の問題を統一的に処理しようとする立場は、私見と基本的には共通するので、支持したいが、幾つかの問題点を指摘しておきたい。

まず、同居ケースでの占有関係を原則的に占有補助関係と解する点について、論じてみよう。占有が独立しているか否かは、占有・所持関係を客観的に判断して、そこから何らかの結論を導き出せるものではない。もともと無色の所持関係に独立占有と非独立占有とが所与のものとしてそこに内在しているわけではないからである。いずれであるかは、結局、当事者間の人的関係などの特殊事情ないしは法律関係を所持関係に反映させて判断せざるをえない。ここでは、無償利用のあり様、つまり、それを規定する「原因」を考慮せざるを得ないことになる。したがって、占有が独立しているから使用貸借が成立するという解釈は、極めて概念法学的であり、むしろ逆に、無償使用の構造的特質をまず求めて行くべきである。独自の無償利用として保護すべきであるならば、その主体の所持は占有保護を享受できることになるわけである。たとえば、親をやしなう目的ではなく、ただ親子の情愛から漫然と同居したとしても、息子夫婦又は娘夫婦の占有利用は、特段の事情でもない限り、独自の無償利用(したがってまた、占有関係)として保護の対象となるべきものであり、決して占有補助関係と捉えられるべきものではない。両者は人格的にも対等であることのほか、同居においてはさまざまな問題を克服して、ある「決断」を迫られるのであって、このような諸動機・主観的事情(「原因」)によって規定された占有利用は当事者間の「合意」に起因するものと構成することが事態にもっともふさわしい解釈であると考えられるからである。

なお、従前から同居して扶養されていた家族であっても、経済的にある程度独立すれば、親子間に使用貸借契約が成立するかどうかは別にして、その同居による建物使用関係は、純然たる事実利用(何時でも撤回可能)ではなく、親の「許容」に基づく「特殊の無償利用関係」と構成すべきであろう。したがって、子は少なくとも無償利用・占有の「主体」たりうるものと解すべきであり、決して親の実力的支配に左右される「対象」として位置づけるべきではない。占有補助者なる概念は所持人をまさしくかかる地位におくために形成された特殊の技術用語であることを忘れてはならない(34)。私見のように解すれば、同居の家族は独自の（共同）占有利用者であるし（所有者が退去を求めるためには相当の理由が必要とされる）、また、所有親族から占有利用を「許容」されているので不法行為・不当利得の問題も生じない。その半面、不動産の管理の主体ともなり、応分の責任を負担することにもなるわけであり、このように解することの方が、かえって各家族構成員の自律性を促し、かつ、その相互間の絆を強めることにもつながるものと思われる。

他方で、使用貸借の存続・消長問題を遺産分割の終了時とリンクさせることも、形式的に過ぎよう。使用貸借の特質が、遺産分割のなかで消滅させてよいものかどうか、まずその判断が先行すべきであり、当事者間の合意のないままで、使用貸借という一事を捉えてそのように解釈するのは、問題である。現に岡部教授も、別居の占有相続人については、使用貸借契約の存続は契約の内容によるとし、遺産分割の終了時には限定していないのであるから、何故に同居の場合にも同様の解釈ができないのか、理解に苦しむ。おそらく、この場合の使用貸借は、他の相続人からの明渡請求と不当利得返還請求権を排斥するためのものとして想定されており、それ以上の積極的な意義を認めていないことによるものであろう。極めて技巧的な解釈のように思われる。実際、そのためだけであるならば、使用貸借構成の意義は必ずしも大きくはない。無償利用・居住利益の実質を強調することこそが、ここでの問題解決に不可欠である。

加えて、そもそもいうところの使用貸借とは何なのか、という視点も欠けているように思われる（このことが明らかにされない限り、いかに実務的処理の上で優れていたとしても、「理論」としては魅力のないものとなろう)。ともあれ、問題が残されるとしても、岡部論文が、ここでの「占有権原」を直接、当事者間の身分関係に依拠させなかったのは、妥当である。

なお、本判決の立場を「始期付使用貸借」と構成する野山調査官も、岡部論文の立場を支持して、父の生前中は長男は「占有補助者として非相続人所有家屋に無償で居住する資格を有する」と述べるにとどまる。(35)紛争の実態に対する鋭い現実認識には敬服するものがあるものの、かかる技巧にすぎる構成は、父子間における無償使用関係の構造的特徴の核心を捉え切れていないこと(不当利得請求を排斥するという当面の問題解決の対症療法)の反映でしかなかろう。少なくとも、始期付使用貸借を擬制できるだけの事実関係があれば、特段の事情でもないかぎり、同居相続人は被相続人の生前においても独自の占有利用権を有しているものと考えることができるはずである。なお、使用借人でなければ占有補助者というのも、ドイツ法流の教義学的な解釈論に依拠するものであって、そのような一種の対概念的発想は、結局は社会の現実に存在する無償利用を切り捨てることにつながるであろう。本書では、所有親族の「許容」(36)に基づく特殊の無償利用という類型を抽出した所以でもある。(37)

(イ)　夫婦間の無償合意

前掲最高裁判決の準則は夫婦間にもそのまま適用されるであろうか。親子以外の他の親族間でも同様に処理できるが、夫婦間ではそのまま適用できない側面もなくはない。ことに従来の判例の立場では、所有配偶者の婚姻住居に対して非所有配偶者が使用貸借契約に基づく権利を有しているとする考え方はなかったと言えるからである。(38)

類似の事案で、最近の最高裁判決には、使用貸借とはいわないで、夫婦間の「無償の合意」という構成をとって、同様の結論を導き出したものがある。ただし、本件は、相続不動産につき夫の生前から夫婦が共有・共同占有関係にあることが前提となっている（共有の成否をめぐる紛争は別訴で確定ずみ）ことに留意する必要があろう。[39] つぎにこの判決を分析してみよう。

【一六七】　最判平成一〇・二・二六民集五二巻一号二五五頁、判時一六三四号七四頁

【事実】　Yは亡Aと昭和三四年ころから内縁関係にあったが、その間、Aとともに製造販売業を共同で営み、本件不動産（宅地三筆、居宅を含む地上建物三棟で作業場二棟は未登記）を居住及び右事業のために共同で占有利用していた。Aは昭和五七年に死亡し、本件不動産に関するAの権利はその子であるXが承継したが、XとYとの間で、本件不動産の所有帰属を巡り紛争が生じ、別訴で、本件各不動産はYとAの持分二分の一の共有財産であることが、確定した。ただし、共有持分を越えるYの使用利益の不当利得は一部認容された。ところが、Yは、本訴係属中に建物一棟から退去したが、本件各不動産を実際に現在まで占有使用していることから、Xは、その二分の一を越えて使用収益するのは不当利得に当たると主張した。これに対して、Yは、本件不動産につき使用貸借権を有すると争った。原審はXの請求を認容。

これに対して、Yは、共有物に対して共有権・占有正権原を有する場合には、妨害排除請求を排斥しうるほか、不法行為による損害賠償及び不当利得の返還請求をも排斥しうるものである、などと主張して上告した。

【判旨】　（破棄差戻）「しかしながら、原審の右判断は是認することができない。その理由は、次のとおりである。共有者は、共有物につき持分に応じた使用をすることができるにとどまり、他の共有者との協議を経ずに当然に共有物を単独で使用する権限を有するものではない。しかし、共有者間の合意により共有者の一人が共有物を単独で使用する旨を定めた場合には、右合意により単独使用を認められた共有者は、右合意が変更され、又は共有関係が解消されるまでの間は、共有物を単独で使用することができ、右使用による利益について他の共有者に対して不当利得返還義務を負わないものと解される。そして、内縁の夫婦がその共有する不動産を居住又は共同事業のた

めに共同で使用してきたときは、特段の事情のない限り、両者の間において、その一方が死亡した後は他方が右不動産を単独で使用する旨の合意が成立していたものと推認するのが相当である。けだし、右のような両者の関係及び共有不動産の使用関係からすると、一方が死亡した場合に残された内縁の配偶者に共有不動産の全面的な使用権を与えて従前と同一の目的、態様の不動産の無償使用を継続させることが両者の通常の意思に合致するといえるからである。

これを本件について見るに、内縁関係にあったYとAとは、その共有する本件不動産を居住及び共同事業のために共同で使用してきたというのであるから、特段の事情のない限り、右両名の間において、その一方が死亡した後は他方が本件不動産を単独で使用する旨の合意が成立していたものと推認するのが相当である。」

(a)　夫婦共有不動産と無償合意

かつて内縁夫婦の賃借婚姻住居をめぐり、いわゆる「借家権の相続」問題として学説が大論争をした経緯があるが、判例の立場がかたまり（最判昭和四二・四・二八民集二一巻三号七八〇頁）、学説がほぼ出尽くしたことのほか、具体例がほとんど現れてこないことも加わって、事実上はこの種の問題は終息したかの観すらみえる。また、一方配偶者の所有住居に対する他方の使用関係についても　ほぼ同様の状況にあった（最判昭和三九・一〇・一三民集一八巻八号一五七八頁）[40]。

本件では、既に別訴でこの所有・共有問題が決着し、専ら持分を越える使用利益の不当利得性が論点となっている。もっとも、かかる使用利益の不当利得性は共有不動産の所有・利用関係と裏腹の関係にあり、Yも上告理由で、前掲最判昭和四一年（【一六〇】）を援用して、非占有共有者の妨害排除が排斥されるならば、不法行為・不当利得の問題も生じない、と争っている。ただ問題はそれほど単純ではないことは、前述の通りである。

本判決も、一般論としては従来の判例と同様の立場にある。まず、判旨は、共有者は「持分に応じた使用をすることができるにとどまり、他の共有者との協議を経ずに当然に共有物を単独で使用する権原を有するものではない」としているからである。ただ、共有者間に単独使用について「合意」があれば、右合意の変更又は共有関係の解消までは、その単独使用による利益につき不当利得の問題が生じないとしているに過ぎない。

したがって、前述のように、ここでも問題はかかる「合意」の成否であり、いうまでもなく親族間ではこの種の明示の合意がなされることは通常ないので、結局、客観的な諸事情から推知するしかない。「遺産共有」の場合には先の最高裁判例（【一六四】）が親子間での無償利用関係を事実推認して、その一つのケースを提示したのは、このゆえである。原判決は当事者の関係からかかる合意を読み取ることができなかったが、最高裁は、判旨に述べるごとく、これを慎重に描き出したわけであり、本件事件類型のもとでは、きわめて常識的で、経験則に照らしても穏当な判断をしたといえよう。

このように、本判決は、遺産共有の場合（親族・相続人間の使用関係）と同様に、「夫婦間での不動産使用関係の特殊性」を自覚させたことになろう。すなわち、本判決が夫婦の共同生活の実態を踏まえながら、実質的には夫婦間での無償合意を独自の利用関係として評価したという点は高く評価されてよい。

(b)　夫婦間の無償利用関係の性質

ところで、夫婦間の婚姻住居に対する非所有配偶者の使用関係については、従来の下級審判決では同居義務の反面とする傾向が強く、夫婦相互間又は一方の相続人との紛争で、その明渡しを認め、婚姻解消以降の使用料相当額の損害金の支払いを命じた事例が少なくない。最高裁判例（【一四六】）でも、内縁夫婦間の紛争につき、原審が、使用貸借の成立を前提とした上で、内縁の解消による消滅を肯定したのに対し、「使用貸借かどうかはともかくとして」、とその判断をことさら避けて、土地使用関係が内縁の解消とともに消失すると判示したものがある。[41]

これに対して、夫婦間の「合意」を認定して、明渡しを否定した注目すべき事例も散見される。たとえば、大阪地判昭和三七・七・三〇（下民集一三巻一一号二四〇三頁）は、内縁の生存配偶者と相続人との紛争で、内縁夫婦間での使用貸借の成立を認め、これが相続人に承継されるとした。また、婚姻夫婦間の紛争で、婚姻住居の「合意」から居住権限が生ずるとしたものもある（【一四三】）。一方、権利濫用構成であるが、内縁の生存配偶者の居住利益を保護するに当たり、夫婦の共同生活からみて、「共に生涯本件建物に居住し続けたことは十分考えられるし、原告（相続人）らも右のように考えていたことは十分うかがわれる」とした注目すべき判決（【七六】）もあった。[42]

学説でも、同居義務を根拠とする見解が見られる反面、とくに婚姻解消後の妻の居住利益を保護するために、これを独自の利用権・使用貸借権と構成する注目すべき見解が主張されていた。[43] これを承けて、かつて私は、夫婦は社会的、経済的、人格的に全く対等な立場で（パートナーとして）婚姻住居の無償使用について「合意」（通常は黙示）をなし、これを起点にして、同等・同質の利用利益を有することから、非所有配偶者の居住利益を「独自の利用権」（但し、譲渡性・相続性はない）、すなわち婚姻関係に起因して成立するが、夫婦の共同生活関係（夫婦財産制）のなかで強化され、婚姻の解消によっても影響をうけない特殊の権利（単純なる使用借権とは異質の「生涯無償利用権」）として構成し、固有の保護（所有配偶者の退去請求も可能）を享受するとの見解を述べたことがある。また、かかる「生涯権」の経済的価値を遺産分割・財産分与の場で、積極的に評価すべきであり、これを「特別受益・不当利得というのは論外である」と主張した。(44) この意味においても、本判決が無償使用の合意を夫婦の同居中にも認めたという点は、高く評価したい。(45)

また、本判決は無償使用というだけで、使用貸借という契約類型を使わなかったが、この点も評価できる。本件では、生前の夫婦間の無償使用に係る暗黙の合意が、夫の死亡によって、そのまま顕在化すると解釈できるので、その限りでは自然な構成となっているからである。しかも、かかる合意は生前における共有不動産の「共同使用関係」の合意をも当然のことながら前提にしているといわねばならないであろう。この点では本判決もやや不透明なところがあるが、これを理論的に補完すれば、夫の死亡により共同無償使用関係（合意）が単独使用に拡張され、それが非同居相続人に承継される、と解釈されるべきものである。(46) いずれにせよ、夫婦間の無償使用関係を「特殊の無償使用（無名契約）」と構成したものと評価できる。ただし、共有持分を持たない非所有生存配偶者についても同様である、とは直ちに断言できないので、その一般化には注意を要する。この関係では、やや古い前掲最判昭和三九・一〇・一三との調整問題が生ずる。これは非同居相続人と同居内縁配偶者との遺産建物に対する必要度等（内妻には未成熟子もいる）を比較考量して、相続人の明渡請求を権利濫用で抑えた著名な判例であるが、この先例を前提とすれば、生存配偶者の使用関係は当然には適法とはならないので、損害賠償・不当利得の問題となしうることになろう。しかし、生存配偶者に「居住継続の必要性」があるというならば、損害金の支払義務をも否定しないと、今日のような高賃料の時代では、結局は、居住利益を保護したことにはならないであろう。それ故、特段の事情がない限りは、これをも権利濫用で排斥することも可能であるが、同様に無償合意を推認すれば、問題の解決が極めて簡明となろう。

私見の論理に引き寄せて解釈すれば、この問題は本判決のいわゆる「隠れた論点」ということになる。つまり、最高裁昭和三九年判決は、本判決により夫婦共有・共同使用の場合のほか、単独所有・共同使用の場合にも、その先例的価値を大きく制限されることになろう。一方、夫婦間での紛争についても、いささか陳腐化した先例（【一四六】）を克服する新判例の出現が期待される。

(c)　おわりに、本判決の射程範囲は、内縁関係にある当事者間だけではなく、少なくとも、婚姻関係にある夫婦が婚姻住居等を共有する場合にも及ぶと解すべきであろう[47]。したがって、本件の意義は「内縁配偶者」の居住権保護ということもさることながら、不動産を共有する夫婦間での「無償合意」に光をあてたという点にあると考えるべきである[48]。

3　小　括——使用貸借（典型契約）と無償利用

相続不動産をめぐる親族間の無償利用に関する最近の最高裁判決を中心に検討したが、いずれの判例もその論点はやや特殊な場合を前提としたものであった。しかし、それにもかかわらず、そのような特殊な場合において顕現した無償利用そのものは一般化が可能な利用関係であることは、すでに本書の立論からも明らかとなろう。判例は、親子間ないし親族間では使用貸借契約という用語を使用したが、夫婦間では無償合意ということにとどめている。かつて、判例（最判昭和四七・七・一八判時六七八号三七頁）は、「夫婦その他の親族間において無償で不動産の使用を許す関係は、主として情義に基づくもので、……せいぜい使用貸借契約を締結する意思によるものにすぎ（ない）」と判示したことがある（無償の地上権をみとめた原判決を破棄差戻するため、その結論を理由づける抽象論レベルのものである）が、ここで取り上げた最近の判例では、共有という関係が前提とはなっているものの、無償利用の特異性に気づき始めているように思われる。無償利用も決して一義的なものでなく、多様であるということではあるが、しかし、父（被相続人）が子（相続人）に不動産を無償で貸与する関係は民法典にいう典型的な使用貸借契約（民五九三条）であるかも、また一つの問題となしうる。

私は、民法典にいう使用貸借は、友人や知人の間で行われ、「使用目的」によって貸借が一時的な期間に限定されることを本質とするのに対して、親族間の無償利用は、多くの場合、相続・扶養と絡む特殊な人間関係を背景にした貸借であるので（これを「プレカリウム契約」と称した）、そのような場合には、両者はそもそも「無償使用の質」を異にする、との立場を沿革と比較法を踏まえて、論証しようとした。(49) 先述の最高裁判決（【一六四】）はこのような視点をもたないが、その言外にこの種の無償使用の特異性に気づきはじめているような前兆が見られると考えてもよいのではなかろうか。かかる特殊の無償使用は、被相続人の生前においても特別受益にはならないし、(50) また、死後においても特別の考慮が必要とされ、右判決は直感的にそのような法的処理をしたものと解したい。同様のことは夫婦間の無償利用についても妥当する。今次の【一六七】判決も同じ位置づけが可能であろう。

二　遺産分割と無償利用

審判による分割では、遺産たる不動産につき従来から無償で利用している相続人の立場が尊重される傾向が強く、ことに占有相続人に代償金の支払い能力があれば、その相続人が当該不動産の所有権を分割所有する傾向にある。しかし、共有関係を温存する場合でも、従来の無償利用を分割審判・遺産評価のなかでどのように評価するかという問題が残されている。

　この問題は、今次の最高裁判例（【一六四】）によっても解決の指針は示されていないと言えよう。たしかに最高裁は、一定の場合に遺産分割までの間に限定して使用貸借を認めたにすぎないが、このことから遺産分割にあたって従前の使用利益を考慮することまで否定したわけではない。また、例外的ではあるが分割後もなお使用借権の存続を肯定することも、先述のように、右最高裁判例と矛盾することはなかろう。

　したがって、従来の裁判実務の先例的意義は堅持されるべきものである。この点については、従来の具体例では、占有相続人の居住利益を尊重する傾向にあり、ことにこれを使用借権ないしこれに近い権利（「居住権」とする審判例もある）と解する例が少なくない。この問題を確認することが、ここでの課題であり、同時に、今次の最高裁判例の一般論も決して唐突なものでもなければ、一部の学説が批判するような不当なものでもなく、むしろ、従来の裁判実務の成果を集約したものであることが、明らかにされるであろう。(51)

1　遺産分割の審判と居住利益の評価

(1)　居住権ないし使用貸借構成

　遺産分割の審判において、遺産の財産的評価は相続人間の公平を図る上で慎重になされるべきものであることはいうまでもないが、特定の相続人が遺産たる土地建物を従来から占有利用している場合に、その相続人の利益保護のために居住利益が考慮されることが少なくない。たとえば、松山家審昭和四二・三・六（家月二〇巻四号四一頁）は、被相続人の死亡するまで長年同居していた相続人（兄弟姉妹の再代襲相続人でその相続分は同様の相続人ら一三名で六五分の一五強）が建物を明け渡すことになったが、その間の居住利益について、当該建物の空き屋としての売買価格から使用貸借中の居住者のいる建物の売買価格を控除した額に等しい、と判示している。

このような場合に、その居住利益の法的性質が問題となるが、これを明確に居住権又は使用貸借上の権利ないしそれに類似した権利とする例も少なくない。いくつかを見ておこう。

【一六八】　大阪高決昭和四七・九・七家月二五巻六号一二八頁（宅地建物・農地）

【事実】　長男が遺産建物で父の生前から父母と同居して農業経営を承継し、事実上その遺産を一人で占有利用していたが、二〇年ほど経過してから、不動産の資産価値が高まったため、他の相続人から遺産分割の請求がなされた。

【決定要旨】　遺産宅地建物は、長男が父の死亡後世帯主として長年にわたり生活の本拠として居住占有し、その維持管理に寄与してきたもので、他の相続人は別に独立して生計を営んでいることに徴すると、右土地建物の価額のすべてを分割すべき遺産に計上して均等に分配するのは衡平を失するものというべく、右土地建物に対する長男の「居住権ないし使用借主としての地位を考慮し、これに対する評価額を長男に取得させ（る）」べきであるので、その具体的な割合を右土地建物の価額の一割と評価するのが相当である。

農地についても、長男が耕作を継続していないと、農地改革当時買収されていたはずであるので、長男の「耕作権」に対する報償額を長男に取得させるべきであり、その割合を畑の価額の二割とするのを相当とする。

【一六九】　東京家審昭和四七・一一・一八家月二五巻一〇号八〇頁（建物利用権）

【事実】　Y_1は亡Aの後妻であり、X男とY_2女は亡Aとその先妻との間の子であるが、Aの遺産である本件アパートを共同相続したところ、Y_1が本件アパートの一部に居住して、その賃料収入を独占していることから、Xが遺産分割を申請。Y_1の居住利益は法律上の権利として主張できるものではないし、かりに使用貸借類似の権利だとしても、特別受益になる、などと主張した。

【判旨】「被相続人生前からの居住利益は、当該配偶者においてその居住を継続すべき正当性の認められる限り、他の共同相続人においてこれを尊重する必要があるものと解すべきである……から、その遺産分割にあたっては右配偶者の居住利益を積極的に評価して遺産評価から控除すべきである」。本件では、Y_1は年齢五〇歳になってからAと婚姻し、それまでの蓄えもAとの生活で費消して、今は年齢的に自活能力は乏しく、本件建物に居住継続する必要性は極めて高いので、かかる居住の権利は遺産評価にあたり考慮すべきである。その評価額の算定にあたり、右居住利益を「無償の貸借権」とみて、土地建物全体の価額（収益価額金一五四二万五千円）から、係争居住部分（無賃料、耐用年数一八年）につき収益がない土地建物の収益額（一二六四万七千円）を控除した残額（二七七万八千円）を居住権の価額とする。

分割方法については、Y_1が本件土地建物に居住する形が望ましい。ただし、Y_1には代償金支払い能力がないので、Xがその三分の二を、Y_1がその三分の一の共有持分を取得して、Y_2にはXが相続分に相当する代償金を支払うこととし、賃料全額はY_1が取り立てて、その三分の二をXに交付すべきものとする。「また、右建物のうち相手方Y_1が現在居住する部分はそのまま今後も同人が死亡するまで同人において無償で使用できるものとする。」

【一六九】は、遺産評価にあたり、生存配偶者の居住利益を「独自の無償利用権」ないし「居住権」と構成して、これを経済的に評価するほか、遺産分割にあたっても生涯にわたって存続するという立場を表明しており、「生涯無償利用権」を提唱する私見とほぼ同じ趣旨と解され、注目に値する。【一七〇】も、共有持分権を重視しているが、同じく「居住権」を認めている。

【一七〇】大阪家審昭和六一・一・三〇家月三八巻六号二八頁（建物利用権）

【事実・判旨】相続人は兄弟姉妹（八名）であり、二男Xが亡父とともに家業（仲買業）を継続し、結婚後も遺産である建物で父と同居して、約一八年間にわたりその扶養に努めた。父も感謝しながら、Xを跡継として自分の遺産を当然相続するものと考えていた。Xに「特別の寄与分」を認めた上で、係争各不動産（約三三〇〇万円）について、「Xは被相続人を扶養するため同不動産に同居し、火災保険料、修繕費、公租公課を全額負担しており（被相続人の持分に対応する費用だけでも四六〇万円を下らない）、現在二分の一の持分を有し、居住継続の必要があり、被相続人もこれを認容していたことから、居住権が付着しているものとしてその価額を一五％減額するのが相当である。」

つぎの審判例も、「使用貸借類似の契約」を認めている。

【一七】　神戸家審昭和四九・八・二九家月二八巻一号七八頁（建物利用権）

【事実】　係争土地建物は、亡父所有で、母死亡後に長女Xが三女Y_1ほかの共同相続人に対して分割を請求した。係争建物にはY_1の家族が居住しているが、もともとY_1家族は亡母の求めに応じて、県営住宅から転居して、両親の世話をする目的で同居したものであった。

【判旨】　右同居にいたる事情を考慮して、Y_1の居住利益を控除したものが遺産の価額となる。その具体的な価額については、「このような身分関係を前提とする使用貸借類似の契約の目的となっている場合の価格は、家屋賃借権を上限とし、不法占有者に対するいわゆる立退料を下限とする範囲内において定めるのを相当としているが」、本件では諸般の事情から「借家権の価額」を基準とすべきである。分割の方法としては、Y_1が望むようにY_1所有にするのが妥当であるが、代償金支払い能力に疑問があるので、徒にその方法を定めるよりは、むしろ審判確定後において当事者の選択する自由な方法（執行段階における解決）にゆだねるのが相当である。Y_1居住のまま共有とするのは分割の目的にそわない。

右のいわゆる「立退料」を下限にするというのは、やや不正確であって、実務での処理としては、「建付地価格」と言われるものがあり、建物撤去費用と撤去までの間、利用が妨げられることによる不便とを勘案して、更地価格から数パーセントを減額した価格を基準にするという趣旨であろう。

最近の【一七三】は、父の生前に子所有の建物の敷地利用権として土地の使用貸借の成立を認めた上で、これを遺産評価に当たって考慮している。ただし、土地の使用借権を特別受益として、黙示による持戻しの免除を認めているが、これは、同居していた建物の敷地使用ではなく、生計維持のための別の土地の使用であったことや、他の相続人（子二名）らもそれぞれ自活のため住居の援助をえていた（いずれも特別受益・持戻し免除とされている）こととの関連もあるように思われる。

【一七三】　東京高決平成九・六・二六家月四九巻一二号七四頁（敷地利用権(52)）

【事実・決定要旨】　抗告人（長子）が被相続人・父と遺産建物（甲地）に同居したのは、父が老後の面倒を抗告人に期待していたからであったが、そのため父は抗告人が父所有の乙土地上に店舗を所有し、その生計を営むために使用することを認めていたので、当該土地については被相続人から使用借権を得ていたものといえる。抗告人はその使用借権を基礎にして、長期間にわたり園芸店を経営しており、「仮に被相続人の求めにより抗告人が土地の明渡をする場合には、被相続人は、親子の間であるとしても、抗告人に対し、明渡により抗告人の受ける営業上の損害の一部を補償するべき立場にあったと考えられる」。その使用借権の評価については、抗告人がその努力で営業を発展継続させてきたので、かかる使用借権も抗告人みずからの努力で蓄積した財産という性質を兼ね備えているものと言うべきである。したがって、乙土地の価格の三割とするのが相当である。具体的には、乙地（一部は物納）の所有権は抗告人に取得させ、甲地（一部は物納）と地上建物は他の相続人（被抗告人）の共有とするなどの措置をした。

つぎの【一七三】と【一七四】の高裁決定は使用貸借とはいわないが、基本的には同様の考慮に基づいている。また、遺産評価に当たっては、いずれも賃借権付き評価額を基礎にして居住利益を算定している。

【一七三】　大阪高決昭和五四・八・一一家月三一巻一一号九四頁（建物利用権）

【事実】　被相続人Aとその親族によって設立された医療法人は、現在、Xが理事長をしているが、Xは、母死亡後、Aの老後の面倒をみるために係争建物に移り、Aが死亡するまで同居して、その後も係争建物に妻とともに居住し、あわせて隣地上で医院を経営している。原審が、遺産分割にあたり、Xの居住利益を不動産の評価額から控除したこと、及びXの寄与分を認めたことに対して、他の相続人が不当として抗告した。

【決定要旨】「遺産分割において従前より遺産たる土地家屋に被相続人と共に居住し、これを使用していた共同相続人の一部の者が、相続開始後もその居住を継続すべき正当性を有するものと認め得る場合には、他の共同相続人は、相続によって被相続人の地位を承継したという理由だけで右居住使用の利益を侵すことは許されないと解しうるところであり、したがって、遺産分割にあたり当該不動産を評価するについては、あたかも賃借権等の権利の付着している場合に類似して、その純客観的評価額から右居住使用の利益相当分だけを控除して評価することは、合理性があるものというべきである。このことは、遺産分割の結果、現に居住使用している相続人が当該不動産を取得する場合においても同様であると解しうる」。本件では居住使用の継続性の必要が認められるところ、その評価額は、係争建物の価格と土地の更地価格との各二割にあたるとした原審の判断は正当である（Xの寄与分も肯定）。

【一七四】　東京高決平成元・一二・二二家月四二巻五号八二頁（建物利用権）

【事実】　亡父の遺産である係争土地建物に母と、Y_1・Y_2・Y_3女（孫）を含む長男夫婦の家族が同居していたが、母と長男夫婦が死亡し、Y_2とY_3は他に嫁に行き、現在ではY_1とその夫が居住している。長女ら他の相続人Xらが分割請求。原審は、Y_2 Y_3らはY_1との共有としておきたい意向をもっているところ、宅地（一〇〇坪）と建物（二四坪）を現物で分割するのは相当ではないが、共有もY_2 Y_3の居住状態からみてその必要性は大きくないし、また、共有は紛争再燃の可能性を残すことになるので、Y_1が単独取得して、他の相続人には代償金を支払う方法が相当である、とした。その評価額については、Y_1の居住継続の正当性をみとめて、「賃借権に類似した利益が付帯している」として、かかる占有使用の利益は、係争土地建物の評価額の三〇%とした。

【決定要旨】「従前から被相続人、相続人らの明示ないし黙示の合意により、豊（長男）を経てY_1が居住し占有使用している」という事実に照らすと、Y_1の居住継続に正当性がみとめられ、「Y_1が一種の権利類似の居住利益を保有するものというべきであり」、調整金の算定においてこれを斟酌すべきところ、その評価額を一〇%とするのが相当である。

つぎの例も、遺産の評価につき賃借権が付着しているものとして算定した上で、その使用利益を遺産評価の半分としている。

【一七五】　福島家審平成二・一二・一〇家月四四巻四号四三頁（農用地）

【事実・審判】　申立人の父は被相続人（申立人の祖母）の生前から同居して係争地を耕作し、父の死後、申立人が父から相続した田畑とともに係争地の耕作を継続してきた。係争地は申立人（相続分は一〇八分の三七）の単独所有とし、同人にはこの不動産の占有使用を継続する正当性があり、他の相続人もその地位を尊重すべきものと解されるから、不動産の評価にあたっては、「賃借権の付着している場合に類似して、その客観的評価額から前記占有使用の利益相当額を控除して評価するのが相当である」。その占有使用の利益は、「占有使用期間、使用状態、被相続人と申立人との関係等を総合考慮すれば、本件不動産の価格の五割とするのが相当である。」

建物所有のための宅地の使用利益についても、借地権に準ずる価格で計算し、その宅地の価格の五〇％とした例がある。

【一七六】　大分家中津支審昭和五一・四・二〇家月二九巻一号八三頁（敷地使用権）

【事実・審判理由】　妻と子三名が相続人で、遺産は父祖伝来の宅地のほか田畑のみである。長女が現物分割を希望して遺産分割を申請した。宅地上の建物は被相続人のほか妻と長男が建物所有目的で使用してきた（建物の名義は現在長男名義）。その使用継続の正当性が認められるから（建物保護法の法意からして）、その地位状態を保護される特殊の利益が付帯している。右利益は借地権に最も近いものと考えられ、妻らが被相続人と数十年の長きに亘ってこれを利用してきたこと、地上建物が長男名義で登記されているのでそれとの関連において法的保護に値するという権利適格性並びに小都市内の農村部落地域に所在すること等を総合判断して、右宅地の客観的価格（時価）の五〇％の割合に相当するとみるのが妥当であるとした上で、宅地等は妻らの希望もあって、長男に分割帰属させ、申立人に対しその代償金を支払うべきことを命じた。

なお、同居相続人のうちの一部相続人の退去を認めた事例もあるが、この場合には退去させられた者の居住利益を評価するのはむしろ自然であろう

【一七七】　札幌家審平成三・二・四家月四四巻二号一三七頁（建物利用権）

【事実】　係争不動産の相続人は母Xと長男の子Yらであり、現在、居宅にはXとYらとYらの母A（長男の嫁）が同居しているが、XとAとは折り合いが悪いため、事実上、居住部分を区別して生活している。

【審判理由】　住宅はXの単独所有とし、Yらをここから退去させることとしたが、遺産評価にあたり、Yらの従来の居住事実を考慮して、その居住利益を遺産から控除するのが相当であるところ、その評価は係争不動産の二

〇%に当たる、とした。

これに対して、従来の寄与分を考慮して、遺産土地建物を同居相続人の単独所有に帰属させたが、将来における居住継続の必要性（居住利益の遺産評価）を認めなかった審判例もある。

【一七八】　盛岡家審昭和六一・四・一一家月三八巻一二号七二頁

【事実】　亡母の遺産の土地建物に四女Xが同居して約二〇年間にわたりその世話をしてきたが、途中で母が痴呆症になり、その一〇年間は特別の療養看護をした。Xは係争不動産の単独取得を望んでおり、他の兄弟姉妹も一人をのぞいて代償金を要求している。

【審判理由】　「Xが永年にわたり本件遺産に居住してきたこと」等の一切の事情を考慮して、係争土地建物をXの単独取得とし、Xの寄与分を考慮した上で、Xの取得分を超える部分について、他の相続人に対する代償金の支払いを命じた。ただし、Xが母と同居生活をしていたことから、「親族関係に基づく使用貸借として本件遺産に居住することを許され（た）」が、Xは夫と別居生活をなし、子とも別居しているので、「世話すべき母が死亡した以降は、居住を継続すべき必要性も正当性もなくなったものと認められ、その地位を保護すべき理由はない」とした。

Xの寄与分を考慮しているので、それに加えて居住利益まで控除すると二重に評価することになるという趣旨ならば、理解できなくはないが、「世話すべき母が死亡」すれば、居住継続の必要性がなくなったというのは、措辞において著しく穏当を欠くことになろう。従来そのような生活をしてきたという事実こそが、将来の居住継続の正当性を担保するものだからである。

(2)　同居相続人の居住利益を否定した事例

被相続人と同居していた相続人の居住利益を積極的に評価しなかった事例もある。

(ア)　共有の婚姻住居につき、その固定資産税と火災保険料を生存配偶者が負担してきたが、住居として使用収益していることから、その支出を必要な維持費として生存配偶者に負担させた事例がある（大阪高決昭和四三・八・二八家月二〇巻一二巻七八頁。配偶者につき、ほぼ同旨のもとして、岡山家審昭和三九・一二・二八家月一七巻二号六〇頁）。また、両親の世話をするため同居した娘（家族）が遺産土地建物に居住継続している事例で、同人に遺産不動産を分割帰属させたが、税金等の管理の負担・費用は「占有使用の対価、即ち賃料と差し引き計算されるものとみて、・・格別の清算は必要ないもの」とした事例（青森家弘前支審昭和四六・一・一一家月二四巻二号一二〇頁）がある。これらはいずれも、その事案からみて、居住利益を積極的に評価できるものであった。

これに対して、両親と同居していた農家の跡取り五男が、亡母の相続分も承継して一二分の五を取得し、他の相続人が十二分の一を有するところ、父の負債（住宅資金、公租公課など）を支払ったことから、その立替金として清算を主張したこととの関連で、その借金が建物改築費等の管理費に使用されたこと、五男だけがその建物に居住して利益を受けていること、及び遺産不動産から生ずる果実（米代金と賃貸料）を収取していることなどから、右立替金は一応清算されているとした事例がある（新潟家審昭和四六・三・一〇家月二四巻一号六七頁）。本件では、五男のほかに身障・未婚の娘も同居して、家業に従事していたが、折り合いが悪くなり、父死亡後は姉のもとにいることなどの複雑な事情があるので、五男の居住利益のみをとくに評価することには、躊躇を覚えるような事例であることから、このような処置は必ずしも不当ではないように思われる。しかし、いずれにせよ、かなり便宜的な遺産評価の感を免れない。

(イ)　大阪家審昭和三五・八・三一（家月一四巻一二号一二八頁）は、同居相続人（四〇歳の独身女性）が結婚に失敗して被相続人の生前に係争不動産で同居しながらその扶養をうけていたが、遺産分割にあたり他の相続人より有利に株式の分割をうけ、当該不動産については売却して他の相続人間でその売却金を配分する旨の協議が成立していたにも拘わらず、これを遵守しないで分割に協力しないという事情などもあって、「遺産家屋に居住する相続人の利用関係は通常の場合特に尊重されるべきであ（る）」とし、その居住利益を保護する必要のある場合があることを十分に認識しながら、本件では、同居相続人は「被相続人の扶養を受ける家族の一員として同居していたに過ぎない」（「居住の合法的根拠」は「扶養」にとどまる）ということなどから、当該不動産を売却するまでは取りあえず他の共同相続人の共有にした上で、同居相続人に明渡しを命じている。本件では、同居相続人が居住継続を希望していたという事情もあったが、同居相続人は株式でもって相続分全額を取得しており、必ずしも必需ということではなかったように思われるし、その代償金を支払う能力もなかったということもあるので、このような結論もやむを得ないであろう。

他方、機業と農業を承継した長男が後妻（継母）と折り合いが悪く、後妻が別居したため、長男家族が居住している居宅を含む遺産不動産などの分割が問題となった事案で、長男には機業関係の物件を分割し、その居宅部分を後妻らの共有として、長男が「これを明け渡すために移住先を準備するに必要な期間に限り、右居宅の一室を相手方に使用せしめるを相当とする」として暫定的な無償利用を肯定した例もある（福井家審昭和四〇・八・一七家月一八巻一号八七頁）。同様に、相続した借地の大部分を使用している相続人にその賃借権が分割され、右借地の一部分に建坪三坪の居宅と物入等を建築所有して居住している相続人には「当分の間その敷地を使用すること許容し、かつその居住に必要な範囲内で公道への出入りその他の用途のため同申立人が居住する間従前通り土地の使用を許さなければならない（使用の対価については当事者双方で協議して定めるのが相当である。）」とした事例もある（大阪家審昭和四一・一〇・四家月一九巻六号六四頁）。

2　遺産分割審判による利用権の設定

つぎの例は、審判で係争住居の遺産分割を命じ、非所有者となった妻の居住関係につき、原審判がこれについて何らの定めをしなかったため、妻が退去せざるをえなくなる可能性があるところ、本決定は、居住継続の必要性がある限り、他の共同相続人はその居住利益を侵害できない、とした。

【一七九】　大阪高決昭和四六・九・二家月二四巻一〇号九〇頁（建物利用権）

【事実】　被相続人死亡後はその妻が係争建物の一階部分を他に賃貸し、自らは二階に居住しているが、原審は非嫡出子ら二名の共有とし、妻の相続分に相当する金額を支払らわせる旨の審判を下したが、妻の居住関係については、何ら定めなかった。

【決定要旨】　遺産たる家屋に従前より居住していた共同相続人は、遺産分割により他の共同相続人に右家屋の所有権が帰属しても、その居住継続の正当性が認められるかぎり、他の共同相続人はその居住利益を侵すことはできない。本件では、抗告人は多年にわたり本件家屋に居住し、既に老齢の域に達している現在、他に住居をもとめる経済的能力はないし、また、相手方とはいわゆるなさぬ仲であって、今後相手方らが、抗告人の生活上の面倒をみる可能性もない。他方、相手方らは、本件家屋に居住する必要性はないので、抗告人には居住継続の正当な理由があると認められる。したがって、「抗告人にその生存中無償使用させるとか、或いは抗告人の居住利益の相当額を評価して遺産中より別に配分するとか、その他何らかの方法により居住利益に対する処置を考慮すべき筋合いである」（原審判取消）。

右と同種の事案で、前述の【一六九】も遺産建物を生存配偶者らの共有とし、生存配偶者にその生涯の無償使用を認めている。それ故、右の【一七九】の判断が穏当なところであろう。

具体的に使用借権ないし無償利用権を設定した事例も少なくない。なお、借地権（二五年で経過分の三年を含めて二二年間とした）を設定した事例（富山家審昭和四二・一・二七家月一九巻九号七二頁）や借家権を設定した事例（東京家審昭和五二・一・二八家月二九巻一二号六二頁）もある。

以下の例は建物の敷地や居住部分につき、一定の期間の無償利用権を認めている。

【一八〇】　名古屋高決昭和三七・四・一〇家月一四巻一一号一一一頁（敷地利用権）

【事実・要旨】　三人の相続人のうち、農業経営の跡継ぎとなった三女Xに大半の田畑が、長男Yには母屋とその宅地部分が、それぞれ分割され、Xが居住している納屋も住居用としてXに分割されたところ、これに代わる住居をXがすぐに入手しうる資力もないので、その住居の所在するY取得地について、「向こう一〇年間これに付属するY所有の宅地を無償で使用させるものとする」、とした。

【一八一】　浦和家審昭和四一・一・二〇家月一八巻九号八七頁（建物利用権）

【事実】　遺産は借地権と地上建物。相続人は母Y_1と子であるX、Y_2、Y_3及びY_4。Y_1のほかXとY_2とが建物を事実上、三分割して居住しており、Xが単独所有を主張。Y_1は子らのため持分を放棄。Y_4も放棄したが、Y_2は現に居住している部分の権利を主張し、Y_3は借家住まいであるため、Y_1の居住部分を主張した。

【判旨】　XとY_2にはその居住部分の持分権を、Y_3には母の居住部分の持分権を分割帰属させて、借地権は共有とした。Y_1は、「他に転居すべき経済能力はなく、Y_3も前記取得部分に直ちに転居すべき必要にせまられてもおらないので、その取得部分をY_1に対しその生存中無償で使用させるのが相当である。」

【一八二】　高松高決昭和四五・九・二五家月二三巻五号七四頁（敷地利用権）

【事実・審判】　事案は不詳であるが、公簿上は倉庫である建物と敷地とが各別の相続人に分割帰属したところ、原審判がその建物を存置させる趣旨で価格評価しているので敷地の使用権をともなうものとして建物を取得させる趣旨であるところ、「その使用権限が明確でないうらみがあるので、原審判の認定した諸般の事情を考慮の上、右建物の敷地につき、期間二〇年の使用貸借権を設定させることとし（て）」、原審判を一部変更した。

ただし、使用貸借等の権利関係を審判で創設するのは相当ではないとした事例（盛岡家審昭和四二・四・一二家月一九巻一一号一〇二頁）もある。農地と居住用建物とが遺産であり、母、事実上の長男とその子、及び妹が同居しているが、事実上の長男は定職につかず、母と不和で常に家庭で紛争を起しているので、弟が農業を承継し母らと同居するような方向で遺産の分割がなされ、将来は長男とは生計を別にすることが望ましいことから、共有ではなく弟に居住用建物が分割されたという事案で、「その間の使用関係は親族間のことでもあるので、分割後協議のうえ期間を限って、（たとえば弟が結婚する時までとする）使用貸借等の契約を締結するのが妥当である」とした。しかし、このような措置も理解できないわけではないが、親族間であるだけに協議では解決できないことも多いし、本件では長男の生活態度から判断しても、紛争の種を残したように思われる。

また、問題のある事例もある。遺産たる住居とその敷地について、後妻の居住利益を保護するため原審が後妻の単独所有としたにもかかわらず、後妻に代償金支払い能力がないことから、これを取り消し、資力のある長男に分割帰属させ、後妻のために右住居の一部に使用貸借関係の設定を期待する、とした大阪高決昭和四一・一〇・二一（家月一九巻四号六三頁）がそれであるが、このような解決では、後妻の居住利益は、真に保護されたことにはならないであろう。実際、本件では、後妻は二五年以上も遺産建物で被相続人と同居してきたものであり、長男とはもともと仲がわるく、長男は被相続人・父の要望もあって転居したことのほか、父死亡後、強引に遺産建物に入居したという事情をも勘案すれば、原審判の判断の方が、妥当であったように思われる。仮に後妻の居住利益を所有権に高めることが著しく長男の利益を侵害するというならば（本件では後妻の事実上の寄与を考えれば、後妻の単独所有を認めても長男に不公平な措置ではないが）、共有というかたちでの便法・措置も可能であろう。本決定は、共有では権利関係の紛糾の原因を残すとして、これを否定したが、往き場所も資力もない後妻の居住利益の継続を保護することこそが先決問題であり、かかる場合には、将来の紛争のことまで配慮するのは無用・有害であろう。百歩譲って長男の単独所有にするというならば、明確に無償の利用権を少なくともその生涯にわたって保護すべきであった。このような場合に、使用権の設定を「親族の情義」に期待することこそ、かえって紛争の種を播くにひとしい処置といえるのではなかろうか(53)。

なお、共有とする場合でも、その上に後妻に独自の生涯無償利用権を設定する方途が好ましいであろう。このようにすれば、すくなくとも妻の居住利益は第三者との関係でもより強く保護されるので、紛争は多くの場合に回避できよう。最近の最高裁判例（【一八七】）には、内縁夫婦の例で、共同で家業を維持継続してきたという事情があるが、夫婦間での無償利用の合意が相続人に承継されることを前提として、遺産分割までの利用利益は不当利得にはならないとしたものがあり、参考とされるべきである。

3　「協議による遺産分割」と共有不動産の使用関係

前述のように、遺産分割で特定の相続人の居住利益を尊重する審判例では、分割後の居住利益までも保護しようとする例も決して少なくなかった。協議による分割についても、大なり小なり同じ傾向がみられる。いくつかの事例を掲記しておこう。

遺産分割の協議の結果、一部の相続人または全員の共同所有関係が温存されることもある。このような場合には、通常の共有関係に移行するが、その持分権を有する特定の者または持分権を有しない者が当該不動産を独占的に無償利用することもある。この種の場合には、従来の関係を引きずっていることが少なくないので、その解消問題も複雑になろう。幾つかの事例を検討してみよう。

【一八三】　東京地判昭和六三・四・一五判時一三二六号一二九頁（居住用建物）

【事実】　係争建物を亡A（昭和57・10死亡）の相続人であるX_1（妻）と、X_2（長女）、Y（長男）、X_3（二男）、X_4（三男）らが相続し、遺産分割協議の結果、X_1は三二分の一六、YとXら子は各三二分の三、及び訴外の子らは三二分の二で共有している。その後の協議で（昭和58・4）、Yは係争建物の二階部分を、X_1とX_4は一階部分を使用することになった。この協議については、もともとY夫婦が両親のAX_1と同居して日常の家事をしながら、係争建物の二階に居住していたところ、A死亡後もX_1の世話をすることを前提として成立したようであるが、X_4とY夫婦の不仲が原因となって、Y夫婦がX_1の世話しなくなったという理由で、昭和六〇年三月にXらは持分価格の過半数の決議をもって、その明渡しを請求した。

【判旨】「本件のように、少なくとも一旦決定された共有物の使用収益の方法を変更することは、共有者間の占有状態の変更として民法二五一条の「変更」にあたり、共有者全員の同意によらなければならないと解するのが相当である。けだし、共有者の意思に従って既に共有物の使用をしている場合に、持分価格の過半数で、その者の使用を排除するようなことを認めると、単に金銭的な補償では償われない損失を蒙る虞があるし、また、分割請求では使用収益を奪われたことに対する代償を得ることができないことが多いとみられるからである。」

本件判旨は、Y夫婦がいかなる趣旨で同居したかについては問題としていない。単に共有物の管理問題として処理している。しかし、判旨の後半部分では使用収益の重要性について言及しており、実質的には居住利益を最大限に尊重するという趣旨であろう。ただ、何故に占有状態の変更が同法にいう「変更」になるのか、理由が薄弱である。また、本件での「使用収益の協議」が、母親の世話をすることを眼目として成立したとするならば、この点を考慮しないのは片手落ちではなかろうか。もっとも、Yの主張するように、不仲の原因がX_4の態度に起因していたというならば、結論は是としようか。

つぎの例は、共有物分割が居住利益を奪うことになることから、分割自体を権利濫用で抑えているが、注目に値する。

【一八四】　東京地判平成三・八・九金商八九五号二二頁（居住用建物）

【事実】　亡Aの係争不動産を妻Y_1、子X（姉）とY_2（弟）が相続して、遺産分割の上、XYらの共有とすることにしたところ、Y_1が係争不動産において余生を送ることを前提として、Y_1の持分を法定相続分よりとくに少なくした。その後、Xは係争不動産から転居し、Y_2がY_1と同居して現在にいたっている。Xから共有物分割請求がなされた。

【判旨】　XとYらはY_1が本件不動産において余生をおくることを当然の前提として、本件の遺産分割協議を成立させた。また、XYらは本件不動産からの家賃収入を借金の返済にあてるほか、Y_1の老後の糧とすることを予定していたとも推認できる。本建物は現物分割は不可能であるので、競売によるしかないが、その場合には七三歳のY_1

はその住居を失うことになりかねない。他方、Xらはゆとりある経済生活をしているので、Y_1を退去させて右売得金を配分しなければならない必要性はないので、Xの請求は権利濫用となり許されない。

おそらく遺産分割当時に母娘が同居して娘が母の老後の世話をすることになっていたものと思われるが、折り合いが悪くなって、本訴にいたったのであろう。協議で共有という所有形態を選択した理由はよく分からないが、本件のように紛争の種を残すことになりがちである。しかし、いずれにせよ、本件では、単なる共有関係をつくったというだけではなく、それとともに母の余生がこれに託されていたのであるから、そこに独自の無償利用契約が締結されていたと評価することが可能であったと思われる。権利濫用論では、Y_1の使用収益の不当利得性の問題が残されることになるからである。

つぎの高裁判決では、敷地使用関係が問題となっており、持分を譲り受けた第三者との紛争例であるが、裁判所は、共有持分のほかに、「使用貸借類似の権利」を認めている。

【一八五】　東京高判平成元・1・31金法一二三七号二五頁（宅地・借地）

【事実】　被相続人の長男AとYら母子とは借地権と地上建物を相続した後に、Aが地上建物を取り壊してビルを新築したが、資力不足となり、結局、XがAの準共有持分と地上建物を取得して、Yらが占有利用している建物の明け渡しを訴求した。これに対して、Yらは借地権の共有持分に基づいてXの所有する地上建物の収去などを請求した。

【判旨】　「Aが単独で本件建物を建築することにつき、Yらには異議がなかった以上、本件建物の敷地を使用することについて準共有持分権者である右相続人らの黙示の承諾があったもの」である。Aは「右準共有持分権上に本件建物を目的とする使用貸借類似の権利の設定を受けたものと認めるのが相当である」が、これをもって、右権利を承継したXは、「当然にYらに対抗することができ（るものでは）ない」。ただし、共有物の持分の価格が過半を超える者でも、その単独占有者に対して当然には共有物の明渡しを請求することはできないと解すべきであるから、YらはXに対して本件建物の収去を請求することはできない。また、Xの敷地利用権を排除する旨の決議も、それだけでは、収去を求める理由とはならない。

【一八六】は、係争不動産が相続財産か否かは不明であるが、もと母娘共有のマンションの一室であり、現在は娘親子の共有となって、子が親に分割を請求したものである。親の居住利益を考慮して分割請求を「権利濫用」とした。必ずしも好ましくはない解決だが、他に方途がなければ、一つの残された手法としてやむを得ないのかもしれない。

【一八六】　東京地判平成八・七・二九判タ九三七号一八一頁（区分所有権）

【事実】　係争マンションはAY母娘の共有であったが、娘Yが再婚のため他に転居したため、Yの子であるXが祖母Aの持分を買い受け、医師であるXが住居兼医院に改装した。ところが、Yは再婚先と折り合いがわるくなり、再びここで単身居住している。XはYの持分を買い取ることの調停を経て、分割請求を提訴。

【判旨】　Xは医師であり経済力を有しているのに対して、Yは本件競売による売得金では、代替家屋の確保に要する費用を賄うに足りるものか、必ずしも期待できないし、Xの経済的な援助が確実であるとも断言できない。また、高齢のYが居住場所の確保に窮することも考えうる。したがって、分割は、本件不動産の目的・性質に照らして著しく不合理であり、右分割請求権の行使は権利の濫用となる。

4　小　括

(1)　居住利益の法的構成

(ア)　以上のように、遺産評価にあたり、反対の趣旨の審判例がなくはないものの、建物の居住利益または建物所有のための敷地使用については、原則的に使用権付き価格で評価して、その評価利益を使用者に帰属させているのが、審判例の一般的傾向であることが明らかにされたであろう。しかもその際、その使用利益を居住権とするもの（【一六八】【一六九】【一七〇】【一七一】）のほか、使用貸借権ないしこれに準ずる権利として構成する具体例（【一七三】【一七四】）が相当数みられた。[54]なかには、遺産評価にあたり賃借権ないし借地権に準ずる権利とする具体例すらあった（【一七五】【一七六】）。この無償利用権は、所有者である被相続人との関係で、その生前から特定の相続人に帰属し、それが相続人に承継されるというかたちになるので、遺産分割のなかで合意で終了させる場合は格別、そこで原則的に終了するというのは、実情にあわないこととなろう。敷地利用権に関するものではあるが、建物所有者の保護に欠ける面があると言うことから、分割時にその終了を肯定するためには、被相続人の意思、利用状況及び耐用年数等について、特段の事情を必要とするという実務家の見解があり、同感の念を禁じえない。[55]建物についても同様に考えるべきケースも決して少なくなかろう。

なお、居住利益を遺産から外しながら、これを特別受益として、結局、占有相続人の法定相続分から控除した上で、黙示の持戻し免除の特約を認定するというのは、[56]無用の迂路であり、居住継続の必要性があるというならば、持戻しの免除が実質的にはそこに含意されていると考えるのが（審判例でもいちいちそのような説示をしていない例が少なくない）、被相続人の生前の意思にそうゆえんでもある。【一七二】の場合には、そのような迂路を経由する特段の事情があったように思われる。一方、遺産評価にあたり、地上建物の所有者である相続人が当該敷地を分割所有する場合には、相続人は負担のない土地を取得することになるので、相続人間の実質的公平という観点から、自己使用を前提として更地評価をすべきであるとの問題を提起し、同旨の審判例（福岡高決昭和五八・二・二一家月三六巻七号七三頁、東京家審昭和六一・三・二四家月三八巻一一号一一〇頁）を指摘する見解もある。[57] これらの審判例では、単純なる相続分の前渡しが問題となっている事例である（東京家審は地上建物が賃貸中のものであり、福岡高決は、原審が具体的な事由を示さないで底地価格で評価したことから取消して差し戻したものである）ように思われるので、その限りでは、不当ではない。しかし、その一般化は疑問である。

(イ)　また、遺産分割による権利変動後においても、占有利用者の居住利益を保護するために、特定の利用権を創設する配慮もなされており、借地権のほかに、従前の経緯を尊重して、一定期間の使用借権（【一八〇】【一八二】）や「生涯の無償利用権」の設定を命じた具体例（【一八一】）も散見される。

(ウ)　さらに、遺産分割で共有関係に移行した後ですら、一部共有者の占有利用・居住利益に格別の配慮をしていることに注目しなければならないであろう。かかる居住利益が金銭では補償できないと説示する例（【一八三】）、合理的な根拠のない遺産分割を権利濫用とする例（【一八四】【一八六】）、さらには、共有関係にあっても、なお一部占有利用者に共有物に対する無償利用権の成立があるとする例（【一八五】）があった。

(エ)　もはや、これ以上の言及は不要であろう。居住利益なるものは、一旦そこに成立すると、特別の価値が派生し、容易には覆滅しがたいものであるという事情を窺い知ることができる。いうまでもなく、言うところの居住利益は漫然と居住していれば派生するというものではないことは、改めて指摘するまでもなかろう。居住継続の保護に値するものであることが必要であり、本書では、「家庭の住居」論を後景においていることは前述の通りであるが、裁判例も実質的には同様の考慮に基づいているものと思われる。

(2) 居住利益の保護とその限界

特定の相続人(特に生存配偶者や同居の子)が遺産である土地建物に居住し、遺産建物を生活の本拠としている場合には、かかる占有相続人に当該の土地建物を分割帰属させるべきことについては、おそらく異論はなかろう。ことに昭和五五年改正民法九〇六条に「生活の状況」が付け加えられた理由もこの種の問題を解決することにあった。従来の実務もそのような傾向にあったし、今日でもこの立場が堅持されていることは、すでに検討した。このかぎりでは理論的にも実際上も格別の困難はない。

しかし、この原則論は、占有相続人に代償能力があることなど幾つかの前提が必要とされる。つまり、遺産不動産がかなりの市場価値をもっているのが通常である今日では、他の相続人との実質的公平を図ることが要請されるので、占有相続人の具体的な取得分に見合う遺産が別にあれば格別、当該土地建物がほとんど唯一の遺産であるような場合には、右の原則論をそのまま適用するわけにはいかない。居住利益をいかに評価しようとも、これを所有帰属にそのまま反映させることはできないので、その保護にも限界があることは認めざるを得ないからである。ここで検討した具体例もかかる問題については必ずしも一致していない状況にあるが、このような混迷状況が実務の苦悩を如実に物語っているといえよう。[58]

もっとも、代替手段がない場合には、共有という分割方法によって(それが決して望ましい方途ではないとしても)、妻などの占有相続人の居住利益を確保する方途(次善の策)も残されており、[59]この場合には、占有相続人の使用借権はそのまま存続し、使用貸借関係の消滅をまって共有物の分割手続きにより共有を解消する(これまでの分割請求は権利濫用で抑える)のがよいとする見解がある。[60]本書も、この提案を支持したい。たとえば、高齢の配偶者と子との遺産（居住用土地・建物のみ）の分割につき、配偶者の寄与分を加算した具体的相続分（二分の一）を認定したうえで、子との共有とし、分割後三年間（ただし、配偶者の生存中）の分割禁止を命じた具体例（東京家審昭和六〇・九・二七判タ五七九号六九頁）が、参考となる。[61]

共有持分が分与されない場合には、既存の使用借権を再確認して、その存続期間を審判で決めることや、新たに使用借権（ないし賃借権）を審判で創設する方途もあることは先述の通りである。

(3)　「家庭の住居」論

いわゆる相続不動産については、遺産分割においても、また分割後でも、被相続人と特定の関係にある当事者の居住利益が、さまざまな局面で保護されている状況が明らかにされたように思われる。これが今日の裁判例における最小限の共通認識であるということは否定できないであろう。このことは、裏からみれば、被相続人と家庭を形成してきた当事者が家庭の基盤となる当該不動産につき保護されるべき格別の法的地位をもっている、ということにほかならない。かかる被相続人との特殊の関係が所有帰属それ自体にそのまま直接的に影響を与えると解することは困難であるとしても、所有者の意思を媒介にして、その利用の側面において（換言すれば、「所有権の行使」の機能面で）、一定の法的意味を獲得しているものと理解することができるであろう。ここに特殊の無償利用関係が形成される要因がある。

なお、前述のように、遺産分割までの占有相続人の居住利益を遺産の評価から外して、これを当該占有者に帰属させようとする傾向が強いし、これを権利として構成する例も決して少なくなかったが、このような居住利益は家事労働や財産的寄与があればあるほど強化され、事情によれば、所有権・共有権として評価されうるものと考えるべきである。

三　時効取得占有と無償利用

1　特殊の無償利用

親族間での無償利用の特殊の形態として、占有利用者が事実上所有者同然に目的物を利用できる関係が形成されることがある。本書は、これをローマ法の沿革から、プレカリウム契約と称しているが、かかる利用関係が現代法でもなお存在することについては、すでに別の機会に言及してきた。ここでは、相続不動産について特定の相続人にかなり自由な財産管理権限が委ねられ、無償利用がその管理関係の一環に組み込まれている場合に言及しておきたい。それは一種の贈与ともいえるが、なおその点が曖昧な関係でもある。この種の管理・利用関係はことに時効取得事例との関係で問題となる。

親族間で相続不動産の所有帰属をめぐって争われるときに、往々にして当該不動産を単独で占有利用している相続人が他の共同相続人に対して時効取得を主張することがある（非占有相続人からは相続回復請求権ないし物権的請求権が提起される）。従来、この種の裁判例では、占有者の自主占有の成否が当事者間の論点となっているが、占有者がその無償利用に至った経緯には、興味深いものがある。とくに問題となるのは、たとえば、父が長男に家産を事実上譲り渡し、長男もこれを贈与されたものとして占有利用していたところ、父の死亡を機縁として他の共同相続人との間でその所有帰属をめぐって紛争が生じた場合である。贈与ではないということを前提とするならば、その間の占有利用の性格については単なる無償利用（使用貸借または地上権ないしそれに準ずるもの）なのか、それともそれ以上の内容をもった無償利用か、あるいは時効取得に適合した占有（自主占有）レベルの利用として処理すれば足りるのか、という問題が実は潜在しているように思われる。

沿革的には、単なる利用権ではなく、所有者と同然に利用できる関係であっても、それがプレカリウム（占有の瑕疵）と評価されると、時効取得が否定されていた。利用関係のレベルでは、使用貸借のように特定の「使用目的」によって使用期間が限定されることのない、かなり自由に利用できる関係（所有権的利用）と考えられ、事情によれば、所有権に昇格する可能性（贈与ないし遺贈）を秘めた無償利用であった。しかし、いつでも自由に撤回できる無償利用であるというのが、ローマ法以来の特質でもあった。ただし、右の撤回自由という性格をそのまま文字通りに受けとめると、この無償利用の本体を見誤ることとなろう。それは、あくまでも貸与者に観念的な所有権が留保されている（所有権を断念していない）という形式的な特質にすぎないというべきである。

現代法の観点からいえば、プレカリウム的な占有であっても、直ちに時効取得占有での「所有の意思」要件の障碍事由となるものではないが、判例が形成した「他主占有事情」という判断基準と相通ずるものがあり、その点が興味深い。

それはともかく、ここでは、むしろ利用権のレベルでの特質が重要であり、この種の無償利用には典型契約たる使用貸借規定はそもそも適用できないものである、という視点を確認しておく必要があろう。

2　遺産不動産の占有利用と時効取得

ともあれ、ここでは最高裁判例を中心として、本書の視点を確認するために必要な範囲内で（したがって、時効取得の成否の問題は割愛する）幾つかの最近の具体例を検討してみよう。ことに「他主占有事情」が問題となるケースがここでの格好の素材となり、そこに特殊な親族間の無償利用の存在を確認できるであろう。

つぎの例は、「お綱の譲り渡し」事件とも称されるほど、著名な判例であり、いわゆる「他主占有事情」について明確に説示した最初の最高裁判例でもある。「所有の意思」を争そう場合には、他主占有の権原を立証するのが従来の基本的手法であったが、本判決により、「占有者が占有中、真の所有者であれば通常はとらない態度を示し、若しくは所有者であれば当然とるべき行動に出なかったなど、外形的客観的にみて他人の所有権を排斥して占有する意思を有していなかったものと解される事情」の主張立証も許されることとなったところ、かかる他主占有事情の成否にかかわる諸事情が無償利用の性格に対し直接間接に反映して、無償利用の構造的な特質を規定することがある。その点に焦点をあわせて検討するのがここでの課題である。

【一八七】　最判昭和五八・三・二四民集三七巻二号一三一頁

【事実】　農業経営者Aの長男Xは昭和二〇年に結婚し夫婦が主体となってこれを維持継続していたが、昭和三三年一月一日にXはAから「お綱の譲り渡し」をうけて、その時からA所有の本件不動産の引渡しをうけるとともに、農業経営と家計の収支一切を取り仕切った。また、Xは自己の一存で借金をし、その担保のためにA所有名義の山林の一部をX名義に変更したことがあった。これらのことからXとしては本件不動産の贈与を受けたものと信じていたが、昭和四〇年三月にAが死亡した際に、他の相続人Yらとの間でその所有帰属について紛争が生じた。Xが Yらに対して所有権移転登記手続を訴求した。原審は、以上の事実関係から「所有の意思」を認めた。

【判旨】　（破棄差戻）「右の所有の意思は、占有者の内心の意思によってではなく、占有取得の原因である権原又は占有に関する事情により外形的客観的に定められるべきものであるから(最高裁判決省略)、占有者がその性質上所有の意思のないものとされる権原に基づき占有を取得した事実が証明されるか、又は占有者が占有中、真の所有者であれば通常はとらない態度を示し、若しくは所有者であれば当然とるべき行動に出なかったなど、外形的客観的にみて占有者が他人の所有権を排斥して占有する意思を有していなかったものと解される事情が証明されるときは、占有者の内心の意思のいかんを問わず、その所有の意思を否定し、時効による所有権取得の主張を排斥しなければならないものである。しかるところ、原判決は、被上告人はAからいわゆる「お綱の譲り渡し」により本件各不動産についての管理処分の権限を与えられるとともに右不動産の占有を取得したものであるが、Aが本件各不動産を被上告人に贈与したものとは断定し難いというのであって、もし右判示が積極的に贈与を否定した趣旨であるとすれば、右にいう管理処分の権限は所有権に基づく権限ではなく、被上告人は、A所有の本件各不動産につき、実質的にはAを家長とする一家の家計のためであるにせよ、法律的には同人のためにこれを管理処分する権限を付与されたにすぎないと解さざるをえないから、これによって被上告人がAから取得した本件各不動産の占有は、その原因である権原の性質からは、所有の意思のないものといわざるをえない。また、原判決の右判示が単に贈与があったとまで断定することはできないとの消極的判断を示したにとどまり、積極的にこれを否定した趣旨ではないとすれば、占有取得の原因である権原の性質によって被上告人の所有の意思の有無を判定することはできないが、この場合においても、Aと被上告人とが同居中の親子の関係にあることに加えて、占有移転の理由が前記のようなものであることに照らすと、その場合における被上告人による本件各不動産の占有に関し、それが所有の意思に基づくものではないと認めるべき外形的客観的な事情が存在しないかどうかについて特に慎重な検討を必要とするというべきところ、被上告人がいわゆる「お綱の譲り渡し」を受けたのち家計の収支を一任され、農業協同組合から自己の一存で金員を借り入れ、その担保とする必要上A所有の山林の一部を自己の名義に変更したことがあるとの原判決挙示の事実は、いずれも必ずしも所有権の移転を伴わない管理処分権の付与の事実と矛盾するものではないから、被上告人の右占有の性質を判断する上において決定的事情となるものではなく、かえって、右「お綱の譲り渡し」後においても、本件各不動産の所有権移転登記手続はおろか、農地法上の所有権移転許可申請手続さえも経由されていないことは、被上告人の自認するところであり、また、記録によれば、Aは右の「お綱の譲り渡し」後も本件各不動産の権利証及び自己の印鑑をみずから所持していて被上告人に交付せず、被上告人もまた家庭内の不和を恐れてAに対し右の権利証等の所在を尋ねることもなかったことがうかがわれ、更に審理を尽くせば右の事情が認定される可能性があったものといわなければならないのである。そして、これらの占有に関する事情が認定されれば、たとえ前記のような被上告人の管理処分行為があったとしても、被上告人は、本件各不動産の所有者であれば当然とるべき態度、行動に出なかったものであり、外形的客観的にみて本件各不動産に対するAの所有権を排斥してまで占有する意思を有していなかったものとして、その所有の意思を否定されることとなって、被上告人の時効による所有権取得の主張が排斥される可能性が十分に存するのである。」

本判旨は、いわば事実上隠居した父が長男に家産（農業経営と家計管理）を委ねたが、長男に対して所有権移転登記をなさず、権利証や印鑑等を自己が保管していたという事情などから、父が所有権を明確な意思の下に留保し、長男はただその管理を委託されていたにとどまるという前提のもとに、「所有の意思」を否定したものと思われる。時効取得の成否に関する判例理論の当否を問うことはここでの仕事ではないが[62]、これは要するに、父に所有権が残されていることを前提とした上で、長男の占有利用は「他人の物の無償利用」にすぎないということになろう。しかし、単なる無償利用でもなく、事実上所有者としての、かなり自由な管理権限を付与されていたことは間違いない。父親であっても同じ様なことをするであろう範囲内では、自由に所有者同然の行為をなしえたものであろう。判旨は、この点につき、「実質的にはAを家長とする一家の家計のためであるにせよ、法律的には同人のためにこれを管理処分する権限を付与されたにすぎないと解さざるをえない」と述べたり、「所有権の移転を伴わない管理処分権限の付与」と称したりしている。

本件の判旨が判断したように「お綱の譲り渡し」によって所有権を譲渡したとは認められない場合でも（贈与意思の明確なこともあろう）、いずれは農業を主宰している長男に遺産全部を譲与するというのが父の意思であったのではなかろうか。父は自己の生存中は所有権を断念しないという立場を表明していたものだとしても、長男が「お綱の譲り渡し」の趣旨・約旨（農業を守り、両親・家族を扶養することなど）に違反しない限りは、かかる無償利用は所有権に昇格することが予定されていたといえよう。そうだとすれば、かかる無償利用は使用貸借というものではなく、それとは似て非なる特殊の無償利用、つまり本書にいう典型的なプレカリウムであったといえよう[63]。

ただし本件のような無償利用・プレカリウムは、父との関係では時効取得は認められない「占有の瑕疵」といいうるのみであり、父の死亡によって所有権に昇格する資格のある無償利用、つまり死因贈与と解することまで否定するものではなかろう（本件ではその旨の主張はない）。

つぎの例は、原審が右最高裁判例の形式的文言に影響されて時効取得を否定したが、これを破棄して時効取得の可能性を肯定している。

【一八】　最判平成七・一二・一五民集四九巻一〇号三〇八八頁

【事実】　Aの弟Bは、それまで借家住まいであったところ、昭和三〇年一〇月ころA所有名義の係争地上に建物を建築所有して、妻子とともにここに居住を始め、昭和三八年ころには右建物を係争地の北側に移築し、また昭和四八年八月ころBは移築した建物を増築した。加えて、Bの娘X_1とその夫X_2が、昭和四二年四月ころ右建物に隣接して作業場兼居宅を係争地上に建築し、昭和六〇年にはBの移築増築した建物とX_2の増築建物とを結合する増築工事をして、現在の建物とした。一方、係争地はAの長男Cが相続で承継し、Cも平成元年五月に死亡したため、その妻Y_1と子Y_2とが現在の所有名義人となっているが、AもCもBやX_2による前記建築・増築に対して異議を述べたことはなかった。なお、A家とB家とはA家が本家、B家が分家という関係にあり、当時、経済的に苦しい生活をしていたB家はAから経済的援助を受けることもあった。また、係争地の固定資産税はA家が支払い、B家が支払ったことはない。

Xらは Yらに対して、贈与を原因とするほか、予備的に時効取得を根拠にして、所有権移転登記を訴求した。原審は、贈与契約の存在を否定した上で、Xらが所有権移転登記手続きをとらなかったこと、固定資産税を支払ってこなかったことなどの事情から、所有者であれば当然とるべき行動に出なかったことなどを根拠として、時効取得の成立を否定した。

【判旨】（破棄差戻）前記【一八七】を引用した上で、つぎのように説示する。

これを本件についてみると、原審は、長期間にわたって移転登記手続を求めなかったこと、及び本件土地の固定資産税を全く負担しなかったことをもって他主占有事情に当たると判断したものである。まず、所有権移転登記手続を求めないことについてみると、この事実は、基本的には占有者の悪意を推認させる事情として考慮されるものであり、他主占有事情として考慮される場合においても、占有者と登記簿上の所有名義人との間の人的関係等によっては、所有者として異常な態度であるとはいえないこともある。次に、固定資産税を負担しないことについてみると、固定資産税の納税義務者は「登記簿に所有者として登記されている者」である（地方税法三四三条一、二項）から、他主占有事情として通常問題になるのは占有者において登記簿上の所有名義人に対し固定資産税が賦課されていることを知りながら、自分が負担すると申し出ないことであるが、これについても所有権移転登記手続を求めないことと大筋において異なるところはなく、当該不動産に賦課される税額等の事情によっては、所有者として異常な態度であるとはいえないこともある。すなわち、これらの事実は、他主占有事情の存否の判断において占有に関する外形的客観的な事実の一つとして意味のある場合もあるが、常に決定的な事実であるわけではない。

Bは Aの弟であり、いわばB家が分家、A家が本家という関係にあって、当時経済的に苦しい生活をしていたB家がA家に援助を受けることもあったという原判決認定の事実に加えて、その他の事実をも総合して考慮するときは、B及び上告人らが所有権移転登記手続を求めなかったこと及び固定資産税を負担しなかったことをもって他主占有事情として十分であるということはできない。

本件で興味深いのは、本家と分家との間での無償の利用関係が問題となっていることであるが、兄弟の家のいわゆる「家産」の所有関係が問題の解決にとって重要な意味を持っていたように思われる。いうまでもなく家産の維持形成には弟等の親族の協力が不可欠であり、兄はそのいわば代表者的立場であるのが普通である。弟の寄与がどの程度のものであっかたは不分明であるが、その度合いに応じて、場合によれば、贈与ともなりえた無償利用関係であったといえよう。本件では、贈与の成立は否定されているが、土地の引渡しがなされたその後の経緯からみても、何れは所有権に昇格させてもよい無償使用関係であったものと思われる。ここでも当該土地に対する自由な管理権限が占有利用者に委ねられており、所有者同然の利用が容認されていたものと言えよう。しかし、贈与ではないということを前提とすれば、いわば贈与意思の不明瞭・不十分さを時効取得が補完しうるような占有利用関係であったと考えて大過なかろう。(64)

つぎの事例は父の不動産を占有管理していた子（他主占有者）の相続人が固有の占有・自主占有を主張したものであるが、父子間での贈与の成否が極めて微妙な事例でもある。これまでの事例と同様に、父が自由な管理権限を子に委ねていたので、父の贈与意思の有無及び時効取得の成否が争われている。

【一八九】　最判平成八・一一・一二民集五〇巻一〇号二五九三頁

【事実】　係争土地建物類は父所有で、五男のAが昭和二九年五月ころより占有管理し、その一部についてはAが他に賃貸し、その賃料を生活費として費消していた。昭和三二年七月にAが死亡し、その相続人であるAの妻X_1と長男X_2が係争土地建物の占有を承継した上、X_1がその管理を専行して、右賃料等を取り立てている。また、X_1は係争不動産の権利証を所持するほか、その固定資産税を現在まで支払っている。一方、昭和三六年二月に父が死亡したため、妻Y_1と二男Y_2、長女Y_3らのほかX_2がその遺産を相続した。

父は多数の不動産を所有し、生前、係争不動産についてはAに分与すべきものとのノートを残しており、長男が本件不動産を売却しようとした際には、X_1が右ノートを示してその売却に反対したため、売却されなかったということもあった。また、X_1は係争不動産の登記名義をXらの名義にしようとしたとき、Y_1はこれに同意して贈与の事実を認める旨の書面に署名捺印しているが、事情を知らない他の相続人が同意しなかったことから、結局、移転登記ができなかったという事情もあった。XらがYらに対して贈与または時効取得を理由にして移転登記を訴求した。原審は、父には贈与する心積もりがあったことは認めたが、その意思をはたさないまま死亡したとした。時効取得についても、Aは有償の受任者としての立場で占有していたので、他主占有のままであるとして、自主占有への転換を認めなかった。

【判旨】（破棄自判）他主占有者の相続人は新たに事実的支配をすることによって占有を開始した場合には、独自の占有に基づく取得時効の成立を主張できるが、その事実支配が外形的客観的にみて独自の所有意思に基づくものと解される事情を自ら証明しなければならない。

本件では、Aの死亡によりXらは本件不動産の占有を開始したものといえるところ、YらがXらの占有管理に対して何ら異議を述べたことがないことのほか、所有権移転登記手続きをもとめた際に、Y_1はこれを承認し、Y_2らもこれに異議を述べていないというのであるから、Xらの事実的支配は外形的・客観的にみて独自の所有に基づくものと解される。したがって、昭和三二年七月二四日から二〇年の経過により、取得時効が完成したものと認めるのが相当である。

本件での占有利用・無償利用はまさしく贈与により所有権に昇格することが予定されていたものであったといっても過言ではない。原審がいうように、所有者たる父の死亡により最終的なツメがなされなかったものであろう（死因贈与と解釈することも不可能ではない）。それ故、原審は、父と子との占有利用関係を委任契約として構成したが、これは伝統的な法律行為論によって判断したものであろう。しかし、Aが単なる受任者というのは明らかに原審みずからが認定した事実と整合しない。Aは所有者同然に振る舞っているのであり、父もこれに対して何ら異議を述べていない。おそらくそのような関係こそが父の意向にそうものであったのであろう。したがって、これを契約関係と構成するならば、特殊の契約（無名契約）とすべきであったであろう。

いずれにしても、父子間の贈与は否定されたので、判旨によれば、子であるAは他主占有のままであり、この地位がXらに相続されたが、Yらもこれを事実上容認してきた。XらがYとの関係で固有に取得した占有管理関係を法的（契約法の観点から）にどのように評価するかは、難問ではあるが、占有レベルでは、最高裁は右の事実的支配を独自の占有関係、自主占有と判断して時効取得を肯定した。その判断でも、「他主占有事情」が問題とされているが[65]、ここでは、前主たる父子間での贈与意思の曖昧さが（ここでは父は所有権という観念的タイトルをなお完全には断念していない）、Xの所有者然とした行為態様によって、かなり払拭されており、それ故、時効が贈与の不完全・不十分さを補完・治癒したものといえるのではなかろうか。これを裏から見れば、父子間での占有管理にも、その相続人間での占有管理にも、それぞれ管理権限の程度の差はあるものの、この種の無償利用関係の特殊性が潜在していたように思われる。

3　小　括

以上、所有権の時効取得に適合する「占有の資格」が論点となっている近時の最高裁判例を検討しただけではあるが、その占有・所持に当事者間の人間関係が反映した結果、特殊な占有利用ひいては特殊の無償利用関係の存在が明らかにされたように思われる。かかる無償利用は親族間に限定されるわけではないが、親族間においてこそ、もっとも自然な形で流露するものであるといっても大過なかろう。この法律関係の性格づけにあたっては、結局は、被相続人の意思を諸般の事情から推知するしかないが、贈与とも単なる無償利用ともいえない曖昧な占有利用関係の状態が少なくとも被相続人の死亡まで継続する。贈与に極めて近いものから、被相続人が所有権を明確に留保していると思われるものまで、かならずしも一義的ではないが、いずれにせよ、占有相続人が所有者同然に不動産を占有利用している点では共通しているといえよう。

しかも、単純なる占有利用関係には尽きず、当事者間の契約関係ないしは人間関係のなかで、非所有親族が一定の「財産管理権限（管理義務）」を所有親族から黙示・明示で許諾されているところに、この種の無償・占有関係の特徴が見られるように思われる。【一八九】の原審が当事者間の関係を委任契約と構成したのも、その判断の当否は別にしても、決して理由のないことではないのであり、かかる無償利用関係の本体を容易には把握しえないという事情を窺い知ることができるであろう。無償・占有関係がかかる財産管理関係の一環としてそこに組み込まれ、それに加えて、その財産管理関係が特殊な人間関係を後景においているが故に、一層その無償・占有関係の性格が曖昧になるともいえよう。(66)

四　まとめに代えて

本章では、相続不動産をめぐる無償利用関係について、いくつかの観点から検討してきた。親族間の無償利用の特殊性を明らかにする上で、かつその範囲内で相続・遺産分割や時効取得に言及したにすぎないが、少なくとも、友人・知人・隣人等の親族共同体の外にある当事者間での貸借とは、構造的にも質を異にする無償利用が問題となっている、という本書の当初の問題提起には応えることができたように思われる。判例が、本書のような視点をもっているとは断言できないが、その解釈論的な処理の手法において親子・夫婦間の「無償合意」を明確に認識した上で、具体的な結論を導き出している例も相当な数に上っている。なかにはかかる構成が結論を導き出すための形式的な技術のレベルにとどまっているかに見える例もあるが、いずれにして、そのような具体例でも、親族間の無償利用の特殊性に気づきはじめているように思われる。

どのような性格の無償利用であるかは、個別具体的に判断されるべきものであるが、ここで検討した限りでも、利用権者の生涯にわたる形態や、利用権者に無償利用を含む管理権全般をゆだね、いずれは贈与する趣旨の形態（事実上所有者同然に利用する関係）などが指摘できる。このような個性は、それぞれの成立の経緯ないし趣旨に左右され、当事者間の特別な身分関係ないし人間関係を背景とする主観的諸事情等（「原因事実」）を考慮してはじめて鮮明となるものであることも論証しえたものといえるのではないか。

裁判例は、本書にいう原因事実を当事者の意思などを確定するための単なる「資料」として処理する傾向があるが、むしろ無償使用関係の構造的特質そのものを規定する事実となっているように思われるので、これを無償合意の「原因」として理論構成したところに、私見の特徴があることは、すでに指摘したところである。相続不動産をめぐる無償利用関係では、被相続人の意思（通常は暗黙の意思）ないし期待と共同相続人との利害が交錯するので、かかる原因論の重要性が明確に現れているように思われる。

（1）　本書の第六章と第七章を参照のこと。

(2)　この方面のごく最近の研究としては、常岡史子「遺産分割前の相続不動産の管理と使用―ドイツ法からの照射」帝塚山法学第四号一頁（二〇〇〇）が参考となる。

(3)　最近の最高裁判例については、筆者も判例研究の機会を与えられた。私法判例リマークス一九九八年〈上〉八四頁及び「判評」四七七号二二七頁（一九九八）を参照されたい。本書は、これらと重複する部分もあるが、さらに遺産分割のプロセスにまで踏み込んで、無償利用権に関する構造論（私見）を展開したものである。

(4)　周知のごとく、外国（独・仏・伊など）では、「家族の住居」という観念のもとに離婚・別居時に婚姻住居に対する非所有配偶者・子供の居住利益の保護が立法化されている。本書が「家庭の住居」という概念を使用したのは、かかる概念から直接、一定の効果を導き出すことを企図したものではなく、解釈論のうえで、最大限かかる利益を尊重するような理論的工夫をするべきである、というに過ぎない。

(5)　なお、その他、共有物分割訴訟での「全面的価格賠償」を肯定した裁判例、並びに贈与、死因贈与もしくは遺贈に関する裁判例にもとりあげるべきものがなくはないが、ここでは割愛した。

(6)　この紛争は遺産分割のなかで処理されることが望ましいが、遺産分割の前段階で当事者が求めた裁判を否定することは行き過ぎであろう。

(7)　なお、最判昭和三九・二・二五民集一八巻二号三二九頁も賃貸借につき同旨を説示する（ただし、一部相続人から第三者が持分を譲り受けている事例）。

(8)　星野英一「本件判批」法協八四巻五号六八五頁（一九六七）など。

(9)　星野・前掲注(8)六九〇頁は、すでに、親族間貸借での明渡請求が必ずしも容易ではないこととの権衡などのほか、「その相続人が被相続人から目的物の使用収益を許されていたのにはなんらかの理由があったはずだが、それらの事情が相続開始によって変化したか否かを十分考慮……」した上で、かかる使用関係を（遺産分割の問題として）決めるのがよい、としていたが、このような視点自体はその後の学説にほぼ定着している

（後掲の学説を参照）。

(10)　最判昭和六三・五・二〇判時一二七七号一一六頁。最判昭和五七・六・一七判時一〇五四号八五頁は、多数持分権者から占有者が持分を買い受けたという、やや特殊な事案だが、同旨の論法により、明渡しを排斥している。なお、共有者間または共有者と第三者との間での妨害排除に関するこれら一連の判例の位置ずけについては、原田純孝「判批」（最判昭和六三・五・二〇）判タ六八二号五九頁（一九八九）を参照。最近では、常岡・前掲注(2)八頁以下、上河内千香子「共有物の占有持分権者と非占有持分権者間の法律関係（一）（二）完」広島法学二三巻二号二二一頁、三号一五七頁（二〇〇〇）も参考となる。学説の状況もこれらに譲る。

(11)　奈良次郎「判批」（前記最高裁昭和四一年判決）曹時一八巻七号一一三八頁は、不当利得または不法行為となる旨を指摘していた。その後の下級審判決に対する影響は否定しがたいであろう。

(12)　谷口・久貴編『新版注釈民法（27）』一三七頁［宮井・佐藤］（有斐閣、一九八九）、中川淳『相続法逐条解説（上）』一八五頁（日本加除出版、一九八五）、高木多喜男『口述相続法』三三八頁、三四一頁（成文堂、一九八八）、米倉明『民法講義8相続』一三四頁（有斐閣、一九七八）、千藤洋三『講座・現代家族法五巻』三七頁（日本評論社、一九九二）などを参照。また、最判昭和四一年との関連で、同居相続人が被相続人の業を継ぐ者として遺産建物に居住しているという事情を重視して、多数持分権者からの明渡請求を信義則で制限する、という見解もある（金山正信「判批」判評九六号八九頁）。なお、手続的にもこの種の紛争は調停をへて分割審判に移行すべきである、と考えられている（谷口＝久貴・前掲『新版注釈民法（27）』三三二頁［谷口］）。米倉教授も、かかる明渡請求を遺産分割協議の請求と解している（前掲書一三四頁）。しかし、後述のように、持分権とは別の独自の使用貸借契約の成立・消長による解決を提唱する向きもある。すでに米倉教授も、特定の占有相続人が被相続人の生前から使用収益を許されていたということは、「その不動産の利用をその者にさせるのを適当とするだけの理由があったのであろう」とし、なお持分権をも有しているので、多数持分権者だけでその占有利用を取り上げるのは妥当ではないとした上で、占有相続人に「居住権」が帰属している（遺産から居住権を外す）との解釈も可能である旨を（断定的ではないが）述べていたのは（前掲書一三五頁）、注目に値する。

(13) 末弘厳太郎『物権法上巻』四二一頁（有斐閣、一九二六）、石田文次郎『物権法論』四八七頁（有斐閣、一九三二）。

(14) 谷田貝三郎「共同相続における分割前の遺産の管理」同志社法学一五号二七頁（一九五二）も、石田・前掲注(13)を引用して、一部共同相続人がその持分を越えて使用収益したことによる利益は不当利得となる旨に言及していた。千藤・前掲注(12)三八頁も同旨。高木多喜男『遺産分割の法理』（有斐閣、一九九二）三七頁〜三八頁、四九頁〜五〇頁も、相続人間の平等を殊更に強調して、持分を超える使用収益は無権限使用とし、居住利益を果実に類するものと位置づけた上で、原則としてその果実・使用利益から管理費を控除した残額を遺産分割手続きで処理すべきである（両者の対等額による相殺は通常は無理である）とするとともに、他方で、同居相続人が家業として当該不動産を使用してきたことの評価は「寄与分」の問題とする（なお、高木・前掲注(12)三四二頁も参照）。また、中川善之助・泉久雄『相続法（第三版）』（有斐閣、一九八八）三二一頁は、遺産分割前の遺産収益（果実など）は全員に帰属すると解すべきであるので、遺産の占有使用（居住使用・農地の自作など）も「基本的には、収益に代わる利得を遺産分割の際に精算させるのが論理的である」とし、ただ、実際には管理費用と相殺されたものとされることが少なくない、という。しかし、右近健男「相続財産管理の一側面――相続人による相続財産の無償利用をめぐる判例を中心として」金法一三一一号一一頁（一九九二）は、遺産共有は暫定的なものであるとし、相続開始時の法律関係はできるだけ維持することが望ましいという立場から、具体的な理由は示さないが、使用貸借として遺産分割までは従来どおり居住することができると解している（配偶者の場合には法定の「同居義務の余後効」としていた）。

(15) 野山宏調査官「本件判批」ジュリ一一一一号一九七頁が簡潔に整理する。

(16) 日野原昌「遺産分割に関する諸問題（17）――6遺産の管理費・収益」判タ一五六号五七頁（一九六四）

は、同居相続人が被相続人死亡後も遺産建物にそのまま居住しているような場合には、原則として管理と収益を相殺するのがよい、としていた。しかし、その根拠が定かではないので、岡垣学「相続家屋における居住の保護とその評価」ジュリ三四六号八一頁（一九六六）は、このような場合でも、賃料相当額を基準とした利得の返還が必要であるとしていた。

(17) 猪瀬慎一郎「共同相続財産の管理」『現代家族法大系五巻・相続2』一〇頁（有斐閣、一九七九）は、岡垣説を前提とするが、占有者に酷となる場合には、「被相続人との関係、占有開始の事情等から被相続人との間に使用貸借関係の成立を認めることができる場合が多い」とする。

(18) 田中・岡部・橋本・長『遺産分割事件の処理をめぐる諸問題』三三九頁（司法研修所、一九九四）。

(19) 野山調査官・前掲注(15)一九八頁は「始期付使用貸借」という。中川淳「本件判批」判評四六三号一九五頁も同旨。筆者も「本件判批」前掲注(3)ではそのように解していた。

(20) 高橋朋子「本件判批」法教二〇二号一一九頁は、同居中に使用貸借契約が成立・発効しているとも読めなくはないとする。判旨の単なる形式的な読み方を述べるに過ぎないが、この評価を支持したい。

(21) 本書「第六章」二二四頁、二四〇頁以下参照。本件の事案のように、親子の「同居ケース」でも使用貸借を肯定する事例が少なくないことについては、本書「第六章」二二二頁以下を参照のこと。

(22) 高橋・前掲注(20)一一九頁。

(23) 高木多喜男「本件判批」ジュリ・平成一〇年度重要判例八七頁。高木教授は、ここでも自説の相続人間の形式的・単純なる公平論を強調している。なお、常岡・前掲注(2)六六頁以下は、ドイツ法に示唆を受けながら、高木説に依拠した上で、最高裁判決の方途が唯一のものではないとし、占有相続人の使用利益を金銭的に柔軟に評価して、具体的な事情に即した相続人間の公平を図るべきであるとする。相続人間の具体的な公平を図るのが妥当とされるケースではひとつの提案として評価できるが、共同相続での公平論を当然視したうえでの提案とすれば、高木説と同様に支持し難い。そもそもいうところの「公平とは何か」が問われているからである。また、最高裁判例には適用の前提があるので、唯一の方途でないことは言うまでもないが、問題の核心は、従来の学説・裁判実務の経緯を踏まえていかなる原則論をたてるかにある。高木説に与する一連の学説は（あるいは常岡論文の紹介するドイツ法の立場も）、古典的な所有権像なるものを（暗黙の裡に）前提として、徒に相続人間の形式的な平等論（これもまた古典的な相続観）を強調しているように思われるが、その結果、親族間の無償合意の独自性を看過してしまったものといえよう（管見の限りであるが、ドイツ法には「無償利用権」論自体につき見るべきものが少ない）。立場の相違に帰するかも知れないが、この問題は理論的には相続という局面だけで解決すべきものではない。「近代民法」の骨格（所有権と契約、形式的な人格の平等）を堅持しながら、なお複雑な現代社会の構造的変革の要請に対応するため、新たな視座からそれに修正を加えた上で、家族相互間の権利義務関係をいかにして再構築するかにある。法定相続の現代的な機能変化に留意しながら、共同相続人間の平等論自体にメスを入れない限り、相続法の発展にも限界があろう。本書は、当面は裁判の実践をとおして蓄積されてきた判断枠組みを尊重したい。けだし、被相続人の意思を尊重するとともに、相続人間の「合理的な平等」論の実現を企図していると思われるからである。

(24)　高橋・前掲注(20)一一九頁も同旨。

(25)　升田純「本件判批」ＮＢＬ六三三号六五頁、六八（六九）頁。

(26)　野山・前掲注(15)一九七頁。

(27)　なお、本判決のその他の問題点や射程範囲などについては、野山宏「本件判批」法曹時報五〇巻六号一二九頁に譲る。その他、石黒清子「本件判批」（平成九年度主要民事）判タ九七八号七六頁も本判旨を支持している。また、ごく最近では、後藤勇「続・民事裁判における経験則（６）」判タ一〇二九号八四頁（二〇〇〇）も、本件判旨を支持した上で、家業を承継し、扶養していたことから、同居中に占有は親から子らに移っていたとみるのが、経験則に合致するので、すでに同居中に使用貸借契約が成立していたと解釈し、私見を引用されている。親子間の同居中でも使用貸借契約が成立しうるとの視点は重要であり、本書の立場からいえば、実務家の心強い支援があったものと、高く評価したい。ただ、私見の立場・特徴は、そのような占有の事情において、「親子間の合意」をみようとしているところにある。

(28) なお、「本件判批」である右近健男・判タ九四〇号九二頁、中川・前掲注(19)、西尾信一・銀行法務二一No・五三四、五六頁は、いずれも本件判旨を支持しているとみてよかろう。

(29) ちなみに、中川淳教授も、「無償使用といっても、それを典型契約としての使用貸借の枠に押し込める硬直化した構成をとるべきではない」とされている（前掲注(19)一九六頁）。

(30) 右近・前掲注(28)九四頁は、最判昭和四一年判決【一六〇】のように、被相続人の生前に使用貸借が解約されていた場合の問題点を指摘し、この種の事案では、「事業承継者としての営業生活および家族生活に必要な利用」という趣旨の「使用収益の目的」が暗黙裡に定まっているので、この目的が存続しているかぎりは、被相続人も原則として解約できないとした上で、この目的に優先するものがあれば例外となるが、この点の立証を同判決が明渡しについての「理由」と表現したものと解する余地を指摘する。ひとつの考え方であろう。ただ、判旨にいう明渡請求は物権的請求権であるので、他の共有者への「直接の」引渡しと解するしかないところ、占有相続人も持分を有している限り、この明渡しの理由を使用貸借の解約と同レベルの問題として処理するのは困難ではなかろうか。つまり、解約はやむを得ない（持分を超える使用収益は適法ではない）としていても、明渡しまでは認めない（改めて共有物の管理の「協議」を促す）、という処理の仕方も可能ではなかろうか。

(31) 岡部喜代子「相続人の一人が共同相続財産を占有する場合の法律関係について」東洋法学四一巻二号二六一頁以下（一九九九）。野山・前掲注(27)一四一頁(注)二、吉田・後掲注(45)八七頁はいずれも岡部論文に注目している。

(32) 岡部・前掲注(31)二四五頁。

(33) 岡部・前掲注(31)二四八頁〜二四九頁。

(34)　ドイツでの占有概念と占有補助者概念の生成のプロセスについては、差し当たり、岡本詔治「イタリア法における占有概念―研究ノートからの素描・その3」島大法学二三巻一号一頁以下（一九七九）参照。占有補助者なるものは占有概念の拡張とリンクして第二草案ではじめて採用されたが(プロイセン法から承継)、その中身は学問と実務に委ねられ、今日では妻は男女同権のもとで(共同)占有者と解する傾向にある。「家族的所持関係」なる類型を抽出したイエーリンクの歴史的制約を克服しなければならない時代を迎えているといえよう。また、占有概念については、受寄者がこれに含まれるかについて、民法典成立前にドイツの学者が盛んに議論しており、この問題はわが国の立法者をも随分と悩ました。このことからも窺知しうるように、ここでの占有の成否はその原因となる法律関係に左右される側面が強いものといえよう。

(35)　野山・前掲注(27)一三九頁。

(36)　契約意思になりうる可能性の強い意思的行為である。イタリア法では、無償利用ないし占有・利用関係については、いくつかに類型化されており、「忍容行為」等のほかにpermessoという形態があり、本書にいう「許容」とはこれにヒントを得たものである。単に所有者が「忍容」しているという消極的な意思的行為では、利用者は占有補助者といえようが、積極的に無償利用を容認している場合には、占有にもそのことが反映すると思われるからである。逆に、権利関係の問題としないという行為態様として「放任」という類型も考えられる（いわゆる便宜・勝手使用)。家族間の無償利用が、通常この種の放任でないことも疑問がなかろう。無償行為の場合には、ことに所有者の精神的容態に注意深い考慮が必要とされるわけである。

(37)　ちなみに、ドイツ法には、被相続人と遺産建物に同居していた居住者（ことに占有補助者）の住居等の使用利益を保護するために、三十日権という古くからの沿革のある制度が法定されており(ド民一九六九条)、常岡・前掲注(2)五八頁以下、六八頁は、これを評価している。たしかにその制度の趣旨には学ぶべきものがあるし(「家庭の住居」という観念に通ずる)、実際上の意義もなくはないが、ただ、このような立法措置がかえって所有親族と同居占有者との間の無償使用関係の構造的特質に対する洞察を曇らせているとすれば、問題である。前述のように、ドイツ法には、無償利用に対する理論的蓄積が乏しいように思われる。

(38)　この点は、本書「第七章」を参照されたい。とくに【一四六】を参照のこと。

(39)　本判決に関する私見については、岡本・前掲注(3)「判評」を参照されたい。ここでは、必要最小限にとどめた。

(40)　内縁寡婦の居住問題については、星野編『民法講義』「内縁」(二宮周平執筆)五五頁、八〇頁(有斐閣、一九八四)、水本・田尾編『現代借地借家法講座(2)借家法』「内縁の妻らの居住権」(小野幸二執筆)一五七頁(日本評論社、一九八六)、ごく最近では、水本・田尾編『新現代借地借家法講座第三巻借家編』「建物賃借人の死亡・離婚等と同居人の居住の保護」(副田隆重執筆)二一九頁(日本評論社、一九九九)が的確な整理と論評を加えているので、文献も含めてそれに譲る。

(41)　最判昭和三五・一一・一〇民集一四巻一三号二八一三頁(【一四六】)。本件では論点とはなっていないが、理論的には、内縁解消後の居住利益は不法行為・不当利得となる。

(42)　ごく最近の東京地判平成九・一〇・三(【七八】)は、内縁の夫とその実子との共有(各二分の一)の婚姻住居に内縁の妻が一八年間同棲して、その世話を継続し、夫が、自己の死後、妻の身の振り方につき実子に委ね、実子もその意向をふまえていたのではないかと推測されるという事案で、実子からの明渡しと損害金の請求につき、使用貸借の成立は否定したが、権利濫用で救済している(損害金の支払いも排斥)。黙示による使用貸借の成否については、実子との協議ないし承諾がないことのほか、夫婦が他に住宅を物色したが断念し、係争不動産で居住を継続したという事情を認定した上で、これだけでは、夫が妻に使用貸借を設定したと見るには無理がある、と断言し、むしろ住居を含め妻の身の振り方は実子にまかせていた、としている。しかし、明示の合意ならばいざ知らず、黙示構成で合意を事実推認すれば足りるのであるから、判旨が権利濫用に相当するとして認定した事実をもってすれば、十分に使用貸借ないしは無償利用の合意を推認しえたであろう。その方が、かえって当事者間の法律関係を簡明にすることにもなろう(貸借の解約問題として処理すること)。

(43)　玉田弘毅「被相続人の内縁の妻の居住権」法律論叢三八巻四号二九頁（一九六四）、加藤永一「夫婦の財産関係について（一）（二）」民商四六巻一号三頁、同三号八二頁（一九六二）は、それぞれ立場を異にするが、先駆的業績である。

(44)　林・甲斐編『谷口知平先生追悼論文集第一巻・家族法』「財産分与・遺産分割と生涯無償利用権」（岡本詔治執筆）四一〇頁（信山社、一九九二）。なお、この問題については、本書「第七章」で詳論した。私見はこれを「所有権的利用」とも称している。なお、最近の研究としては、常岡史子「婚姻の解消と住居の利用関係（一）（二・完）―財産分与的処理のドイツ法を契機とした再吟味」帝塚山法学一号一〇五頁、二号一三三頁（一九九八）があり、文献も含めて詳細はそれに譲る。

(45)　山下郁男調査官「本件判批」ジュリ一一三四号一一八頁、同・法曹時報五二巻一〇号二一一頁も、内縁の妻の居住権につき使用貸借構成をとる学説と本判決との間に「相通ずるものがある」と評価している点に注目したい。また、後藤・前掲注(27)八六頁も、同居中に持分を超える部分につき相互に使用貸借契約に基づいて占有使用していると見ることができないであろうか、とする。なお、吉田克己「本件判批」ジュリ平成10年度重要判例解説八六頁も、判例理論に好意的である。このように夫婦間の使用関係でも無償利用の合意構成に好意的な見解が目立つようになってきたことは、特筆に値する。

(46)　なお、私見とはそもそも基本的な立場を異にするが、右近健男「本件判批」私法判例リマークス18平成一一年度〈上〉六七頁も、「民法七五二条を反映した利用関係を認める管理に関する合意が黙示に行われているとみることができる」とした上で、相続人がこの合意に拘束される、という。もっとも右近教授は、夫婦間では「物の貸借関係など念頭にはなかろう」と断言し、このような合意は「擬制」だとする。しかし、夫婦間での合意は実体に即したものと見るべきであり、「貸借」なるものを教義学上の貸借概念（「貸そう、借りよう」）にとらわて解釈する必要はない（「合意」なる用語もこのことを含意している）。また、七五二条というその趣旨の曖昧な規定を援用する点もさることながら、夫婦間の居住問題ひいては財産関係をこの規定に委ねるのは、同条の予定しないものを無理にそこに押し込める結果となり、硬直な解釈につながることになるほか、そのような構成をとっても、別居や離婚の場合も含めて、妥当かつ統一的な解釈を導き出せるか、疑問である。右近教授の見解は、非所有配偶者の居住権限を右の規定に直接依拠させていた従来の見解（婚姻効力説）との整合性を念頭においたものと思われるが、その反面、教授の立場では、「合意」を前面に出す解釈論上の意義はあまりないように思われる。ここでの問題でも「余後効」という教授の旧説（前掲注14）と径庭はなかろう。これに対して、最高裁判決にいう夫婦間の「無償合意」とは、さらなる発展可能性を秘めたものであることを見落としてはならないのではなかろうか。この問題については、本書「第七章」三〇二頁以下。ちなみに、近時は民法七五二条の権利義務的構成から離れて、同居義務を「合意」に依拠させる見解も散見されるようになった。たとえば、二宮周平『家族法』三六頁（新世社、一九九九）を参照。合意によって全面的に法定の義務を排除できるかは、なお検討の余地があろう。たとえば、同条にいう「同居」なるものを緩やか（事実的よりも規範的）に解釈し、かつ「協力・扶助」との関連で、相対化すれば、夫婦間の合意は同条所定の「法定義務を具現するもの」という構成も可能ではなかろうか。つまり、この種の場合には、むしろ法定の義務を前提にして、それに新たな生命を吹き込むような解釈方法が無難であろう。いずれにしても新たな夫婦の実態を念頭においた見解であり、注目に値する。

(47)　吉田・前掲注(45)八六頁も同旨か。

(48)　その他の派生的な諸問題については、伊藤司「本件判批」法学教室二一六号九六頁、柴﨑哲夫「本件判批」（平成一〇年度主要民事）判タ一〇〇五号八〇頁などを参照。

(49)　岡本詔治『無償利用契約の研究』一頁以下、六頁以下、四二一頁以下（法律文化社、一八九八）など参照。

(50)　この点に関する最近の実務的文献としては、都築民枝「建物の無償使用収益と特別受益、寄与分」判時一六〇五号三頁（一九九七）が参考となる。

(51)　使用貸借の存続についても問題があるが、建物所有目的の土地の使用貸借は原則としてローン返済（ないし投下資本の回収）当時まで、建物の使用貸借は遺産分割時とするのが、被相続人の意思にそうと解する立場がある（都築・前掲注(50)六頁）。土地については、渡邊温「使用借権の負担のある土地の分割方法」判時一五二三号一一頁（一二頁）（一九九五）が敷地使用権の性質のほか、この点について詳論する。ひとつの考え方であるが、親子や夫婦間の無償利用は、特殊の性格をもつものが少なくないので、一概にそのようには言えない。あくまでも右のような事情は、判断の一つの事情（重要ではあるが）としておくのが、無難であろう。

(52)　永井尚子「本件判批」（平成九年度主要民事）判タ九七八号一四〇頁。

(53)　実際、家屋とその敷地を別の相続人にそれぞれ分割帰属させたが、家屋について「敷地使用権付」としたにすぎない原判決を取り消して、新たな権利関係を設定したものとするならば、それが使用貸借か賃貸借か、賃貸借であるならば、期間・賃料その他の諸条件をあきらかにすべきである、とした高裁決定もある（福岡高決昭和四三・六・二〇家月二〇巻一一号一五八頁）。

(54)　この点については、高木・前掲注(14)三八頁における審判例の引用の仕方は疑問であり、また、その評価も正確ではないように思われる。右近・前掲注(14)一〇頁は、この種の具体例を正確にフォローしている。

(55)　福島節男「遺産分割において共同相続人の一人が遺産である土地上に家屋を所有する場合の諸問題」ケース研究二二四号一五二頁（一五三頁）。

(56)　田中恒朗『遺産分割の理論と実務』二〇〇頁、二〇三頁㊟23（判例タイムズ社、一九九三）は、これをかなり厳格に解釈しているようである。都築・前掲注(50)五頁は被相続人と同居するため土地使用権、建物使用権を与えた場合には、免除の意思が推測されるとし、田中説とはニュアンスを異にする。これに対して、右近・前掲注(14)一二頁は、裁判例が占有相続人の居住利益を保護する傾向にあることに疑問を提起し、右居住利益は「一種の生計の資本としての贈与」（特別受益）になると主張しているが、これは支持しがたい。

(57)　福島・前掲注(55)一五五頁。

(58)　この点については、多田周弘『遺産分割の手順と方法』一一七頁〜一一八頁（悠々社、一九九八）が、実務上の対応として、ケースに応じた分割案を示しているのが、参考となる。たとえば、占有相続人に代償支払い能力が全くない場合について、居住者が高齢であれば、その者に遺産建物を一応帰属させて、他の相続人に死因贈与をするという案とか、換価も止むを得ないときには、遺産が高額であれば、居住者にまず居住利益の評価額を取得させた上で、相続分とあわせて高額な分割金を取得させ、この金銭で他に住居を求めることを勧める、などという。また、多少とも代償金の支払い能力があれば、できるだけ居住利益の評価を高くして、相当性の範囲内だが、代償金の額を低額に抑える案を作成することもある、としている。基本的には支持できる。しかし、前のケースで居住者が高齢であることを厳格に解する必要はないのではないか。母と子が共同相続人で、子がいずれは母を相続するならば、母に全面的に帰属させても特段の不都合はない。子が先妻の子であるような場合でも、遺産建物が婚姻住居である場合には、母の死後に子に帰属させれば（死因贈与、または生涯権の設定）、決して子に不利益を強いるものでもなかろう。婚姻住居（ないしは、それに準ずるような生業用不動産）は他の不動産と同様の単純なる財産と評価すべきではないからである。残念ながら、実務ではまだこのような視点は弱い。

(59)　この点を強調するのは、渡邊・前掲注(51)一五頁。

(60)　なお、使用貸借の存続期間についても、占有相続人が投下した資金の回収や被相続人との関係など諸般の事情を考慮して慎重に判断すべきだとする点も、示唆に富む。渡邊・前掲注(51)一二頁以下参照。

(61)　西原醇「本件判批」判タ六一九号八五頁は、かかる分割禁止は共有物の分割禁止（民二五六）が合意のみに限定していることと矛盾する、と批判する。これに対して、田中・前掲注(56)二〇一頁は、分割禁止の契約を審判で形成することも可能とする。

(62)　田中整爾「本件判批」ジュリ・昭和五八年重要判例解説五九頁（六一頁）は、この種のケースでの取得時効については、「他の共同相続人の所在が容易に知れないとか事実上の放棄という操作ともからんで、取得時効を認めないことによる他の相続人の利益よりも、これを認めることによって法律関係を複雑化させないことが事実の継続性とともに考えられてよいケース」と、「共同相続人間であればこそいいだしにくいこともあってできるだけ遺産共有に対して信頼せしめ、相続回復請求権よりも物権的請求権になじませ（最大判昭和五三・一二・二〇民集三二巻九号一六七四頁）、事実の継続性のみにもとづいてはなるべく取得時効を認めまいという考慮が働くケース」とに区別されるとした上で、後者のケースのはたらきが強い、としている。後者の場合には、所有意思の基本に善意性・誤信が求められる傾向が強く、また、他の共同相続人が持分権を失っても当然であるという状態が相続開始当時から存したかどうかという社会秩序における具体的妥当性に左右される、ともいう。なお、この方面の最近の研究としては、下村正明「占有の性質判定に関する一考察㈠㈡完」民商一一六巻六号八三八頁、一一七巻一号一六頁（一九九七）が参考となる。

(63)　ちなみに、本件にいう「お綱の譲り渡し」という慣行については、有地亨・生野正剛「本件判批」民商九〇巻五号七二二頁（七四三頁以下）では、その実態調査のうえ、この地方で戦前から行われていた隠居慣行で、通常、一家の長、世帯主、経営主のことを「オツナ」と呼び、そのような地位の交代のことをオツナの譲り渡しという用語で表現し、「綱」という用語は不適切であることなど、興味深い指摘がなされている。また、事実審の資料から、本件のいう「オツナの譲り渡し」の内容はかなり不分明なもので、所有権の移転があったとも、また、それがあったことを否定しさることもできないとし、したがってまた、時効取得の成否との関連では、占有取得当時の事情よりも、それ以後の諸事情から、客観的に所有の意思を推認すべき旨を述べている（七四七頁）。さらに、農家相続で、跡継ぎに所有権が移転しても、所有権移転登記がなされないことはむしろ普通であるとして、このことを理由に所有者であれば当然とるべき行動に出なかったというのは、農村の実情を無視した論拠ではないか、と判旨を批判している（七四七頁）。傾聴に値する。ただ、所有権移転の成否については、法技術的には、贈与意思が論点となっているかぎり、その点を不分明のままにしておくことは許されないであろう。本書は、判旨の事実認定を前提にして、本文で述べたような解釈をした。

(64)　宇佐見大司「本件判批」判評四三五号一九三頁（一九七頁）は、本件と「お綱の譲り渡し事件」とを比較し、本件は、相続をめぐる争いではなく、占有者が事実上土地を占拠し、他方が異議を述べないまま長期間が経過したという、時効取得の認められやすい類型である、という。この点の評価には異論を差し挟む積もりはないが、問題は、何故に占有者がこのような建築行為により土地を占有しても所有者が異議を述べなかったかである。本書にとって重要なのは異議を述べなかった根拠であり、それは当事者間の特別な人間関係にあるものと思われ、「お綱の譲り渡し事件」では、父も長男も父が所有権を留保しているという共通認識があったからではないか、と考えている。長男が父に対し積極的な行動に出ることができなかったのも、その故であろう。本件では、弟が土地を積極的に利用しているが、そのような行為態様は、本文で述べたような本家・分家の財産関係に起因するものと思われ、その意味において、実質的には相続不動産をめぐる争いであったものと思われる。時効取得の成否においても、かかる視点からの分析が必要ではなかろうか。なお、下村・前掲注(62)(二・完) 三三頁を参照。

(65)　本判例の意義（他主占有者の相続人が自主占有を主張する場合に、自らがその立証責任を負うことを明らかにしたこと）と本件での他主占有事情については、本田純一「本件判批」ジュリ・平成八年度重要判例六一頁などに譲る。

(66)　ちなみに、私としては、このような財産管理関係の一環としての占有利用に直面することによって、不可解な制度と評されてきたローマ法にいう「プレカリウム占有」の一端を垣間見ることができたように思われる。

終章結語

1 無償利用関係の類型論

本書は、近代民法典の予定している「典型的使用貸借」の構造と機能とを確認したうえで、いわばかかる「好意契約」を一つの理念型として措定し、不動産無償利用関係が当事者双方の社会関係を反映して多様な形態に分岐することを明らかにしようとした。このような視点は、制度の歴史的考察（ことにローマ法）によって得られたものであるが、わが国の判例の分析を通して、現実に存在する無償使用関係が決して一義的な規律に服するものではないということを論証しえたはずである。

ローマ法には、（有名）使用貸借（commodatum）（要物契約）のほかに、同じく無償利用契約（無名契約）としてプレカリウム（precarium）なるものが存在した。近代ヨーロッパ諸国でも両契約の存在は認識されていたが、フランスでは早くからその存在は忘れられ、ドイツでは民法典編纂過程で（第二草案）、その姿を消した(1)。私は、近代法の典型的使用貸借がローマ法を承継したものであるので、親族共同体の外にある友人・知人・隣人間での好意給付を念頭においたものであるということを、その制度史的研究から確信しえたが、これと似て非なるプレカリウム契約の構造的特質や機能をも検討した結果、これが特殊緊密な社会関係（親族・縁故関係など）にある当事者間で行なわれる無償貸借であり、その利用の中身が「所有権的利用」、「有償的利用」であったのではないかとの推測を述べたが、そこまでにとどまり、ついにその実体を明確な像にまで絞り込むことができなかった(2)。

おそらく、このプレカリウム契約は、その沿革から判断して、一面では権利関係であるが、他面では事実的利用でもある（道義的規律に服する）という二面性をもっていたので、容易にはその実体が法的世界に現われてこなかったものではなかろうか(3)。まさしく「不可解な制度」（サビィニー）であったわけである(4)。

ともあれ、典型的使用貸借以外の無償利用の存在を具体的に論証することが私のその後の課題となっていた。幸か不幸か、高度経済成長期を経て、ことにいわゆるバブル経済を経験したわが国の不動産取引市場は、親族間、親子間の紛争を刺激・増幅し、これに関する判例の数を急増させた。奇しくも、ここにみた親子・親族間の無償利用は、ローマのプレカリウム契約を彷彿とさせるものであり、両者が重なり合うことによって、曖昧模糊としたプレカリウム契約の実像が明確に眼前にまで浮かび上がってきたわけである。むろん、このことは、歴史的考察の面からみれば、所詮、一つの仮説にすぎない。しかし、少なくとも解釈論的側面からいえば、かかるプレカリウム契約なるものを無償利用契約の両輪の一方として位置づけうることをも明らかにしえたものではなかろうか。本研究に学問的寄与があるとすれば、まさしくこの点においてであろう。しかし、わが国の学説も判例もまだ現行民法典の規定の呪縛からみずからを解き放つことに成功していない。本書をものしたゆえんである。

2　無償行為と原因論

本書の無償行為類型論は、さらに「原因論」によって補完・統合される。

かつて、広中俊雄教授は、一つの無償行為の背後にあり、かつこれを導出する全要素（好意・感謝等々）については、その法的操作が本来的に不可能であるので、法はこれを視野の外におかざるをえない、と主張した。(5) これに対して、私は右の広中説に基本的には従いながらも、本来的には法的視野の外にあるべき諸要素（当事者双方の動機・目的、期待、あるいは好意など）を法的に評価すべきことを主張したことがある。(6) それが、本書にいう、「相互的援助関係」と「原因論」である。

たしかに、個々の無償給付は、いわれるように、その背後にある恒常的関係の諸項の一つにすぎず、事実としては両者は切離しえないが、法的にはこれを切り離して、「独自の行為」としてながめざるを得ないであろう。しかし、このことを前提としても、かかる背景から一つの無償行為を具体的に取り出すときに、その背景となる恒常的関係なり要素なりを一部分切り取って無償行為とともに法的評価の対象とすることは可能であろうし、また当該無償行為に固有の背景はむしろ積極的に評価の対象とすべきものであろう。

たとえば、使用貸借契約を例にとってみよう。貸主が借主の父からかつて好意・恩恵をうけたことがあり、現在、借主が住宅に困窮しているのを知って、これに援助の手を差しのべたとしよう。借主は自己の父が貸主にかつて好意を与えたことを根拠にして貸主から無償貸与を要求できないのはいうまでもなく、借主が貸主に盆暮に贈答をして感謝の気持を表わしていたが、突然これを止めたからといって、このような事実に法的な意義を認めることは困難であろう。むしろ、このような諸要素を排除するからこそ、使用貸借が無償契約・無償の物利用契約としての独自性を維持・慣徹できるものである。この意味で広中説を支持できる。しかし、翻って、貸主が何故に借主に住宅を貸与したかといえば、かつて受けた恩とか、借主の窮状への同情・好意とか、あるいは、その見返しに対する期待とか、いずれが決定的要素・要因となったかは別にしても、とにかく具体的な動機があったはずである。つまり、賃貸借とはしないという抽象的・消極的な動機だけではなく、積極的に借主に貸与するための個人的・主体的事情が必要となろう。この動機が曖昧であればあるほど、限りなく「事実利用」に接近することは前述した。これを裏からみれば、かかる原因事実によって「契約の成立」の拘束力が補強されていることとなろう。

右の設例でいえば、恩とか、同情・好意、あるいは期待をそれぞれ独自に個別的に評価することはできないとしても、これを「統合」して、貸借行為の基礎におくことは可能である。具体的には、かかる原因があるが故に、右の例では、ほとんど純粋な好意に起因する貸借であるので、「原因」論の機能する場には限定があるものの、たとえば、貸主の「使用目的」にこれが直接反映し、貸主側の動機を尊重して、原則的には一時的・暫定的な無償貸与とする、という解釈につながって行くわけである。のみならず、親子間の貸借では、その期待がほとんど貸借の命運を左右する結果となりうることは、すでに検討した通りである。

このように、原因ないし原因事実によって、無償行為・使用貸借の多様な個性が描き出されるのであって、本書は、かかる原因事実を単なる事実の問題（契約意思・内容を確定するための事実認定上の資料）とするだけではなく[7]、無償行為の「基層」となるものと位置づけ、これを「制度」として構築しようとしたわけである。いうまでもなく、伝統的な法律行為論、使用貸借という無償契約の性格を曖昧にしようとするものではない。それを堅持しながら、それとは区別さるべき曖昧な諸要素を真正面から法的に評価しようとする（意思的行為を階層化する）にすぎないのである。

ところで、ここにいう「原因論」はイタリアでのcausa論から示唆、ヒントを受けたものであるが、周知のごとく、個々的には言及してきたように、フランスのcause論や、これを承けたドイツでの前提論、さらには行為基礎論と交錯する。本書がこれらの理論に深入りしなかったのは、それが彼地でも定説とはなっていない（論者によっても異なる）ということだけではなく、何よりもコーズ論、行為基礎論には、有償契約と無償契約とを構造的に区別するという視点が欠落していることによる。(8) この構造論は、ことにわが国の広中俊雄教授の業績によるものであり、本書はこれを堅持したうえで、右の「原因論」を提唱しようとしたものである。ことに、本書のとりあげた「親子間の不動産無償利用契約」（ことにその「終了原因」をめぐる問題）は、かかる原因論の一つの適用場面でもあったわけである。

具体的に論じよう。前掲の最高裁昭和四二年判決（【三二】）における親子間の宅地無償使用について、そこでの「老後の扶養」を使用貸借の「負担」と解釈する見解が少なくない。しかし、貸借それ自体が「黙示」で成立したというのに、かかる重要な付款を漫然と当事者が約定したと考えるのは、事実としても無理ではないか。右判決は（原審も）、たしかに、当事者が右のような「目的」をもっていたと説示しているが、文章化すれば、それを「目的」と表現するしかなかったのであり、あくまでも貸借の経緯等、諸般の事情を全体としてみれば、そうなのだという趣旨でしかなく、むしろ「負担」とは解釈できないという立場にたったものと考えるべきである。それにも拘らず、形式的な用語を捉えて、これを「負担」だと「解釈」するのは、事柄を明確にさせようとする意味では理解できなくはないが、ないものをあるというに等しい結果になるのではなかろうか（そのように解釈できれば事は単純に解決するであろう）。百歩譲って、かかる「付款」を当事者が合意したのだとしても、右のような漠然とした期待なるものを、何故に契約意思にまで高めることができるのか、およそ有償契約では考えられないことであるだけに、その論拠を必要としよう。「黙示的合意」を前提とするかぎり、無償契約の存立を奪ってしまうほどの重要な付款なのであるから、判決書に「目的」と記載されているとの理由で、法的に構成すれば、それは「負担」となるのだというのでは、解釈論としてはきわめて不十分である。(9) しかし、その反面、かかる曖昧模糊とした事情が貸借全体を左右するほど重要な意味を有している、との認識では、衆目の一致するところである。使用貸借契約の内容とはならないような当事者双方の漠然とした主観的諸事情等と契約本体とを架橋し、リンクさせる理論が求められているといえよう。それが、ここにいう原因論である。

なお、右の事情は単純なる動機ではないので、無償契約の場合には、特に動機が重要であるとの観点だけでは、説明できない。むしろ当事者間の人間関係ないしは特別な社会関係をベイスにしたものであり、動機はこれを背景とした一つの事情に過ぎないからである。

3　課題と展望

本書は、親族間無償貸借の類型としては、親子、夫婦、及びその他の親族に大別し、あわせて親族共同体の外にある当事者間（友人・知人・隣人等）の使用貸借と比較しながら、その構造的特質と実際的な機能を検討した。その際、分析の基本的な視点としては、常に「好意契約」を念頭に置いた。このいわば理念型としての無償契約との偏差のなかで、現実に存在する無償利用の特質とその法的保護の限界を原因論を媒介として検討した。ことに貸借の終了事由を中心としたが、継続的・長期的な無償利用の存続保護をどの範囲で切ってしまえるかについては、一般論としては最高裁平成一一年判決（【三七】）に従うとしても、裁判上のより具体的な判断基準の確立は将来の課題として残された。この種の無償利用は、その成立原因に応じて多様であり、決して一義的な特性を示すものではないからである。したがって、右準則にいう諸事情（経過年数、成立時の特殊事情、人的状況の著しい変化、貸主の必要度など）のうちいずれに比重をおくべきかは、ある意味では個別

的に判断するしかないとも言えよう。(10)

ともあれ、本書が重視した無償利用の類型のうちで、一時的な短期の貸借と長期的・継続的な貸借とに大別する視点は、判例においても、定着の兆しが見えてきたように思われる。近時の学説でも、本書の立場を前提とする見解が散見されるようになった。(11)

本書にいう類型論も原因論も、今日の裁判例の現状を睨みながら、なお将来の方向性を定めかねている判例の立場を一歩前進させるかたちで理論構成したものである。無償使用権の長期間にわたる制度史的な発展を踏まえた上で、一定の方向性を示したつもりであるが、わが国の判例はかかる発展段階の途上にあるともいえよう。今後の動向を注意深く見守る必要があるように思われる。

(1) この問題については、岡本詔治『無償利用契約の研究』三二一頁、三六四頁(法律文化社、一九八九)を参照されたい。

(2) このような推測は、中世におけるプレカリウムが、所有者がみずからの安全を確保するため教会へ土地を寄進した上で、そのまま教会から無償使用を許容されるという形式(「託身」)をとるものであるという事情を知ることによって、いっそう強固なものとなった。

(3) このことは、このプレカリウム契約なるものが「贈与」と対比されていたという事実からも、推知できよう。

(4) ドイツ普通法学者も、この制度の本体をつかみかねており、ついにその実像や実際的機能は明らかにされないままであった(岡本・前掲注(1)三五三頁を参照)。

(5) 広中俊雄『契約法の研究』四七頁(有斐閣、一九七〇)、同『債権法各論講義(第六版)』二七頁〜二八頁(有斐閣、一九九四)。

（6）椿寿夫編『現代債権と現代契約の展望5』「無償契約という観念は、今日どのような意味があるか」（岡本執筆）三一頁。

（7）たとえば、贈与についてであるが、贈与意思を認定する上でかかる動機等の主観的事情の重要性については、加藤永一『贈与』（叢書総合判例）五五頁（一粒社、一九八二）が指摘しており、このこと自体もきわめて重要なことである。

（8）たとえば、行為基礎論を構築したラーレンツは、使用貸借等の無償契約が民法典では「要物契約」とされているにも拘らず、これは単にローマ法の沿革によるにすぎないので、今日では諸成使用貸借にも法的拘束力が認められるとして、無償契約を有償契約と同レベルで論じている（Larenz, Lehrbuch des Schuldrecht. Bd. II, 12. Aufl., SS. 238f.）。これがドイツでの通説でもある。岡本・前掲注(1)三九一頁。ただし、フランスでは有償・無償の区別とコーズ論とをリンクさせる学説もあるようである。これについては、大村敦志『典型契約と性質決定』（有斐閣、一九九七）九二頁以下、小粿太郎「フランス契約法におけるコーズの理論」早稲田法学七〇巻三号七七頁以下（一九九五）参照。

（9）黙示と明示とは通常、同レベルで捉えられているが、黙示的合意が契約にまで高められるためには、明示合意と同じぐらいに、客観的諸事情からそのことが「明瞭」であることが必要とされよう。

（10）実務家では、建物所有の土地の貸借については、借地の存続期間、地上建物の耐用年数や投下資金の回収（ローンの完済）等の事情を重視する考えもある。笹村将文「不動産使用貸借の終了事由について」判タ九〇六号一三頁、一四頁(注)73（一九九六）。特別な事情が見られない無償貸借で、期間の経過を重視してよいケースでは、そのような事情を目安として返還請求の当否を判断することにも合理性があろう。

（11）学説でも、このような私見の立場を基本的には支持する見解が出てきた（下村正明「判批」判評四九〇号二二八頁（一九九九）、池田恒男「判批」判タ一〇〇九号一二一頁（一九九九））。

判例年月日索引

（【 】は本文中の判例番号を示す）

大正8年～昭和29年

東京地判大正8・1・30 新聞1544号196頁 ……………………… 【125】…260
東京控判大正13・11・6 評論13巻商675頁 ………………………… 【16】…89
大判大正15・11・3 新聞2636号13頁 ………………………… 【147】…339
大判昭和10・6・10 民集14巻12号1077頁 ……………………… 【158】…358
大判昭和11・6・5 法学5巻1501頁 …………………………………………272
大判昭和13・3・10 法学7巻7号131頁 ……………………………… 【10】…82
高松高判昭和25・7・22 高裁民集3巻2号82頁 …………………… 【11】…85
東京地判昭和25・8・7 下民集1巻8号1192頁 ………………… 【154】…354
大阪地判昭和25・10・4 下民集1巻10号1555頁 ……………… 【73】…155
東京高判昭和26・6・20 行裁例集2巻7号1041頁 …………… 【149】…342
東京地判昭和26・11・26 下民集2巻11号1347頁 ……………… 【74】…156
広島高松江支判昭和26・12・5 下民集2巻12号1397頁 ……… 【63】…148
東京地判昭和27・4・23 下民集3巻4号541頁 ……………………… 【20】…92
東京地判昭和28・4・30 下民集4巻4号641頁 …………………… 【145】…333
最判昭和29・3・12 民集8巻3号696頁 ………………………… 【159】…378
大阪地判昭和29・4・16 下民集5巻4号499頁 ……… 【21】【26】…92、97
最大判昭和29・10・13 民集8巻10号1846頁 ………………………140(注)1
福岡高判昭和29・10・29 高民集7巻9号706頁 ………………… 【98】…222

昭和30年～昭和39年

京都地判昭和30・3・8 下民集6巻3号421頁 ……………………… 【27】…97
大津地判昭和30・4・7 下民集6巻4号648頁 …… 【72】【84】…155、182
東京高判昭和31・4・26 高裁民集9巻4号231頁 ……………………… 【4】…77
福島地判昭和31・5・7 下民集7巻5号1145頁 ………………………… 【1】…74
函館地判昭和31・6・29 下民集7巻6号17頁 ……… 【22】【28】…92、98
東京地判昭和31・10・22 下民集7巻10号2947頁…… 【29】【61】…98、131
最判昭和32・8・30 裁判集民27号651頁…………………………… 【2】…74
東京高判昭和32・9・11 東高民時報8巻9号220頁…………… 【155】…355

最判昭和 34・8・18 裁判集民 37 号 643 頁 ……………【23】【48】…94、121
東京地判昭和 34・9・26 法曹新聞 145 号 17 頁 ……………………【119】…224
最判昭和 35・4・12 民集 14 巻 5 号 817 頁…………………………【87】…191
大阪家審昭和 35・8・31 家月 14 巻 12 号 128 頁……………………………418
最判昭和 35・11・10 民集 14 巻 13 号 2813 頁 ……………………【146】…334
大阪高判昭和 36・11・30 高裁民集 14 巻 9 号 614 頁 ……………【126】…261
名古屋高決昭和 37・4・10 家月 14 巻 11 号 111 頁………………【180】…420
東京地判昭和 38・2・20 判時 329 号 19 頁……………………………【5】…77
東京地判昭和 38・4・25 判タ 148 号 77 頁…………………………【38】…110
東京地判昭和 38・5・7 法曹新聞 185 号 12 頁 ……………………【6】…77
福岡高判昭和 38・7・18 判時 350 号 23 頁 ………………………【120】…245
最判昭和 38・9・11 裁判集民 67 号 569 頁 ……………【8】【109】…80、235
東京高判昭和 39・3・12 下民集 15 巻 3 号 518 頁
……………………………………………【106】【127】…232、262
最判昭和 39・4・23 裁判集民 73 号 383 頁 ………………………【108】…234
東京地判昭和 39・5・25 下民集 15 巻 5 号 1144 頁…………………【12】…85
東京高判昭和 39・7・2 東京高民時報 15 巻 7・8 号 141 頁 ………114、136
最判昭和 39・10・13 民集 18 巻 8 号 1578 頁……………158、368(注)38 402
岡山家審昭和 39・12・28 家月 17 巻 2 号 120 頁 ……………………………417

昭和 40 年〜昭和 49 年

福島地判昭和 40・1・28 下民集 16 巻 1 号 147 頁 ………………【148】…341
大阪地判昭和 40・4・24 判タ 175 号 176 頁…………………………【15】…88
東京高判昭和 40・5・12 東京高民時報 16 巻 6 号 88 頁 …………【68】…151
福井家審昭和 40・8・17 家月 17 巻 18 号 87 頁 ……………………………418
大阪地判昭和 40・9・18 判タ 183 号 179 頁…………【39】【75】…110、157
最判昭和 41・1・20 民集 20 巻 1 号 22 頁 ……………………192、292(注)17
浦和家審昭和 41・1・20 家月 18 巻 9 号 87 頁……………………【181】…420
東京地判昭和 41・4・19 判時 453 号 48 頁 ……………【24】【49】…94、121
最判昭和 41・5・19 民集 20 巻 5 号 947 頁 ………………………【160】…380
大阪家審昭和 41・10・4 家月 19 巻 6 号 64 頁 ……………………………419
最判昭和 41・10・20 裁判集民 84 号 607 頁……………………………【7】…78
大阪高決昭和 41・10・21 家月 19 巻 4 号 63 頁……………………………421
最判昭和 41・10・27 民集 20 巻 8 号 1648 頁 ………………………【88】…191

富山家審昭和 42・1・27 家月 19 巻 9 号 72 頁……420
松山家審昭和 42・3・6 家月 20 巻 4 号 41 頁……408
東京地判昭和 42・9・16 判タ 215 号 165 頁……**【100】【165】**…227、394
最判昭和 42・11・24 民集 21 巻 9 号 2460 頁……**【110】【121】**…236、250
東京地判昭和 43・4・26 判時 531 号 42 頁……132、253、293(注)23
東京地判昭和 43・6・3 判時 534 号 61 頁……**【25】【30】**…94、99
大阪高決昭和 43・8・28 家月 20 巻 12 号 78 頁……417
大阪地判昭和 43・11・25 判時 544 号 25 頁……**【150】**…343
東京地判昭和 44・7・17 ジュリ 445 号判例カード 273、判例総覧民 38（上）156 頁……**【31】**…99
東京高判昭和 44・10・16 判時 575 号 37 頁……**【156】**…356
新潟地判昭和 44・10・29 判時 593 号 75 頁……**【99】**…224
東京高判昭和 45・3・30 判時 595 号 58 頁……**【161】**…383
東京地判昭和 45・9・8 判時 618 号 73 頁……**【140】**…321
高松高決昭和 45・9・25 家月 23 巻 5 号 74 頁……**【182】**…421
最判昭和 45・10・16 裁判集民 101 号 77 頁……**【35】**…103
青森家弘前支審昭和 46・1・1 家月 24 巻 2 号 120 頁……417
新潟家審昭和 46・3・10 家月 24 巻 1 号 67 頁……417
京都簡判昭和 46・7・3 判時 649 号 76 頁……150
大阪高決昭和 46・9・2 家月 24 巻 10 号 90 頁……**【179】**…419
東京高判昭和 46・10・26 判時 652 号 40 頁……**【101】【122】**…227、254
高松高判昭和 47・1・27 判タ 276 号 174 頁……**【64】**…148
最判昭和 47・7・18 判時 678 号 37 頁……406
横浜地判昭和 47・8・7 判タ 286 号 271 頁……**【141】**…322
大阪高決昭和 47・9・7 家月 25 巻 6 号 128 頁……**【168】**…409
東京地判昭和 47・9・14 判時 701 号 91 頁……**【94】**…217
東京地判昭和 47・9・21 判時 693 号 51 頁……**【142】**…324
東京家審昭和 47・11・18 家月 25 巻 10 号 80 頁……**【169】**…409
福岡高判昭和 48・1・30 判時 716 号 59 頁……150
東京地判昭和 48・2・27 判時 715 号 75 頁……**【111】【128】**…237、264
大阪地堺支判昭和 48・3・28 判時 709 号 63 頁……**【69】【95】**…152、218
東京高判昭和 48・6・19 判時 714 号 189 頁……**【152】**…352
横浜地判昭和 48・8・7 判タ 268 号 271 頁……315
最判昭和 48・11・16 裁判集 110 号 475 頁……118、264
和歌山地判昭和 49・2・6 判時 750 号 84 頁……119

東京地判昭和 49・3・14 判時 747 号 77 頁……………………………【46】…117
神戸家審昭和 49・8・29 家月 28 巻 1 号 78 頁……………………【171】…411
東京高判昭和 49・9・27 金商 433 号 5 頁 ……………【59】【65】…129、149
神戸地尼崎支判昭和 49・10・30 判時 788 号 86 頁…………………【47】…119

昭和 50 年〜昭和 59 年

大分家中津支審昭和 51・4・20 家月 29 巻 1 号 83 頁……………【176】…415
東京高判昭和 51・4・21 判時 815 号 53 頁…………【114】【134】…240、281
仙台高判昭和 51・12・8 判タ 349 号 228 頁 ……………………………【45】…116
東京家審昭和 52・1・28 家月 29 巻 12 号 62 頁 ……………………………420
大阪高判昭和 53・2・15 ジュリ 670 号 6 頁判例カード 267 ………………147
神戸地判昭和 53・7・27 判タ 373 号 92 頁 ……………………………【157】…356
東京高判昭和 54・2・26 下民集 30 巻 1 ― 4 号 46 頁【43】【57】
……………………………………………………………………………114、127
大阪高決昭和 54・8・11 家月 31 巻 11 号 94 頁 …………………【173】…413
大阪地判昭和 55・1・25 判時 969 号 91 頁……………………………【77】…158
大阪高判昭和 55・1・30 判タ 414 号 94 頁……………………………【14】…88
大阪高判昭和 55・1・30 判タ 414 号 95 頁 …………………………【80】…177
東京高判昭和 55・2・12 判時 958 号 61 頁 ……………………171 頁(注) 4
東京高判昭和 55・3・4 判時 963 号 42 頁 ……………【50】【60】…122、130
大阪高判昭和 55・7・10 判時 992 号 67 頁 ……………………………【19】…90
東京高判昭和 55・9・25 判時 981 号 67 頁……………【70】【97】…153、221
東京高判昭和 55・10・15 判時 984 号 71 頁……………………………【44】…115
東京高判昭和 56・2・24 判時 998 号 63 頁 ……………………………【17】…89
東京高判昭和 56・2・26 判タ 449 号 70 頁……………………………【92】…197
東京地判昭和 56・3・12 判時 1016 号 76 頁 …………………………【81】…179
東京高判昭和 56・6・30 判時 1014 号 72 頁 ……………………………【9】…81
東京地判昭和 56・10・12 判時 1036 号 88 頁 …………………………【96】…219
東京地判昭和 56・10・29 判タ 466 号 125 頁…………【62】【102】…147、227
名古屋高判昭和 56・12・17 判時 1042 号 106 頁 …………【3】【32】…75、99
大阪地判昭和 57・3・26 判タ 475 号 109 頁 …………………………【56】…126
大阪地判昭和 57・6・8 判タ 478 号 97 頁 ……………………………【53】…124
京都地判昭和 57・9・20 判時 1070 号 84 頁……………………………【18】…90
東京高判昭和 58・1・31 判時 1071 号 62 頁…………………………【162】…384

最判昭和 58・3・24 民集 37 巻 2 号 131 頁 ……………………… **【187】**…433
東京地判昭和 58・4・26 判タ 502 号 122 頁 ……………………… **【66】**…149
東京地判昭和 58・10・28 判時 1120 号 60 頁……………………… **【151】**…344
東京高判昭和 58・10・31 判時 1097 号 43 頁 ……… **【104】【129】**…230、266
大阪地判昭和 59・1・27 判タ 524 号 259 頁 ……………………… **【40】**…111
東京高判昭和 59・11・14 判時 1141 号 76 頁……………………… **【112】**…237
東京高判昭和 59・11・20 判時 1138 号 81 頁 ……………………… **【41】**…112
最判昭和 59・11・22 裁判集民 143 号 177 頁 ……………………… **【36】**…105

昭和 60 年～昭和 63 年

宮崎地都城支判昭和 60・2・15 判時 1169 号 131 頁……………… **【89】**…192
神戸地判昭和 60・7・31 判タ 567 号 224 頁……………………………………185
東京家審昭和 60・9・27 判タ 579 号 69 頁 ……………………………………430
大阪家審昭和 61・1・30 家月 38 巻 6 号 28 頁…………………… **【170】**…410
東京高判昭和 61・3・27 判タ 624 号 182 頁 ……… **【115】【123】**…241、255
盛岡家審昭和 61・4・11 家月 38 巻 12 号 72 頁 ………………… **【178】**…416
東京高判昭和 61・5・28 判時 1194 号 79 頁………… **【58】【91】**…128、195
東京地判昭和 61・6・27 判時 1227 号 69 頁 ……… **【107】【133】**…233、278
東京高判昭和 61・7・30 東高民時報 37 巻 6 ～ 7 号民 76 頁、判時 1202 号 47 頁 ………………………………………… **【54】【86】**…125、184
東京高判昭和 61・12・11 判時 1253 号 80 頁……………………… **【137】**…317
東京地判昭和 62・2・24 判タ 650 号 191 頁……………………… **【143】**…326
神戸地判昭和 62・3・27 判タ 646 号 146 頁 ……………………… **【52】**…124
徳島地判昭和 62・6・23 判タ 653 号 156 頁……………………… **【138】**…318
神戸地判昭和 62・6・24 判タ 655 号 172 頁 ……………………………………87
東京地判昭和 62・8・28 判時 1278 号 97 頁 ……………………… **【85】**…183
東京地判昭和 63・4・15 判時 1326 号 129 頁 …………………… **【183】**…423

平成元年～平成 12 年

東京高判平成元・1・31 金法 1237 号 25 頁 ……………………… **【185】**…425
東京地判平成元・3・27 判時 1370 号 71 頁 ………… **【76】**…158、368(注)42
東京地判平成元・6・13 判時 1347 号 58 頁 ……………………… **【144】**…328
東京地判平成元・6・26 判時 1340 号 106 頁 ……………………… **【51】**…124

判例年月日索引

横浜地判平成元・11・30 判時 1354 号 136 頁 ……………………………272
東京高決平成元・12・22 家月 42 巻 5 号 82 頁 …………………【174】…413
東京高判平成 2・9・11 判タ 767 号 147 頁 ………【90】【116】…194、242
大阪高判平成 2・9・25 判タ 744 号 121 頁 ………【79】【132】…163、275
名古屋地判平成 2・10・31 判タ 759 号 233 頁 ……………………【34】…101
福島家審平成 2・12・10 家月 44 巻 4 号 43 頁 ……………………【175】…414
東京高判平成 3・1・22 判タ 766 号 196 頁 ………【103】【130】…228、267
札幌家審平成 3・2・4 家月 44 巻 2 号 137 頁 ……………………【177】…415
東京地判平成 3・3・6 判時 768 号 224 頁 …………………………【139】…319
東京地判平成 3・5・9 判タ 771 号 189 頁
　　　　　　　　　　　　　　　………【33】【117】【124】…100、243、256
東京地判平成 3・8・9 金商 895 号 22 頁……………………………【184】…424
東京地判平成 3・10・8 判タ 787 号 214 頁 ………【105】【135】…230、282
仙台高判平成 4・1・27 金商 906 号 26 頁 ……………………………………381
大阪高判平成 4・11・10 判タ 812 号 217 頁 ………………………【42】…113
東京地判平成 5・8・25 判時 1503 号 114 頁 ………………………【118】…243
東京地判平成 5・9・14 判タ 870 号 208 頁 …………………………【82】…180
東京高判平成 5・12・20 判タ 1489 号 118 頁 ………【93】【113】…199、238
東京地判平成 6・8・23 判時 1538 号 195 頁 ………………………【153】…353
最判平成 6・10・11 判時 1525 号 63 頁 ………………………………………131
最判平成 7・3・28 判タ 876 号 135 頁 ………………………………370（注）49
東京地判平成 7・10・27 判タ 1570 号 70 頁 ………【55】【83】…125、182
東京地判平成 7・10・30 判タ 1573 号 39 頁 …………………………………118
最判平成 7・12・15 民集 49 巻 10 号 3088 頁 ………………………【188】…436
東京地判平成 8・7・29 判タ 937 号 181 頁 …………………………【186】…426
最判平成 8・11・12 民集 50 巻 10 号 2593 頁 ………………………【189】…438
最判平成 8・12・17 民集 50 巻 10 号 2778 頁、判時 1589 号 45 頁
　　　　　　　　　　　　　　　　　　　　………………………【164】…388
東京地判最判平成 9・1・30 判時 1612 号 92 頁 ……………………【166】…396
大阪高判平成 9・5・29 判時 1618 号 77 頁 …………………………【131】…269
東京高決平成 9・6・26 家月 49 巻 12 号 74 頁 ……………………【172】…412
大阪高判平成 9・8・29 判タ 985 号 200 頁 ……………………………………118
東京高判平成 9・9・30 判時 1648 号 65 頁 ……………………………………84
東京地判平成 9・10・3 判タ 980 号 176 頁 …………………………【78】…160
東京地判平成 9・10・23 判タ 995 号 234 頁 ………【71】【136】…154、284

最判平成 10・2・26 民集 52 巻 1 号 255 頁、判時 1634 号 74 頁
………………………………………………………………【167】…401
千葉地佐倉支判平成 10・9・8 判タ 1020 号 176 頁 ………………【67】…150
東京高判平成 10・11・30 判タ 1020 号 192 頁 ……………………【13】…86
最判平成 11・2・25、裁判集民 191 号 391 頁、判時 1670 号 18 頁
…………………………………………………………………【37】…106
最判平成 12・4・7 裁判集民 198 号 1 頁、判時 1713 号 50 頁 …【163】…384

〈著者紹介〉
岡本詔治（おかもと しょうじ）

1944年　大阪市に生まれる
1970年　大阪市立大学大学院修了
1971年　松山商科大学（現松山大学）
1976年　島根大学文理学部
1994年　博士（法学）大阪市立大学
現　在　島根大学法文学部教授

〈著書〉
『無償利用契約の研究』（法律文化社、1989年）
『隣地通行権の理論と裁判』（信山社、1992年）
『私道通行権入門』（信山社、1995年）
『損害賠償の範囲１（総論・売買）』（一粒社、1999年）

〈論文〉
「イタリア取得時効制度の構造と特質㈠㈡㈢完」民商法雑誌100巻３・４・５号（1989年）
「イタリアの土地所有権制度について」『土地法の理論的展開』（乾昭三編）（1990年、法律文化社）
「イタリア都市計画法制の史的考察㈤㈦」島大法学37巻４号、38巻１号（1994）

不動産無償利用権の理論と裁判

2001年（平成13年）11月20日　第１版第１刷発行

著　者　岡　本　詔　治
発行者　今　井　　貴
発行所　信山社出版株式会社
〒113-0033 東京都文京区本郷6-2-9-102
電　話 03（3818）1019
FAX 03（3818）0344
http://www.shinzansha.co.jp

Printed in Japan

印刷・製本／勝美印刷・大三製本

ISBN4-7972-3055-X C3332
3055-012-040-025
NDC分類 324.201